中国人民大学会计系列教材

# 政府与非营利组织会计

## （第7版·立体化数字教材版）

王　彦　王建英　赵西卜　编著

# Accounting for Government and Nonprofit Entities

中国人民大学出版社
· 北京 ·

**图书在版编目（CIP）数据**

政府与非营利组织会计：立体化数字教材版 / 王彦，王建英，赵西卜编著. --7版. --北京：中国人民大学出版社，2021.8

中国人民大学会计系列教材

ISBN 978-7-300-29617-3

Ⅰ.①政… Ⅱ.①王… ②王… ③赵… Ⅲ.①单位预算会计－高等学校－教材 Ⅳ.①F810.6

中国版本图书馆CIP数据核字（2021）第140056号

中国人民大学会计系列教材

**政府与非营利组织会计（第7版·立体化数字教材版）**

王 彦 王建英 赵西卜 编著

Zhengfu yu Feiyingli Zuzhi Kuaiji

| | | | |
|---|---|---|---|
| **出版发行** | 中国人民大学出版社 | | |
| **社　　址** | 北京中关村大街31号 | **邮政编码** | 100080 |
| **电　　话** | 010－62511242（总编室） | | 010－62511770（质管部） |
| | 010－82501766（邮购部） | | 010－62514148（门市部） |
| | 010－62515195（发行公司） | | 010－62515275（盗版举报） |
| **网　　址** | http://www.crup.com.cn | | |
| **经　　销** | 新华书店 | | |
| **印　　刷** | 北京昌联印刷有限公司 | **版　　次** | 1998年8月第1版 |
| **规　　格** | 185 mm×260 mm　16开本 | | 2021年8月第7版 |
| **印　　张** | 27 插页1 | **印　　次** | 2022年6月第3次印刷 |
| **字　　数** | 628 000 | **定　　价** | 66.00元 |

# 前言

按照会计管理活动适用的服务对象，会计可以分为三大部分，即企业会计、政府会计、民间非营利组织会计。从会计服务对象的属性来看，企业属于营利性组织，其经济资源主要通过企业的市场交易活动取得；政府和民间非营利组织都属于非营利组织，其经济资源主要通过非市场交易的活动——征收税费和接受捐赠取得。但是政府和民间非营利组织之间也有区别。政府属于公共组织（或公共部门），使用公共经济资源，经济活动受政府预算的制约，会计信息要向立法机构和社会公众报告。而民间非营利组织使用的经济资源主要来自民间，经济活动不受政府预算的控制，会计信息只向组织的出资人及利益相关者等报告。正是企业、政府、民间非营利组织在盈利性、经济资源的来源及取得途径、受控于政府预算、会计报告服务对象等方面的差别，导致三者在会计目标、会计核算内容、会计核算方法、会计报告内容等方面有很多不同，进而导致三者在会计核算知识内容上存在很多差异。所以，一般把会计学分为企业会计、政府会计、民间非营利组织会计三个分支学科。本书基于这三个分支，对政府会计和民间非营利组织会计的基本知识进行系统性概要介绍。

本书是在原《政府会计》和《政府与事业单位会计》的基础上进行内容整合而编写的。《政府会计》是中国人民大学会计系列教材简明版增加的教材，于 2012 年出版第一版。《政府与事业单位会计》作为 21 世纪会计系列教材，已经出到第 5 版。鉴于中国的政府会计包含事业单位会计，不宜再称为“政府与事业单位会计”。另外，很多学校目前尚无以“政府会计”命名的政府会计类课程，还有些学校在这门课程中讲授民间非营利组织会计基本知识。为适应普通高校对该课程的需求，我们将原《政府会计》和《政府与事业单位会计》的内容重新整合，增加了民间非营利组织会计的相关内容。

本书共分 4 篇。第 1 篇从理论的角度阐述政府会计的基本概念和核算方法。第 2 篇和第 3 篇从政府会计实务的角度介绍政府会计核算知识，其中第 2 篇按照目前政府财政会计的规范介绍财政部门具体业务的会计核算知识；第 3 篇按照目前行政事业单位会计的规范介绍政府单位具体业务的会计核算知识。第 4 篇从理论和实务的角度介绍民间非营利组织会计特有的会计核算知识。

本书具有以下几方面的特点。

1. 立足中国①的政府会计

相对于企业会计，政府会计的国别差异很大。由于各国政治体制、所有制形式、中央政府和地方政府的关系等方面各不相同，各国政府会计的会计环境和会计管理模式存在差异。各国政府会计很难像企业会计那样达成对会计核算规则的基本共识。我国是中国共产党领导执政、以公有制为主体的社会主义国家，有着独特的政府管理模式和政府会计环境。中国的政府会计不能直接采用某个其他国家的政府会计的做法，也不能全部照搬国际公共部门会计准则委员会目前倡导的国际公共部门会计规则。

本书阐述的政府会计理论，来源于立足中国国情、借鉴国际优秀经验的中国政府会计理论研究成果；本书对中国政府会计实务的介绍，则是依据十八届三中全会提出的编制政府综合财务报告和十九大关于实施政府绩效管理的要求颁布的一系列政府会计准则和政府会计制度等规范。

2. 基于完整的政府会计

从政府会计的目标看，政府会计应当提供反映政府预算执行情况的会计信息、反映政府财务状况的会计信息、反映政府服务绩效的会计信息。这三种会计信息要求的会计核算，在核算对象、核算基础、核算方法、会计报告内容等方面均不相同，从而形成政府预算会计、政府财务会计和政府成本会计。政府会计知识应涵盖这三个方面。本书（包括本书以前各个版本）自2012年开始，在政府会计理论部分将政府预算会计和政府财务会计分开介绍，第6版在政府单位会计部分分别介绍了政府预算会计核算和政府财务会计核算。在此基础上，第7版增加了政府成本会计的内容，使得本书对政府会计理论和实务的介绍更加完整。

3. 涵盖中国政府会计的最新知识内容

中国的政府会计伴随着国家改革开放的进程不断变革。作为贴近中国政府会计的实践的教材，本书力争在政府会计理论方面保持适度超前，在政府会计实务方面紧紧追踪中国政府会计的改革与发展。特别是中国共产党十八大、十九大以来，我国持续加强、提升政府的国家治理能力，致力于打造具有公共、公开透明等特征的现代财政制度。政府会计改革进入快车道，近几年中国政府会计改革举措密集出台。本书在第6版及时更新了按照《政府会计制度——行政事业单位会计科目和报表》核算的政府单位会计的知识，第7版涵盖了中国政府会计改革新举措增加的政府会计核算内容。

此次再版，修改内容主要包括三个方面：一是财政部出台了《事业单位成本核算基本指引》，从而在中国政府会计中增加了成本会计核算。因此本书在政府会计理论部分（第1篇）增加了成本会计核算的理论阐述。二是财政部出台了《预算指标会计核算实施方案》，从而在中国政府会计中增加了财政预算指标会计核算。因此本书在政府财政会计部分（第2篇）增加了财政预算指标会计核算的内容。三是限于很多高校教学课时的要求，本书对第6版中各部分的内容做了压缩，删去了政府会计实务中一些非主要活动的会计核算内容。

本书主要作为高等院校开设的“政府与非营利组织会计”课程（或其他名称的同类课程，如“政府会计”“行政事业单位会计”“预算会计”等）的教材，也可以作为会计学硕士和会计专业硕士（MPAcc）的学习参考用书，还可以作为财政部门、行政

① 本书所介绍的中国政府会计及其适用的区域，不含中国的香港特别行政区、澳门特别行政区和台湾地区。

事业单位、民间非营利组织会计人员的继续教育学习用书。

为了帮助读者更好地学习和理解本书的重点和难点，作者录制了30多个音频进行解答，并给出30多份知识拓展资料，读者扫描书中的二维码即可收听或阅读。

本书由中国人民大学会计系教师王彦、王建英、赵西卜编著。写作分工为：第1篇（不含第4章）、第2篇由王彦执笔；第3篇由王建英执笔；第1篇的第4章、第4篇由赵西卜执笔；全书立体化数字资源由王建英、王彦整理编写。

由于作者水平有限，加之篇幅较大，本书可能存在错误或疏漏之处，恳请广大读者批评指正，电子邮件可发送至：wangyan851014@126. com；wangjianying@rmbs. ruc. edu. cn；zhaoxibo@rmbs. ruc. edu. cn。

# 目 录

## 第 1 篇 政府会计理论

## 第2篇　政府财政会计



## 第3篇　政府单位会计

## 第4篇 民间非营利组织会计

# 第 1 篇

# 政府会计理论

# 第 1 章 政府会计的基本概念

Chapter 1

学习目标

1. 了解政府会计的适用范围
2. 了解政府会计的特点
3. 掌握政府会计目标、核算对象及核算基础之间的逻辑关系
4. 掌握政府会计的会计要素
5. 掌握会计要素之间的勾稽关系
6. 了解政府会计报告的基本内容

## 1.1 政府与政府会计

### 1.1.1 政府会计适用的政府

**1. 政府的概念**

政府是一种组织体系。政府的概念分为政治学意义上的概念和经济学意义上的概念。在不同的概念下，政府组织体系的范围不同。

《中华人民共和国宪法》

就政治学意义来讲，政府是指一个国家行使国家权力的组织体系。可以分为狭义的政府和广义的政府。狭义的政府一般指一个国家政权体系中依法享有行政权力的组织体系，如中国的各级人民政府；广义的政府一般指一个国家行使国家权力的全部组织体系，包括立法机构、司法机构、行政机构、政党机构等。①

就经济学意义来讲，政府是指管理和使用公共经济资源、履行政府

① 我国广义政府的构成参见《中华人民共和国宪法》（扫描二维码）第三章。

职能的组织体系。经济学意义上的政府要比政治学意义上的政府范围更广。经济学意义上的政府除全部政府权力机构，还包括公立非营利组织。原因在于，随着政府公共职能的发展，政府的公共服务范围拓宽，政府的职能从对社会活动的管理服务扩展到提供对社会有益的公益服务。政府通过出资设立的公立非营利组织（在中国，政府出资的公立非营利组织一般称为事业单位）向社会提供公益服务。虽然公立非营利组织不享有公权力，不是典型的政府机构，但它们履行的职责是政府公共职能的组成部分，提供公益服务时使用和消耗的是公共经济资源。因此，从经济学意义的范畴看，公立非营利组织属于政府组织体系的组成部分。

政府会计的基本职能是反映政府活动中的经济资源情况。政府会计既要反映政府公共管理服务活动中的经济资源情况，也要反映政府公益服务活动中的经济资源情况。因此，政府会计适用的政府组织应当是经济学意义上的政府组织。

**2. 中国政府会计适用的政府组织**①

中国政府会计适用的政府组织包括：

（1）行政机构，包括中央和地方各级人民政府；

（2）立法机构，包括全国和地方各级人民代表大会的常设机构；

（3）司法和监察机构，包括最高和地方各级人民法院和人民检察院，国家和地方各级监察委员会；

（4）政党和政治协商机构，包括中央和地方各级中国共产党，各民主党派的中央和地方组织，全国和地方各级人民政治协商会议的常设机构等；

《政府会计准则——基本准则》

（5）军队，包括中国人民解放军和中国人民武装警察部队各级组织和单位；

（6）事业单位，包括教育、科学研究、勘察设计、勘探、文化、新闻出版、广播影视、医疗卫生、体育、农林牧水、交通、气象、地震、海洋、环境保护、测绘、信息咨询、标准计量和质量技术监督、知识产权、物资仓储和供销、房地产服务和城市公用、社会福利等行业的事业单位，但是不包括其中实行企业化管理的事业单位②；

（7）公立的社会团体③。

## 1.1.2 政府的经济特征

政府组织与企业相比，具有不同的经济特征，这些经济特征会对政府会计产生影响。政府组织的经济特征主要包括以下方面。

**1. 组织运行不以盈利为目的**

政府组织的设立和运行，或以管理社会公共事务为目的，或以提供社会公益服务为目的。尽管其中的事业单位开展少量的经营活动，但是政府组织的大部分活动不追

① 我国政府会计适用的政府组织相关要求参见《政府会计准则——基本准则》（扫描二维码）第二条。

② 企业化管理的事业单位是指基本不需要使用财政拨款、向市场提供服务并取得经营收入、目前仍然注册为事业单位法人的营利性组织。

③ 公立的社会团体是指主要使用国有资产和财政拨款、注册为社团法人的非营利组织。

求利润，活动的目的不是增加政府组织自身的财富。政府组织一般会尽量筹集和组织公共经济资源，形成政府掌握或控制的资产，在提供公共服务消耗经济资源的过程中，往往会因为筹集的资源多于消耗的资源而形成净资产增加。然而，政府组织的净资产增加是为了提供更多或更长期的服务，这与以盈利为目的的企业在经营中追求企业财富的增加有性质上的不同。而且，政府组织的出资者不像企业的出资者那样享有对净资产的分配权，亦无所有者权益。

**2. 无偿或低收费提供服务**

政府向社会提供的服务产品，绝大多数属于公共品和准公共品。公共品的消费具有非排他性，导致提供服务的政府无法向服务接受者收费；准公共品虽然具有消费的排他性，提供者可以向服务接受者收费，但是由于准公共品具有外部经济性，所以大部分准公共品的消耗由政府承担，政府只向服务接受者收取少量的费用。因此，政府提供服务主要采取无偿和低于成本收费的方式。政府不能像企业那样完全依靠出售产品取得收入，以维持组织的持续运营。

**3. 无偿取得经济资源**

政府最大的经济资源来源是政府的税收和政府性收费。税收的基本特征之一是无偿性，纳税人缴纳税金与其接受政府组织提供的服务之间没有对价关系。就政府性收费而言，从表面上看，交费人缴纳政府性收费与其接受政府组织提供的服务有直接关系。实际上，政府性收费一般与政府组织提供服务的消耗补偿没有关系，交费人交费与其接受政府组织提供的服务不属于等价交换的交易行为。这是因为，政府性收费标准要么远远低于服务成本，要么与服务成本无关，收费仅仅是为了限制不必要地消费政府提供的服务资源。另外，对于政府（主要是事业单位）来说，接受捐赠是其经济资源的来源之一，显然接受捐赠也属于无偿取得经济资源的方式。因此，与企业只能通过交易有偿取得经济资源不同，除少部分的经营性活动，政府的大多数经济资源通过非交易的方式无偿取得。

**4. 经济资源的使用受到出资者及社会公众的限制**

一方面，向政府缴纳税费的纳税人和交费人实际上成为政府资产的出资者，这些出资者在履行向政府纳税或交费义务的同时，也取得相应的权利——要求政府按照出资者的要求使用这些无偿取得的公共经济资源。另一方面，不属于政府资产出资者的其他社会公众，无法通过货币“选票”来选择是否接受政府的服务或接受什么样的服务，只能通过行使选举权来选定代表，经由一系列的民主权利及委托代理过程来要求政府按照公众的意愿分配和使用公共经济资源。因此，与企业不同（由于所有权和经营权分离，企业的经营活动及经济资源的具体使用一般不受出资者干涉），政府对经济资源的筹集、分配和使用受到出资者和社会公众的限制。在接受捐赠的情况下，政府组织还可能需要按照捐赠者的具体要求使用经济资源。政府对经济资源的使用受到出资者及社会公众的限制，主要是通过制定和执行各种涉及政府经济资源使用的法律法规来实现。

### 1.1.3　政府会计的概念与特点

**1. 政府会计的概念**

政府会计是反映和监督政府组织掌握和使用公共经济资源及其活动情况的会计。它以货币为主要计量单位，对政府财政资金和非财政资金活动的过程和结果进行完整、连续、系统的反映和监督，借以加强政府的预算管理和财务管理，提高公共经济资源使用效益。政府会计活动是政府管理活动的重要组成部分。

**2. 政府会计的特点**

鉴于政府组织的上述经济特征，服务于政府组织的政府会计具备一些与企业会计不同的特点，主要有：

（1）包括反映预算执行情况的会计。政府活动所需资源的筹集和使用要受到出资者及社会公众的限制。这种限制的重要方式是制定预算法律和要求政府依法编制及执行预算。政府会计要反映政府资源的筹集和使用是否符合预算。提供有关预算执行情况的会计信息，成为政府会计的基本目标之一。与企业会计主要反映企业的财务状况不同，政府会计要反映预算执行情况，包括对预算执行情况的会计核算。

（2）采用双重的会计核算基础。一方面，政府会计提供的会计信息需要反映预算执行情况；另一方面，政府会计需要反映政府的财务状况。在政府预算管理的对象为现金资源的前提下，以反映预算执行情况为目的进行的会计核算的对象是政府掌握的现金资源，而以反映财务状况为目的进行的会计核算的对象则是政府掌握的经济资源。在采用会计核算基础时，对现金资源的核算应当采用收付实现制，对经济资源的核算应当采用权责发生制。与企业会计只采用单一的权责发生制核算基础不同，政府会计采用双重的核算基础——既采用收付实现制基础核算，也采用权责发生制基础核算。

（3）存在基金会计主体。在有些情况下，政府的出资者对其出资的使用有不同于其他资金的特定要求，政府组织对使用的某种资金负有特定的受托责任。为了单独报告该种资金受托责任的履行情况，政府会计需要对其进行单独核算及报告，这就形成以某种资金为主体形式的会计主体，又称基金会计主体。与企业会计一般只存在组织形式（企业）的会计主体不同，在政府会计中，既存在组织形式（政府单位）的会计主体，也存在基金形式（某种资金）的会计主体。

（4）不进行利润及利润分配的核算。政府组织的活动不以盈利为目的，政府组织在活动中增加的净资产不向出资者分配。在政府会计中也有盈余（收入减去费用后的余额）的核算，但是政府会计主体的盈余并不是越大越好。政府会计主体的盈余不像企业会计主体那样，能反映主体的经营成果。与企业会计将利润核算作为会计核算的重心不同，在政府会计中，没有利润和所有者权益的概念，也不进行利润和利润分配的核算。

（5）资产的判定标准主要是能否为会计主体提供服务能力。一方面，政府组织无偿或以低于成本的收费提供服务；另一方面，政府的资源主要是无偿取得的。这就导致政府组织用于提供公共服务的很多资产都不能为组织带来现金收入。政府会计不能像企业会计那样将全部的资产定义为能够为会计主体带来未来经济利益的资产。在政府会计中，除了货币性资产和部分能够为会计主体带来未来经济利益的资产，能够为会计主体提供服务能力，成为很多资产被确认的基本标准。

（6）其他特点。除了上述几个主要特点以外，政府会计还存在其他一些与企业会计不同的特点。比如，由于政府对资源的使用受到限制，政府会计将合规性（又称“专款专用”原则）作为会计信息质量的要求之一；由于出资人或社会公众的限制，政府会计对预算收支特别是预算支出要进行明细核算，甚至需要将各项支出按照政府服务领域和经济用途双重维度进行明细核算；由于很多资产不能为会计主体带来经济利益，政府会计不能按照企业会计的方法来确认这些资产的减值及进行资产减值核算；由于政府组织的活动绩效受到上级部门和社会公众的评价及监督，政府会计提供的成本信息不像企业那样属于“商业秘密”，要对会计主体外部提供成本信息；出于汇总编报政府整体会计报告的需要，各个政府单位的会计要素项目核算口径和方法要基本保持一致，甚至大部分会计科目要遵循统一规定。

## 1.2 政府会计主体

### 1.2.1 政府会计中关于会计主体的几个概念

政府会计主体是指政府会计核算的立场和空间范围。会计主体的概念源于会计核算服务的独立实体。划分会计主体是为了划分会计核算的立场和空间界限。在政府会计中，会计核算的空间范围不同，会计主体的称谓和内涵也有所不同。

问答1-1：为什么政府有不同类型的会计主体？

**1. 记账主体和报告主体**

政府会计主体分为记账主体和报告主体。

记账主体是政府会计在进行会计记录时记账采用的立场和对记账对象范围的界定。记账主体要求为主体建立完整、自我平衡的会计账户体系，对该主体的全部资源进行单独记录。报告主体是政府会计在提供会计报告时报告采用的立场和对报告对象范围的界定。报告主体要求为主体设立完整独立的会计报表体系，对该主体的全部资源进行完整报告。

**2. 基金会计主体**

基金会计主体是指以某种资金为核算范围的会计主体。基金会计主体要求为基金建立自我平衡的会计要素及账户体系，对基金主体范围内的资金进行各个会计要素的全面、单独记账及报告。在核算中，有的资金只要求对该资金的收入、支出、结余进行单独的记账和报告，并不要求对该资金形成的资产、负债、净资产与其他资金形成的资产、负债、净资产分开记账和报告。在这种情况下，该资金的核算并不具有自我平衡的会计要素及账户体系，也不能形成单独报告的报表体系，因此不属于基金会计主体。

**3. 单一会计主体和复合会计主体**

在大多数情况下，政府会计主体按照政府的组织划分，每个独立核算的政府组织就是一个会计主体。政府会计在提供单个组织、单一资金的会计报告时，记账主体和报告主体范围一致、重合，记账主体同时也是报告主体。我们可以将这种会计主体称为单一会计主体。

在三种情况下，政府会计的记账主体和报告主体并不重合。一是在政府单位内部存在两个以上资金的会计主体，政府会计以政府单位为报告主体时，会出现一个单位报告主体内含有多个资金记账主体（基金会计主体）的情况；二是在政府会计以政府部门为报告主体时，会出现报告主体内含有多个所属的单位会计主体（记账主体或子报告主体）的情况；三是政府会计以政府整体为报告主体时，会出现报告主体内含有多个所属的部门会计主体（子报告主体）或基金会计主体的情况。我们可以将一个会计报告主体内含有两个以上记账主体或子报告主体的会计主体称为复合会计主体。几种形式的复合会计主体见图 1－1。

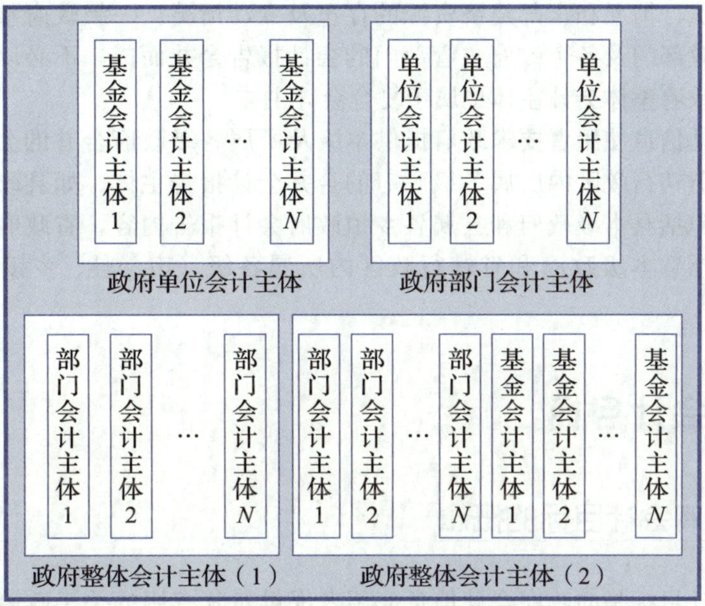


**图 1－1　几种复合会计主体**

## 1.2.2　政府会计主体的层级

政府会计需要反映政府活动中受托责任的履行情况。不同层级的政府组织其受托责任不同，也就需要分别报告不同层级政府组织的会计信息，从而形成不同层级政府组织的会计主体。中国实行统一领导、分级管理的各级政府财政体制，每一级政府就形成一级政府会计主体。在每级政府内部又基本分为三个层级的会计主体。

**1. 政府单位会计主体**

政府单位会计主体要求以该单位管理的经济资源为对象，报告本单位的预算执行情况和全部经济资源的存量及变动情况。政府单位会计主体一般也是记账主体，需要对本单位的经济资源进行记账。因此政府单位会计主体属于单一会计主体。在有些情况下，政府单位管理着除普通资金以外的特定政府资金，对特定政府资金有特殊的受托责任，需要对该资金进行单独记账及报告，在单位内形成不同资金的会计主体。在这种情况下，政府单位会计主体属于复合会计主体。

**2. 政府部门会计主体**

政府部门会计主体要求以本部门全部所属单位管理的经济资源为对象，报告本部门预算执行情况和全部经济资源的存量及变动情况。政府部门的会计报告由所属单位的会计报告汇总而成，不必以政府部门为记账主体。因此政府部门会计主体属于复合会计主体。

**3. 政府整体会计主体**

政府整体会计主体要求以本级政府全部所属部门管理的经济资源为对象，报告本级政府预算执行情况和全部经济资源的存量及变动情况。一级政府整体的会计报告由本级政府财政部门及各个政府主管部门的会计报告合并而成，不必以政府整体为记账主体。因此政府整体会计主体也属于复合会计主体。

如果会计信息使用者要求政府提供本级及所属各级政府合并的会计信息，还会出现某级政府所辖行政区内所属各级政府的合并会计报告主体。如县政府合并会计报告主体的报告包括县本级政府和县属各乡镇政府会计报告内容，省政府合并会计报告主体的报告包括省本级政府和省辖行政区内所属各级（市、县、乡镇）政府会计报告内容。

## 1.3 政府会计目标

### 1.3.1 政府会计目标的概念

政府会计目标是向政府会计信息使用者提供对其有用的关于政府会计主体的会计信息。政府会计目标的确定会影响政府会计提供的会计报告的范围和内容，进而影响会计报表体系的设置、会计要素确认和计量等会计核算架构的设计。因此，政府会计目标是会计的重要理论问题，许多国家把它列为政府会计准则理论框架的首要问题。

确立政府会计目标需要解决三个问题：一是会计信息使用者包括哪些；二是会计信息使用者使用会计信息的目的及需要；三是为了满足使用者的需要，会计应当提供哪些会计信息。

### 1.3.2 政府会计信息使用者

按照政府及政府会计报告主体内部和外部划分，中国政府会计信息的使用者包括三个方面。

**1. 政府会计报告主体内部的会计信息使用者**

政府会计报告主体内部的会计信息使用者是指会计报告主体内部、不属于会计报告主体以外的会计信息使用者，这里的会计报告主体既可以是政府单位，也可以是政府部门或整体政府。政府会计报告主体内部的会计信息使用者主要包括：

（1）会计主体中的组织负责人；

（2）会计主体中的管理部门；

（3）内部审计机构；

（4）单位的职工或职工代表组织。

**2. 政府会计报告主体外部、其他政府机构的会计信息使用者**

政府会计报告主体外部、其他政府机构的会计信息使用者是指不属于报告的政府会计主体，但是属于政府组织体系内的其他政府机构的会计信息使用者，主要包括：

（1）人民代表大会和其他政府监督机构；

（2）政府的负责人；

（3）本级或上级政府主管部门；

（4）政府专职审计机构；

（5）其他相关的政府机构。

**3. 政府外部的会计信息使用者**

政府外部的会计信息使用者是指整个政府以外、不属于政府组织的会计信息使用者，主要包括：

（1）向政府提供贷款的金融机构或外国政府；

（2）购买政府债券的机构和个人；

（3）与政府进行买卖交易的交易对手；

（4）向政府组织进行捐赠的捐赠人；

（5）社会公众；

（6）其他需要政府会计信息的使用者，如社会审计机构、信用评估机构、新闻媒体、对政府会计信息有需要的个人及社会组织等。

## 1.3.3　使用政府会计信息的目的及需要

各种政府会计信息使用者了解会计信息都是为了达到一定目的。只有掌握会计信息使用者出于什么目的、需要哪方面会计信息，才能确立恰当的政府会计目标，满足会计信息使用者对政府会计信息的需求，使会计信息对使用者有用。不同的会计信息使用者了解会计信息的目的不同，需要的会计信息也不同，主要包括以下方面：

（1）为了做出对政府预算的批准或修改决策，需要了解政府对预算资金的筹集和分配使用情况；

（2）为了做出对政府举债政策及税赋政策的决策，需要了解政府现金收支差额情况和负债情况；

（3）为了做出对政府各项经济、政治政策的决策，需要了解政府掌控的资金情况和各种经济资源情况；

（4）为了做出对行政事业性收费的定价决策，需要了解单位提供公共服务的成本；

（5）为了做出对负有相关经济责任的政府领导的罢免或任命决策，需要了解政府或政府单位在经济责任方面各项受托责任的履行情况；

（6）为了做出对与其利益相关的财政政策进行支持或反对的决策，需要了解特定的财政资金分配情况；

（7）为了做出对政府的交易决策或贷款决策，需要了解政府的支付能力和偿债能力；

（8）为了做出对政府的捐赠决策，需要了解政府对捐赠财物的分配、使用情况；

（9）为了评价政府及政府单位对公共财产的管理保护情况，需要了解政府及政府单位的各项财产情况；

（10）为了评价政府单位提供公共服务的绩效，需要了解政府单位提供公共服务的项目、数量及其成本费用；

（11）为了评价政府及政府单位的持续运营能力，需要了解政府及政府单位的财务状况、偿债能力和支付能力；

（12）为了监督政府领导或管理部门的活动是否符合有关法规规定，需要了解政府对预算资金和全部经济资源的组织和分配使用情况；

（13）为了监督政府的廉政状况，需要了解政府特定项目的资金花费情况；

（14）为了评价下级政府或政府单位使用财政资金的合规性和绩效，需要了解下级政府或政府单位财政资金的用途和使用绩效。

从以上各方面的目的可以看出，有些会计信息是为了帮助信息使用者做出某些决策，有些会计信息是为了帮助信息使用者评价政府会计主体受托责任的履行情况，有些会计信息是两者兼而有之。

### 1.3.4 政府会计需要提供的会计信息内容

政府会计提供的会计信息要尽可能满足各种会计信息使用者的需要。根据各种会计信息使用者对会计信息的需求进行归纳，政府会计需要提供的会计信息内容主要包括三个方面。

**1. 政府预算执行情况的信息**

问答1-2：为什么政府会计存在预算会计核算和相关的对外报告？

政府会计要反映政府的预算执行情况。从总的方面看，政府会计要提供会计主体的预算资金收入、预算资金支出和预算资金结余的情况。在预算收入、预算支出和预算结余中，政府会计要报告法定预算的情况，实际执行的收、支、余情况，实际收支与预算的偏差情况。从细分的方面看，政府会计要分别提供各种预算资金的情况（如中国的一般公共预算、政府性基金预算和国有资本经营预算等），还要提供每种预算资金收、支、余的细分情况。从时间上看，政府会计要提供会计主体在预算期间的预算执行情况，预算期末的预算执行最终结果（又称为决算）情况。

**2. 政府财务状况的信息**

政府会计要反映政府的财务状况。从总的方面看，政府会计要提供会计主体掌控的全部资产情况、全部负债情况和资产扣除负债后的资产净额（又称为净资产）情况。从细分的方面看，政府会计要提供各种资产的细分情况，各种负债的细分情况，以及资产净额的细分情况。从时间上看，政府会计要提供会计主体在某一时点资产、负债、资产净额的存量情况，也要提供会计期间资产、负债变动导致的收入、费用情况。

**3. 评价政府工作绩效的信息**

政府会计要提供有助于评价政府组织工作绩效的信息。政府组织的工作绩效主要通过政府提供公共服务的投入和产出的对比来反映，即通过政府提供公共服务的数量以及为此而消耗的公共资源的对比来反映。由于政府提供公共服务不收费或低于成本收费，所以政府不能像企业那样通过对经营活动的投入和产出及其差额进行计算得出的价值指标（利润）反映工作绩效（经营成果）。鉴于政府提供公共服务不能通过价值计量量化，难以通过会计手段来完成，所以政府会计提供的有助于评价政府组织工作绩效的会计信息，一般是政府提供公共服务所投入公共资源数量的信息。政府提供公共服务所投入公共资源数量的信息分为两个方面：一是政府提供公共服务所消耗的公共资金数量；二是政府提供每单位公共服务所消耗的公共经济资源数量（单位服务成本）。前者侧重于反映政府提供某项公共服务能力的公共资源消耗；后者侧重于反映政府提供某一单位公共服务数量的公共资源消耗。

## 1.4　政府会计核算对象及核算基础

### 1.4.1 政府会计核算对象的概念

政府会计核算对象是政府会计主体掌控的公共经济资源。

政府会计对会计主体掌控的公共经济资源的关注重点不同，对资源划定的范围就不同，进而纳入会计核算的资源的口径也不同。根据国际会计师联合会公立单位委员会对政府会计核算对象范围的理论观点①，政府会计核算的资源大体分为四个口径。

问答 1-3：政府会计核算针对不同的资源，对记账基础和核算内容会有哪些影响？

**1. 现金资源**

现金资源是指全部货币资金。在会计核算对象为现金资源时，会计要核算现金资源的存量和变动情况，包括：货币资产、现金收入、现金支出、现金结余。

① 国际会计师联合会公立单位委员会发布的第 2 号研究公告《国家政府的财务报表要素》。

**2. 当期财务资源**

当期财务资源包括现金资源以及报告日后能够在短期收回的款项和短期内需要付出的款项。在会计核算对象为当期财务资源时，会计要核算当期财务资源的存量和变动情况，包括：货币资产和应收款项（包括短期债权性资产，下同），应付款项（包括各种短期负债，下同），净当期财务资源（包括现金和约当现金结余）；现金收入（不含收到的非本期短期应收款项）和短期应收收入，现金支出（不含支付的非本期短期应付支出）和短期应付支出。

**3. 总财务资源**

总财务资源包括当期财务资源以及报告日后能够在长期收回的款项和在报告会计期间承担义务导致长期需要付出的款项。在会计核算对象为总财务资源时，会计要核算总财务资源的存量和变动情况，包括：货币资产、应收款项和其他可以转化为现金的长期金融性资产[①]（即长期债权性资产），应付款项和长期负债，净总财务资源；总财务资源增加引起的收入［包括现金收入（不含收到的短期应收款项和收回长期金融性资产的款项）、短期应收收入和其他金融性资产增加引起的收入］，总财务资源减少引起的支出和费用［包括现金支出（不含支付的短期应付支出、取得长期金融性资产的现金支出、归还长期负债的现金支出）、短期应付支出和长期负债增加引起的费用］。

**4. 经济资源**

经济资源是指政府可以掌控和运用的各种具有经济价值的资源。从财产的角度看，经济资源包括总财务资源的全部金融性资产以及各种非金融性资产，如预付款项、实物资产、无形资产、股权投资等。在会计核算对象为经济资源时，会计要核算经济资源的存量和变动情况，包括：货币资产、应收款项、长期金融性资产、预付款项、实物资产、无形资产、股权投资等，应付款项和长期负债，净经济资源；经济资源增加引起的收入［包括现金收入（不含收到的短期应收款项以及收回或变现长期资产的款项）、短期应收收入和其他非金融资产增加引起的收入］，经济资源减少引起的费用［包括现金支出（不含支付的短期应付支出、投资长期金融性资产和非金融性资产的现金支出、归还长期负债的现金支出）、短期应付支出、长期负债增加以及非金融性资产减少引起的费用］。

从以上四种口径资源的内容可以看出，现金资源的口径最小，包含的政府财产内容最少；从现金资源依次到当期财务资源、总财务资源、经济资源，口径越来越宽，包含的政府财产内容越来越多。

## 1.4.2 政府会计目标与政府会计核算对象

**1. 反映预算执行情况要求的会计核算对象**

反映预算执行情况要求的会计核算对象与预算管理对象的口径一致。当预算管理

---

① 本书把货币资产和可以转化为现金的各种债权资产称为金融性资产。

对象属于现金资源时，相应的会计核算对象要求是现金资源；当预算管理对象属于经济资源时，相应的会计核算对象要求是经济资源。

在现阶段，中国政府预算管理的重点是从什么渠道筹集资金，筹集到多少资金；将筹集到的资金分配使用在哪些公共服务方面，各方面使用了多少资金；预算期间还有多少剩余资金可供以后使用，或者在预算期间尚有多少资金缺口需要动用以前的剩余资金或通过举债来补充。因此，目前政府预算管理的资源主要是现金资源，反映预算执行情况要求的会计核算对象基本属于现金资源。

**2. 反映财务状况要求的会计核算对象**

反映政府财务状况的会计目标要求政府会计尽可能全面地反映政府的财产和负债，这样才能为会计信息使用者进行相关决策和全面反映政府对公共资源的受托责任提供更有用的信息。在各种口径的资源中，经济资源所涵盖的财产和负债最全面。因此，反映财务状况要求的会计核算对象基本属于经济资源。

**3. 反映政府工作绩效要求的会计核算对象**

政府会计主要通过核算政府组织提供公共服务的资金消耗和费用消耗（成本）来报告有助于评价政府组织工作绩效的会计信息。政府提供公务服务所消耗的资金，可以通过建设政府服务项目的预算支出（又称绩效预算）来反映。而政府单位提供公共服务的成本，则反映了政府为提供服务消耗的各种经济资源，其中不仅包括消耗的现金，也包括消耗的其他非现金资产，如存货、固定资产、无形资产等，还包括应当由公共服务成本承担的负债。因此，从公共服务成本需要核算的内容看，反映政府工作绩效要求的会计核算对象，有的属于现金资源（如反映绩效预算的会计核算对象），有的属于经济资源（如成本会计核算对象）。

## 1.4.3 政府会计的核算基础

**1. 会计核算基础**

会计核算基础包括收付实现制和权责发生制。

（1）收付实现制是指会计主体按照收到和支付的现金来确认会计报表的项目内容。在完全采用收付实现制核算的条件下，需要对会计主体现金资产的增加以及相应的现金流入进行确认，对会计主体现金资产的减少以及相应的现金流出进行确认，由此得到确认的结果：现金资产的余额和累计的收支结余。

采用收付实现制核算，始终围绕着现金资源的代表——现金资产进行。现金资源的增加确认为收入，现金资源的减少确认为支出，资产和收支核算结果反映为现金资源的余额。按照收付实现制核算时，那些使得会计主体增加可支付能力的资金流入，如借入资金、收回借出资金、出售资本性资产取得的资金都要确认为收入；那些使得会计主体减少可支付能力的资金流出，如借出资金、归还借入资金、购买资本性资产支付的资金都要确认为支出。只有这样，会计核算的收入、支出、资产才能完全反映现金资源的增加、减少，才能反映会计期间现金资源总体的期间变化及期末余额。

（2）权责发生制是指会计主体按照取得（或减少）财产权利①、承担（或减少）未来偿债责任来确认会计报表的项目内容。在完全采用权责发生制核算的条件下，会计主体取得了拥有所有权或占有权的财产，要作为资产确认；会计主体承担了未来偿债责任，要作为负债确认；资产扣除负债后的净额作为净资产确认；增加了会计主体的财产权利净额即净资产的经济资源流入，要作为收入确认；减少了会计主体的财产权利净额即净资产的经济资源流出，要作为费用确认。

采用权责发生制核算，始终围绕着经济资源进行。全部经济资源（包括现金和非现金的全部资产）的增加都要进行确认；全部经济资源的减少（包括导致未来资产减少的现时义务）也都要确认。在确认收入方面，只有增加经济资源净额的资产增加或负债减少才能确认收入，没有增加经济资源净额的现金流入不能确认为收入，没有增加经济资源净额的资产变动和负债变动也不能确认为收入；在确认费用方面，只有减少经济资源净额的资产减少或负债增加才能确认为费用，没有减少经济资源净额的现金流出不能确认为费用，没有减少经济资源净额的资产变动和负债变动也不能确认为费用。只有这样，会计核算的资产、负债、收入、费用才能全面反映经济资源的增加、减少，才能反映会计期间经济资源总体的期间变化及期末余额。

**2. 不同会计核算对象对应的会计核算基础**

（1）对现金资源核算采用的核算基础是收付实现制。核算时对全部收入和支出都采用收付实现制确认。采用收付实现制核算确认的资产只包括各种货币资金；采用收付实现制核算不确认负债。

（2）对当期财务资源核算采用的核算基础是修正的收付实现制。核算时除了对大部分收入和支出采用收付实现制确认以外，对应收款项和应付款项采用权责发生制确认。采用修正的收付实现制核算确认的资产除了货币资金以外，还包括应收款项；采用修正的收付实现制核算确认的负债是应付款项。

（3）对总财务资源核算采用的核算基础是修正的权责发生制。核算时除了对大部分收入、费用采用权责发生制确认以外，对取得非金融性资产发生的支出和将非金融性资产变现取得的资金采用收付实现制确认。采用修正的权责发生制核算确认的资产包括全部金融性资产；采用修正的权责发生制核算确认的负债包括全部负债。

（4）对经济资源核算采用的核算基础是权责发生制。核算时对全部收入、费用都采用权责发生制确认。采用权责发生制核算确认的资产包括全部资产；采用权责发生制核算确认的负债包括全部负债。

会计核算对象与会计核算基础的对应关系见表1-1。

表1-1 会计核算对象与会计核算基础的对应关系

| 核算对象 | 核算基础 | 资产 | 负债 | 收入 | 支出/费用 |
|---|---|---|---|---|---|
| 现金资源 | 收付实现制 | 货币资金 | 无 | 收付实现制 | 收付实现制 |
| 当期财务资源 | 修正的收付实现制 | 货币资金、应收款项 | 应付款项 | 仅对应收款项采用权责发生制 | 仅对应付款项采用权责发生制 |

① 这里所说的财产权利是指广义的财产权利，包括狭义的财产权、债权和知识产权。

续表

| 核算对象 | 核算基础 | 资产 | 负债 | 收入 | 支出/费用 |
|---|---|---|---|---|---|
| 总财务资源 | 修正的权责发生制 | 金融性资产 | 全部负债 | 仅对将非金融性资产变现取得的资金采用收付实现制 | 仅对取得非金融性资产发生的支出采用收付实现制 |
| 经济资源 | 权责发生制 | 全部资产 | 全部负债 | 权责发生制 | 权责发生制 |

**3. 对政府会计核算基础的选择**

（1）预算会计核算主要采用收付实现制基础。在政府会计中，将反映和监督政府或政府单位预算执行情况的会计管理活动称为政府预算会计，以提供预算执行情况会计信息为目的的会计核算属于预算会计核算。根据前面所述内容，预算会计的核算对象属于现金资源，该资源对应的核算基础是收付实现制。因此，预算会计采用的核算基础应当是收付实现制。

在预算期末，有些受收支预算控制的政府活动已经发生，但是相应的现金尚未流入或流出会计主体，形成应计收入或应计支付。为了更详细地反映预算执行情况，预算会计核算中往往在预算期末对这种应计收入或应计支付采用权责发生制确认并予以报告。因此，在预算期末，预算会计采用的核算基础可以是修正的收付实现制。

（2）财务会计核算主要采用权责发生制基础。在政府会计中，将反映和监督政府或政府单位财务状况的会计管理活动称为政府财务会计，以提供财务状况会计信息为目的的会计核算属于财务会计核算。根据前面所述内容，财务会计的核算对象属于经济资源，该资源对应的核算基础是权责发生制。因此，财务会计采用的核算基础应当是权责发生制。

在政府财务会计中，对有些经济活动（如财政部门对预算单位的拨款），为了减少会计核算工作量，在会计期间会采用收付实现制进行确认；有些活动形成的资产（如文物文化资产和自然资源资产等）由于很难计量，也会对其导致的收支采用收付实现制确认。因此，财务会计采用的核算基础往往不是完全的权责发生制。

（3）成本会计核算采用权责发生制基础。在政府会计中，将反映和监督政府单位提供服务成本的会计管理活动称为政府成本会计，以提供服务成本会计信息为目的的会计核算属于成本会计核算。根据前面所述内容，成本会计的核算对象属于经济资源，该资源对应的核算基础是权责发生制。因此，成本会计采用的核算基础也应当是权责发生制。

需要注意，本节所介绍的四种口径资源的划分和对应的会计核算基础的划分仅仅是理论上的。在各国的政府会计实务中，政府会计核算对象范围和核算基础是根据本国政府的会计信息需要和会计信息供给能力进行权衡选择的结果。一个国家政府会计选择的核算对象很可能不完全等同于上述某一种口径的资源，采用的核算基础也很可能不完全等同于上述某一种核算基础。例如，有的国家政府会计核算对象就介于当期财务资源和总财务资源之间，只对部分长期金融性资产或部分长期负债采用权责发生制核算，从而只确认部分长期金融性资产或部分长期负债；而有的国家政府会计核算对象则介于总财务资源和经济资源之间，只对部分非金融性资产采用权责发生制核算，从而只确认部分非金融性资产。

## 1.5 政府会计的会计要素

### 1.5.1 会计要素的概念

政府会计的会计要素是基于报告的需要对政府会计核算对象的基本划分。会计要素组成会计报表的基本结构，所以又称会计报表要素。基本的会计要素是设立会计账户、划分会计账户类别的依据，通常将按照会计要素分类设立的会计账户称为某某要素类账户。如果只是在会计报表中反映一定结构，而不对其设置账户进行核算，则不是基本的会计要素。比如，现金流量表的项目并未设立对应的会计账户并进行确认和记录，因此现金流量表的现金流入、现金流出、现金净额就不作为基本的会计要素，只作为派生的会计要素或会计要素的转化形态。

政府会计的基本会计要素包括三组，分别为预算收入支出表会计要素、资产负债表会计要素和收入费用表会计要素。

### 1.5.2 预算收入支出表会计要素

预算收入支出表会计要素是反映预算执行情况的会计要素，包括：预算收入、预算支出、预算结余。

**1. 预算收入**

预算收入是指政府会计主体在预算期间①纳入预算管理的资源流入。对预算收入的理解，主要包括以下方面。

（1）预算收入是指纳入政府预算管理的资源流入。纳入预算管理的资源流入是指：1）具有法定效力的预算，预算经过法定的程序由批准机构通过。批准机构一般是立法机关或得到授权的政府主管部门。2）属于当期的预算（当期收入预算包括当期初始预算和当期调整预算），不包括预收下期预算的收入和收到属于上期预算的资金。3）符合政府预算的收入分项及内容。

（2）在按照收付实现制编制预算时，属于预算收入的资源是现金资源，包括库存现金及存款、支付权力等。

（3）预算收入包括会计主体在预算期间筹集的可使用、分配的现金。比如，不会导致会计主体净资产增加，但是能够使得会计主体增加可支付能力的现金流入，如借入资金、出售资本性资产取得的资金，都纳入收入预算管理，属于预算收入。未能增加会计主体可使用、分配的资金的现金流入，如会计主体的代管款项、暂收转付或收后缴付款项的现金流入，就不纳入预算管理，不属于预算收入。

（4）预算收入只包括会计主体相对于主体外部的收入，不包括会计主体内部单独记账或报告的子主体或资金之间形成的转移收入。

① 中国政府的预算期间与会计期间一致，以公历年为预算期间和会计期间。

（5）预算收入可以按照预算收入执行过程的不同环节予以确认，如收入预算、预计收入、实际收入等。

**2. 预算支出**

预算支出是指政府会计主体在预算期间纳入预算管理的资源流出。对预算支出的理解，主要包括以下方面。

（1）预算支出是指纳入政府预算管理的资源流出。纳入预算管理的资源流出是指：1）具有法定效力的预算，预算经过法定的程序由批准机构通过。批准机构一般是立法机关或得到授权的政府主管部门。2）属于当期的预算（当期支出预算包括当期初始预算和当期调整预算），不包括预付下期预算的支出和支付属于上期预算的资金。3）符合政府预算的支出分项及内容；在大多数情况下，预算支出不得超出政府预算的支出限制额度。

（2）在按照收付实现制编制预算时，属于预算支出的资源是现金资源，包括库存现金及存款、支付权力等。

（3）预算支出包括会计主体在预算期间所耗费的现金。比如，不会导致会计主体净资产减少，但是能够使得会计主体减少可支付能力的现金流出，如归还借入资金、购买资本性资产付出的资金，都纳入支出预算管理，属于预算支出。未造成会计主体可使用资金真正减少的现金流出，如暂付可收回的现金流出，就不纳入预算管理，不属于预算支出。取得时不作为预算收入的现金，流出时也不属于预算支出。

（4）预算支出只包括会计主体相对于主体外部的支出，不包括会计主体内部单独记账或报告的子主体或资金之间形成的转移支出。

（5）预算支出可以按照预算支出执行过程的不同环节予以确认，如支出预算、约定支付、预计支付、实际支出等。

**3. 预算结余**

预算结余是指会计主体在预算期间的预算收入减去预算支出后的余额，包括预算资金结转和结余。资金结转是用于基本预算和专门项目预算的资金在预算期末收支相抵后的差额，只能用于以后预算期间原有基本支出和专门项目的支出。资金结余是已经终止的专门项目预算收支相抵后的差额，一般不再用于原项目的支出，只能用于下期预算其他方面的支出。

预算收入支出表会计要素确认的基础要与预算编制的基础保持一致，才能反映预算执行情况。因此，在收支预算按照收付实现制编制的前提下，预算收入支出表会计要素项目确认的基础主要采用收付实现制。

## 1.5.3 资产负债表会计要素

资产负债表会计要素是反映财务状况静态情况的会计要素，包括：资产、负债、净资产（基金余额）。

**1. 资产**

资产是指政府会计主体通过过去的活动形成、由政府会计主体拥有或控制的经济资源，该资源预期会给政府会计主体提供未来服务能力或者带来未来经济利益。对资产的理解主要包括以下方面。

（1）政府会计主体获得资产的政府活动包括：依法占有、依法征收、预算分配、交易、其他事项等。这些活动是报告日已经发生的活动，不包括尚未发生的活动。

（2）作为资产的资源的本质特征是预期会为会计主体带来服务能力和经济利益。其中服务能力主要是指提供与政府及政府单位成立目标相一致的服务的能力，如公共管理服务、公益服务等。

（3）确认为资产的资源是由政府会计主体掌握或控制的。掌握或控制是指会计主体能够利用资源达到其目标或利用资源获得经济利益，并能够防止或监管其他主体利用这些资源得到经济利益。

（4）资产是政府掌握或控制的经济资源，包括现金和最终能够转化为现金的资源，以及持续运营条件下不能够转化为现金、只能为会计主体提供服务能力的资源。后者包括预付款项、存货、固定资产、无形资产、公共基础设施等。

（5）资产只包括会计主体相对于主体外部持有的资产，不包括会计主体内部单独记账或报告的子主体对应的对方负债形成的债权资产。

**2. 负债**

负债是指政府会计主体由于过去的活动或法定责任形成的现时义务，履行该义务预期会导致具有经济利益等的资源流出政府会计主体。对负债的理解主要包括以下方面。

（1）负债是一种政府会计主体承担的现时义务，未来需要政府会计主体履行该义务，不包括会计主体尚未承担具体法定责任的潜在义务。

（2）未来会计主体履行义务预期会导致会计主体掌握或控制的资源减少。该资源主要是能够给政府会计主体带来经济利益的资源。

（3）负债只包括会计主体相对于主体外部承担的负债，不包括会计主体内部单独记账或报告的子主体对应的对方债权资产形成的负债。

**3. 净资产（基金余额）**

净资产是指政府会计主体的资产扣除负债后的净额。如果是基金会计主体，净资产又称基金余额，是基金资产扣除基金负债后的净额。

由于负债代表会计主体未来的资产减少，净资产在数量上等于资产扣除负债后的差额，所以从资产的角度看，净资产又是会计主体拥有的资产净额。政府会计主体拥有的净资产，在一定程度上代表政府在以后期间持续提供公共服务能力的物质基础。

资产负债表会计要素项目确认的基础主要采用权责发生制。

### 1.5.4 收入费用表会计要素

收入费用表会计要素是反映财务状况变动情况的会计要素，包括收入和费用。

**1. 收入**

收入是指政府会计主体在活动中形成的、会导致净资产增加的经济资源的总流入。

对收入的理解主要包括以下方面。

（1）收入是会计主体的经济资源的总流入。流入的经济资源包括现金资源和各种非现金资源。

（2）收入的发生会导致会计主体资产增加或者负债减少，从而导致会计主体净资产增加。

（3）收入是指会计主体在一定会计期间内的经济资源总流入。

（4）收入只包括会计主体相对于主体外部的收入，不包括会计主体内部单独记账或报告的子主体之间形成的转移收入。

**2. 费用**

费用是指政府会计主体在活动中形成的、会导致净资产减少的经济资源的总流出。对费用的理解主要包括以下方面。

（1）费用是会计主体的经济资源的总流出。流出的经济资源包括现金资源和各种非现金资源。

（2）费用的发生会导致会计主体资产减少或者负债增加，从而导致会计主体净资产减少。

（3）费用是指会计主体在一定会计期间内的经济资源总流出。

（4）费用只包括会计主体相对于主体外部的费用，不包括会计主体内部单独记账或报告的子主体之间形成的转移费用。

收入费用表会计要素项目确认的基础与资产负债表会计要素项目确认的基础一致，主要采用权责发生制。

## 1.5.5　预算收入支出表会计要素与收入费用表会计要素的关系

由于预算收入支出表会计要素项目基本上采用收付实现制基础确认，收入费用表会计要素项目基本上采用权责发生制基础确认，所以预算收支与收入费用之间在要素内容上既有区别，又有相同之处，两者呈现相交的关系。

**1. 预算收入与收入的关系**

预算收入与收入的关系见图 1－2。

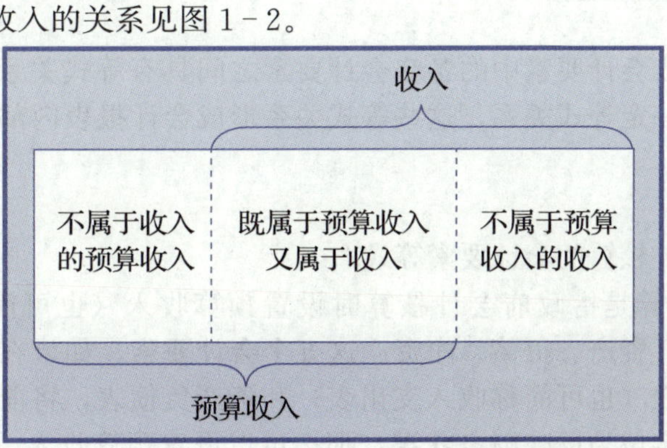


图 1－2　预算收入与收入的关系

图1-2左侧不属于收入的预算收入是指可以按照收付实现制确认，但不能按照权责发生制确认的预算收入，如借入款本金的收入、收回借出款本金的收入、转让股权收回的现金收入等。图1-2右侧不属于预算收入的收入是指可以按照权责发生制确认，但不能按照收付实现制确认的收入，如在确认应收账款时确认的赊销销售收入、确认借出款应计利息时确认的利息收入等。图1-2中间既属于预算收入又属于收入的部分，指既是按照收付实现制确认的预算收入，也是按照权责发生制确认的收入，如确认直接收到的税费、以现销形式收到的事业收入等。

**2. 预算支出与费用的关系**

预算支出与费用的关系见图1-3。

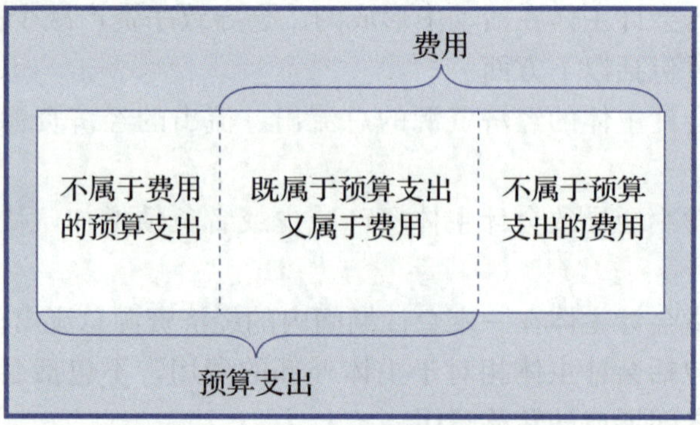


图1-3 预算支出与费用的关系

图1-3左侧不属于费用的预算支出是指可以按照收付实现制确认，但不能按照权责发生制确认的预算支出，如归还借入款本金的支出、借出款本金的支出、购买固定资产的现金支出等。图1-3右侧不属于预算支出的费用是指可以按照权责发生制确认，但不能按照收付实现制确认的费用，如在计提固定资产折旧和无形资产摊销时确认的费用、确认借入款应计利息时确认的利息费用等。图1-3中间既属于预算支出又属于费用的部分，指既是按照收付实现制确认的预算支出，也是按照权责发生制确认的费用，如单位支付当期消耗的水电费、工资薪酬、办公费等。

## 1.5.6 会计要素等式

每组会计报表会计要素中的各个会计要素之间具有等式关系，各组会计报表会计要素之间也具有一定等式关系，这些等式关系形成会计报表内部结构和会计报表之间的勾稽关系。

**1. “五要素”核算的会计要素等式**

“五要素”核算是指政府会计核算时设置预算收入（也可简称收入）、预算支出（也可简称支出）、资产、负债、净资产这五个会计要素。如果在政府会计报告中只编报预算收入支出表（也可简称收入支出表）和资产负债表，将前者定位为反映预算执行情况，将后者定位为反映财务状况，那么可以设置预算收入、预算支出、资产、负债、净资产这五个会计要素（简称“五要素”）进行会计核算。在采用“五要素”进行核算时，会计要素等式如下。

资产负债表会计要素之间的等式关系：

资产＝负债＋净资产 (1)

预算收入支出表（收入支出表）会计要素之间的等式关系：

期初滚存结转结余＋预算收入－预算支出＝期末滚存结转结余 (2)

设置“五要素”进行核算，遇到的最大问题是由于资产负债表与预算收入支出表会计要素的核算基础不一致，当既有收入、支出发生（收付实现制），又要确认非货币资产、负债（权责发生制）变动的时候，就可能会出现借贷记账不平衡，产生资产负债表的不平衡。

设置的“五要素”中，预算收入减去预算支出后的结转结余的滚存数，构成净资产的一部分。由于预算收入和预算支出采用的核算基础都是收付实现制，因此滚存的结转结余也是在收付实现制的基础上形成的。

设置的“五要素”中，资产、负债采用的核算基础都是权责发生制，因此作为资产扣除负债后差额的净资产也是在权责发生制的基础上形成的。

由于净资产中的滚存结转结余以收付实现制为基础，为了保证净资产总体上符合权责发生制基础，需要在净资产中加上对应非货币资产和负债的调整项目，这类调整项目在中国称为资产基金（或非流动资产基金、待冲基金）和待偿债净资产。其中，资产基金反映非货币资产增加对净资产的增加影响，待偿债净资产反映负债增加对净资产的抵减影响。所以，在式（1）中，净资产＝滚存结转结余＋资产基金－待偿债净资产。

在净资产中设置对应非货币资产和负债的调整项目，是通过设置对非货币资产和负债的调整会计科目（净资产类），辅之以对收入、支出和资产、负债核算采用双分录记账方法来实现的。这样就可以解决借贷记账以及资产负债表不平衡的问题。

**2. “八要素”核算的会计要素等式**

“八要素”核算是指政府会计核算时设置预算收入、预算支出、预算结余、资产、负债、净资产、收入、费用这八个会计要素（简称“八要素”）。在采用“八要素”进行核算时，会计要素等式如下。

预算收入支出表会计要素之间的等式关系：

预算收入－预算支出＝预算结余 (3)

资产负债表会计要素之间的等式关系：

资产＝负债＋净资产 (4)

收入费用表会计要素之间的等式关系：

收入－费用＝当期盈余(收入费用差额) (5)

预算收入支出表中的预算收入与收入费用表中的收入之间的等式关系：

预算收入－不属于收入的预算收入＋不属于预算收入的收入＝收入　　(6)

预算收入支出表中的预算支出与收入费用表中的费用之间的等式关系：

预算支出－不属于费用的预算支出＋不属于预算支出的费用＝费用　　(7)

将式（6）、式（7）代入式（5），得到下列等式：

（预算收入－不属于收入的预算收入＋不属于预算收入的收入）－（预算支出－不属于费用的预算支出＋不属于预算支出的费用）＝当期盈余

整理得出：

预算收入－预算支出－不属于收入的预算收入＋不属于预算收入的收入＋不属于费用的预算支出－不属于预算支出的费用＝当期盈余

根据式（3）得出等式：

预算结余－不属于收入的预算收入＋不属于预算收入的收入＋不属于费用的预算支出－不属于预算支出的费用＝当期盈余　　(8)

式（8）反映出预算收入支出表与收入费用表之间的勾稽关系。

## 1.6 政府会计报告

### 1.6.1 政府会计报告的概念

政府会计报告是对政府会计主体掌控的资源情况的全面、完整报告。

政府会计报告按照报告主体的层次分为政府单位报告、政府部门报告和政府整体报告。政府单位报告包括该政府单位掌控的单位全部资源的情况，政府部门报告包括该政府部门所属各个单位掌控的部门全部资源的情况，政府整体报告包括政府所属各个部门掌控的政府全部资源的情况。

政府会计报告的资源情况按照报告的内容主要包括：预算执行情况报告的现金资源的筹集、分配、使用情况；财务报告的反映经济资源存量及变动的资产、负债、净资产情况，以及收入费用情况；成本报告的提供公共服务所耗用的经济资源情况。

政府会计报告采用会计报表、会计报表附注、会计报告说明的形式。

### 1.6.2 政府会计报告的合并范围

政府会计报告的完整性主要取决于两个方面：一是包含在报告中的子报告主体（政府单位或政府部门）的范围完整；二是会计报告的内容完整。

政府整体的会计报告由政府各个部门、各个单位的会计报告汇总、合并而成。因此，如果需要政府会计报告包括所有政府单位，就要分清政府会计报告主体和非政府会计报告主体。对于政府单位来说，一些在政府会计报告范围边缘的单位或组织容易因界限划分不清而在政府会计报告中被遗漏，或者把不应当纳入的单位会计报告纳入政府会计报告。划分并确定这些单位是否纳入政府会计报告，是确定政府会计报告范围需要解决的首要问题。

**1. 国际上政府会计报告主体范围的划分**

在确认政府会计报告范围时，通常采用一定的方法来确定单位报告是否纳入政府会计报告，单位是否成为政府整体会计报告的子报告主体。国际上存在四种划分政府会计报告的主体范围的方法。

（1）公共资金分配法。公共资金分配法又称公共基金分配法，是将全部使用或主要使用政府分配的预算资金的单位主体划入政府会计报告主体范围。

（2）控制法。这种方法是将所有政府能控制的单位划入政府会计报告主体范围。

（3）受托责任法。受托责任法又称政治受托责任法，是根据被选举或任命的管理者是否具有政府的受托责任来确定单位是否属于政府会计报告主体。

（4）法律主体法。这种方法是指根据法规的规定来确定哪些或者哪类单位属于政府会计报告主体。

在以上四种方法中，公共资金分配法和控制法是国际上通常采用的方法，受托责任法和法律主体法应用很少。

**2. 中国政府会计报告主体范围的划分**

（1）中国的特殊国情。中国是世界上少有的以公有制为主要所有制形式的国家，与以私有制为主的国家相比，国有单位有两个不同：一是国家出资企业，二是事业单位。

1）国家出资企业①。以私有制为主的国家中国家出资企业一般只存在于基础设施或市政服务等非竞争性领域，而且数量很少。与私有制国家不同，中国的国家出资企业不仅数量众多，而且很多分布在竞争性领域。一方面，中国的国家出资企业以盈利为主要目的，基本不承担政府职能；另一方面，中国的国家出资企业虽然在股权上受国家控制，但是按照现代企业制度，国家出资企业属于自负盈亏、自主经营的市场经济实体，政府不承担企业的债务，也无权干涉企业在法律许可范围内的经营活动，不能“平调”企业的财产。所以，国家控制的国有企业的资产、负债等，不应当并入政府会计报告内容。

2）事业单位。以私有制为主的国家中公益性服务组织（即非营利组织）一般不由政府举办，政府举办的公立非营利组织数量相对较少。与私有制国家不同，中国的公立非营利组织（事业单位）在公益性服务组织中所占的比重很大，民间非营利组织所占的比重很小。中国的事业单位占有、使用政府掌控的公共经济资源的相当比重。在政府会计报告中包括事业单位占有的公共经济资源，报告的内容才完整。所以，事业单位应当纳入政府会计报告的范围。

（2）中国政府会计报告主体范围的划分标准。鉴于中国的特殊国情，在确定中国政府会计报告主体范围时，采用国际上哪一种划分方法都不适宜，应当寻找适合中国国情的划分方法。中国政府会计报告主体范围的划分可以采用如下标准：

1）公立单位。作为政府会计报告主体的单位首先应当是公立的。对于什么是公立单

---

①　包括国有独资企业和国家出资参股企业。

位，应当从财产所有权角度界定。凡是单位财产所有权属于国有的，都属于公立单位。

2）非营利组织①。作为政府会计报告主体的公立单位必须是非营利组织。非营利组织的判断依据：一是不以盈利为目的而成立；二是全部或大部分服务免费提供或低于成本收费。只要某个单位同时符合这两个条件，就属于非营利组织。

3）政府控制所有权。对于政府与社会资本共同出资举办的混合所有制非营利组织，按照政府享有的所有权是否达到控制标准来判断该组织是否属于政府会计报告主体。达到政府控制所有权标准的混合所有制非营利组织，属于政府会计报告主体。

同时符合上述前两条标准的单位，属于政府会计报告主体。同时符合上述后两条标准的混合所有制单位，也属于政府会计报告主体。

**3. 国家出资企业的国有资产在政府会计报告中的列报**

从所有权的角度看，政府对国家出资企业拥有投资所有权，或称为政府对企业的所有者权益。这种投资所有权属于国有资产。因此，如果仅仅按照上述中国政府会计报告主体范围的划分标准，在政府会计报告中不反映政府对国家出资企业的产权，就会使政府会计报告的政府资产内容缺失。所以，应当将国家出资企业的国有资产列入政府会计报告。

如上所述，国家出资企业的资产不能被政府“平调”，国家出资企业的负债也不应当由政府承担，所以不能将国家出资企业的国有资产通过“行对行”汇总报表的方式列入政府会计报表。对国家出资企业的国有资产，采用由履行政府出资人职责的政府单位报告股权资产的方式，列入政府会计报告。

## 1.6.3 政府会计报告的内容

**1. 会计报表**

政府会计报告中的会计报表包括主要报表和附表。主要报表至少包括三种，即预算收入支出表、资产负债表、收入费用表。②

（1）预算收入支出表。预算收入支出表的结构按照会计要素等式“预算收入－预算支出＝预算结余”设置。因此，预算收入支出表由预算收入、预算支出、预算结余三大部分构成。为了适应财政部门对财政资金结余的管理需要，还可将以往累积的预算结余数列入表中，反映累积的预算结余情况。

预算收入支出表的功能包括反映预算收入、预算支出和预算结余的实际发生情况以及与预算（计划）的比较情况。因此在预算收入支出表中，要反映预算数、实际数，以及两者之间的差额。另外，为了方便报表使用者直观地观察本年预算资金实际收支和上年实际收支的差异，报表中还可以设置有关比较数值的栏目，如本年实际数与上年实际数比较。

---

① 这里所说的非营利组织指广义的非营利组织，包括政府组织。

② 我国政府目前尚未完整公开披露政府会计报告，当前只有本级政府和部门的决算报告和决算报表（总预算收入支出表）。欲了解我国政府目前的会计信息状况和内容，可以进入北京市人民政府网站（http://www.beijing.gov.cn/gongkai/zdlyxxgk/czsj/），见财政、审计板块中的北京市政府决算报告和各部门决算公开内容。

预算收入支出表的结构见表 1 - 2。

表 1 - 2　预算收入支出表

| 项目 | 预算数 | | | 实际数 | 实际数与预算数比较 | | 上年实际数 | 本年实际数与上年实际数比较 | |
|---|---|---|---|---|---|---|---|---|---|
| | 年初预算 | 预算调整 | 最终预算 | | 实际比预算（%） | 实际比预算（±） | | 本年比上年（%） | 本年比上年（±） |
| | 1 | 2 | 3=1+2 | 4 | 5=4÷3 | 6=4-3 | 7 | 8=4÷7 | 9=4-7 |
| 一、预算收入：<br>……<br>……<br>……<br>…… | | | | | | | | | |
| 加：转移、调拨收入 | | | | | | | | | |
| 减：转移、调拨支出 | | | | | | | | | |
| 二、预算支出：<br>……<br>……<br>……<br>…… | | | | | | | | | |
| 三、本期预算结余 | | | | | | | | | |
| 其中：已完项目结余 | | | | | | | | | |
| 四、期初累计预算结余 | — | — | — | | — | — | | | |
| 其中：已完项目结余 | — | — | — | | — | — | | | |
| 五、期末累计预算结余 | — | — | — | | — | — | | | |
| 其中：已完项目结余 | — | — | — | | — | — | | | |

（2）资产负债表。资产负债表的结构按照会计要素等式“资产＝负债＋净资产”设置。因此，资产负债表分为资产、负债、净资产三大部分，这三大部分又可以做以下划分：

1）资产分为金融性资产①和非金融性资产。对资产可以有两种粗线条的划分方式：

① 这里所说的金融性资产又可称为现金产出资产，是指货币资产和持有的预期能够给政府会计主体带来确定的现金流入的资产。划分金融性资产的目的是辨别能够偿还政府债务的资产。所以，预付款项、长期股权投资（中国的国有投资主要是政府为了保证国计民生而进行的投资，或对私人资本不愿进行投资领域进行的投资，如与国家安全有关的投资、公共基础设施或公用事业的投资等。因此，很多政府持有的长期股权投资不是为了通过在市场出售而获得经济利益）不属于这里所说的金融性资产范畴。

一是划分为流动资产和非流动资产；二是划分为金融性资产和非金融性资产。对资产的这两种划分主要是为了提供会计主体偿债能力信息。企业的资产负债表中将资产划分为流动资产和非流动资产，是因为企业的资产最终都可以为会计主体带来现金流入，都属于具有偿债能力的资产。将企业的资产按照变现速度（即流动性）划分，能够提供企业短期和长期的偿债能力信息。而政府的资产大多数不会为会计主体带来现金流入，政府组织在持续运营条件下一般不会通过将存货、固定资产、公共基础设施、政府储备物资等资产变现来偿还债务。在政府的资产中，金融性资产是政府可以用于支付和偿债的资产。所以，将政府的资产分为金融性资产和非金融性资产，更有利于提供反映政府偿债能力的信息。

金融性资产是指本身是货币资金或预期能够全部带来货币资金流入的资产，包括货币资金、应收款项和债券投资等。非金融性资产是指预期不能带来或不能全部带来货币资金流入的资产，包括预付款项、存货、长期股权投资、固定资产、无形资产、在建工程、政府储备物资、公共基础设施、文物文化资产、保障性住房等。为了能够提供短期偿债能力和长期偿债能力的信息，还需要将金融性资产进一步划分为流动金融性资产和非流动金融性资产。流动金融性资产是指货币资金和准备在一年以内转为货币资金的资产；非流动金融性资产是指准备在一年以后转为货币资金的资产。

2）负债分为短期负债和长期负债。短期负债是指需要在一年以内偿还的负债。长期负债是指需要在一年以后偿还的负债。将负债划分为短期负债和长期负债，有助于了解政府的哪些负债需要近期安排资金偿还，哪些可以在一段较长的时间以后安排资金偿还。

3）净资产的划分。国外政府会计的净资产有些按限定性和非限定性来划分，中国以捐赠业务为主的民间非营利组织的净资产也按照限定性和非限定性来划分。划分限定性净资产和非限定性净资产，是为了帮助会计信息使用者了解哪些净资产对应的资源的使用有特定限制，哪些净资产对应的资源的使用不受限制。

中国政府会计的资产负债表，可以考虑将有限定要求的净资产（限制用途、限制使用方式的专用基金等）单独分项列示；其他的统称累计盈余或其他净资产，表示没有限定要求的净资产。

资产负债表的结构及主要栏目见表1-3。

**表1-3 资产负债表**

| 资产 | 期末余额 | 年初余额 | 负债 | 期末余额 | 年初余额 |
|---|---|---|---|---|---|
| **金融性资产：** | | | **短期负债：** | | |
| 流动金融性资产： | | | 短期借款 | | |
| 货币资金 | | | 短期应付政府债券 | | |
| 应收账款 | | | 应付及预收账款 | | |
| 应收票据 | | | 应付职工薪酬 | | |
| 其他应收款项 | | | 应付政府补贴 | | |
| 短期有价证券投资 | | | 其他应付及暂存款 | | |
| 其他流动金融性资产 | | | 预计负债 | | |
| 流动金融性资产合计 | | | 其他短期负债 | | |

续表

| 资产 | 期末余额 | 年初余额 | 负债 | 期末余额 | 年初余额 |
|---|---|---|---|---|---|
| 非流动金融性资产： | | | **短期负债合计** | | |
| 长期债券投资 | | | **长期负债：** | | |
| 应收转贷款 | | | 长期应付政府债券 | | |
| 其他非流动金融性资产 | | | 长期借款 | | |
| 非流动金融性资产合计 | | | 长期应付款 | | |
| **金融性资产合计** | | | 其他长期负债 | | |
| **非金融性资产：** | | | **长期负债合计** | | |
| 预付及暂付款项 | | | 受托代理负债 | | |
| 存货 | | | **负债合计** | | |
| 股权投资 | | | **净资产：** | | |
| 固定资产 | | | 专用基金 | | |
| 无形资产 | | | 累计盈余 | | |
| 政府储备物资 | | | 其他净资产 | | |
| 文物文化资产 | | | **净资产合计** | | |
| 公共基础设施 | | | | | |
| 保障性住房 | | | | | |
| 在建工程 | | | | | |
| 其他非金融性资产 | | | | | |
| **非金融性资产合计** | | | | | |
| 受托代理资产 | | | | | |
| **资产总计** | | | **负债和净资产总计** | | |

(3) 收入费用表。收入费用表的结构按照会计要素等式“收入－费用＝当期盈余”设置。收入费用表的结构安排有两种：一是按照收入、费用两部分设置；二是按照收入、费用、当期盈余三部分设置。

政府的收入减去费用后的差额——当期盈余对政府整体或政府单位来说，既不代表活动业绩，也不属于要追求的“成果”，只是表明与之相对应的净资产变动。而净资产的变动在资产负债表中也可以体现。如果从这点考虑，收入费用表可以采用“期初累计盈余＋收入－费用＝期末累计盈余”的结构安排。然而，如果从会计报表一般的阅读习惯考虑，采用“收入－费用＝当期盈余”的结构安排比较适宜（当期盈余等于因收入、费用引起的当期净资产变动额）。

收入费用表的主要功能是向报表使用者提供政府为公共服务活动消耗的经济资源的信息，以及为了补充消耗而取得的经济资源的信息。从信息使用的角度考虑，政府在哪些领域的活动中消耗经济资源及其数量、政府取得经济资源的来源渠道及其数量，是信息使用者关心的重点。所以，收入费用表中收入的划分应当按照收入的来源渠道分项列示；收入费用表中的费用应当按照政府服务的领域及活动性质分项列示。

收入费用表的结构及主要栏目见表 1－4。

表1-4 收入费用表

| | 本月（年） | 本月累计（上年） |
|---|---|---|
| **收入** | | |
| 税收收入 | | |
| 收费收入 | | |
| 国有资产有偿使用收入 | | |
| 利息收入 | | |
| 罚没收入 | | |
| 彩票收入 | | |
| 国有资产投资收益 | | |
| 事业活动收入 | | |
| 捐赠收入 | | |
| 经营活动收入 | | |
| 政府间转移收入 | | |
| 其他收入和利得 | | |
| **费用** | | |
| 公共服务费用 | | |
| 其中：一般公共服务 | | |
| 外交 | | |
| 国防 | | |
| 公共安全 | | |
| 教育 | | |
| 科学技术 | | |
| 文化旅游体育与传媒 | | |
| 社会保障和就业 | | |
| 卫生健康 | | |
| 节能环保 | | |
| 城乡社区 | | |
| 农林水 | | |
| 交通运输 | | |
| 资源勘探工业信息等 | | |
| 商业服务业等 | | |
| 金融 | | |
| 援助其他地区 | | |
| 自然资源海洋气象等 | | |

续表

| | 本月（年） | 本月累计（上年） |
|---|---|---|
| 住房保障 | | |
| 粮油物资储备 | | |
| 灾害防治及应急管理 | | |
| 其他行政事业活动费用 | | |
| 单位机关运行费用 | | |
| 经营活动费用 | | |
| 对社保基金补助 | | |
| 对国有企业改革及政策性补贴 | | |
| 政府间转移支出 | | |
| 其他费用和损失 | | |
| **当期盈余** | | |

除了预算收入支出表、资产负债表、收入费用表以外，会计报告的主要报表还可能包括现金流量表。在政府会计报告中是否设置现金流量表，取决于有无对现金流量表的需要。如果政府预算采用权责发生制基础编制，预算收入支出表和收入费用表都不能提供政府的现金流量信息，那么就需要编制现金流量表，以满足会计信息使用者对政府现金流量信息的需求。如果政府预算采用收付实现制基础编制，那么预算收入支出表反映的预算收入、预算支出、预算结余基本等于现金流入、现金流出和现金净额，能满足会计信息使用者对政府现金流量信息的需求，就可以不编制现金流量表。

除了会计报表的主表以外，会计报告中的会计报表还包括许多附表。会计报表的附表是提供比会计报表主表更详细情况的报表，如预算收入明细表、预算支出明细表、某项资产的明细表、某项负债的明细表、净资产变动表、专项资金使用情况表等。

能够将提供的服务量化为服务量可比的单位[①]服务的政府单位，还需要提供成本报表，报告每单位服务的成本情况。由于政府单位提供的公共服务很多难以量化成服务量可比的单位服务，所以不能计算出服务的单位成本，或计算单位服务成本没有意义，也不需要提供单位成本信息。因此，除了能够将服务量化为可比单位服务的政府单位以外，在其他政府会计主体的会计报告中，不包括成本报表。

为了说明预算收入支出表和收入费用表的勾稽关系，政府会计报告的附表还可以包括预算收支差额与收入费用差额之间的调整表，简称余额调整表。余额调整表的结构按照会计要素关系等式“预算结余－不属于收入的预算收入＋不属于预算收入的收入＋不属于费用的预算支出－不属于预算支出的费用＝当期盈余”设置。

为了充分提供政府组织活动的绩效信息，政府单位或部门会计报告的附表还包括基本数字表。基本数字表以非价值计量指标的内容为主，一般列示的项目包括：各类工作人员数量，固定资产数量（面积、个数等），占地面积，单位服务规模（通过服务

① 这里的单位是指计量服务数量的单位（如医院的每个疾病诊疗人次、学校的每个学生），不是指政府组织的政府单位。

能力数量表示，如学校的在校学生人数和毕业生数量，医院的床位和诊疗人次，图书馆的馆藏图书册数、座位数量和借阅人次）等。

**2. 会计报表附注**

会计报表附注是对会计报表本身无法或难以充分表达的内容和项目所做的补充说明和解释。政府会计报表附注主要包括五个方面的内容。

（1）政府会计报表的主体范围，即会计报表的主体的范围和口径。特别是汇总合并报表，要表明被合并的会计报告记账主体或子报告主体。

（2）对会计报表项目的详细说明，包括对报表重要项目的细分说明，以及对汇总合并需要抵销的报表项目的抵销对象的说明。

（3）由于会计主体范围变更、报表项目口径变更、会计政策变更和差错更正等，对报表项目前后期数字变化及其原因的说明，如编报单位口径变动、会计政策变动或会计估计变动及其影响，资产负债表日后事项等。

（4）由于尚不能确定而不在报表中反映，但是对其进行披露有助于会计报表使用者更全面地了解政府预算执行情况和财务状况等的项目，如影响预算支出的对外承诺、或有负债等。

（5）由于会计计量技术或计量成本等原因尚不能形成以市场价格计量的价值指标，也就不能在会计报表内反映，但是其情况对报表使用者决策和评价政府受托责任又很重要的项目，如文物文化资产、城市土地、林地、矿产资源等。这类附注披露的项目一般用非价值的实物量指标反映。

**3. 会计报告说明**

政府会计报告说明是对政府会计主体财政、财务情况的讨论分析，主要包括以下几个方面。

（1）对政府财政和财务情况产生重大影响的宏观经济情况。例如，重大的经济政策、经济环境的重大变化、重大自然灾害或战争等。

（2）政府预算执行情况的说明。例如，预算收入和预算支出与预算出现重大偏差的项目的原因分析；预算超收收入的安排和使用情况；纳入预算的重大专项任务完成过程中的资金使用情况；社会公众关心的热点问题所涉及的财政资金情况，如社会保障资金情况、教育经费情况、土地储备资金情况等。

（3）政府财务状况的说明。例如，重大的资产、负债项目变动原因说明，对以后预算收支产生重大影响的资产、负债变动以及预计影响预算收支的数量，政府债务总余额及预期偿债能力分析，收入、费用结构变化的影响因素等。

（4）政府目标和目标完成情况，为完成政府目标的资源消耗情况。例如，政府投资的重大建设项目以及项目实物和投资的完成情况，政府承诺为民生办理的重大实事的完成情况及使用的资金情况，上级部门要求报告的单位或部门资金使用情况，政府提供服务的成本等。

（5）政府经济合规管理和财务管理情况。例如，主要管理规范的建立，单位内部控制，重大非正常资产损失及原因说明，重大的财政管理和政府财务管理改革，以往检查出的重大财政资金违规的改正等。

不同层级政府会计报告主体的会计报告说明的侧重点不同。单位和政府部门会计报告说明侧重于会计报表内容及变化的原因，以及本单位、本部门的预算管理、财务管理和成本管理情况。政府整体会计报告说明侧重于政府在施政过程中的综合财政、财务情况，包括宏观经济对财政资金筹集和使用的影响等。

问答1－4：本级政府会计报表中是否包含下级政府会计报表的内容？是否有全国范围的政府会计报表？

## 1.6.4　政府会计报告的层级和汇总

在每级政府中，政府会计报告分为政府单位会计报告、本级政府各部门会计报告和本级政府整体会计报告三个层级。三个层级之间存在单位会计报告→部门会计报告→政府整体会计报告的归集关系。相应地，一级政府内各级会计报告中的会计报表也遵循一定的汇总、合并关系。如果需要编制包括各级政府报告信息的会计报表，还需要将各级政府的整体会计报表自下而上层层汇总。政府各层级会计报表的汇总关系如图1－4所示。

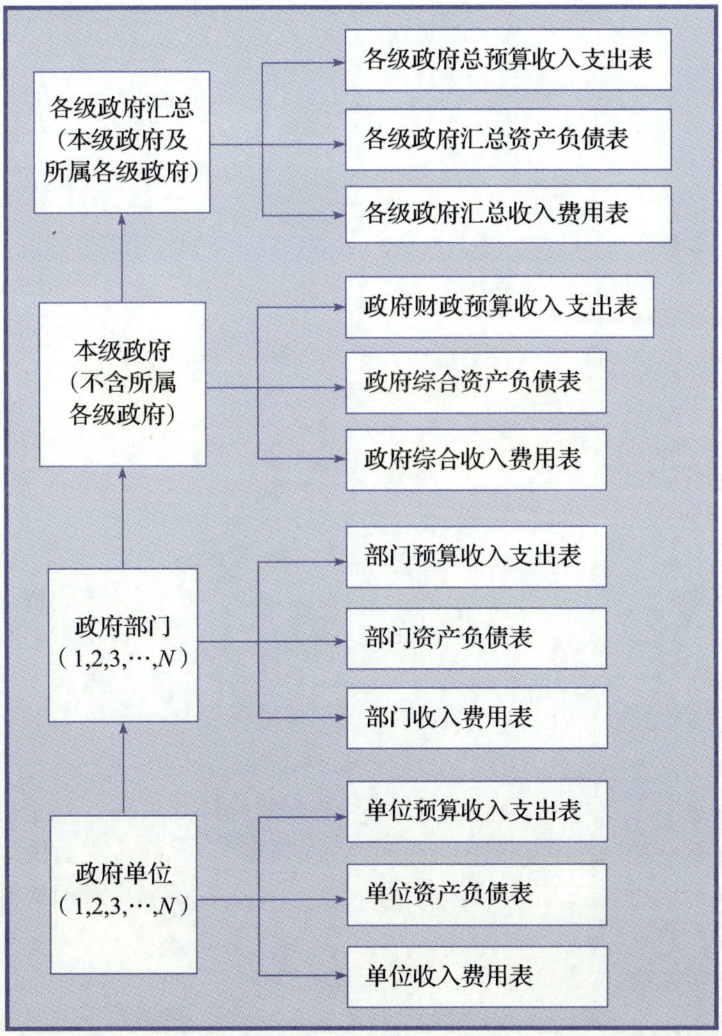


图1－4　政府各层级会计报表的汇总关系

## 思考题

1. 为什么说政府会计适用的政府组织是经济学意义上的政府组织？
2. 哪些事业单位会计不属于政府会计的范围？为什么？
3. 政府会计主体有哪几种概念？政府会计主体与企业会计主体有何不同？
4. 政府会计的目标是什么？
5. 按照政府会计的目标，政府会计应当以什么资源作为核算对象？
6. 政府会计核算采用的基础是什么？为什么？
7. 政府会计的会计要素有哪些？它们之间有什么数量关系？
8. 中国纳入政府会计报告范围的会计主体包括哪些？

# 第 2 章 Chapter 2 政府会计中的预算会计核算

学习目标

1. 了解中国政府预算的组成和预算执行过程的环节
2. 了解政府预算会计核算的概念和核算业务
3. 掌握不同的预算会计核算方法

## 2.1 政府预算与预算会计核算

### 2.1.1 政府预算

**1. 政府预算的概念**

政府预算是由政府立法机构批准、由政府行政机构执行的法定收支计划，是对政府及政府单位的收支进行控制和监督的标准。政府预算包括收入预算和支出预算。收入预算是对政府及政府单位筹集资金的来源及数量的法定计划；支出预算是对政府及政府单位安排资金分配的公共服务领域及数量或者使用资金的用途及数量的法定计划。

**2. 中国政府预算的组成**

中国的政府预算包括财政预算和部门预算。财政预算是对财政部门筹集、分配和使用资金的预算；部门预算是对政府主管部门及所属单位筹集、使用资金的预算。

《中华人民共和国预算法》

财政预算按照对财政资金不同的预算管理分为一般公共预算、政府性基金预算、国有资本经营预算，以及财政部门管理的社会保险基金预算。①

① 四类预算的定义和内容参见《中华人民共和国预算法》（扫描二维码）第五条至第十一条。

财政预算的收入包括各种税收收入和政府非税收入。财政预算的支出包括两个部分：一是财政部门对各个政府单位的财政拨款，又称财政拨款支出，这是财政预算支出的主要部分；二是财政部门代表政府直接对政府以外的支出，又称财政直接支出，如偿还政府的主权外债和兑付政府债券的本息支出、对国际组织的投资支出等。

部门预算的收入包括两个部分：一是获得财政部门对本部门所属单位的财政拨款，又称财政拨款收入，这是部门预算收入的主要部分；二是本部门所属单位通过事业活动或经营活动等取得的收入，又称非财政资金收入。部门预算的支出包括各个政府单位对政府以外的支出。

从政府整体看，财政预算的财政拨款支出就是部门预算的财政拨款收入。在政府全部收支纳入预算管理的条件下，财政预算收入加上部门预算中非财政资金收入组成政府全部收入，财政预算中财政直接支出加上部门预算支出组成政府全部支出。财政预算收支和部门预算收支的关系见图2-1。

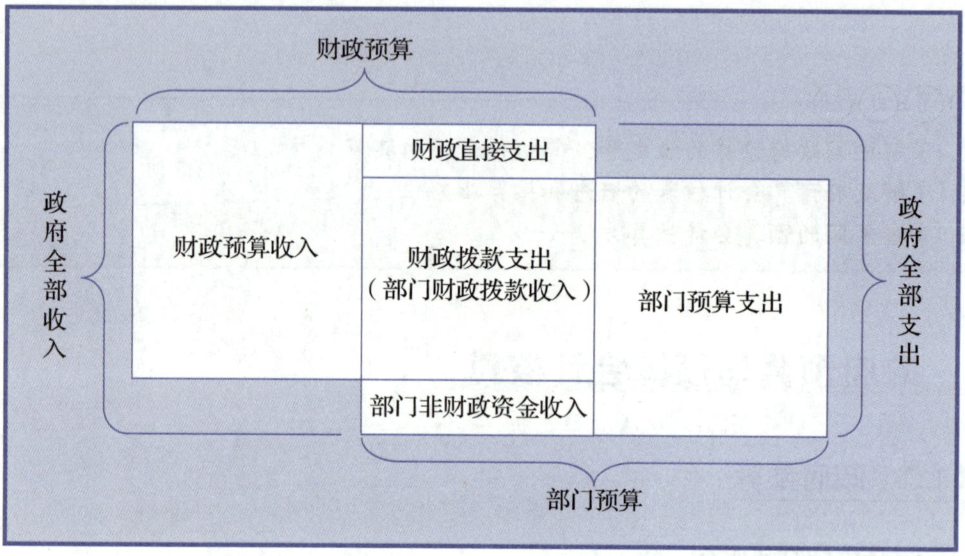


图2-1 财政预算收支和部门预算收支的关系

**3. 预算执行过程**

预算执行过程是指预算管理主体以批准的法定收入和支出计划为起点，以实际收到和支出现金为终点的预算资金管理过程。预算执行过程分为预算收入执行过程和预算支出执行过程。

（1）预算收入执行过程。预算收入执行过程总体上可以分为三个环节：获得批准收入计划（收入预算），核定筹集的收入（核实收入），实际收到资金（实际收入）。其中，收入预算是预算收入执行过程的起始环节，实际收入是预算收入执行过程的最终环节。

核实收入是指政府有关部门或单位对税收收入、非税收入等预算收入按照规定审核落实的应收（如纳税人、交费人应当缴纳的）金额，又称应计收入。核实应收预算收入的数额不仅为政府或政府单位实际收款提供了标准和依据，也能够起到避免有关预算执行责任单位人为操纵预算收入执行结果（如果只将实际收到款项作为预算收入执行的结果而不考虑应收未收的核实收入，那么，人为地将属于预算收入的款项收取时间提前或延后就可以影响预算收入执行结果）的作用。因此，在预算收入执行过程中，将核实收入作为一个重要的中间环节划分出来。

在大多数情况下，对预算收入的核实和实际收款在时间上间隔很短，甚至可以忽略不计。但是在少数情况下，对预算收入的核实和实际收款有一定时间间隔，特别是在预算报告期末，要特别注意应收未收的核实收入（应计收入），并将核实收入与实际收入的差额作为考察预算收入执行结果的因素。

（2）预算支出执行过程。预算支出执行过程总体上可以分为四个环节：获得批准支出预算（支出预算），签订合同约定在预算期内付款（约定支付），核实应付的款项（应计支付），实际支付资金（实际支出）。其中，支出预算是预算支出执行过程的起始环节，实际支出是预算支出执行过程的最终环节。

约定支付是指政府单位签订的采购合同中约定在预算期间履行合同时需要支付的款项。约定支付是对预算管理主体预算资源的一种分配，确定约定支付是为了防止将这部分已经约定定向支付的支出预算额度安排给其他的约定支付或支出，从而保证包括约定支付在内的全部预算支出不超出支出预算总额。因此，在预算支出执行过程中，将约定支付作为一个重要的中间环节划分出来。如果政府单位的购买活动没有事前签订合同，那么在该活动所导致的预算支出执行过程中就没有约定支付这一环节。

应计支付是指政府或政府单位按照规定或交易规则应当支付但尚未支付的预算支出。政府或政府单位按照规定已经发生应当给付的义务（如发放补贴等），或者接受了劳务和商品但尚未付款时，就产生应计支付。应计支付确认时虽然并未付出现金，但是属于支出预算控制的活动已经发生，尚未支付的预算资金已经确定即将支出并且不可能再用于其他方面。另外，预算支出执行过程中的应计支付与预算收入执行过程中的核实收入一样，还能够起到避免有关预算执行责任单位人为地操纵预算支出执行结果的作用。因此，在预算支出执行过程中，将应计支付作为一个重要的中间环节划分出来。如果发生给付义务时或政府单位的购买活动中没有发生应付未付款项，那么在该活动所导致的预算支出执行过程中就没有应计支付这一环节。

（3）财政预算和部门（单位）预算的预算执行过程。财政资金的收入来源于从社会公众处依法取得的税收收入、非税收入等，在实际取得收入之前会按照法规对收入金额进行审核，因此财政预算收入执行过程包含收入预算、核实收入、实际收入三个环节。

中国政府财政部门一般不代表政府直接签订采购合同，因此财政预算支出过程中一般没有约定支付这一环节。财政部门的资金支出主要是对行政事业等政府单位的拨款，一般不需经历应计支付环节。但是在国库集中支付条件下，会由于预算单位用款进度等原因在期末形成财政部门的未付拨款，在预算年度末反映出部分应计支付。所以，财政预算支出执行过程包括支出预算、应计支付、实际支出三个环节。

政府单位的预算收入在执行过程中涉及收入预算和实际收入两个环节。在国库集中支付条件下，有的财政拨款会由于单位用款进度等原因在期末形成财政部门的未付拨款，也就形成期末单位预算收入执行过程中的应计收入；事业单位通过事业活动和经营活动取得非财政资金收入时，由于有的活动采取先服务后收款或赊销等方式，也会形成单位预算收入执行过程中的应计收入。所以，部门（单位）预算收入执行过程包括收入预算、应计收入、实际收入三个环节。

政府单位是政府对外签订采购合同的主体，单位的实际采购活动有些会采用赊购方式。所以，部门（单位）预算支出执行过程包括支出预算、约定支付、应计支付和实际支出四个环节。

图2-2和图2-3显示了财政预算和部门（单位）预算的执行过程。

| 预算收入执行过程 | 预算支出执行过程 |
| --- | --- |
| 收入预算→核实收入→实际收入 | 支出预算→应计支付*→实际支出 |

图2-2 财政预算的执行过程

*可能存在的环节。

| 预算收入执行过程 | 预算支出执行过程 |
| --- | --- |
| 收入预算→应计收入*→实际收入 | 支出预算→约定支付*→应计支付*→实际支出 |

图2-3 部门（单位）预算的执行过程

*可能存在的环节。

## 2.1.2 预算会计核算

**1. 对预算会计核算的认识**

对预算会计核算的认识包括以下几个方面。

（1）预算会计核算是指以提供预算执行情况信息为目的的会计核算。

（2）预算会计核算的目的是提供预算主体的预算资金收、支、余信息，预算会计核算包括对预算收入、预算支出和预算结余的核算。在将预算会计账户和财务会计账户混合设置进行会计核算时，提供资产、负债等会计信息不属于预算会计核算的目的。

（3）预算会计核算是对预算执行过程的会计核算。预算会计在会计报告中，要报告政府或政府单位收入、支出的实际发生情况，以及实际发生的收入、支出与预算的比较情况。因此，预算会计至少要报告政府收支的预算数和实际发生数。为了控制预算的执行和更加全面地了解预算执行情况，预算会计还需要提供预算执行过程中各个环节的预算收支情况。为了实现对这些信息的报告，预算会计要对预算执行过程进行会计核算。

（4）预算会计核算要通过确认、计量、记录和报告等基本会计程序，对预算收支执行过程进行系统的反映和监督。没有经过会计核算的基本程序，只是根据非正式会计记录的数据报告预算收支环节（如直接使用预算批准文件报告的预算数），不属于预算会计核算。

（5）预算会计核算对预算执行过程中不同环节可采用不同的核算方法。依据由初步到深入的不同程度，预算会计核算包括：只反映预算收支发生的会计核算；反映预算和预算收支发生的会计核算；反映预算执行全过程的会计核算。

**2. 预算会计对预算执行过程环节的不同核算方法**

（1）只反映预算收支发生的会计核算，是指只核算实际发生的预算收支。在设置账户时，只设置登记实际发生的预算收支的会计账户。在编制会计报表时，根据会计账户数据填列实际发生的预算收支数。

（2）反映预算和预算收支发生的会计核算，是指对批准的预算指标和实际发生的预算收支均进行会计核算。在设置登记实际发生的预算收支的会计账户的同时，也设置登记批准的预算指标数的会计账户。在编制会计报表时，会计报表中的预算数栏目和实际发生的预算收支数栏目都根据会计账户数据填列。

（3）反映预算执行全过程的会计核算，是指对批准的预算、预算执行过程的中间环节和实际发生的预算收支均进行会计核算。在设置登记批准的预算指标数和实际发生的预算收支的会计账户的同时，还要设置登记预算执行过程的中间环节的会计账户。在编制会计报表时，增加设置反映预算执行过程中间环节收支数的栏目。会计报表中的预算数栏目、预算执行过程中间环节的收支数栏目和实际发生的收支数栏目都根据相应的会计账户数据填列。

## 2.2　只反映预算收支发生的会计核算

预算会计核算的账户设置和财务会计核算的账户设置有两种方法：一是将预算会计账户和财务会计账户各自独立设置，预算会计账户之间进行借贷平衡的复式记账，财务会计账户之间进行借贷平衡的复式记账；二是预算会计账户和财务会计账户混合设置，预算会计账户和财务会计账户之间进行借贷平衡的复式记账。以下分别按照这两种方法介绍只反映预算收支发生的会计核算。

### 2.2.1　独立的预算会计账户设置及核算方法

预算会计核算需要提供预算收入、预算支出、预算结余的信息，其中对预算结余还需要提供累计预算结余的信息。独立设置预算会计账户时，要分别设置预算收入类、预算支出类和预算结余类会计账户，并进行相应的账务处理。独立设置预算会计账户及进行账务处理的具体做法有多种，限于篇幅，这里只介绍一种。

**1. 账户设置**

设置预算收入类账户，核算实际发生的预算收入数。本类账户贷方登记发生的预算收入数，借方登记退回的预算收入数或年末预算收入的转销数。本类账户贷方余额反映累计的预算收入数。年末转账后，本类账户无余额。

设置预算支出类账户，核算实际发生的预算支出数。本类账户借方登记发生的预算支出数，贷方登记退回的预算支出数或年末预算支出的转销数。本类账户借方余额反映累计的预算支出数。年末转账后，本类账户无余额。

设置预算结余类账户。本类账户属于预算收入类和预算支出类账户的对应账户。预算结余类账户分为两种：一是核算累计预算收支差额的账户，称为“××结转（结余）”账户；二是核算代表预算资金结存数量的账户，称为“资金结存”账户。“××结转（结余）”账户贷方登记预算收入转入导致的预算结余增加数，借方登记预算支出转入导致的预算结余减少数，贷方余额等于预算收支差额的累计数。“资金结存”账户借方登记预算收入发生导致的预算资金增加数，贷方登记预算支出发生导致的预算资金减少数，借方余额等于预算资金的累计结存数。由此可看出，“××结转（结余）”与“资金结存”账户的余额之间存在金额相等、方向相反的关系。①

这种方法要求期末根据预算会计账户数据编制预算收入支出表。

**2. 账务处理②**

登记发生的预算收入时，按照实际收到的金额借记“资金结存”科目，贷记预算收入类科目。

登记发生的预算支出时，按照实际支出的金额借记预算支出类科目，贷记“资金结存”科目。

期末，将预算收入类账户和预算支出类账户的余额转入对应的“××结转（结余）”账户。按照预算收入期末余额借记预算收入类科目，贷记“××结转（结余）”科目；按照预算支出期末余额借记“××结转（结余）”科目，贷记预算支出类科目，期末转账后预算收入类账户和预算支出类账户无余额。

在这种方法中，在预算收入、预算支出、预算结余业务核算的同时，还需要登记资产类等财务会计账户，这里暂不做介绍。在以下例题中，为了说明预算会计核算原理，设置“预算收入”“预算支出”“预算结余”三个会计科目，代表对实际发生的预算收、支、余核算的会计科目。

**例2-1**

资料：某市财政部门的部分经济业务如下：

（1）市财政会计年初接到批准的预算为：收入预算18亿元，支出预算19亿元，动用上年结余1亿元；年中接到批准的调整收入预算为增加2亿元，调整支出预算为增加5 000万元。

本例（1）的内容属于预算批准环节，没有实际预算收支发生，因此不做账务处理。

（2）市财政会计接到国库的通知，收到税收收入100万元。要求：对此业务编制该市财政会计登记有关预算会计账户的会计分录。

借：资金结存　　1 000 000
　贷：预算收入　　1 000 000

（3）市财政部门向预算单位拨款90万元。要求：对此业务编制该市财政会计登记有关预算会计账户的会计分录。

借：预算支出　　900 000
　贷：资金结存　　900 000

① 预算会计的“资金结存”账户实质上是一个用于预算收、支、余账户之间借贷平衡记账的对应账户，它不是财务会计的货币资金类账户，可以不在会计报表上反映。另外，由于会计主体很可能有部分不纳入预算管理的资金（如代管资金、往来款资金等），所以预算会计的“资金结存”账户余额往往与财务会计的货币资金类账户余额不等。

② 为了说明政府会计核算原理，本章及第3章中举例所使用的会计科目均为假设的会计科目，不是政府会计实务中使用的会计科目。

(4) 市财政会计接到国库的通知，收到一笔退回属于上年预算支出的款项 10 万元。要求：对此业务编制该市财政会计登记有关预算会计账户的会计分录。

借：资金结存　100 000

　贷：预算结余　100 000

(5) 该市财政年终实现预算收入 20 亿元，发生预算支出 19.5 亿元。要求：编制该市财政会计进行预算收支年末转账的会计分录。

借：预算收入　2 000 000 000

　贷：预算结余　2 000 000 000

借：预算结余　1 950 000 000

　贷：预算支出　1 950 000 000

**3. 会计报表**

编制会计报表时，预算执行情况表中的预算数栏目根据批准的预算文件中的数据填列；报表中的预算收、支、余实际执行数（实际发生数）栏目根据“预算收入”“预算支出”“预算结余”账户期末累计余额填列（年度报表根据转账前余额填列）；报表中预算数和实际执行数之间的比较数据根据报表计算填列。

**例 2-2**

资料：例 2-1 中预算数和年终预算收支余额资料，假定年初累计预算结余为 10 亿元。要求：编制年度财政预算执行情况表。

根据上述资料编制的年度财政预算执行情况表见表 2-1。

**表 2-1　预算执行情况表**　　单位：万元

| 项目 | 期末最终预算数 | 实际执行数 | 实际执行数与预算数的差额 |
|---|---|---|---|
| | 1 | 2 | 3=2−1 |
| 一、期初预算结余 | | 100 000 | |
| 二、预算收入 | 200 000 | 200 000 | 0 |
| ×× | | | |
| ×× | | | |
| ⋮ | | | |
| 三、预算支出 | 195 000 | 195 000 | 0 |
| ×× | | | |
| ×× | | | |
| ⋮ | | | |
| 四、期末预算结余 | | 105 000 | |

## 2.2.2　和财务会计账户混合的预算会计账户设置及核算方法

**1. 账户设置**

设置预算收入类账户，核算实际发生的预算收入数。本类账户贷方登记发生的预算收入数，借方登记退回的预算收入数或年末预算收入的转出数。本类账户贷方余额反映累计的预算收入数。

设置预算支出类账户，核算实际发生的预算支出数。本类账户借方登记发生的预算支出数，贷方登记退回的预算支出数或年末预算支出的转出数。本类账户借方余额反映累计的预算支出数。

设置预算结余类账户，核算预算收入与预算支出的差额。本账户借方登记转入的预算支出数，贷方登记转入的预算收入数。预算结余类账户属于净资产类账户，其余额反映累计的预算结余数，是净资产栏目的内容之一。

设置相应的资产类、负债类、净资产类财务会计账户。

这种方法要求期末根据预算会计账户数据编制预算收入支出表；根据资产类、负债类、净资产类账户数据编制资产负债表。

**2. 账务处理**

登记发生的预算收入时，按照实际收到的金额借记“国库存款”“银行存款”等资产类科目，贷记预算收入类科目。

登记发生的预算支出时，按照实际支出的金额借记预算支出类科目，贷记“国库存款”“银行存款”等科目。

期末，进行预算收入、预算支出和预算结余的转账，按照预算收入类科目期末贷方余额借记预算收入类科目，贷记预算结余类科目；按照预算支出类科目期末借方余额借记预算结余类科目，贷记预算支出类科目。结转后预算收入类和预算支出类科目无余额。

例 2－3

资料：某市财政部门的部分经济业务如下：

（1）市财政会计年初接到批准的预算为：收入预算 18 亿元，支出预算 19 亿元，动用上年结余 1 亿元；年中接到批准的调整收入预算为增加 2 亿元，调整支出预算为增加 5 000 万元。

本例（1）的内容属于预算批准环节，没有实际预算收支发生，因此不做账务处理。

（2）市财政会计接到国库的通知，收到税收收入 100 万元。要求：对此业务编制该市财政会计登记有关账户的会计分录。

借：国库存款　　1 000 000

　贷：预算收入　　1 000 000

（3）市财政部门向预算单位拨款 90 万元。要求：对此业务编制该市财政会计登记有关账户的会计分录。

借：预算支出　　900 000

　贷：国库存款　　900 000

（4）市财政会计接到国库的通知，收到一笔退回属于上年预算支出的款项 10 万元。要求：对此业务编制该市财政会计登记有关账户的会计分录。

借：国库存款　　100 000

　贷：预算结余——以前年度预算结余　　100 000

（5）该市财政年终实现预算收入 20 亿元，发生预算支出 19.5 亿元。要求：编制该市财政会计进行预算收支和预算结余年末转账的会计分录。

借：预算收入　　2 000 000 000
　　贷：预算结余——本年预算结余　　2 000 000 000
借：预算结余——本年预算结余　　1 950 000 000
　　贷：预算支出　　1 950 000 000
借：预算结余——本年预算结余　　50 000 000
　　贷：预算结余——以前年度预算结余　　50 000 000

**3. 会计报表**

编制会计报表时，预算执行情况表中的预算数栏目根据批准的预算文件中的数据填列；报表中的预算收、支实际执行数（实际发生数）栏目根据“预算收入”“预算支出”账户期末累计余额填列（年度报表根据转账前余额填列）；报表中的预算结余实际执行数栏目根据“预算支出”“预算收入”账户期末累计余额对比计算填列（年度报表根据“预算结余——本年预算结余”账户在预算收支转账后、结余转账前的余额填列）；报表中预算数和实际执行数之间的比较数据根据报表计算填列。

**例 2-4**

资料：例 2-3 中预算数和年终预算收支余额资料，假定年初累计预算结余为 10 亿元。要求：根据上述资料编制年度财政预算执行情况表。

根据上述资料编制的年度财政预算执行情况表见表 2-2。

表 2-2　预算执行情况表

单位：万元

| 项目 | 期末最终预算数 | 实际执行数 | 实际执行数与预算数的差额 |
|---|---|---|---|
| | 1 | 2 | 3=2-1 |
| 一、期初预算结余 | | 100 000 | |
| 二、预算收入 | 200 000 | 200 000 | 0 |
| ×× | | | |
| ×× | | | |
| ⋮ | | | |
| 三、预算支出 | 195 000 | 195 000 | 0 |
| ×× | | | |
| ×× | | | |
| ⋮ | | | |
| 四、期末预算结余 | | 105 000 | |

## 2.3　反映预算和预算收支发生的会计核算

编制会计报表时，还要根据资产、负债、净资产类账户数据编制资产负债表。这里不再举例。

以下只按照独立设置预算会计账户的方法介绍反映预算和预算收支发生的会计核算。

## 2.3.1 账户设置

在预算收入类会计账户中设置“收入预算”账户，核算批准的收入预算数。本账户借方登记批准的收入预算数，贷方登记批准调减的收入预算数以及期末的冲销数。本账户借方余额反映累计批准的收入预算数。本账户根据需要可以设置“期初预算”和“期中调整”两个明细账户，分别反映期初批准的收入预算数和期中批准的收入预算调整数。

在预算支出类会计账户中设置“支出预算”账户，核算批准的支出预算数。本账户贷方登记批准的支出预算数，借方登记批准调减的支出预算数以及期末的冲销数。本账户贷方余额反映累计批准的支出预算数。本账户根据需要可以设置“期初预算”和“期中调整”两个明细账户，分别反映期初批准的支出预算数和期中批准的支出预算调整数。

在预算结余类账户中设置“结余预算”账户①，核算收入预算与支出预算的差额。“结余预算”账户是“收入预算”和“支出预算”账户的对应账户。

按照本章2.2节同样设置预算收入、预算支出、预算结余三类账户。

三个预算账户之间的关系为：

“收入预算”贷方余额－“支出预算”借方余额＝“结余预算”贷方或借方余额　（1）

“收入预算”账户与“预算收入”账户之间的关系为：

“收入预算”借方余额－“预算收入”贷方余额＝预算收入尚未执行差额　（2）

“支出预算”账户与“预算支出”账户之间的关系为：

“支出预算”贷方余额－“预算支出”借方余额＝预算支出尚未执行差额　（3）

## 2.3.2 账务处理

登记批准的收入预算时，按照批准数借记“收入预算”科目，贷记“结余预算”科目；调减收入预算时，按照批准调减数借记“结余预算”科目，贷记“收入预算”科目。登记批准的支出预算时，按照批准数借记“结余预算”科目，贷记“支出预算”科目；调减支出预算时，按照批准调减数借记“支出预算”科目，贷记“结余预算”科目。

期末，将“收入预算”“支出预算”“结余预算”三个账户的余额对冲转账，按照“支出预算”科目期末贷方余额借记“支出预算”科目，按照“收入预算”科目期末借

---

① 本节介绍的“结余预算”账户是从理论上反映预算数的账户，以和预算实际执行数的预算结余相对应。政府会计实务中往往将计划的预算资金结余数放在收入预算中（预计因为预算期收支缺口需要动用的以前预算期间的资金结余），或是放在支出预算中（预计因为预算期收大于支，本预算期间产生的资金结余）。

方余额贷记“收入预算”科目，按照两者差额借记或贷记“结余预算”科目，结转后这三个账户无余额。

预算收入、预算支出、预算结余三类账户的账务处理同本章 2.2 节的介绍。

**例 2-5**

资料：某市财政部门的部分经济业务如下：

(1) 市财政会计年初接到批准的预算为：收入预算 50 亿元，支出预算 48 亿元，结余预算 2 亿元；年中接到批准的调整收入预算为减少 4 亿元，调整支出预算为增加 2.5 亿元。要求：根据上述业务编制该市财政会计登记预算会计账户的会计分录。

登记年初预算数：

借：收入预算——期初预算　5 000 000 000

　贷：支出预算——期初预算　4 800 000 000

　　　结余预算　200 000 000

登记年中预算调整数：

借：结余预算　650 000 000

　贷：收入预算——期中调整　400 000 000

　　　支出预算——期中调整　250 000 000

(2) 该市财政全年的收支预算数如本例 (1)；该市财政年度最终实现预算收入 46.7 亿元，发生预算支出 50.5 亿元。要求：编制该市财政会计进行年末转账的会计分录。

年末对收支预算账户进行转账：

借：支出预算——期初预算　4 800 000 000

　　　　　　——期中调整　250 000 000

　　收入预算——期中调整　400 000 000

　贷：收入预算——期初预算　5 000 000 000

　　　结余预算　450 000 000

年末对预算收支账户进行转账：

借：预算收入　4 670 000 000

　贷：预算结余　4 670 000 000

借：预算结余　5 050 000 000

　贷：预算支出　5 050 000 000

## 2.3.3 会计报表

编制会计报表时，预算执行情况表中的预算数栏目的期初预算数根据“收入预算——期初预算”“支出预算——期初预算”“结余预算”三个账户的期初预算登记数据填列，期中预算调整数根据“收入预算——期中调整”“支出预算——期中调整”“结余预算”三个账户调整预算的登记数据填列，期末最终预算数根据“收入预算”“支出预算”“结余预算”三个账户期末累计余额填列（年度报表根据转账前余额填列）；报表中的预算收、支实际执行数（实际发生数）栏目根据“预算支出”“预算收入”“预算结余”账户期末累计余额填列（年度报表根据转账前余额填列）；报表中预算数和实际执行数之间的比较数据，根据反映预算数的账户和反映预算执行数的账户的对比计算填列。

例 2-6

资料：例 2-5 中预算数和年终预算收支数资料，假定年初累计预算结余为 20 亿元。要求：根据上述资料编制年度财政预算执行情况表。

根据上述资料编制的年度财政预算执行情况表见表 2-3。

表 2-3　预算执行情况表　　单位：万元

| 项目 | 期初预算数 | 期中预算调整数 | 期末最终预算数 | 实际执行数 | 实际执行数与预算数的差额 |
|---|---|---|---|---|---|
| | 1 | 2 | 3=1+2 | 4 | 5=4-3 |
| 一、期初预算结余 | | | | 200 000 | |
| 二、预算收入 | 500 000 | —40 000 | 460 000 | 467 000 | 7 000 |
| ×× | | | | | |
| ×× | | | | | |
| ⋮ | | | | | |
| 三、预算支出 | 480 000 | 25 000 | 505 000 | 505 000 | 0 |
| ×× | | | | | |
| ×× | | | | | |
| ⋮ | | | | | |
| 四、期末预算结余 | | | | 162 000 | |

## 2.4 反映预算执行全过程的会计核算

反映预算执行全过程的会计核算分为预算收入执行全过程的会计核算和预算支出执行全过程的会计核算两部分。以下只按照独立设置预算会计账户的方法介绍反映预算执行全过程的会计核算。

### 2.4.1 预算收入执行全过程的会计核算

**1. 账户设置**

对预算收入执行全过程进行会计核算的环节包括：收入预算、应计收入、实际收入。对收入预算和实际收入的登记与本章 2.2 节和 2.3 节所述一致，需要设置“收入预算”和“预算收入”账户进行核算。除此以外，还需要设置核算应计收入环节的会计账户，包括“应计收入”和“应计收入准备”账户。

在预算收入类账户中设置“应计收入”账户，核算已经核实应收但尚未收到的预算收入。本账户贷方登记发生或恢复上年的应计收入，借方登记因收到或转入下年预算而冲销的应计收入，或者批准核销的应计收入。本账户贷方余额反映累计应收但尚未收到的预算收入。本账户根据需要可以下设“本年应计收入”“以前年度应计收入”两个明细账户，分别反映当年和以前年度应收但尚未收到的预算收入。

在预算收入类账户中设置“应计收入准备”账户，将其作为“应计收入”账户的对应账户。本账户借方登记“应计收入”账户的贷方发生数，贷方登记“应计收入”账户的借方发生数。本账户是为了进行复式记账而为“应计收入”账户设置的对应账户，账户余额可不在会计报表中反映。

另外，年终预算收入采用修正现金制编制决算的，还要在“预算收入”账户中分别设置“本年预算收入”和“以前年度预算收入”明细科目，其中“以前年度预算收入”明细科目核算实际收到的以前年度的应收预算收入。

**2. 账务处理**

对已经过了收入收缴期并确定应收数的预算收入，按照应收未收金额借记“应计收入准备”科目，贷记“应计收入”科目。

实际收到已经记入“应计收入”科目的预算收入时，按照收到的金额借记“资金结存”科目，贷记“预算收入”科目。同时，按照相同的金额借记“应计收入”科目，贷记“应计收入准备”科目。

年末，对应计收入的年度预算管理有两种方式：第一种方式是对年终预算收入采用现金制编制决算，决算数中不包括应计收入，将未收到的应计收入编入下一年度收入预算；下一年度收到现金时，将其作为收到现金时当年的预算收入。第二种方式是对年终预算收入采用修正现金制编制决算，决算数中包括应计收入，不将未收到的应计收入编入下一年度收入预算；下一年度收到现金时，将其作为以前年度预算收入的延后执行，不作为收到现金时当年的预算收入。

采用现金制编制预算收入决算的，年末将本年应计收入冲销。按照“应计收入”科目年末贷方余额，借记“应计收入”科目，贷记“应计收入准备”科目，结转后，“应计收入”科目和“应计收入准备”科目均无余额。下年年初，将上年冲销的应计收入恢复入账，按照上年冲销数借记“应计收入准备”科目，贷记“应计收入”科目。

采用修正现金制编制预算收入决算的，年末将不纳入下一年度收入预算的本年应计收入转为以前年度应计收入，按照“应计收入——本年应计收入”科目年末贷方余额，借记“应计收入——本年应计收入”科目，贷记“应计收入——以前年度应计收入”科目。结转后，“应计收入——本年应计收入”科目无余额。

核销确定不能收到的以前年度应计收入时，按照批准核销的金额，借记“应计收入——以前年度应计收入”科目，贷记“应计收入准备”科目。

“收入预算”“结余预算”“预算收入”“预算结余”账户的账务处理，同本章2.2节和2.3节的介绍。

例2-7

资料：某市财政部门对预算收入采用修正现金制决算管理方式。该市财政部门的部分经济业务如下：

(1) 市财政部门11月末接到税务部门报告，表明有100万元核定的应缴未缴税款。要求：根据此项业务编制该市财政会计登记预算会计账户的会计分录。

借：应计收入准备　　1 000 000

　贷：应计收入——本年应计收入　　1 000 000

（2）12月市财政会计收到国库报来的相关凭证，表明收到税收收入3 000万元，其中包括11月末尚未收到的应交税款50万元。要求：根据此项业务编制该市财政会计登记预算会计账户的会计分录。

借：资金结存　　30 000 000

　贷：预算收入——本年预算收入　　30 000 000

借：应计收入——本年应计收入　　500 000

　贷：应计收入准备　　500 000

（3）年底，市财政会计登记的本年应计收入余额为200万元，不计入下一年度收入预算。要求：编制该市财政会计进行应计收入年末转账的会计分录。

借：应计收入——本年应计收入　　2 000 000

　贷：应计收入——以前年度应计收入　　2 000 000

（4）次年1月，市财政会计收到国库报来的相关凭证，表明收到税收收入3 200万元，其中包括属于上年预算收入的应计收入50万元。要求：根据此项业务编制该市财政会计登记预算会计账户的会计分录。

借：资金结存　　32 000 000

　贷：预算收入——本年预算收入　　31 500 000

　　　　　　——以前年度预算收入　　500 000

借：应计收入——以前年度应计收入　　500 000

　贷：应计收入准备　　500 000

### 例2-8

资料：某市财政部门对预算收入采用现金制决算管理方式。该市财政部门的部分经济业务如下：

（1）～（2）项业务的账务处理与例2-7相同。

（3）年底，市财政会计登记的本年应计收入余额为200万元，计入下一年度收入预算。要求：编制该市财政会计进行应计收入年末冲销和恢复的会计分录。

年末冲销时：

借：应计收入　　2 000 000

　贷：应计收入准备　　2 000 000

下年年初恢复时：

借：应计收入准备　　2 000 000

　贷：应计收入　　2 000 000

（4）次年1月，市财政会计收到国库报来的相关凭证，表明收到税收收入3 200万元，其中包括属于上年转入本年收入预算的应计收入50万元。要求：根据此项业务编制该市财政会计登记预算会计账户的会计分录。

借：资金结存　　32 000 000

　贷：预算收入　　32 000 000

借：应计收入　　500 000

　贷：应计收入准备　　500 000

### 3. 会计报表

编制会计报表时，预算收入执行情况表中收入预算数栏目根据“收入预算”账户的相关登记数据填列（同本章 2.3 节），实际执行数栏目中实际收入数根据“预算收入”账户期末累计余额填列（采用修正现金制编制预算收入决算的，根据“预算收入——本年预算收入”账户期末累计余额填列，年度报表根据转账前的余额填列），应计收入数根据“应计收入”账户期末累计余额填列（采用修正现金制编制预算收入决算的，年度报表根据“应计收入——本年应计收入”账户年末转账前的余额填列）；报表中预算数和实际执行数之间的比较数据，根据反映预算数的账户和反映预算执行数的账户的对比计算填列。

**例 2－9**

资料：例 2－5 中收入预算数和年终预算收入数，例 2－7 中年终应计收入数。要求：根据上述资料编制年度财政预算收入执行情况表。

根据上述资料编制的年度财政预算收入执行情况表见表 2－4。

**表 2－4　预算收入执行情况表**　　单位：万元

| 预算收入项目 | 期初预算数 | 期中预算调整数 | 期末最终预算数 | 实际执行数 | | 实际收入数与预算数的差额 | 实际执行数与预算数的差额 |
|---|---|---|---|---|---|---|---|
| | | | | 实际收入数 | 应计收入数 | | |
| | 1 | 2 | 3＝1＋2 | 4 | 5 | 6＝4－3 | 7＝4＋5－3 |
| ×× | | | | | | | |
| ×× | | | | | | | |
| ⋮ | | | | | | | |
| 合计 | 500 000 | －40 000 | 460 000 | 467 000 | 200 | 7 000 | 7 200 |

**例 2－10**

资料：例 2－5 中收入预算数和年终预算收入数，例 2－8 中年终应计收入数。要求：根据上述资料编制年度财政预算收入执行情况表。

根据上述资料编制的年度财政预算收入执行情况表见表 2－5。

**表 2－5　预算收入执行情况表**　　单位：万元

| 预算收入项目 | 期初预算数 | 期中预算调整数 | 期末最终预算数 | 实际执行数 | | 实际收入数与预算数的差额 | 实际执行数与预算数的差额 |
|---|---|---|---|---|---|---|---|
| | | | | 实际收入数 | 应计收入数 | | |
| | 1 | 2 | 3＝1＋2 | 4 | 5 | 6＝4－3 | 7＝4＋5－3 |
| ×× | | | | | | | |
| ×× | | | | | | | |
| ⋮ | | | | | | | |
| 合计 | 500 000 | －40 000 | 460 000 | 467 000 | 0 | 7 000 | 7 000 |

## 2.4.2 预算支出执行全过程的会计核算

**1. 账户设置**

对预算支出执行全过程进行会计核算的环节包括：支出预算、约定支付、应计支付、实际支出。对支出预算和实际支出的登记与本章 2.2 节和 2.3 节所述一致，需要设置“支出预算”和“预算支出”账户进行核算。除此以外，需要增设核算约定支付环节和应计支付环节的会计账户，包括“约定支付”“应计支付”“支付准备”账户。

在预算支出类账户中设置“约定支付”账户，核算签订的采购合同中约定在本预算期间履行合同时发生的预算支出。本账户借方登记发生的约定支付数，贷方登记因履行合同转为应计支付或冲销的约定支付数，或者撤销合同的约定支付数。本账户借方余额反映累计应当在本预算期间履行的合同中约定支付的预算支出。

在预算支出类账户中设置“应计支付”账户，核算已经履行合同（即对方提供了商品或服务）但尚未付款的预算支出。本账户借方登记发生或恢复上年的应计支付数，贷方登记因实际支付款项转为预算支出或者转入下年预算而冲销的应计支付数。本账户借方余额反映累计应付未付的预算支出。本账户根据需要可以下设“本年应计支付”“以前年度应计支付”两个明细账户，分别反映当年和以前年度应付但尚未支付的预算支出。

在预算支出类账户中设置“支付准备”账户，将其作为“约定支付”和“应计支付”账户的对应账户。本账户贷方登记“约定支付”和“应计支付”账户的借方发生数（不含约定支付转为应计支付时“应计支付”账户的借方发生数），借方登记“约定支付”和“应计支付”账户的贷方发生数（不含约定支付转为应计支付时“约定支付”账户的贷方发生数）。本账户是为了进行复式记账而为“约定支付”和“应计支付”账户设置的对应账户，账户余额可不在会计报表中反映。

另外，年终预算支出采用修正现金制编制决算的，还要在“预算支出”账户中分别设置“本年预算支出”和“以前年度预算支出”明细科目，其中“以前年度预算支出”明细科目核算实际支付的以前年度的应付预算支出。

**2. 账务处理**

签订采购合同时，或者在预算期初，对以前预算年度签订但约定在本预算期间履行的采购合同，按照本预算期应当履行合同的支出金额，借记“约定支付”科目，贷记“支付准备”科目。

履行合同时支付现金的，按照实际支付的金额，借记“预算支出”科目，贷记“资金结存”科目，同时，按照相同的金额借记“支付准备”科目，贷记“约定支付”科目。

履行合同时未支付现金的，按照实际收货应当付款的金额，借记“应计支付”科目，贷记“约定支付”科目。以后实际付款时，按照实际付款的金额借记“预算支出”科目，贷记“资金结存”科目，同时，按照相同的金额借记“支付准备”科目，贷记“应计支付”科目。

年末，对延期到下个预算年度履行的合同，已经登记的约定支付不做账务处理，到下个预算年度合同履行时仍按照前述的方法进行账务处理。

取消已经签订但尚未履行的合同时，按照已经登记该合同的约定支付数，借记“支付准备”科目，贷记“约定支付”科目。

没有事先签订合同的现货交易，交易时未支付现金的，按照实际收货应当付款的金额，借记“应计支付”科目，贷记“支付准备”科目。以后实际付款时，按照实际付款的金额借记“预算支出”科目，贷记“资金结存”科目，同时，按照相同的金额借记“支付准备”科目，贷记“应计支付”科目。

没有事先签订合同的现货交易，交易时支付现金的，按照实际付款的金额，借记“预算支出”科目，贷记“资金结存”科目。

年末，对预算支出的年终决算分为采用现金制和修正现金制两种不同方式编制，因此对年末“应计支付”的余额要根据不同的预算管理方式处理。

对采用现金制编制预算支出决算的，年末将本年应计支付冲销。按照“应计支付”科目年末借方余额，借记“支付准备”科目，贷记“应计支付”科目，结转后，“应计支付”科目无余额。下年年初，将上年冲销的应计支付恢复入账，按照上年冲销数借记“应计支付”科目，贷记“支付准备”科目。

对采用修正现金制编制预算支出决算的，年末将不纳入下年度支出预算的本年应计支付转为以前年度应计支付，按照“应计支付——本年应计支付”科目年末借方余额，借记“应计支付——以前年度应计支付”科目，贷记“应计支付——本年应计支付”科目。结转后，“应计支付——本年应计支付”科目无余额。

“支出预算”“结余预算”“预算支出”“预算结余”账户的账务处理同本章 2.2 节和 2.3 节的介绍。

例 2－11

资料：某政府单位采用现金制编制预算支出年终决算。该单位某年年初签订了一份设备采购合同，合同规定本年到货付款金额为 200 万元（该合同金额已经列入当年预算）；6 月供货方按合同供货，价款 100 万元，货款未付；7 月初该单位支付 6 月收货的价款 100 万元；12 月供货方按合同供货，价款 100 万元，该单位支付货款 95 万元；12 月 31 日，该单位“应计支付”账户为借方余额 300 万元；次年 1 月，该单位支付上年 12 月收到货尚未付款的尾款 5 万元。要求：对上述业务编制该单位会计登记预算会计账户的会计分录。

（1）某年年初签订合同时。

| | | |
|---|---|---|
| 借：约定支付 | 2 000 000 | |
| 　贷：支付准备 | | 2 000 000 |

（2）6 月收到货时。

| | | |
|---|---|---|
| 借：应计支付 | 1 000 000 | |
| 　贷：约定支付 | | 1 000 000 |

（3）7 月付款时。

| | | |
|---|---|---|
| 借：预算支出 | 1 000 000 | |
| 　贷：资金结存 | | 1 000 000 |

借：支付准备　　1 000 000

　　贷：应计支付　　1 000 000

（4）12月收到货并付款时。

借：预算支出　　950 000

　　贷：资金结存　　950 000

借：应计支付　　50 000

　　支付准备　　950 000

　　贷：约定支付　　1 000 000

（5）年末转账冲销应计支付数。

借：支付准备　　3 000 000

　　贷：应计支付　　3 000 000

（6）次年年初恢复上年冲销的应计支付数。

借：应计支付　　3 000 000

　　贷：支付准备　　3 000 000

（7）次年1月支付上年合同尾款。

借：预算支出　　50 000

　　贷：资金结存　　50 000

借：支付准备　　50 000

　　贷：应计支付　　50 000

例2-12

资料：某政府单位采用修正现金制编制预算支出年终决算。其他资料同例2-11。要求：对上述业务编制该单位会计登记预算会计账户的会计分录。

（1）～（4）项业务的账务处理与例2-11相同。

（5）年末转账。

借：应计支付——以前年度应计支付　　3 000 000

　　贷：应计支付——本年应计支付　　3 000 000

（6）次年1月支付上年合同尾款。

借：预算支出——上年预算支出　　50 000

　　贷：资金结存　　50 000

借：支付准备　　50 000

　　贷：应计支付——以前年度应计支付　　50 000

**3. 会计报表**

在签订采购合同阶段，由于受支出预算控制的政府单位的交易活动还没有实际发生，约定支付只用于单位内部对预算支出额度使用的控制环节，因此，政府单位会计编制的预算支出执行情况表分为两种：一种是单位内部使用的预算支出执行情况表（见表2-6），在报表中设置反映约定支付数的栏目；另一种是单位对外报送的预算支出执行情况表（见表2-7），在报表中不设置反映约定支付数的栏目。

表 2-6　预算支出执行情况表（内部报表）

单位：万元

| 预算支出项目 | 期初预算数 | 期中预算调整数 | 期末最终预算数 | 约定支付数 | 实际执行数 | | 实际支出数与预算数的差额 | 实际执行数与预算数的差额 | 全部支出（付）数与预算数的差额 |
|---|---|---|---|---|---|---|---|---|---|
| | | | | | 应计支付数 | 实际支出数 | | | |
| | 1 | 2 | 3=1+2 | 4 | 5 | 6 | 7=6-3 | 8=5+6-3 | 9=4+5+6-3 |
| ×× | | | | | | | | | |
| ×× | | | | | | | | | |
| ⋮ | | | | | | | | | |
| 合计 | | | | | | | | | |

表 2-7　预算支出执行情况表（对外报表）

单位：万元

| 预算支出项目 | 期初预算数 | 期中预算调整数 | 期末最终预算数 | 实际执行数 | | 实际支出数与预算数的差额 | 实际执行数与预算数的差额 |
|---|---|---|---|---|---|---|---|
| | | | | 应计支付数 | 实际支出数 | | |
| | 1 | 2 | 3=1+2 | 4 | 5 | 6=5-3 | 7=4+5-3 |
| ×× | | | | | | | |
| ×× | | | | | | | |
| ⋮ | | | | | | | |
| 合计 | | | | | | | |

编制会计报表时，预算支出执行情况表中各个预算数栏目根据“支出预算”账户的相关数据登记填列（同本章2.3节）；约定支付数栏目根据“约定支付”账户期末累计余额填列；实际执行数栏目中实际支出数根据“预算支出”账户期末累计余额填列（采用修正现金制编制预算支出决算的，根据“预算支出——本年预算支出”账户期末累计余额填列，年度报表根据转账前的余额填列），应计支付数根据“应计支付”账户期末累计余额填列（采用修正现金制编制预算支出决算的，根据“应计支付——本年应计支付”账户年末转账前的余额填列）；预算数和实际执行数（或加上约定支付数）之间的比较数据，根据反映预算数的账户和反映预算执行各环节的账户的对比计算填列。

**例 2-13**

资料：某行政单位6月底有关会计账户资料如下：“支出预算——期初预算”贷方余额560万元，“支出预算——期中调整”余额为零，“约定支付”借方余额34万元，“应计支付”借方余额1.2万元，“预算支出”借方余额280万元。要求：根据这些账户资料编制该单位内部使用的6月份预算支出执行情况表。

根据上述资料编制的单位预算支出执行情况表见表2-8。

表2-8 预算支出执行情况表（内部报表）

编报单位： 编报日期：6月30日 单位：万元

| 预算支出项目 | 期初预算数 | 期中预算调整数 | 期末最终预算数 | 约定支付数 | 实际执行数 | | 实际支出数与预算数的差额 | 实际执行数与预算数的差额 | 全部支出（付）数与预算数的差额 |
|---|---|---|---|---|---|---|---|---|---|
| | | | | | 应计支付数 | 实际支出数 | | | |
| | 1 | 2 | 3=1+2 | 4 | 5 | 6 | 7=6-3 | 8=5+6-3 | 9=4+5+6-3 |
| ×× | | | | | | | | | |
| ×× | | | | | | | | | |
| ⋮ | | | | | | | | | |
| 合计 | 560 | 0 | 560 | 34 | 1.2 | 280 | -280 | -278.8 | -244.8 |

例2-14

资料：某事业单位年底转账前有关会计账户资料如下：“支出预算——期初预算”贷方余额1 200万元，“支出预算——期中调整”贷方余额40万元，“应计支付”借方余额8.9万元，“预算支出”借方余额1 180.53万元。该单位采用修正现金制编制预算支出年终决算。要求：根据这些账户资料编制该单位对外报送的年度预算支出执行情况表。

根据上述资料编制的单位预算支出执行情况表见表2-9。

表2-9 预算支出执行情况表（对外报表）

编报单位： 编报日期：12月31日 单位：万元

| 预算支出项目 | 期初预算数 | 期中预算调整数 | 期末最终预算数 | 实际执行数 | | 实际支出数与预算数的差额 | 实际执行数与预算数的差额 |
|---|---|---|---|---|---|---|---|
| | | | | 应计支付数 | 实际支出数 | | |
| | 1 | 2 | 3=1+2 | 4 | 5 | 6=5-3 | 7=4+5-3 |
| ×× | | | | | | | |
| ×× | | | | | | | |
| ⋮ | | | | | | | |
| 合计 | 1 200 | 40 | 1 240 | 8.9 | 1 180.53 | -59.47 | -50.57 |

例2-15

资料：接例2-14，如果该事业单位采用现金制编制预算支出年终决算，其他账户资料同例2-14。要求：编制“应计支付”账户年末冲销的会计分录，并根据最后的账户资料编制该单位对外报送的年度预算支出执行情况表。

借：支付准备　　89 000

　贷：应计支付　　89 000

根据例2-15的资料编制的单位预算支出执行情况表见表2-10。

表2-10　预算支出执行情况表（对外报表）

编报单位：　　　　　　　　编报日期：12月31日　　　　　　　　单位：万元

| 预算支出项目 | 期初预算数 | 期中预算调整数 | 期末最终预算数 | 实际执行数 | | 实际支出数与预算数的差额 | 实际执行数与预算数的差额 |
|---|---|---|---|---|---|---|---|
| | | | | 应计支付数 | 实际支出数 | | |
| | 1 | 2 | 3=1+2 | 4 | 5 | 6=5-3 | 7=4+5-3 |
| ×× | | | | | | | |
| ×× | | | | | | | |
| ⋮ | | | | | | | |
| 合计 | 1 200 | 40 | 1 240 | 0 | 1 180.53 | -59.47 | -59.47 |

## 思考题

1. 如何认识预算会计核算？

2. 在独立设置预算会计账户进行平衡借贷记账的方式下，“资金结存”账户与财务会计的“货币资金”账户有什么不同？

3. 预算收入和预算支出执行过程中有哪些环节？

4. 反映预算和预算收支发生的会计核算与只反映预算收支发生的会计核算有什么不同？

5. 对预算支出全过程进行会计核算有什么作用？

6. 期末对预算收支采用收付实现制编制决算和采用修正的权责发生制编制决算在账务处理上有什么不同？

## 练习题

1. 资料：某政府财政会计年初接到批准的预算为：收入预算25亿元，支出预算24亿元。年中接到批准的调整收入预算为：A项目增加5 000万元，B项目增加1亿元，C项目减少1 300万元；调整支出预算为：A项目增加5 000万元，B项目增加9 000万元，C项目减少1 000万元。

**要求**：根据批准的预算，编制财政会计对预算进行账务处理的会计分录。

2. 资料：某政府单位会计采用对预算执行全过程进行会计核算的方式，该单位发生的部分经济业务如下：

(1) 20×1年2月与供货商签订采购专用设备的合同，合同标的金额为100万元，合同约定20×1年5月履行（该合同约定支付金额列入20×1年支出预算）。

(2) 20×1年5月，供货商供应合同约定的部分商品，价值50万元，尚未付款。

(3) 20×1年7月，该政府单位支付50万元的货款。

(4) 20×1年合同双方因故将合同履行时间推迟到20×2年3月；20×2年1月，因该政府单位计划任务变更，合同双方协商同意取消合同，该政府单位为此要支付违约金1万元；20×2年2月，该政府单位支付合同违约金1万元。

**要求：**对上述业务编制该单位会计登记预算会计账户的会计分录。

# 第 3 章

Chapter 3

# 政府会计中的财务会计核算

学习目标

1. 了解政府财务会计核算的概念和核算业务内容
2. 掌握独立的财务会计账户体系的核算方法
3. 掌握和预算会计账户混合的财务会计账户体系的核算方法
4. 了解两种财务会计账户体系的核算方法的适用情况

## 3.1 政府会计中的财务会计核算概述

### 3.1.1 对财务会计核算的认识

对财务会计核算的认识包括以下几个方面。

(1) 财务会计核算指以提供财务状况信息为目的的会计核算。

(2) 财务会计核算的目的是提供会计主体掌控的经济资源总量和结构以及它们的存量和增减变动的信息。财务会计核算包括对资产、负债、净资产的核算，也包括对收入、费用的核算。

(3) 财务会计核算要通过确认、计量、记录和报告等基本会计程序，对经济资源进行系统的反映和监督。

(4) 财务会计核算通过对过去引起经济资源变动的政府活动进行分析，确认由政府掌握或控制的经济资源及其变动，并对其进行计量、记录和报告。

(5) 财务会计核算与预算会计核算、成本会计核算都有衔接。财务会计核算的对象是会计主体的包括现金资源在内的所有经济资源。预算执行过程的最后环节体现会计主体的现金收入和现金支出，此时，预算会计核算和财务会计核算源于相同的业务活动，所以，预算会计核算和财务会计核算可以形成衔接。在成本会计核算中，归集的成本来源于财务会计核算的费用；成本会计核算形成的成本，成为财务会计核算中确认部分资产（未完工产品成本或已完工产品成本）或费用（已经消耗的成本）的依据。因此，财务会计核算必须与成本会计核算形成衔接。

（6）财务会计核算可以采用设置独立的财务会计账户体系的方式进行，也可以采用设置和预算会计账户混合的财务会计账户体系的方式进行。由于在政府会计中需要同时进行预算会计核算和财务会计核算，而且在政府组织的活动中有很多活动既需要预算会计核算的确认，也需要财务会计核算的确认，因此，对政府财务会计核算（同时也包括预算会计核算）可以设置两种不同的会计账户体系及核算方法：设置独立的财务会计账户体系进行核算；设置和预算会计账户混合的财务会计账户体系进行核算。

## 3.1.2 不同财务会计账户体系的设置方法

**1. 独立的财务会计账户体系**

独立的财务会计账户体系是指设置自我平衡的整套财务会计账户，包括资产类、负债类、净资产类、收入类、费用类会计账户。核算时在财务会计账户之间进行自我平衡的借贷登记，期末根据财务会计账户数据编制资产负债表和收入费用表。同时设置自我平衡的整套预算会计账户，包括预算收入类、预算支出类、预算结余类会计账户。核算时在预算会计账户之间进行自我平衡的借贷登记，期末根据预算会计账户数据编制预算收入支出表。

**2. 和预算会计账户混合的财务会计账户体系**

和预算会计账户混合的财务会计账户体系是指设置包括财务会计账户（资产类、负债类、净资产类）和预算会计账户（预算收入类、预算支出类）的一整套账户，核算时在财务会计账户和预算会计账户之间进行平衡的借贷登记。对财务会计账户的项目采用权责发生制核算，对预算会计账户的项目采用收付实现制核算。期末根据财务会计账户数据编制资产负债表（其中净资产类栏目中的“累计预算结余”根据“预算结余”账户相关数据编制），根据预算会计账户数据编制预算收入支出表，根据预算收支会计账户数据和净资产调整账户数据编制收入费用表。

和预算会计账户混合的财务会计账户体系在进行核算时，由于在财务会计账户和预算会计账户之间进行借贷登记，而且按照权责发生制基础编制的资产负债表中净资产类栏目的“累计预算结余”根据采用收付实现制核算的“预算结余”账户数据编制，因此既有预算收支发生又有非货币资产和负债增减的情况，会导致资产负债表的不平衡。比如购置固定资产时，除了确认预算支出和减少货币资产外，还要增加固定资产。这样，资产负债表左边资产项目一增一减而总额不变，但是资产负债表右边却因为预算支出导致的累计预算结余减少，从而造成资产负债表左右不平衡。为了消除财务会计账户核算基础与预算会计账户核算基础不同而产生的报表不平衡，需要在净资产类账户中设置净资产调整账户（即“资产基金”和“待偿债净资产”账户）。净资产调整账户的具体运用见本章3.3节。

## 3.2 独立的财务会计账户设置及核算方法

### 3.2.1 账户设置

**1. 设置独立的财务会计账户体系**

财务会计账户体系包括（这里仅列出本节例题和报表需要使用的账户）：

资产类账户。核算政府财政或政府单位各项资产的账户，包括“国库存款”“银行存款”“应收账款”“库存材料”“固定资产”“在建工程”“科研成本”等。

负债类账户。核算政府财政或政府单位各项负债的账户，包括“应付账款”“银行借款”等。

净资产类账户。核算政府财政或政府单位净资产的账户，包括“累计盈余”“专用基金”等。

收入类账户。核算政府财政或政府单位按照权责发生制确认的各项收入的账户，包括“税收收入”“非税收入”“利息收入”“财政拨款收入”“事业收入”“捐赠收入”“其他收入”等。

费用类账户。核算政府财政或政府单位按照权责发生制确认的各项费用的账户，包括“财政拨款费用”“财政费用”“业务活动费用”“管理费用”“其他费用”等。

**2. 设置独立的预算会计账户体系**

预算会计账户体系包括（这里列出反映预算执行全过程的核算需要使用的账户）：

预算收入类账户，包括“收入预算”“应计收入”“应计收入准备”“预算收入”。

预算支出类账户，包括“支出预算”“约定支付”“应计支付”“支付准备”“预算支出”。

预算结余类账户，包括“结余预算”“预算结余”“资金结存”。

### 3.2.2 账务处理

财务会计账户的账务处理类似于企业会计，采用权责发生制基础核算，在财务会计账户之间进行借贷平衡记账。在期末，将收入类账户期末余额和费用类账户期末余额转入“累计盈余”账户。

同时，使用预算会计账户进行预算收、支、余核算，采用收付实现制基础核算，在预算会计账户之间进行借贷平衡记账。预算会计账户的账务处理同第 2 章 2.2 节、2.3 节、2.4 节介绍的一致。

例 3-1

资料：某省财政部门的部分经济业务如下：

（1）该省财政部门的会计收到国库报来的相关凭证，表明收到税收收入 300 万元。

要求：根据此项业务编制该省财政会计登记有关账户的会计分录。

借：国库存款　3 000 000

　贷：税收收入　3 000 000

借：资金结存　3 000 000

　贷：预算收入　3 000 000

（2）该省财政部门按照预算对所属预算单位拨款245万元。要求：根据此项业务编制该省财政会计登记有关账户的会计分录。

借：财政拨款费用　2 450 000

　贷：国库存款　2 450 000

借：预算支出　2 450 000

　贷：资金结存　2 450 000

（3）该省财政部门某年1月1日折价发行年利率为4%的2年期政府债券20亿元（票面值），到期一次还本付息，发行政府债券20亿元（票面值）的实际收入19亿元已全部缴入该省的财政国库存款账户（假设为一次性缴入）。两年后该债券到期，财政部门按期还本付息，财政会计收到国库转来的全部债券本息支付的凭证。要求：根据上述业务编制该省财政会计登记有关账户的会计分录。

①政府债券发行时。

借：国库存款　1 900 000 000

　　财政费用——债券发行折价　100 000 000

　贷：应付债券——本金——实收本金　1 900 000 000

　　　　　　　　　　——折价　100 000 000

借：资金结存　1 900 000 000

　贷：预算收入——债务收入　1 900 000 000

②发行当年年末计息。（按照名义利率计算，不摊销折价。下同。）

借：财政费用——债券利息　80 000 000

　贷：应付债券——利息　80 000 000

③发行次年年末计息。

借：财政费用——债券利息　80 000 000

　贷：应付债券——利息　80 000 000

④到期兑付债券时。

借：应付债券——本金　2 000 000 000

　　　　　　——利息　160 000 000

　贷：国库存款　2 160 000 000

借：预算支出——债务还本支出　2 000 000 000

　　　　　　——利息支出　160 000 000

　贷：资金结存　2 160 000 000

**例3-2**

资料：某公立学校的部分经济业务如下：

（1）每月获得财政拨款650万元。要求：对此项业务编制该学校会计登记有关账户的会计分录。

每月获得财政拨款时。

借：银行存款　6 500 000

　贷：财政拨款收入　6 500 000

借：资金结存　6 500 000

　贷：预算收入　6 500 000

（2）年初与供应商签订一份设备采购合同，合同规定本年到货付款金额为200万元（该合同金额已经列入当年预算）。3月供货方按合同供货，货款200万元，支付货款180万元。4月初该学校支付3月到货的剩余货款20万元。该学校对购入的设备每月按照直线法（月折旧率为0.9%）计提折旧。其中100万元的设备用于教学活动；100万元的设备用于科研项目研究，该学校科研项目实行成本核算。要求：对上述业务编制该学校会计登记有关账户的会计分录。

①年初签订合同时。

借：约定支付　2 000 000

　贷：支付准备　2 000 000

②3月收到货时。

借：固定资产　2 000 000

　贷：银行存款　1 800 000

　　　应付账款　200 000

借：预算支出　1 800 000

　贷：资金结存　1 800 000

借：应计支付　200 000

　　支付准备　1 800 000

　贷：约定支付　2 000 000

③4月支付剩余货款时。

借：应付账款　200 000

　贷：银行存款　200 000

借：预算支出　200 000

　贷：资金结存　200 000

借：支付准备　200 000

　贷：应计支付　200 000

④4月开始对购入固定资产计提折旧。

借：教学费用　9 000

　　科研成本——折旧成本　9 000

　贷：累计折旧　18 000

（3）5月支付水电费28 000元，其中用于学校管理活动的水电费为3 000元，科研项目承担5 000元，其他用于教学活动。要求：根据上述业务编制该学校会计登记有关账户的会计分录。

借：管理费用　3 000

　　科研成本——费用成本　5 000

　　教学费用　20 000

贷：银行存款 28 000

借：预算支出 28 000

贷：资金结存 28 000

（4）8月31日按照学生报到人数应当收取学费120万元，实际收到110万元。9月30日，收到未交学费的学生补交学费10万元。（假设学费留归学校自行支配。）要求：根据上述业务编制该学校会计登记有关账户的会计分录。

①8月31日收费时。

借：银行存款 1 100 000

应收账款——学费 100 000

贷：事业收入 1 200 000

借：资金结存 1 100 000

贷：预算收入 1 100 000

借：应计收入准备 100 000

贷：应计收入 100 000

②9月30日收到补交学费时。

借：银行存款 100 000

贷：应收账款——学费 100 000

借：资金结存 100 000

贷：预算收入 100 000

借：应计收入 100 000

贷：应计收入准备 100 000

（5）年终转账前，有关收入、费用、累计盈余账户的余额见表3-1。

表3-1 账户余额表 单位：万元

| 账户 | 借或贷 | 金额 |
|---|---|---|
| 财政拨款收入 | 贷 | 8 000 |
| 事业收入 | 贷 | 2 500 |
| 捐赠收入 | 贷 | 400 |
| 其他收入 | 贷 | 1 300 |
| 业务活动费用 | 借 | 11 100 |
| 管理费用 | 借 | 800 |
| 其他费用 | 借 | 50 |
| 累计盈余——本年盈余 | 贷 | 10 000 |

要求：编制该学校会计进行年终收入转账、费用转账和盈余转账的会计分录。

①结转收入。

借：财政拨款收入 80 000 000

事业收入 25 000 000

捐赠收入 4 000 000

其他收入 13 000 000

贷：累计盈余——本年盈余 122 000 000

②结转费用。

借：累计盈余——本年盈余 119 500 000

贷：业务活动费用 111 000 000

管理费用 8 000 000

其他费用 500 000

③将本年盈余转入以前年度累计盈余。

借：累计盈余——本年盈余 102 500 000

贷：累计盈余——以前年度累计盈余 102 500 000

## 3.2.3 会计报表

**1. 资产负债表**

期末，根据所有资产、负债、净资产的账户余额填列资产负债表的相关栏目。其中，净资产栏目中的“累计盈余”按照“累计盈余——以前年度累计盈余”账户在盈余年末转账后的最终余额填列。资产负债表中的净资产栏目见表3-2。

表3-2 资产负债表中的净资产栏目

| 资产 | 期末余额 | 年初余额 | 负债 | 期末余额 | 年初余额 |
|---|---|---|---|---|---|
| | | | | | |
| | | | | | |
| | | | 净资产 | | |
| | | | 累计盈余 | | |
| | | | 专用基金 | | |
| | | | 净资产合计 | | |
| 资产总计 | | | 负债和净资产总计 | | |

**2. 收入费用表**

期末，根据所有收入、费用的账户余额填列收入费用表的相关栏目。其中，盈余栏目根据“累计盈余——本年盈余”账户在年末收入费用转账后、盈余转账前的余额填列。

**3. 预算收入支出表**

根据预算会计账户的相关数据填列预算收入支出表的相关栏目，填列方法同第2章。

## 3.3 和预算会计账户混合的财务会计账户设置及核算方法

### 3.3.1 账户设置

**1. 设置财务会计账户**

财务会计账户包括（这里仅列出本节例题和报表需要使用的账户）：

资产类账户，包括“国库存款”“银行存款”“应收账款”“其他应收款”“库存材料”“科研成本”“固定资产”“在建工程”“科研成本”等。

负债类账户，包括“应付账款”“其他应付款”“应付政府债券”“借入款项”等。

净资产类账户，包括“结余预算”“预算结余”“资产基金”“待偿债净资产”“专用基金”等。

> 问答3-1：和预算会计账户混合的财务会计账户体系的设置中，为什么净资产要素中出现净资产调整账户？

**2. 设置预算会计账户**

预算会计账户包括（这里列出反映预算执行全过程的核算需要使用的账户）：

预算收入类账户，包括“收入预算”“应计收入”“应计收入准备”“预算收入”等。

预算支出类账户，包括“支出预算”“约定支付”“应计支付”“支付准备”“预算支出”等。

### 3.3.2 账务处理

平时对纳入预算管理的现金收支采用收付实现制记账。发生属于预算收入的现金流入时，借记“国库存款”“银行存款”等科目，贷记“预算收入”科目；发生属于预算支出的现金流出时，借记“预算支出”科目，贷记“国库存款”“银行存款”等科目。其他核算预算收支执行过程的账户（“收入预算”“支出预算”“结余预算”“应计收入”“应计收入准备”“约定支付”“应计支付”“支付准备”）的账务处理同第2章一致。

发生属于预算收入的现金流入且引起非货币资产减少或负债增加时，借记“国库存款”“银行存款”等科目，贷记“预算收入”科目，同时借记“待偿债净资产”科目或“资产基金”科目，贷记相关的资产科目或负债科目。

发生属于预算支出的现金流出且引起非货币资产增加或负债减少时，借记“预算支出”科目，贷记“国库存款”“银行存款”等科目，同时借记相关的资产科目或负债科目，贷记“待偿债净资产”科目或“资产基金”科目。

发生不引起现金流入的资产增加或负债减少时，借记相关的资产科目或负债科目，贷记“资产基金”科目或“待偿债净资产”科目。

发生不引起现金流出的资产减少或负债增加时，借记“资产基金”科目或“待偿债净资产”科目，贷记相关的资产科目或负债科目。

期末，进行预算收入、预算支出和预算结余的转账，按照“预算收入”科目期末贷方余额借记“预算收入”科目，贷记“预算结余”科目；按照“预算支出”科目期末借方余额贷记“预算支出”科目，借记“预算结余”科目，结转后“预算收入”和“预算支出”科目无余额。同时，将预算收支结转后的本年预算结余从“预算结余”科目的“本年预算结余”明细科目转入“预算结余”科目的“以前年度累计预算结余”明细科目。

### 例3－3

资料：某省财政部门的部分经济业务如下：

(1) 该省财政部门的会计收到国库报来的相关凭证，表明收到税收收入300万元。要求：根据此项业务编制该省财政会计登记有关账户的会计分录。

| | | |
|---|---|---|
| 借：国库存款 | 3 000 000 | |
| 　贷：预算收入——税收收入 | | 3 000 000 |

(2) 该省财政部门按照预算对所属预算单位拨款245万元。要求：根据此项业务编制该省财政会计登记有关账户的会计分录。

| | | |
|---|---|---|
| 借：预算支出——财政拨款 | 2 450 000 | |
| 　贷：国库存款 | | 2 450 000 |

(3) 该省财政部门某年1月1日折价发行年利率为4%的2年期政府债券20亿元（票面值），到期一次还本付息，发行政府债券20亿元（票面值）的实际收入19亿元已全部缴入该省的财政国库存款账户（假设为一次性缴入）。两年后该债券到期，财政部门按期还本付息，财政会计收到国库转来的全部债券本息支付的凭证。要求：根据上述业务编制该省财政会计登记有关账户的会计分录。

①政府债券发行时。

| | | |
|---|---|---|
| 借：国库存款 | 1 900 000 000 | |
| 　贷：预算收入——债务收入 | | 1 900 000 000 |
| 借：待偿债净资产——应付债券——本金——实收本金 | 1 900 000 000 | |
| 　　　　　　　　　　　　　　　　　——折价 | 100 000 000 | |
| 　贷：应付债券——本金 | | 2 000 000 000 |

②发行当年年末计息。（按照名义利率计算，不摊销折价。下同。）

| | | |
|---|---|---|
| 借：待偿债净资产——应付债券——利息 | 80 000 000 | |
| 　贷：应付债券——利息 | | 80 000 000 |

③发行次年年末计息。

| | | |
|---|---|---|
| 借：待偿债净资产——应付债券——利息 | 80 000 000 | |
| 　贷：应付债券——利息 | | 80 000 000 |

④到期兑付债券时。

| | | |
|---|---|---|
| 借：预算支出——债务还本支出 | 2 000 000 000 | |
| 　　　　　　——利息支出 | 160 000 000 | |
| 　贷：国库存款 | | 2 160 000 000 |
| 借：应付债券——本金 | 2 000 000 000 | |
| 　　　　　　——利息 | 160 000 000 | |
| 　贷：待偿债净资产——应付债券——本金 | | 2 000 000 000 |

——利息　　160 000 000

（4）该省财政部门某年末的预算收支账户余额见表3－3。

表3－3　预算收支账户余额

单位：亿元

| 账户 | 借或贷 | 金额 |
| --- | --- | --- |
| 预算收入 | 贷 | 1 945 |
| 其中：税收收入 | 贷 | 1 200 |
| 　　　非税收入 | 贷 | 450 |
| 　　　债务收入 | 贷 | 295 |
| 预算支出 | 借 | 1 927 |
| 其中：财政拨款支出 | 借 | 1 357 |
| 　　　债务利息支出 | 借 | 50 |
| 　　　债务还本支出 | 借 | 500 |
| 　　　借出款支出 | 借 | 20 |

要求：根据预算收支账户余额编制年末预算收支转账（假定仅在年末进行预算收支转账）和预算结余转账的会计分录。

借：预算收入——税收收入　　120 000 000 000
　　　　　　——非税收入　　45 000 000 000
　　　　　　——债务收入　　29 500 000 000
　贷：预算结余——本年预算结余　　194 500 000 000
借：预算结余——本年预算结余　　192 700 000 000
　贷：预算支出——财政拨款支出　　135 700 000 000
　　　　　　　——债务利息支出　　5 000 000 000
　　　　　　　——债务还本支出　　50 000 000 000
　　　　　　　——借出款支出　　2 000 000 000
借：预算结余——本年预算结余　　1 800 000 000
　贷：预算结余——以前年度累计预算结余　　1 800 000 000

### 例3－4

资料：某公立学校的部分经济业务如下：

（1）每月获得财政拨款650万元。要求：对此项业务编制该学校会计登记有关账户的会计分录。

每月获得财政拨款时。

借：银行存款　　6 500 000
　贷：预算收入——财政拨款收入　　6 500 000

（2）年初与供应商签订一份设备采购合同，合同规定本年到货付款金额为200万元（该合同金额已经列入当年预算）。3月供货方按合同供货，货款200万元，支付货款180万元。4月初该学校支付3月到货的剩余货款20万元。该学校对购入的设备每月按照直线法（月折旧率为0.9%）计提折旧。其中100万元的设备用于教学活动；

100万元的设备用于科研项目研究，该学校科研项目实行成本核算。要求：对上述业务编制该学校会计登记有关账户的会计分录。

①年初签订合同时。

借：约定支付　2 000 000
　贷：支付准备　2 000 000

②3月收到货时。

借：预算支出　1 800 000
　贷：银行存款　1 800 000
借：固定资产　2 000 000
　贷：资产基金——固定资产　2 000 000
借：待偿债净资产——应付账款　200 000
　贷：应付账款　200 000
借：应计支付　200 000
　　支付准备　1 800 000
　贷：约定支付　2 000 000

③4月支付剩余货款时。

借：预算支出　200 000
　贷：银行存款　200 000
借：应付账款　200 000
　贷：待偿债净资产——应付账款　200 000
借：支付准备　200 000
　贷：应计支付　200 000

④4月开始对购入固定资产计提折旧。

借：资产基金——固定资产——折旧　18 000
　贷：累计折旧　18 000
借：科研成本——折旧成本　9 000
　贷：资产基金——科研成本　9 000

(3) 5月支付水电费28 000元，其中用于学校管理活动的水电费为3 000元，科研项目承担5 000元，其他用于教学活动。要求：根据上述业务编制该学校会计登记有关账户的会计分录。

借：预算支出　28 000
　贷：银行存款　28 000
借：科研成本——费用成本　5 000
　贷：资产基金——科研成本　5 000

(4) 8月31日按照学生报到人数应当收取学费120万元，实际收到110万元。9月30日，收到未交学费的学生补交学费10万元。（假设学费留归学校自行支配。）要求：根据上述业务编制该学校会计登记有关账户的会计分录。

①8月31日收费时。

借：银行存款　1 100 000
　贷：预算收入——事业收入　1 100 000

借：应收账款——学费　　100 000
　贷：资产基金——应收款项　　100 000
借：应计收入准备　　100 000
　贷：应计收入　　100 000

②9月30日收到补交学费时。

借：银行存款　　100 000
　贷：预算收入——事业收入　　100 000
借：资产基金——应收款项　　100 000
　贷：应收账款——学费　　100 000
借：应计收入　　100 000
　贷：应计收入准备　　100 000

### 3.3.3 会计报表

**1. 资产负债表**

期末，根据所有资产、负债、净资产的账户余额填列资产负债表的相关栏目。其中，净资产栏目中“累计预算结余”期末数根据“预算结余——以前年度累计预算结余”账户转账后贷方余额填列；净资产调整项目根据“资产基金”和“待偿债净资产”账户期末余额填列。资产负债表中的净资产栏目见表3-4。

表3-4　资产负债表中的净资产栏目

| 资产 | 期末余额 | 年初余额 | 负债 | 期末余额 | 年初余额 |
|---|---|---|---|---|---|
| | | | | | |
| | | | | | |
| | | | 净资产 | | |
| | | | 累计预算结余 | | |
| | | | 资产基金 | | |
| | | | 减：待偿债净资产 | | |
| | | | 专用基金 | | |
| | | | 净资产合计 | | |
| 资产总计 | | | 负债和净资产总计 | | |

**2. 收入费用表**

期末，首先根据预算收支账户和“资产基金”“待偿债净资产”明细账本期发生额编制收入调整表和费用调整表，将收付实现制基础的预算收入和预算支出调整为权责发生制基础的收入和费用。然后，根据收入调整表、费用调整表中的收入和费用数据编制收入费用表。

例3-5

资料：某地方政府财政部门预算收支账户的期末余额见表3-5，用于调整收入费用的“资产基金”和“待偿债净资产”明细账户的本期发生额见表3-6。

**表3-5　预算收支账户余额**

单位：亿元

| 账户 | 借或贷 | 金额 |
|---|---|---|
| 预算收入 | 贷 | 1 945 |
| 其中：税收收入 | 贷 | 1 200 |
| 　　　非税收入 | 贷 | 450 |
| 　　　债务收入 | 贷 | 295 |
| 预算支出 | 借 | 1 927 |
| 其中：财政拨款支出 | 借 | 1 357 |
| 　　　债务利息支出 | 借 | 50 |
| 　　　债务还本支出 | 借 | 500 |
| 　　　借出款支出 | 借 | 20 |
| 本年预算结余 | 贷 | 18 |

注：本年预算结余（预算收入减去预算支出后的差额）=1 945−1 927=18(亿元)。

**表3-6　净资产调整账户发生额**

单位：亿元

| 账户 | 借或贷 | 金额 |
|---|---|---|
| 净资产调整合计 | 贷 | 249 |
| 其中：待偿债净资产——应付政府债券——本金——实收本金 | 借 | 295 |
| 　　　资产基金——借出款——应收利息 | 贷 | 4 |
| 　　　资产基金——借出款——本金 | 贷 | 20 |
| 　　　待偿债净资产——应付政府债券——本金 | 贷 | 500 |
| 　　　待偿债净资产——应付政府债券——应付利息 | 贷 | 50 |
| 　　　待偿债净资产——应付政府债券——应付利息 | 借 | 25 |
| 　　　待偿债净资产——应付政府债券——本金——折价 | 借 | 5 |

注：本年净资产调整账户发生额净额（贷方为正）=4+20+500+50−295−25−5=249(亿元)。

要求：根据有关账户数据编制收入费用表。

(1) 编制收入调整表。根据“预算收入”账户数据和净资产调整账户的有关明细账户数据编制的收入调整表见表3-7。

**表3-7　收入调整表**

单位：亿元

| 预算收入（贷方） | | 净资产调整 | | | 收入（贷方） | |
|---|---|---|---|---|---|---|
| 1 | | 2 | | | 3=1+2 | |
| 账户 | 金额 | 账户 | 借方 | 贷方 | 项目 | 金额 |
| 税收收入 | 1 200 | | | | 税收收入 | 1 200 |
| 非税收入 | 450 | | | | 非税收入 | 450 |
| 债务收入 | 295 | 待偿债净资产——应付政府债券——本金——实收本金 | 295 | | | 0 |
| | | 资产基金——借出款——应收利息 | | 4 | 借出款利息收入 | 4 |
| 合计 | 1 945 | 合计 | 295 | 4 | 合计 | 1 654 |

（2）编制费用调整表。根据“预算支出”账户数据和净资产调整账户的有关明细账户数据编制的费用调整表见表3－8。

表3－8 费用调整表

单位：亿元

| 预算支出（借方） | | 净资产调整 | | | 费用（借方） | |
|---|---|---|---|---|---|---|
| 1 | | 2 | | | 3＝1＋2 | |
| 账户 | 金额 | 账户 | 借方 | 贷方 | 项目 | 金额 |
| 财政拨款支出 | 1 357 | | | | 财政拨款费用 | 1 357 |
| 债务利息支出 | 50 | 待偿债净资产——应付政府债券——应付利息 | | 50 | | 0 |
| 债务还本支出 | 500 | 待偿债净资产——应付政府债券——本金 | | 500 | | 0 |
| 借出款支出 | 20 | 资产基金——借出款——本金 | | 20 | | 0 |
| | | 待偿债净资产——应付政府债券——应付利息 | 25 | | 财政费用（债务利息费用） | 25 |
| | | 待偿债净资产——应付政府债券——本金——折价 | 5 | | 财政费用（债券发行折价） | 5 |
| 合计 | 1 927 | 合计 | 30 | 570 | 合计 | 1 387 |

（3）编制收入费用表。根据收入调整表（表3－7）和费用调整表（表3－8）编制的收入费用表见表3－9。

表3－9 收入费用表

单位：亿元

| 项目 | 金额 |
|---|---|
| 收入 | |
| 税收收入 | 1 200 |
| 非税收入 | 450 |
| 借出款利息收入 | 4 |
| 收入合计 | 1 654 |
| 费用 | |
| 财政拨款费用 | 1 357 |
| 财政费用 | 30 |
| 其中：债务利息费用 | 25 |
| 债券发行折价 | 5 |
| 费用合计 | 1 387 |
| 盈余（本年） | 267* |

* 本年盈余等于本年预算结余加上本年净资产调整账户发生额净额，即18＋249＝267(亿元)。

**3. 预算收入支出表**

预算收入支出表根据预算会计账户的相关数据填列，填列方法同第2章。

## 思考题

1. 如何认识政府财务会计核算？

2. 采用和预算会计账户混合的财务会计账户体系核算时，为什么要设置“资产基金”和“待偿债净资产”账户？

3. 采用和预算会计账户混合的财务会计账户体系核算时，期末如何编制收入费用表？

## 练习题

1. 资料：某学校年初与供应商签订一份设备采购合同，合同规定本年到货付款金额为400万元（该合同金额已经列入当年预算）。3月供货方按合同供货，货款400万元，支付250万元。5月初该学校支付3月到货的剩余货款150万元；该学校对购入的设备每月按照直线法（月折旧率为0.9%）计提折旧。其中300万元的设备用于教学活动；100万元的设备用于科研项目研究，该学校科研项目实行成本核算。

**要求：**分别按照独立设置财务会计账户、和预算会计混合设置财务会计账户的核算方式，对上述业务编制该学校会计登记财务会计账户和预算会计账户的会计分录（按照反映预算支出执行全过程登记预算会计账户）。

2. 资料：某学校8月31日按照学生报到人数应当收取学费120万元，实际收到100万元；9月30日，收到补交学费20万元。

**要求：**分别按照独立设置财务会计账户、和预算会计混合设置财务会计账户的核算方式，对上述业务编制该学校会计登记财务会计账户和预算会计账户的会计分录（按照只反映预算收支发生登记预算会计账户）。

# 第4章 政府会计中的成本会计核算

Chapter 4

学习目标

1. 掌握政府成本的构成
2. 掌握政府成本核算的目标
3. 了解事业单位成本核算的基本方法

## 4.1 政府成本及其核算的目标和作用

党中央、国务院提出并推进国家治理体系和治理能力现代化以来，其中若干重大举措都要求有与之配套的政府成本做支撑。为此，推行政府成本会计，规定政府运行成本归集和分摊方法等，反映政府向社会提供公共服务支出和机关运行成本等财务信息①，既是国家治理能力和治理体系现代化落实的必然条件，也是当前政府会计改革的重要内容。

### 4.1.1 政府成本的构成

政府核算的成本主要包括事业单位服务成本和行政单位运行成本，以及按照政府会计报告级次逐级汇总形成的同类型政府成本（部门成本及各级政府成本）。我国政府成本构成见图 4-1。

从图中可以看出，政府单位的成本是政府成本的基础，各政府单位应依据国家统一要求，并结合自身管理要求，进行成本核算、实施成本管理和绩效管理。

---

① 《国务院关于批转财政部权责发生制政府综合财务报告制度改革方案的通知》（国发〔2014〕63 号）.

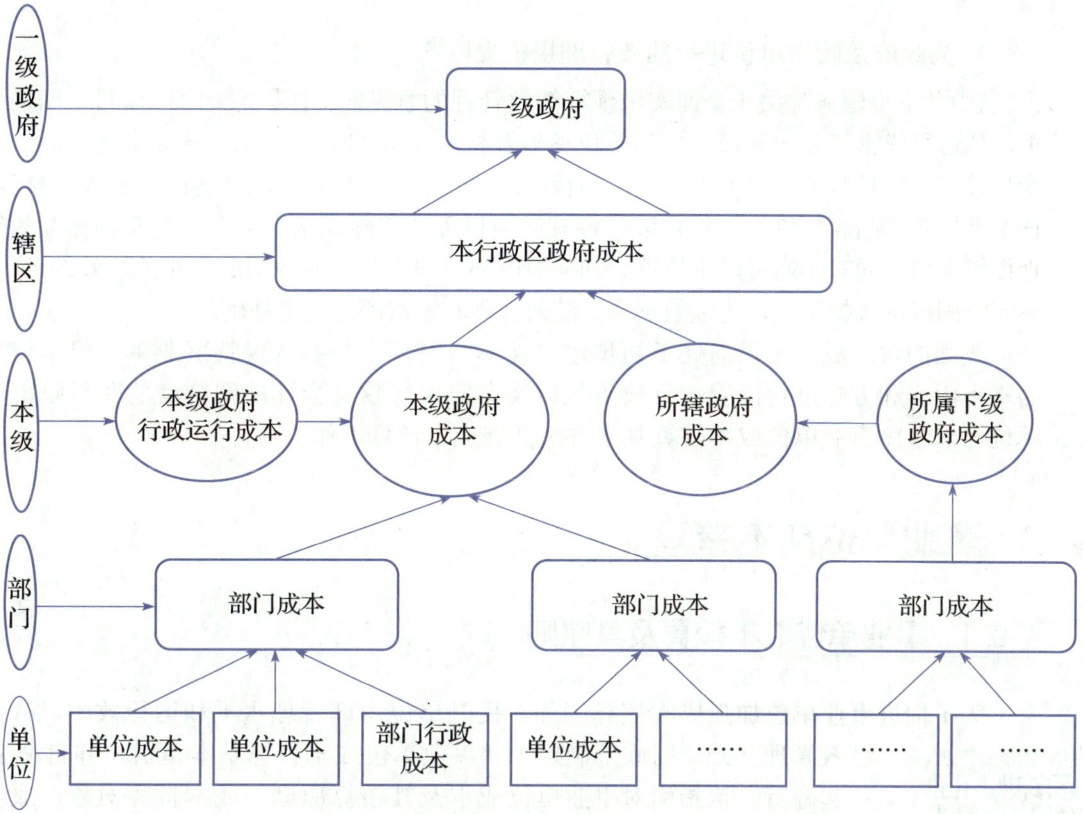


图 4－1　我国政府成本构成简图

### 4.1.2　政府成本核算的目标和作用

**1. 为节约公共资源提供决策信息**

党中央历来倡导坚持艰苦奋斗、勤俭节约的优良传统，要求政府将更多的资金、资源节省下来用于保障改善民生。加强政府成本核算，有助于揭示成本发生的原因、成本形成的过程和成本构成的具体内容，明确成本影响因素，反映资源耗费的主要环节，从而有针对性地开展成本控制活动，减少公共资源的耗费，提升单位运行效率。

**2. 为公共服务或产品定价提供数据支持①**

在我国，公共服务或产品部分采用收费方式提供，采取成本监审方式进行政府定价，即定价机关基于政府单位成本核算方法和结果，将服务成本作为核定公共服务收费的基本依据之一。一些事业单位存在备案或自主定价的收费项目，也需要依赖成本核算信息。加强行政事业单位成本核算，有助于补充完善行政事业单位成本信息的相关方法，提高定价成本核算的准确性，为定价和成本补偿提供科学依据。

① 《中共中央国务院关于推进价格机制改革的若干意见》（中发〔2015〕28 号）要求"公用事业和公益性服务的经营者应当按照政府定价机构的规定公开成本，政府定价机构在制定和调整价格前应当公开成本监审结论"。

**3. 为政府及政府单位进行绩效管理提供支撑**[1]

《中共中央国务院关于全面实施预算绩效管理的意见》（中发〔2018〕34号）明确要求，从运行成本等方面衡量部门和单位整体及核心业务的实施效果，从成本等方面综合衡量政策和项目预算资金使用效果，绩效目标包括成本等指标。通过科学的成本核算，详细掌握各部门和各单位、各政策和各具体项目等的实际成本，为全面落实预算绩效管理提供支撑。同时，通过成本核算，加强对内部组织部门、业务团队等相关绩效的评价，不断牢固成本数据基础，为绩效预算、绩效管理和绩效评价奠定基础。

我国的政府成本体系尚处于初步建立并不断完善中。本章仅就事业单位成本核算的基本内容和方法进行说明。行政单位以及参照执行政府会计准则制度的非行政事业单位可以参照事业单位成本核算基本方法开展成本核算工作。

## 4.2 事业单位成本核算

### 4.2.1 事业单位成本核算及其原则

为了促进事业单位加强成本核算工作，提升单位内部管理水平和运行效率，夯实绩效管理基础，财政部制定了《事业单位成本核算基本指引》并自2021年起施行。该指引对事业单位成本及其核算原则、成本核算对象、成本项目、归集和分配等做出指导性规定。[2]

《事业单位成本核算基本指引》

**1. 成本与成本核算**

成本，是指单位特定的成本核算对象运营或生产所发生的资源耗费，包括人力资源耗费，房屋及建筑物、设备、材料、产品等有形资产的耗费，知识产权等无形资产的耗费，以及其他耗费。与成本核算对象运营或生产无关的资源耗费不包含在成本范围当中，比如非正常的损失、对外捐赠等发生的资产处置费用等。

成本核算，是指单位对实现其职能目标过程中实际发生的各种耗费按照确定的成本核算对象和成本项目进行归集、分配，计算确定各成本核算对象的总成本、单位成本等，并向有关使用者提供成本信息的活动。

**2. 成本核算原则**

单位进行成本核算应当遵循的主要原则有：

（1）相关性原则。单位确定成本核算对象、进行成本归集分配、提供成本信息等，应当与满足成本信息需求相关，有助于成本信息使用者依据成本信息做出评价或决策。

（2）可靠性原则。单位应当以实际发生的经济业务或事项为依据进行成本核算，

① 《中共中央国务院关于全面实施预算绩效管理的意见》（中发〔2018〕34号）要求“更加注重结果导向、强调成本效益、硬化责任约束”。

② 参见《事业单位成本核算基本指引》（扫描二维码）中相应部分的详解。

保证成本信息真实可靠、内容完整。

（3）适应性原则。单位进行成本核算，应当与单位所处行业的特点、特定的成本信息需求等相适应。

（4）及时性原则。单位应当及时收集、传递、处理、报告成本信息，便于信息使用者及时做出评价或决策。

（5）可比性原则。同一单位不同期间、相同行业不同单位，对相同或相似的成本核算对象进行成本核算所采用的方法和依据等应当保持一致，确保成本信息相互可比。

（6）重要性原则。单位选择成本核算对象、进行成本核算应当区分重要程度，对于重要的成本核算对象和成本项目应当力求成本信息精确，对于非重要的成本核算对象和成本项目可以适当简化核算。

## 4.2.2　事业单位成本核算对象

事业单位应当根据其职能目标、所处行业的特点，以及不同的成本信息需求等确定多维度、多层次的成本核算对象。

**1. 按照维度确定的成本核算对象**

按照维度确定的成本核算对象主要包括：（1）按业务活动类型确定的成本核算对象；（2）政策、项目确定的成本核算对象；（3）按提供的公共服务或产品确定的成本核算对象。

**2. 按照层次确定的成本核算对象**

按照层次确定的成本核算对象主要包括：（1）以单位整体作为成本核算对象；（2）按内部组织部门确定的成本核算对象；（3）按业务团队确定的成本核算对象。

**3. 其他成本核算对象**

单位为满足成本控制需求，可以以业务活动类型、项目、内部组织部门等作为成本核算对象；为满足公共服务或产品定价需求，可以以公共服务或产品作为成本核算对象；为满足内部绩效评价需求，可以以项目、内部组织部门、业务团队等作为成本核算对象；为满足外部绩效评价需求，可以以政策和项目、单位整体等作为成本核算对象。

需要特别强调的是，事业单位应当根据其职能目标确定主要的专业业务活动，并将其作为基本的成本归集和分配的对象。另外，政府单位确定需要核算单位成本①的成本对象时，要注意单位成本的可比性，没有可比性的单位成本信息对信息使用者没有太大意义。比如医院就诊患者人均医疗成本如果不按照病种划分，感冒治疗的成本和心脏手术治疗的成本就不具有可比性，所以医疗成本应当按照病种确定成本核算对象。

---

① 这里的单位成本中的“单位”，不是指政府单位等组织意义上的单位，而是指提供公共服务等的成本计量单位。如生均培养成本、医院人均医疗成本、公务员人均行政办公成本等。

### 4.2.3 成本核算方法及成本归集和分配

**1. 成本核算方法**

事业单位成本核算方法包括完全成本法和制造成本法。事业单位应当根据成本信息需求，选择完全成本法或制造成本法对成本核算对象进行成本核算。

（1）完全成本法。完全成本法，是指将单位所发生的全部耗费按照成本核算对象进行归集和分配，并计算出总成本和单位成本的方法。成本核算对象为单位整体、主要业务活动的，可以采用完全成本法。

（2）制造成本法。制造成本法，是指只将与产品制造或业务活动有联系的费用计入成本核算对象，不向成本核算对象分配单位管理费用等的方法。成本核算对象为公共服务或产品、项目、内部组织部门、业务团队的，可以采用制造成本法。

事业单位成本核算对象为公共服务或产品的，可以合理选择品种法、分批法、分步法等进行成本核算，并选择完全成本法或制造成本法，或同时选择完全成本法和制造成本法。

**2. 成本归集和分配**

成本归集和分配是成本核算的主体内容。单位一般通过“业务活动费用”“单位管理费用”等科目，按照成本项目归集实际发生的各种费用，计算确定各成本核算对象的成本。当成本核算对象为自制或委托外单位加工的各种物品、建设工程项目、自行研究开发项目时，应当按照政府会计准则制度等规定通过“加工物品”“在建工程”“研发支出”等科目进行核算，按照成本项目归集、结转实际发生的各种费用。

事业单位所发生的费用，按照计入成本核算对象的方式不同，分为直接费用和间接费用。直接费用是指能确定由某一成本核算对象负担的费用，按照所对应的成本项目类别，直接计入成本核算对象。间接费用是指不能直接计入成本核算对象的费用，应当选择合理的分配标准或方法分配计入各个成本核算对象。

单位应当根据其业务特点，按照资源耗费方式确定合理的间接费用分配标准或方法。为确保成本的相关性，间接费用分配标准或方法一般应遵循因果关系和受益原则，将资源耗费根据动因分项目追溯或分配至相关的成本核算对象，如根据工作量占比、耗用资源占比、收入占比等。为实现成本信息的可比性，同一成本核算对象的间接费用分配标准或方法一旦确定，各期间应当保持一致，不得随意变动。

单位内直接开展专业业务活动的业务部门所发生的业务活动费用，应当区分直接费用和间接费用，归集、分配计入各类业务活动等成本核算对象，如直接开展专业业务活动人员的工资福利费用、开展专业业务活动领用的库存物品成本、业务部门所使用资产的折旧（摊销）费用等。单位内为业务部门提供服务或产品的辅助部门所发生的业务活动费用，应当采用合理的标准或方法分配计入各类业务活动等成本核算对象。辅助部门之间互相提供的服务、产品的成本，应当采用合理的方法进行交互分配。互相提供服务、产品的成本较少或基本相当的，可以不进行交互分配，直接分配计入各类业务活动等成本核算对象。

单位本级行政及后勤管理部门开展管理活动发生的单位管理费用，可以根据成本信息需求，采用合理的标准或方法分配计入相关成本核算对象。如单位行政及后勤管理部门发生的人员经费、公用经费、资产折旧（摊销）等费用，以及由单位统一负担的费用等。

### 4.2.4　成本核算周期与成本报告

事业单位可以根据成本信息需求、成本核算对象等确定成本核算周期，并按照成本核算周期等编制成本报告，全面反映单位成本核算情况。比如，中小学及高等学校可以根据教育成本信息需求情况以学年为成本核算与报告周期，也可以根据政府会计周期进行成本核算和报告；科研单位对于长期大型科研项目，可以根据项目周期进行成本核算和报告，对于日常科研项目，可以根据财务报告周期进行成本核算和报告等。

## 4.3　政府成本核算与政府财务会计核算的关系

政府成本核算与政府财务会计核算两者紧密相关又有所区别。政府财务会计核算应遵循政府会计准则制度，政府成本核算是在政府财务会计信息尤其是费用信息基础上，按照成本对象进行归集分配的进一步核算。

政府成本核算与政府财务会计核算的关系主要体现在以下三个方面：

（1）成本核算以财务会计核算为基础。成本核算所需的相关基础信息数据主要由财务会计核算产生，因此，财务会计有关明细科目设置和辅助核算应当满足成本核算（尤其是成本对象和成本项目）的需要。

（2）部分成本核算结果在财务会计核算上有相应的反映。当成本核算对象为自制或委托外单位加工的各种物品、建设工程项目、自行研究开发项目时，应当按照政府会计准则制度等规定分别通过“加工物品”“在建工程”“研发支出”等会计科目归集和结转成本，并在财务报表中列示。

（3）事业单位的大量成本核算活动相对独立于财务会计系统。虽然事业单位成本核算以财务会计核算数据为基础，但事业单位的费用大多通过“业务活动费用”“单位管理费用”等会计科目归集，这些费用信息用于计算业务活动、项目、单位整体、内部组织部门、业务团队等特定成本核算对象的成本。成本核算的过程和结果，除“加工物品”“在建工程”“研发支出”外，无须在财务会计账簿和财务报表中反映，需要编制单独的成本报表，并体现成本与费用之间的勾稽关系。

## 4.4　分行业事业单位成本

《公立医院成本核算规范》

不同行业的事业单位有不同的业务特征，实务中，需要针对不同的行业分别规范成本会计核算、报告和成本信息分析使用方法，比如，科学事业单位成本基本规范、公立医疗机构成本基本规范，以及高等学校成本基本规范等。目前我国公布执行了由国家卫生健康委和国家中医药管理局联合发布的《公立医院成本核算规范》①。

① 以医院为代表的行业成本核算的特点和内容参见《公立医院成本核算规范》（扫描二维码）。

随着我国政府成本体系的不断完善，分行业事业单位成本规范将陆续出台实施，届时，将建立起以行业事业单位的成本为主体，以行政单位的成本为重要补充的政府整体成本体系。

## 思考题

1. 政府成本核算有什么作用？
2. 政府成本会计核算与政府财务会计核算是什么关系？

# 第 5 章 Chapter 5 中国政府会计的现状与发展

学习目标

1. 了解中国政府会计的组成体系
2. 了解中国政府会计的标准
3. 掌握中国政府会计的核算模式
4. 了解中国政府会计改革的方向

## 5.1 中国政府会计的组织架构

### 5.1.1 政府会计的组成

政府会计从总的方面来看由政府财政会计、政府单位会计（即行政单位会计和事业单位会计，下同）组成。

政府会计的组成与政府预算的组成紧密联系。政府预算按照预算收支管理范围，分为财政预算和部门预算。其中财政预算是指一级政府全部财政资金的收支预算。部门预算是一个政府主管部门所属全部单位的单位预算的集合；单位预算是与财政部门直接发生预算拨款关系的国家机关、军队、政党组织、社会团体、事业单位的全部收支预算。根据政府预算的组成，政府会计分为政府财政会计和政府单位会计。前者是反映和监督政府财政预算执行情况及财政财务状况的会计，由于设在政府财政部门，所以称为政府财政会计；后者是反映和监督政府所属单位的预算执行情况及财务状况的会计，所以称为政府单位会计。

### 5.1.2 政府财政会计的分级

按照中国政府的管理体制，政府根据国家政权结构和行政区划设立，分为中央政府和地方政府，其中地方政府包括省（自治区、直辖市）、设区的市（自治州）、县（自治县、不设区的市、市辖区）、乡（民族乡、镇）四级。各级政府按照“统一领导、分级管理”的方式，贯彻“划分各级政府事权、财权，事权与财权相匹配”的原则，实行各级政府“分灶吃饭”的经济体制。各级政府会计都要以本级政府为会计主体进行会计报告。所以，有一级政府，就有一级政府财政会计。中国政府最多分为五个层级，所以中国政府财政会计最多包括中央、省、市、县、乡（镇）五个层级。有些省（自治区、直辖市）政府行政层级少于四级，这样的省（自治区、直辖市）内政府财政会计就可能只有三个层级。例如直辖市只包括市、区（县）、乡（镇）三级财政会计。有的地方政府实行省直接管县，这样就只有省、市（县）、乡（镇）三级财政会计。

### 5.1.3 政府单位会计的分级

政府单位会计组织系统主要依据财政经费拨款和资金领用及报告的管理层次进行设置。政府单位的会计组织分为三个层级：主管会计单位，二级会计单位，基层会计单位。

向同级财政部门请领财政资金和报告经费使用情况，有下属会计单位的会计单位，为主管会计单位。

向上级会计单位请领财政资金和报告经费使用情况，有下属会计单位的会计单位，为二级会计单位。

向上级会计单位或同级财政部门请领财政资金和报告经费使用情况，没有下属会计单位的会计单位，为基层会计单位。

由于各个政府（不同层级政府或不同地方政府）及政府的不同部门中政府单位的隶属层级不尽相同，所以政府单位的会计组织体系可以有多种层级形式。与不同层级单位对应的会计组织层级见图5-1。

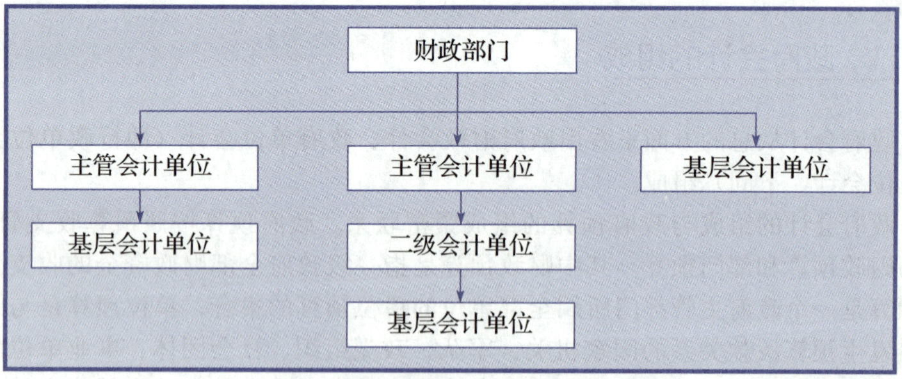


图5-1 各种政府单位的会计组织层级

政府单位的会计组织层级与预算管理的组织层级相对应。与主管会计单位、二级会计单位和基层会计单位对应的分别是一级预算单位、二级预算单位和基层预算单位。

### 5.1.4 中国政府会计的组成体系

政府财政会计组织体系和政府单位会计组织体系共同构成中国政府会计的组成体

系（见图 5-2)。

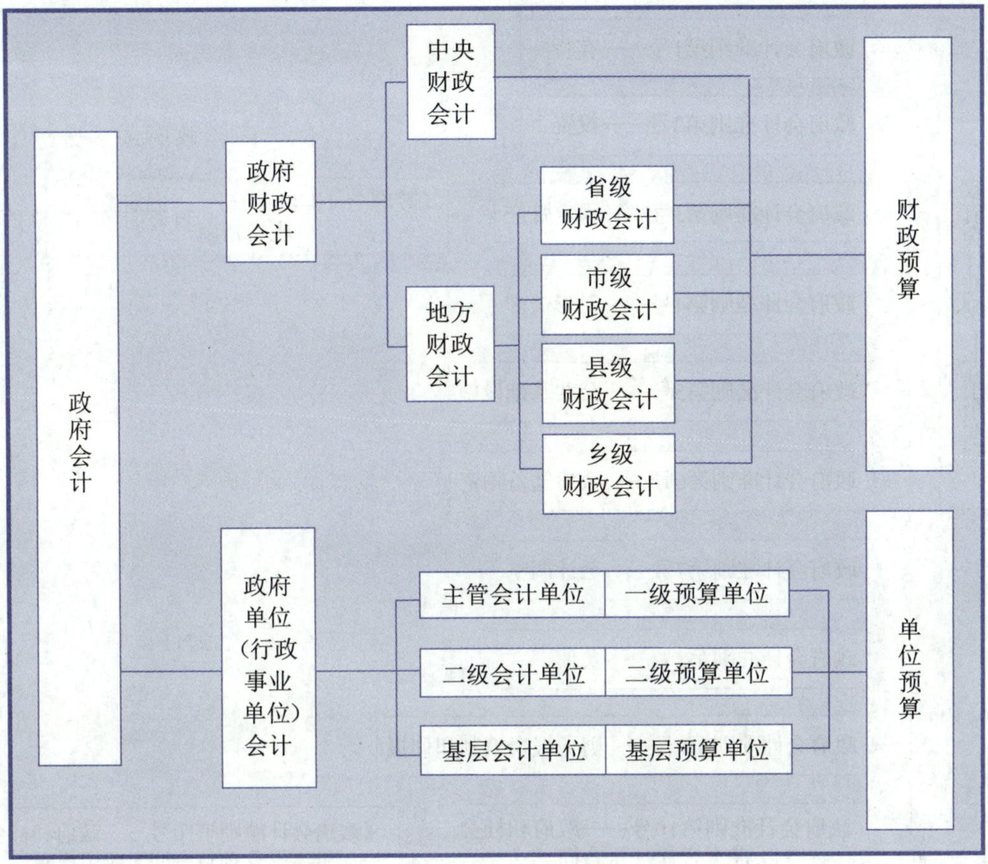


图 5-2　中国政府会计的组成体系

## 5.2 中国政府会计的标准

政府会计的核算要依据相应的政府会计标准进行。目前中国政府会计核算依据的会计标准是准则加制度。

### 5.2.1　会计准则体系

政府会计准则主要用于规范政府会计核算中的会计确认、计量和信息披露。作为政府会计标准的会计准则体系包括政府会计基本准则、政府会计准则的具体准则及其指南，以及财政部根据具体情况发布的准则解释。目前中国的政府会计准则体系见图 5-3。

### 5.2.2　会计制度体系

政府会计制度主要用于规范政府会计核算中的会计记账和编制会计报表。作为政府会计标准的会计制度体系包括适用于各种政府会计主体的会计制度、补充规定及制度解释。目前我国涉及政府组织的会计制度（含会计核算办法）包括十多个。这些会计制度可以从不同角度进行划分。

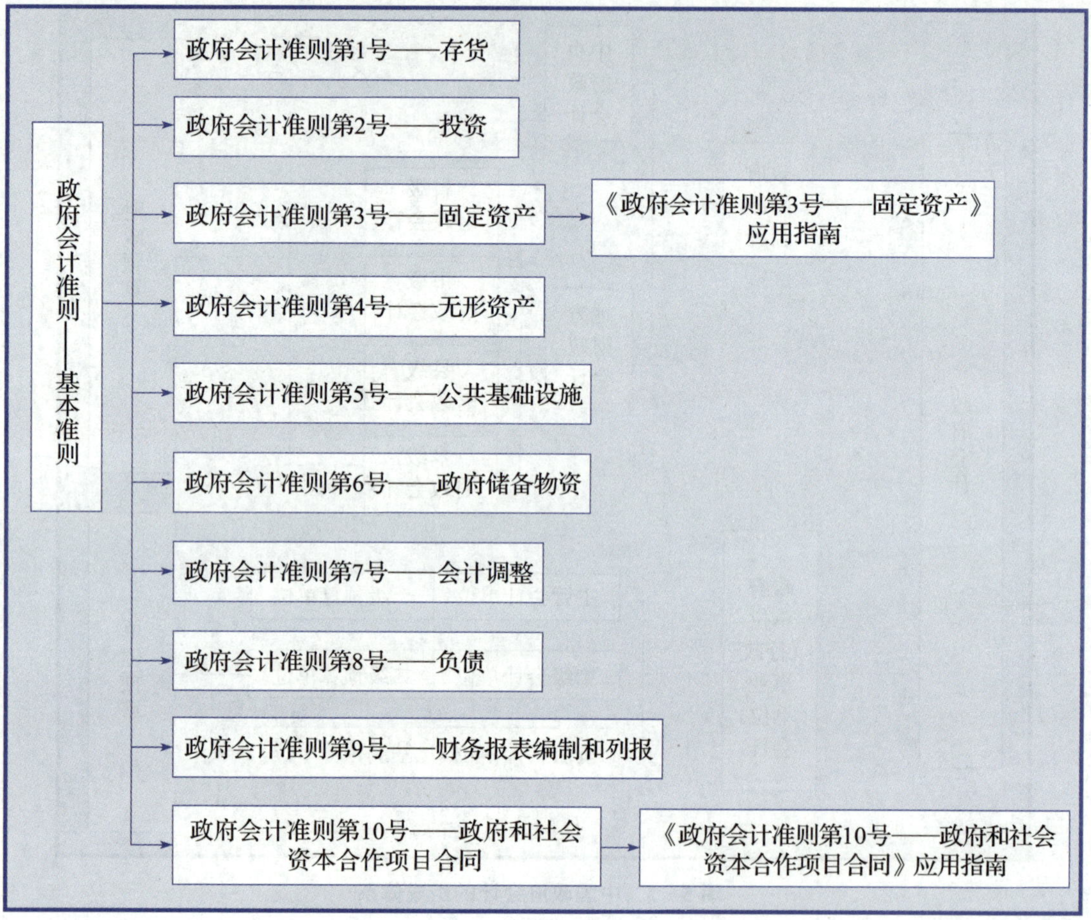


图5-3　中国的政府会计准则体系

按照政府获得、分配及使用资金的过程，政府会计制度可以分为：核算政府收入征解和收纳环节资金的会计制度（《税收会计制度》和《国库会计核算业务操作规程》）；核算政府财政分配环节资金的会计制度（《财政总预算会计制度》）；核算政府财政资金和其他资金使用环节的会计制度（《政府会计制度——行政事业单位会计科目和报表》《国家物资储备资金会计制度》等）。

按照涵盖的资金业务内容，政府会计制度可以分为：核算普通业务资金的会计制度；核算特殊业务资金的会计制度。

按照资金的性质，政府会计制度可以分为：核算政府自有资金的会计制度；核算政府受托管理资金的会计制度。

按照适用会计主体的属性，政府会计制度可以分为：适用以组织为核算主体的会计制度（如《政府会计制度——行政事业单位会计科目和报表》）；适用以特定资金为核算主体的会计制度（如《三峡工程库区移民资金会计制度（试行）》《农业综合开发资金会计制度》《国家物资储备资金会计制度》等）。

从总体上看，中国政府会计制度分为适用于政府财政会计（征解和收纳会计可视为政府财政会计的延伸）和适用于政府单位会计两大部分，前者由各级政府财政部门

（税收部门、各级中国人民银行）执行，后者由各个政府单位执行。这些会计制度构成中国的政府会计制度体系，勾勒出中国政府会计对政府资金的核算架构。中国政府会计制度体系见图 5－4。

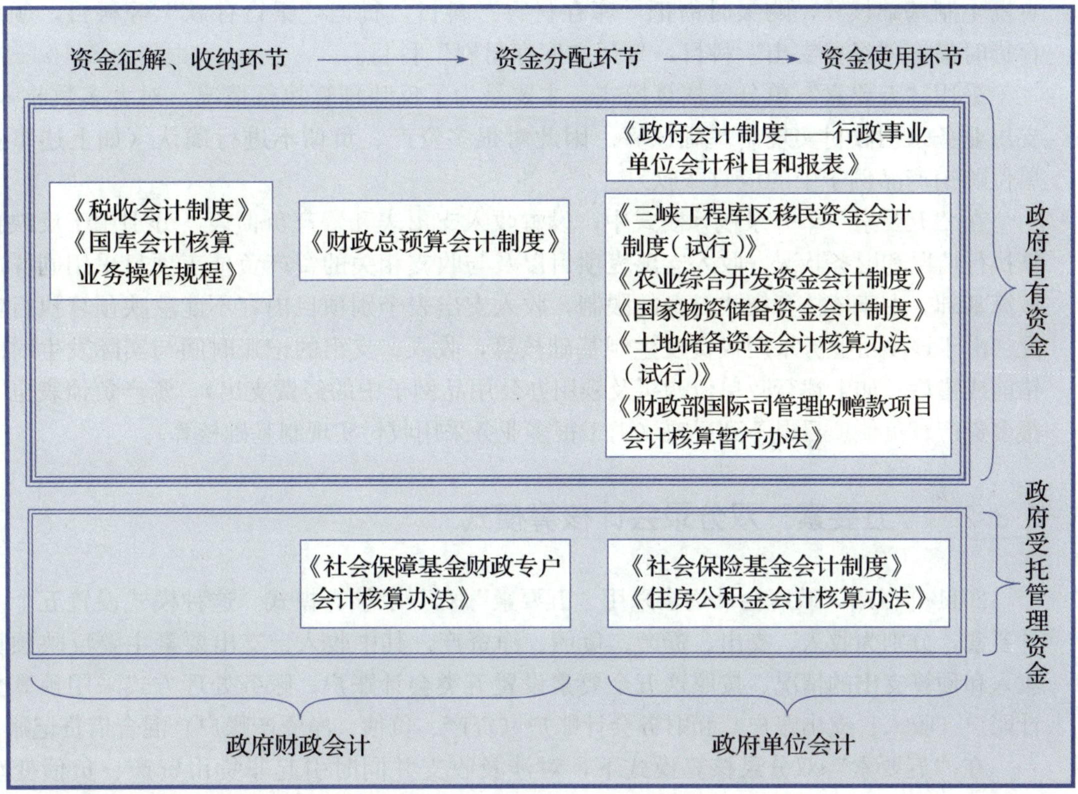


图 5－4　中国政府会计制度体系

## 5.3　中国政府会计的核算模式

会计核算模式的内容包括会计核算采用的记账方法，会计要素的划分，会计账户体系的设置方式及账务处理方式，会计核算基础的选用，会计报表体系的设置等。1998 年以后，除了记账方法均采用借贷记账法以外，政府会计大体经历了“五要素”单分录会计核算模式、“五要素”双分录会计核算模式和“八要素”会计核算模式。

### 5.3.1　“五要素”单分录会计核算模式

政府会计在 2011 年以前基本上采用“五要素”单分录核算模式。这种模式设置五个会计要素，分别为收入、支出、资产、负债、净资产，其中收入、支出要素主要反映预算收入和预算支出的情况。按照这五个要素设置五类会计账户，账务处理方式采用预算会计账户（收入、支出账户）和财务会计账户（资产、负债、净资产账户）混合借贷记账。

在“五要素”单分录核算模式下，对涉及收支的经济业务，一般一个业务只登记一个借贷会计分录。如事业单位在事业活动中赊销有偿转让的产品，采用收付实现制基础核算，转让产品时不确认收入和应收账款，待收到资金时确认收入，借记“银行存款”等科目，贷记“事业收入”科目；又如行政单位购买及领用办公用品，采用权责发生制基础核算，购买时借记“库存材料”科目，贷记“银行存款”等科目，领用存货时借记“经费支出”科目，贷记“库存材料”科目。

采用“五要素”单分录核算模式，主要是为了反映预算执行情况，对大多数收入、支出业务采用收付实现制基础核算。因此对很多资产、负债不进行确认（如上述事业单位赊销产品例子中的应收账款）。

在“五要素”单分录核算模式中，设置收入支出表和资产负债表，分别用于反映预算执行情况和财务状况。收入支出表项目以及与收支相关的资产负债表项目采用同样的核算基础。由于该核算模式自身的限制，收入支出表个别项目内容不能反映预算执行情况（由于该项目业务采用权责发生制基础核算，收入、支出的记账时间与实际发生时间错前或错后，如上述行政单位购买及领用办公用品例子中的经费支出），资产负债表也有很多资产、负债项目得不到反映（由于很多业务采用收付实现制基础核算）。

## 5.3.2 “五要素”双分录会计核算模式

2011年以后，政府会计逐步采用“五要素”双分录核算模式。这种模式设置五个会计要素，分别为收入、支出、资产、负债、净资产，其中收入、支出要素主要反映预算收入和预算支出的情况。按照这五个要素设置五类会计账户，账务处理方式采用预算会计账户（收入、支出账户）和财务会计账户（资产、负债、净资产账户）混合借贷记账。

在“五要素”双分录核算模式下，对涉及收支并同时引起非货币资产、负债变动的主要经济业务，采用一个业务登记两个借贷会计分录的方式。如行政单位购买及领用办公用品，购买时登记两个会计分录：一是借记“经费支出”科目，贷记“银行存款”等科目；二是借记“存货”科目，贷记“资产基金”科目。这里登记的双分录中，前面一个分录用于登记预算支出，以实时反映预算支出执行情况；后面一个分录用于登记存货资产增加，以反映财务状况（资产）。又如行政单位购买服务并发生应付账款，购买时（未付款）借记“待偿债净资产”科目，贷记“应付账款”科目。归还应付账款时登记两个会计分录：一是借记“经费支出”科目，贷记“零余额账户用款额度”等科目；二是借记“应付账款”科目，贷记“待偿债净资产”科目。归还应付账款时登记的双分录中，前面一个分录用于登记预算支出，以实时反映预算支出执行情况；后面一个分录用于登记应付账款减少，以反映财务状况（负债）。

采用“五要素”双分录核算模式，是为了既反映预算执行情况，又反映主要资产、负债及其变动。

在“五要素”双分录核算模式下，设置收入支出表和资产负债表，分别用于反映预算执行情况和财务状况。收入支出表项目采用收付实现制基础编制，资产负债表项目采用权责发生制基础编制，两张报表采用不同的核算基础。该核算模式在很大程度上突破了“五要素”单分录核算模式的限制，使得收入支出表项目更能反映预算执行情况，资产负债表项目更能反映财务状况（资产、负债）。

但是，“五要素”核算模式都不设置采用权责发生制基础核算的收入、费用会计要素及其会计账户，也不设置采用权责发生制基础的收入费用表，因此无法反映会计主体的收入、费用，同时因没有费用核算给政府单位的成本核算造成障碍。

### 5.3.3　“八要素”会计核算模式

从 2019 年开始，在政府单位（行政事业单位）实施“八要素”会计核算模式。“八要素”核算模式设置八个会计要素，分别为预算收入、预算支出、预算结余三个预算会计要素和资产、负债、净资产、收入、费用五个财务会计要素。这种核算模式在账务处理方式上，预算会计账户之间进行借贷记账，财务会计账户之间进行借贷记账。

在“八要素”会计核算模式中，凡是会计主体发生符合预算会计要素的事项，就要在预算会计账户上进行登记；凡是会计主体发生符合财务会计要素的事项，就要在财务会计账户上进行登记；如果发生的经济业务既符合预算会计要素又符合财务会计要素，就需要在预算会计账户和财务会计账户上同时登记。如政府单位购买及领用办公用品，购买时同时符合预算会计要素和财务会计要素，要登记两个会计分录：一是在预算会计账户借记“行政支出（事业支出）”科目，贷记“资金结存”科目；二是在财务会计账户借记“库存物品”科目，贷记“银行存款”等科目。领用办公用品时只符合财务会计要素，只在财务会计账户登记一个会计分录，借记“××费用”科目，贷记“库存物品”科目。

采用“八要素”会计核算模式，是为了既实时反映预算执行情况，又全面反映资产、负债及其变动，并反映收入、费用情况。

在“八要素”会计核算模式中，设置预算收入支出表、资产负债表和收入费用表，预算收入支出表用于反映预算执行情况，后两者用于反映财务状况。预算收入支出表项目采用收付实现制基础编制，资产负债表项目和收入费用表项目采用权责发生制基础编制。

“八要素”会计核算模式由于可以反映会计主体的费用，为政府单位的成本核算打下了基础。

## 5.4　中国政府会计的改革与发展

### 5.4.1　2010—2015 年政府会计制度的修订

**1. 政府会计改革背景**

自 1998 年开始实施的适用政府组织的基本会计制度①执行了十多年后，政府活动发生变化，特别是政府财政财务管理活动发生重大变化。主要的活动及管理改革包括：发行国债和借入主权外债，规范政府收支分类，施行国库集中支付制度，编制部门预算，政府采购，改进、规范行政事业单位国有资产处置等。在此背景下，原有的会计制度内容已经不适应政府活动的财政财务管理对政府会计核算的要求。因此，财政部自 2010 年开始重新修订适用政府组织的基本会计制度。

---

① 包括财政总预算会计制度、行政单位会计制度、事业单位会计制度和若干行业事业单位会计制度。

**2. 政府会计改革内容**

2010年，作为这一轮政府会计改革的试点，财政部率先制定《医院会计制度》（自2012年1月施行）和《基层医疗卫生机构会计制度》（自2011年7月施行）。

2012年，财政部制定《事业单位会计准则》和《事业单位会计制度》（自2013年1月施行）。

2013年，财政部制定《行政单位会计制度》（自2014年1月施行）。

2013年，财政部制定《高等学校会计制度》《中小学校会计制度》《科学事业单位会计制度》《彩票机构会计制度》（自2014年1月施行）。

2015年，财政部制定《财政总预算会计制度》（自2016年1月施行）。

至此，规范政府会计核算的主要会计制度都得到修订，政府会计的核算进入一个新的阶段。

在这一时期的会计制度修订中，政府会计核算的内容发生比较大的变化，主要表现如下。

（1）明确双重会计目标。新的会计制度（事业单位对应会计准则）明确了会计核算的目标。在各个制度（准则）中，对会计目标的表述都表明要提供反映会计主体预算执行情况、财务状况的会计信息。对比原来的会计制度可以看出，新制度对会计核算目标的规定更加明确，改变以往以反映预算执行情况为主的做法，确立了反映预算执行情况和财务状况的双重会计目标。

（2）广泛使用双分录记账方法。在原来的会计制度中，除了在政府单位会计中对购买固定资产环节的核算采用双分录记账方法以外，基本上不使用双分录记账方法。这就导致：按照收付实现制记账，很多资产、负债项目得不到确认，在资产负债表中也反映不出来；按照权责发生制记账，对应的支出（收入）难以即时反映预算执行情况。

在新修订的制度中，对大部分非货币性资产项目和主要的负债项目采用双分录记账方法。这样既保证收入、支出按照收付实现制记账，与预算编制的基础保持一致，以达到反映预算执行情况的目标；又可以最大限度地确认资产、负债项目，以更加全面地反映财务状况。

（3）拓展、细化资产、负债项目的核算。随着政府经济活动的增多，原有的会计制度中的资产、负债科目已经不适应核算需要。再加上双重会计目标的确立，对反映财务状况的资产、负债要加强核算。因此，与原有的会计制度相比，新修订的会计制度大大细化了资产、负债的核算。比如，《财政总预算会计制度》增加了“国库现金管理存款”“借出款项”“应收股利”“其他应收款”“应收地方政府债券转贷款”“应收主权外债转贷款”“股权投资”等资产类科目，增加了“应付短期政府债券”“应付国库集中支付结余”“其他应付款”“应付代管资金”“借入款项”“应付地方政府债券转贷款”“应付主权外债转贷款”“其他负债”等负债类科目；《行政单位会计制度》增加了“应收账款”“预付账款”“无形资产”“在建工程”“公共基础设施”“政府储备物资”“受托代理资产”“待处理财产损溢”等资产类科目，增加了“应付账款”“应付政府补贴款”“应缴税费”“长期应付款”“受托代理负债”等负债类科目；《事业单位会计制度》增加了“短期投资”“在建工程”“待处置资产损溢”等资产类科目，增加了“短期借款”“长期应付款”等负债类科目。

这些资产、负债科目的增加，既可以使会计更有针对性地对会计主体不同的经济活动形成的资产、负债进行核算，也可以使会计报表具备更加详细的资产、负债项目，还可以使一些原来没有得到核算的资产、负债得到核算。例如，在《行政单位会计制度》中增加了“公共基础设施”“政府储备物资”科目，在《财政总预算会计制度》中增加了“股权投资”科目，从而使得这些长期没有得到会计核算的政府资产得到核算，填补了政府会计核算的空白。

(4) 对固定资产、无形资产计提折旧和摊销。长期以来，行政单位和事业单位使用固定资产、无形资产（行政单位甚至没有对无形资产进行确认）都不进行折旧、摊销。这就造成会计报表反映的是政府单位的固定资产的原值，虚增了资产的价值。

新修订的制度规定对固定资产（行政单位还包括对公共基础设施）、无形资产计提折旧和摊销，解决了单位相关资产的账面价值不实问题，为将来进行成本核算打下基础。

(5) 合并基建会计账。2018 年以前，获得和使用国家基本建设资金的政府单位，需要依据《国有建设单位会计制度》对基本建设资金单独建账核算。在此轮修订会计制度以前，政府单位的会计账户及会计报表分为两套：一是按照《行政单位会计制度》和《事业单位会计制度》建立的会计账套（又称“大账”）和报表；二是按照《国有建设单位会计制度》建立的账套（又称“基建账”）和报表。“大账”中不包括基本建设资金的核算内容。

修订后的制度要求将“基建账”的核算数据并入“大账”①。这样一来，“大账”中记录的数据就包括政府单位的全部资金，依据“大账”编制的会计报表就反映了单位的全部资源，从而保证政府单位会计信息的完整性，在一本账中全面反映单位的资源情况。

(6) 改进会计报表。原制度规定的报表存在的问题主要集中在资产负债表的设计上。原制度规定的资产负债表的结构包含五个部分——资产、负债、净资产、收入和支出。这种格式使该报表乃至报表体系都存在明显的缺陷：1）资产负债表定位不明确；2）资产负债表中的资产、负债、净资产部分是时点数，收入、支出部分是时期数，各个部分不存在加总关系；3）资产负债表中收入、支出信息与收入支出表中收入、支出信息形成报表之间的信息重复。此外，原制度没有编制会计报表附注的要求。

新修订的制度进一步完善了报表体系和结构，这些改进主要包括：

1）改进资产负债表的结构格式，取消原资产负债表中的收入和支出部分，使资产负债表的上述缺点得到克服。

2）在收入支出表中增加反映单位结转结余调整和变动的项目，更清晰地披露各种资金结余的变动情况。

3）在政府单位报表中增加财政拨款（补助）收入支出表，全面反映财政拨款收入、支出及结转结余情况，以更好地服务财政预算管理。

4）增加对报表附注的具体规定，要求提供更全面的信息，以增强报表的可理解性。

## 5.4.2 2015—2020 年政府会计标准的建立和完善

**1. 政府会计改革背景**

按照中国共产党十八届二中、三中、四中全会精神，要提升政府财务管理水平，

① 同时仍保留按照《国有建设单位会计制度》核算的基建账。

促进政府会计信息公开，推进国家治理体系和治理能力现代化。根据党中央、国务院决策部署，加快推进政府会计改革，建立健全政府会计核算体系，逐步建立以权责发生制政府会计核算为基础，以编制和报告政府资产负债表、收入费用表等报表为核心的政府综合财务报告制度。

2014年12月国务院批转财政部《权责发生制政府综合财务报告制度改革方案》（以下简称《改革方案》）。在《改革方案》中，要求通过构建统一、科学、规范的政府会计标准体系，为建立政府综合财务报告制度奠定基础。为此，对政府会计改革提出了具体任务：

（1）建立健全政府会计核算体系。

（2）建立健全政府财务报告体系。

（3）建立健全政府财务报告审计和公开机制。

（4）建立健全政府财务报告分析应用体系。

按照《改革方案》规定的路线图和时间表，这一阶段的政府会计改革应于2020年基本完成。

**2. 政府会计改革内容**

随着政府会计改革的进行，《改革方案》的内容逐步实施。自2015年开始，我国制定了一系列新的政府会计标准。

2015年，财政部制定了《政府会计准则——基本准则》，将其作为政府会计核算标准的统领性规范。

2015年，财政部制定发布《政府财务报告编制办法（试行）》《政府综合财务报告编制操作指南（试行）》《政府部门财务报告编制操作指南（试行）》，将其作为试编制政府财务报告的操作规范。

2016年至2020年，财政部陆续制定施行了政府会计准则第1号至第10号具体准则，以及其中第3号固定资产准则和第10号政府和社会资本合作项目合同准则的应用指南，对政府会计核算中主要项目的确认和信息披露做出规范。

2017年，财政部制定《社会保险基金会计制度》，整合了原来有关社会保障基金的会计制度和会计核算办法。

2017年，财政部制定《政府会计制度——行政事业单位会计科目和报表》（以下简称"政府单位会计制度"）以取代原来政府单位使用的12个会计制度①，建立了统一的政府单位会计核算账务处理和报表编制标准。

2018年，财政部制定科学事业单位、高等学校、中小学校、医院、基层医疗卫生机构、彩票机构、地质勘查单位、测绘事业单位、国有林场与苗圃等行业事业单位执行政府单位会计制度的补充规定，对部分行业事业单位特殊的会计核算问题进行规范。

2019年和2020年，财政部先后制定了政府会计准则制度解释第1号、第2号、第3号，对政府会计制度部分尚未细化规定的问题做出了进一步规定。

---

① 包括《行政单位会计制度》《事业单位会计制度》《高等学校会计制度》《中小学校会计制度》《医院会计制度》《基层医疗卫生机构会计制度》《科学事业单位会计制度》《测绘事业单位会计制度》《地质勘查单位会计制度》《彩票机构会计制度》《国有林场与苗圃会计制度》《国有建设单位会计制度》。

2019 年，财政部印发了《事业单位成本核算基本指引》，对政府单位开展成本核算做了初步基础性的规范。

2020 年，财政部印发了《预算管理一体化规范（试行）》及其附录《预算指标会计核算实施方案》，对政府财政部门进行预算指标会计核算做了规定。

在此轮政府会计改革当中，我国政府会计核算产生了变革性变化，主要表现如下。

（1）确立准则加制度的会计标准体系。此轮的政府会计改革基本完成后，我国将建立起基本完整的政府会计标准体系。在这个标准体系中，以政府会计基本准则作为统领，以具体会计准则、具体会计准则指南、准则解释作为会计确认、计量、信息披露的规范，以会计制度（含政府单位会计制度、政府财政会计制度、某些政府资金会计制度）、会计制度补充规定作为会计账务处理、会计报表编制的规范。统一的政府会计标准体系全面覆盖政府会计核算的各个环节。

（2）整合政府单位会计制度。在这轮政府会计改革前，由于历史的原因，我国适用政府单位会计主体的会计制度多达 12 个。

这些会计制度的内容有差异，有些差异还比较大。这些差异导致不同行业、性质的政府单位的会计报表项目不一致、内容有差别。对于汇总编制各类、各级政府单位会计报表，造成口径不一、信息可比性差、汇总后项目反映的内容含混的结果。

这次政府会计改革将原来适用于政府单位的 12 个会计制度整合，制定了政府单位会计制度，并将其内容扩充，使之既能够适应各种单位共有业务的会计核算，也能够适应某些行业事业单位特有业务的会计核算。会计制度整合解决了原来单位会计报表汇总口径不可比的问题，提高了汇总会计报表的信息质量。

（3）建立“八要素”会计核算模式。以往的政府会计核算都采用“五要素”会计核算模式。正如 5.3 节所介绍的，“五要素”会计核算模式存在一些缺陷：不核算收入、费用，无法提供单位收入、费用信息，造成政府单位会计信息有很大缺失；不能做到核算全部资产、负债，难以充分满足财务管理的需要；不能做到全部及时核算预算收支，难以充分满足预算管理的需要。

这次政府会计改革制定的政府单位会计制度，采用预算会计核算和财务会计核算相对分离的“八要素”会计核算模式，使得“五要素”会计核算模式的缺陷得以消除，既满足财务管理的需要，也满足预算管理的需要。

（4）充实政府会计核算的内容。政府单位会计制度对资产、负债的核算增加了很多原来会计制度中没有的会计科目。这些新增的会计科目，有的进一步细化了资产、负债的核算，如“应收股利”“应收利息”“加工物品”“在途物品”“待摊费用”“研发支出”“长期待摊费用”“长期股权投资”“长期债券投资”“工程物资”“受托代理资产”“应付利息”“应交增值税”“预提费用”“受托代理负债”等会计科目；有的填补了政府会计核算的空白，如增加了原来政府单位会计核算中没有的“政府储备物资”①“公共基础设施”②“文物文化资产”“保障性住房”“预计负债”等核算内容。

在政府单位会计制度中，对某些原有的资产、负债项目采用新的核算方法，既弥补了原来某些资产、负债项目的内容缺失，也弥补了某些预算收入、预算支出项目的

---

① 原事业单位会计核算中没有该科目。

② 原事业单位会计核算中没有该科目。

内容缺失。如原来“长期借款”科目只对借入本金采用权责发生制核算，对利息采用收付实现制核算，因此不核算应付利息负债，也不核算债务预算收支。政府单位会计制度规定，对长期借款的本金和利息既采用权责发生制核算，也采用收付实现制核算。这样，不仅核算了长期借款的应付利息负债，还在将借入资金纳入单位预算管理的前提下，核算了长期借款的预算收支。

（5）扩充、完善会计报表体系。在政府单位会计制度中，从原来反映预算执行情况的收入支出表和反映财务状况的资产负债表，扩展为包含预算会计报表和财务会计报表的两组报表。其中预算会计报表包括预算收入支出表、预算结转结余变动表和财政拨款预算收入支出表；财务会计报表包括资产负债表、收入费用表、净资产变动表和现金流量表。通过报表附注中的“本年盈余与预算结余的差异情况说明”（即“本年预算收支差额”与“本年盈余”的差异调整）建立起两组报表之间的勾稽关系，形成涵盖预算会计报表和财务会计报表的完整会计报表体系。

（6）拓展预算会计核算环节。在我国政府会计的预算会计核算中，历来只有预算管理全过程中预算执行阶段对预算收支发生环节的会计核算。以会计账为基础生成的会计报表只反映预算收支实际数，缺乏收支预算数和预算收支实际数对比的会计报表，难以直观地反映政府的预算执行情况。2020年政府财政会计率先进行预算指标会计核算，一方面，建立了包含预算数和预算执行数的对比会计报表，为硬化财政预算约束提供了重要的支持手段；另一方面，在预算会计核算建设上，将预算会计核算从预算管理周期的最终环节拓展到预算管理周期的初始环节，从而使财政预算会计实现预算管理全周期会计核算迈出开创性的一步。

（7）建立了政府成本会计核算的基本标准。我国的政府会计核算一直没有真正的成本会计核算。这是因为此轮政府会计改革以前的政府会计核算没有采用权责发生制基础的费用核算，进而按照成本归集对象归集费用的成本核算没有核算的依据。以实施政府单位会计制度为标志的“八要素”会计核算模式建立以后，有了采用权责发生制基础的费用核算，为政府单位成本核算提供了数据基础，进而财政部发布了《事业单位成本核算基本指引》。这些规定的制定实行，为政府单位开展成本会计核算提供了初步的基础性条件。

## 思考题

1. 为什么中国政府会计需要形成体系？
2. 规范中国政府会计核算的会计标准包括哪些？
3. 目前中国政府会计核算模式的具体内容是什么？
4. 中国政府会计改革的主要内容有哪些？

# 第 2 篇

# 政府财政会计

# 第 6 章 政府财政会计概述

Chapter 6

学习目标

1. 了解政府财政会计核算的资金
2. 了解政府财政会计核算的规范
3. 掌握政府财政会计使用的会计科目

## 6.1 政府财政会计的概念

政府财政会计（以下简称财政会计）是对本级政府财政活动中管理的资源进行核算与监督，以及汇总报告政府财政预算执行情况和政府整体财务状况的专业会计。由于财政会计负责报告财政总预算①的决算情况，所以又将财政会计称为财政总预算会计。

财政会计的核算主体是一级政府财政，其执行机构为各级政府的财政部门。

政府财政部门是组织政府财政收支，办理政府预算、决算的专职管理机构，其职能与政府单位有着重大区别。财政部门的主要任务是将一部分国民收入以税收、非税收入的方式集中起来，形成政府的财政资金，再根据国民经济和社会发展计划，通过预算的形式有计划地进行分配，为政府的公共管理活动和公益服务活动提供资金。

财政部门筹集、分配资金的职能决定了财政会计核算的对象内容。财政部门筹集各项财政资金形成财政收入，是财政资金的来源；以拨款和支出的形式分配使用财政资金形成财政支出，是财政资金的运用；执行财政收支后，尚未使用的资金形成各项资金结余。这种财政资金的收、支、余活动就是财政会计反映、监督的基本内容。此外，财政部门在筹集和分配资金过程中形成的各项资产和负债，也是财政会计反映、监督的内容。因此，财政会计核算的内容是各级政府的财政资金收、支、余，以及形成的资产、负债、净资产。

---

① 总预算是指地方政府本级财政预算加上汇总本行政区划内所辖各级下级政府财政预算。

## 6.2 财政会计核算的资金

财政部门对财政资金有不同的管理方式，不同管理方式下的财政资金往往有着不同的来源和用途。因此，财政会计对不同管理方式下的各类财政资金分别进行核算。按照财政资金不同的管理方式，财政会计核算的资金可以分为：一般公共预算资金，政府性基金预算资金，国有资本经营预算资金，专用基金，财政专户管理资金，财政代管资金，社会保险基金预算资金。①

### 6.2.1 一般公共预算资金

一般公共预算资金是指纳入一般公共预算管理的财政资金。一般公共预算资金的主要来源是政府的税收收入，以及纳入一般公共预算管理的非税收入。一般公共预算资金可以安排使用在政府开支的各个方面。

一般公共预算资金还包括纳入一般公共预算管理的转移支付资金。其中包括：与上级政府之间转移支付的一般公共预算资金，与下级政府之间转移支付的一般公共预算资金，与同级政府之间转移支付的一般公共预算资金，在同级政府财政中与其他财政资金之间转移支付的一般公共预算资金。

为了弥补一般公共预算资金的收支缺口，政府可以通过发行政府债券、借款等方式筹集一般公共预算资金。因此，纳入一般公共预算管理的债务资金也属于一般公共预算资金的范畴。

为了平衡超收年度和减收年度之间一般公共预算收支差额的波动，以及弥补年度内季节性收入波动产生的一般公共预算收支缺口，财政部门还建立了预算稳定调节基金和预算周转金。预算稳定调节基金和预算周转金也属于一般公共预算资金的范畴。

### 6.2.2 政府性基金预算资金

政府性基金预算资金是指纳入政府性基金预算管理的各种政府性基金。政府性基金预算资金的主要来源是政府的非税收入中的政府性基金收费收入，政府性基金预算资金只能用在政府性基金规定的用途上。

一般每项政府性基金要自求平衡，而且只能用在建立该项政府性基金时规定的用途上。为了反映各项政府性基金的收、支、余情况，要按照各项政府性基金分别对政府性基金预算资金进行收、支、余的核算。

政府性基金采用“统一领导、分级管理”的方式，因此上下级政府可以通过转移支付对某种政府性基金进行调剂。所以，政府性基金预算资金还包括纳入政府性基金预算管理的上下级政府转移支付资金，也包括与上级政府之间转移支付的政府

① 如果没有特别指明，本篇所说的预算都是指财政预算。

性基金预算资金和与下级政府之间转移支付的政府性基金预算资金。有些情况下，同级政府财政中政府性基金预算资金存在和一般公共预算资金之间的调剂，所以政府性基金预算资金还包括在同级政府财政中与其他财政资金之间转移支付的政府性基金预算资金。

在政府发行的债券中，有为弥补某项政府性基金使用缺口筹集资金的专项债券。这种通过发行专项债券筹集的资金也属于政府性基金预算资金，需要纳入政府性基金预算管理。

### 6.2.3 国有资本经营预算资金

国有资本经营预算资金是指纳入国有资本经营预算管理的财政资金。国有资本经营预算资金的主要来源是政府的非税收入中的国有资本经营收入，主要包括国家出资企业上缴财政的利润、股利，以及出售国有股权取得的收入或国有股权清算收入。国有资本经营预算资金的用途包括两个方面：一是用于国家出资企业，如用于补充国有企业的资本金，或者用于国有企业改革的成本支出；二是补充一般公共预算资金或社会保险资金。

国有资本经营预算资金与一般公共预算资金之间遵循相对独立、相互衔接的原则，既保持国有资本经营预算的完整性和相对独立性，又保持其与政府一般公共预算的相互衔接。因此，根据需要，有时要从国有资本经营预算资金向一般公共预算资金调出资金。一般情况下，国有资本经营预算资金不进行上下级政府之间的转移支付，但是可以根据国有企业改革发展需要，经本级政府批准，设立对下级地方政府的专项转移支付项目。

### 6.2.4 专用基金

专用基金是指在一般公共预算中安排的用于某种专门用途的资金，目前包括粮食风险基金、重要商品储备专项基金等。专用基金的来源主要包括两个方面：一是本级财政按照预算在一般公共预算中安排的资金；二是专用基金在使用过程中产生的一些收入，如利息收入、按照规定上缴财政的粮食或商品购销差价收入等。

专用基金只能用于规定的专门用途，不同的专用基金用途不同。如粮食风险基金只能用于平抑市场粮食价格，重要商品储备专项基金只能用于该专项储备商品的购买、储备、调拨等。

专用基金一般在财政专户进行专户存储结算，实行专款专用、单独管理，并按照各项专用基金分别核算。

专用基金也存在上下级政府之间的转移支付，所以也包括上下级政府之间转移支付的专用基金。

专用基金大部分来源于一般公共预算资金。如果某项专用基金撤销，其剩余资金一般要重新归入一般公共预算资金。

### 6.2.5　财政专户管理资金

财政专户管理资金是指实行收支两条线的事业性收费交由财政部门设置资金专户管理的资金。原来的财政专户管理资金包括教育部门的计划内教育收费和彩票机构用于业务费的销售收入。财政专户管理资金的来源是教育部门的教育收费和彩票机构的彩票销售收入（补偿彩票发行、销售机构业务费的部分）。财政专户管理资金按照单位预算拨付给教育单位和彩票发行、销售机构作为业务经费使用。

问答6－1：采用财政专户管理的财政资金是否都是财政专户管理资金？

财政专户管理资金原来属于财政部门的预算外资金。2010年进行的预算管理改革，将除教育收费和彩票机构的销售收入（补偿彩票发行、销售机构业务费的部分）以外的预算外资金全部纳入财政预算内管理。而教育收费和彩票机构的部分销售收入仍然保留财政专户管理方式，不纳入财政预算管理，并改称财政专户管理资金。自此，在财政资金管理中不再使用预算外资金的称谓。

从2015年起，彩票机构的销售收入形成的资金全部纳入政府性基金预算管理，所以目前财政专户管理资金只包含教育部门的计划内教育收费资金。

### 6.2.6　财政代管资金

财政代管资金是指有些地方为了加强管理，将政府单位的非财政资金收由财政专户代管而形成的资金。财政代管资金只在部分地方财政部门存在。

有财政代管资金的地方，一般取消被代管资金的政府单位的银行账户。但是，财政代管资金的使用权仍然属于资金的原单位，这些资金仍然属于原单位控制的货币资金，财政部门要按照原单位的要求代为支付财政代管资金。在单位的会计报表中，财政代管资金仍然反映为单位的货币资金。所以，财政部门管理的财政代管资金属于代管资产，需要单设项目反映，并设置对应的负债项目进行核算。

### 6.2.7　社会保险基金预算资金

社会保险基金预算资金是指纳入社会保险基金预算管理的各类社会保险基金。目前包括基本养老保险基金、失业保险基金、基本医疗保险基金、工伤保险基金、生育保险基金、新型农村合作医疗基金、城镇居民基本医疗保险基金、城乡居民基本养老保险基金等。社会保险基金预算资金的来源主要有三个部分：一是投保人的缴费，包括被保险人个人和所在单位交纳的社会保险费；二是政府补贴，政府在社会保险基金收不抵支的情况下，通过一般公共预算等资金安排财政补贴；三是社会保险基金的运作收入，即社会保险基金暂时不使用的余额可以按照规定进行投资，取得的投资收益形成社会保险基金的补充资金来源。社会保险基金预算资金用于各项社会保险的支付。

社会保险基金的最终受益者是被保险人，因此从一定意义上说，社会保险基金预算资金是政府受托管理的资金，不同于政府自有资金。各项社会保险基金必须保证专款专用，只用于对应项目保险的支付。社会保险经办管理机构等的工作经费由财政部门按照事业单位预算另行拨款，不使用社会保险基金。

社会保险基金实行财政专户管理。各项社会保险基金要求单独管理、分账核算。

## 6.3 财政会计核算的规范

### 6.3.1 《财政总预算会计制度》

《财政总预算会计制度》

问答6-2：财政资金的不同管理如何影响财政会计核算的科目设置？

2015年财政部制定了新的《财政总预算会计制度》[①]。新制度颁布实施（自2016年起实施）后，财政部1997年制定的《财政总预算会计制度》以及之后对《财政总预算会计制度》的各个补充规定同时废止。

目前《财政总预算会计制度》涵盖针对一般公共预算资金、政府性基金预算资金、国有资本经营预算资金、专用基金、财政专户管理资金、财政代管资金的会计核算规范内容，是财政会计核算的主要规范。本篇介绍的财政会计核算内容，包括《财政总预算会计制度》涵盖的一般公共预算资金、政府性基金预算资金、国有资本经营预算资金的收支及形成的主要财政资产负债。财政会计核算除了执行《财政总预算会计制度》，还对财政部门管理的社会保险基金按照《社会保障基金财政专户会计核算办法》进行会计核算，对接受外国政府和国际金融组织的赠款按照《财政部国际司管理的赠款项目会计核算暂行办法》进行会计核算。限于篇幅，本篇不介绍社会保险基金、外国政府和国际金融组织赠款等《财政总预算会计制度》规定内容以外的财政会计核算内容。

目前，《财政总预算会计制度》规定的会计核算统一使用的总账科目如表6-1所示。

表6-1 政府财政会计总账科目

| 序号 | 科目编号 | 会计科目名称 |
|---|---|---|
| 一、资产类 | | |
| 1 | 1001 | 国库存款 |
| 2 | 1003 | 国库现金管理存款 |
| 3 | 1004 | 其他财政存款 |
| 4 | 1005 | 财政零余额账户存款 |
| 5 | 1006 | 有价证券 |
| 6 | 1007 | 在途款 |
| 7 | 1011 | 预拨经费 |

① 财政总预算会计制度的详细规范内容参见《财政总预算会计制度》（扫描二维码）。

续表

| 序号 | 科目编号 | 会计科目名称 |
|---|---|---|
| 8 | 1021 | 借出款项 |
| 9 | 1022 | 应收股利 |
| 10 | 1031 | 与下级往来 |
| 11 | 1036 | 其他应收款 |
| 12 | 1041 | 应收地方政府债券转贷款 |
| 13 | 1045 | 应收主权外债转贷款 |
| 14 | 1071 | 股权投资 |
| 15 | 1081 | 待发国债 |
| 二、负债类 | | |
| 16 | 2001 | 应付短期政府债券 |
| 17 | 2011 | 应付国库集中支付结余 |
| 18 | 2012 | 与上级往来 |
| 19 | 2015 | 其他应付款 |
| 20 | 2017 | 应付代管资金 |
| 21 | 2021 | 应付长期政府债券 |
| 22 | 2022 | 借入款项 |
| 23 | 2026 | 应付地方政府债券转贷款 |
| 24 | 2027 | 应付主权外债转贷款 |
| 25 | 2045 | 其他负债 |
| 26 | 2091 | 已结报支出 |
| 三、净资产类 | | |
| 27 | 3001 | 一般公共预算结转结余 |
| 28 | 3002 | 政府性基金预算结转结余 |
| 29 | 3003 | 国有资本经营预算结转结余 |
| 30 | 3005 | 财政专户管理资金结余 |
| 31 | 3007 | 专用基金结余 |
| 32 | 3031 | 预算稳定调节基金 |
| 33 | 3033 | 预算周转金 |
| 34 | 3081 | 资产基金 |
| | 308101 | 应收地方政府债券转贷款 |
| | 308102 | 应收主权外债转贷款 |
| | 308103 | 股权投资 |
| | 308104 | 应收股利 |

续表

| 序号 | 科目编号 | 会计科目名称 |
|---|---|---|
| 35 | 3082 | 待偿债净资产 |
| | 308201 | 应付短期政府债券 |
| | 308202 | 应付长期政府债券 |
| | 308203 | 借入款项 |
| | 308204 | 应付地方政府债券转贷款 |
| | 308205 | 应付主权外债转贷款 |
| | 308206 | 其他负债 |
| 四、收入类 | | |
| 36 | 4001 | 一般公共预算本级收入 |
| 37 | 4002 | 政府性基金预算本级收入 |
| 38 | 4003 | 国有资本经营预算本级收入 |
| 39 | 4005 | 财政专户管理资金收入 |
| 40 | 4007 | 专用基金收入 |
| 41 | 4011 | 补助收入 |
| 42 | 4012 | 上解收入 |
| 43 | 4013 | 地区间援助收入 |
| 44 | 4021 | 调入资金 |
| 45 | 4031 | 动用预算稳定调节基金 |
| 46 | 4041 | 债务收入 |
| 47 | 4042 | 债务转贷收入 |
| 五、支出类 | | |
| 48 | 5001 | 一般公共预算本级支出 |
| 49 | 5002 | 政府性基金预算本级支出 |
| 50 | 5003 | 国有资本经营预算本级支出 |
| 51 | 5005 | 财政专户管理资金支出 |
| 52 | 5007 | 专用基金支出 |
| 53 | 5011 | 补助支出 |
| 54 | 5012 | 上解支出 |
| 55 | 5013 | 地区间援助支出 |
| 56 | 5021 | 调出资金 |
| 57 | 5031 | 安排预算稳定调节基金 |
| 58 | 5041 | 债务还本支出 |
| 59 | 5042 | 债务转贷支出 |

在《财政总预算会计制度》的范围内，财政部门各种业务的会计核算都要按照《财政总预算会计制度》规定的会计科目进行。

### 6.3.2　《预算指标会计核算实施方案》

2020年，财政部发布了《预算管理一体化规范（试行）》（以下简称《规范》），以《规范》附录的形式制定了附录4《预算指标会计核算实施方案》①。财政会计根据《预算指标会计核算实施方案》的规定设置财政预算指标会计科目，对财政预算指标进行核算，并与按照《财政总预算会计制度》进行的财政收支预算实际执行数的核算衔接。

《预算指标会计核算实施方案》

问答6-3：为什么要增加预算指标会计核算？

《预算指标会计核算实施方案》规定的财政预算指标会计科目如表6-2所示。

**表6-2　财政预算指标会计科目**

| 科目编号 | 借方余额科目 | 科目编号 | 贷方余额科目 |
| --- | --- | --- | --- |
| 10 | 财政支出预算类 | 20 | 指标负债类 |
| 1001 | 年初支出预算 | 2001 | 提前下达指标 |
| | ——本级支出 | 2002 | 预拨指标 |
| | ——补助支出 | 30 | 指标结转结余类 |
| | ——预备费 | 3001 | 指标结转结余 |
| | ——上解支出 | 40 | 财政收入预算类 |
| | ——地区间援助支出 | 4001 | 年初收入预算 |
| | ——调出资金 | | ——本级收入 |
| | ——安排预算稳定调节基金 | | ——补助收入 |
| | ——债务还本支出 | | ——上解收入 |
| | ——债务转贷还本支出 | | ——地区间援助收入 |
| 1002 | 支出预算变动 | | ——调入资金 |
| 1003 | 上年国库集中支付结余 | | ——动用预算稳定调节资金 |
| 1004 | 中央权责发生制事项 | | ——债务收入 |
| 50 | 支出指标类 | | ——债务转贷收入 |
| 5001 | 待分指标 | | ——上年结转收入 |
| 5002 | 可执行指标 | 4002 | 收入预算变动 |

① 预算会计核算实施方案的详细规范内容参见《预算指标会计核算实施方案》（扫描二维码）。

续表

| 科目编号 | 借方余额科目 | 科目编号 | 贷方余额科目 |
|---|---|---|---|
| 5003 | 可执行指标冻结 | 4003 | 国库集中支付结余 |
| 51 | 支付申请类 | 4004 | 中央权责发生制事项 |
| 5101 | 支付申请 | 60 | 收入指标类 |
| 52 | 支付类 | 6001 | 收入指标 |
| 5201 | 确认支付 | 62 | 收入类 |
| 90 | 结转核销类 | 6201 | 确认收入 |
| 9001 | 指标结转 | | |
| 9002 | 指标结余 | | |

各级政府财政部门都要按照《预算指标会计核算实施方案》规定的会计科目和核算规则对财政预算指标进行核算。

问答6-4：财政预算指标会计核算与财政会计的收支核算有什么不同？

## 思考题

1. 按照不同的管理方式划分，财政会计核算的资金有哪些？
2. 不同财政管理的资金各自的来源和用途是什么？
3. 结合本书第5章关于政府会计核算模式的论述，判断目前财政会计核算采用的是哪种核算模式。
4. 探讨目前财政会计核算模式的利弊。

# 第 7 章

Chapter 7

# 政府财政收支和财政预算指标会计核算

**学习目标**

1. 了解政府财政收支的内容
2. 了解财政预算指标和指标管理
3. 掌握财政预算指标核算的账户设置
4. 掌握财政预算指标核算的账务处理

## 7.1 政府财政收支

政府财政收入是指政府财政部门筹集的由财政部门分配、供政府单位等使用的财政资金，政府财政支出是指政府财政部门因分配或使用消耗所筹集的财政资金。政府财政收支全部纳入政府财政预算管理，并根据政府收支分类科目进行划分。按照政府收支分类科目划分的政府财政收支，既是编制财政收支预算的细分依据，也是财政预算指标会计核算和实际发生的财政预算收支明细核算的依据。

### 7.1.1 政府财政收入的内容

《2021 年政府收支分类科目》

按照目前的财政预算管理，政府财政预算收入总体上包括四种：一般公共预算资金的收入，政府性基金预算资金的收入，国有资本经营预算资金的收入，社会保险基金预算资金的收入。各种财政预算资金的收入按照政府收支分类科目①中的收入分类科目可分为更

① 财政部门使用政府收支分类科目划分的收入和支出，是指财政部门纳入财政预算管理的资金收支。

详细的内容。①

**1. 政府收入分类科目**

政府的财政收入按照收入分类科目②划分。政府收入分类科目分为类、款、项、目四个层级。每一类收入科目相应地包括属于该类的款、项、目级收入科目。政府收入分类科目层级示例见表7-1和表7-2。

表7-1 税收收入分类科目层级示例

| 类级收入科目 | 款级收入科目 | 项级收入科目 | 目级收入科目 |
| --- | --- | --- | --- |
| 税收收入 | 消费税 | 国内消费税 | 国有企业消费税 |
| | | | 集体企业消费税 |
| | | | 股份制企业消费税 |
| | | | ⋮ |
| | | 进口消费品消费税 | 进口成品油消费税 |
| | | | 进口其他消费品消费税 |
| | | | 进口成品油消费税退税 |
| | | | ⋮ |
| | | 出口消费品退消费税 | |

表7-2 非税收入分类科目层级示例

| 类级收入科目 | 款级收入科目 | 项级收入科目 | 目级收入科目 |
| --- | --- | --- | --- |
| 非税收入 | 国有资本经营收入 | 利润收入 | 中国人民银行上缴收入 |
| | | | 金融企业利润收入 |
| | | | 其他企业利润收入 |
| | | 股利、股息收入 | 金融业公司股利、股息收入 |
| | | | 其他股利、股息收入 |
| | | 产权转让收入 | 其他产权转让收入 |
| | | ⋮ | |
| | | 国有企业计划亏损补贴 | 工业企业计划亏损补贴 |
| | | | 农业企业计划亏损补贴 |
| | | | 其他国有企业计划亏损补贴 |
| | | ⋮ | |
| | | 其他国有资本经营收入 | |

① 政府收支分类科目的详细内容参见《2021年政府收支分类科目》（扫描上页二维码）。财政部每年都会对政府收支分类科目的个别细节内容进行调整和修改，所以每年都需要提供当年的政府收支分类科目，以满足编制预算以及会计核算时相关明细科目设置的需要。

② 本书介绍的政府收支分类科目的收入分类科目和支出分类科目为财政部制定的《2021年政府收支分类科目》。

**2. 各项财政预算收入的内容**

政府收入分类科目的类级收入共包括五类：税收收入、非税收入、债务收入、转移性收入、社会保险基金收入。其中，税收收入属于一般公共预算收入。非税收入中的政府性基金收入属于政府性基金预算收入；非税收入中的国有资本经营收入大部分属于国有资本经营预算收入，不属于政府性基金预算收入和国有资本经营预算收入的非税收入属于一般公共预算收入。债务收入除了地方政府债务收入属于政府性基金预算收入，其余都属于一般公共预算收入。转移性收入包括一般公共预算、政府性基金预算、国有资本经营预算和社会保险基金预算的转移性收入。社会保险基金收入都属于社会保险基金预算收入。纳入不同预算管理的预算收入与政府收入分类科目的对应关系见表 7－3。

表 7－3　预算收入与政府收入分类科目的对应关系

| 财政预算收入 | 类级收入科目 | 款级收入科目 |
|---|---|---|
| 一般公共预算收入 | 税收收入 | 增值税 |
| | | 消费税 |
| | | 企业所得税 |
| | | 企业所得税退税 |
| | | 个人所得税 |
| | | 资源税 |
| | | 城市维护建设税 |
| | | 房产税 |
| | | 印花税 |
| | | 城镇土地使用税 |
| | | 土地增值税 |
| | | 车船税 |
| | | 船舶吨税 |
| | | 车辆购置税 |
| | | 关税 |
| | | 耕地占用税 |
| | | 契税 |
| | | 烟叶税 |
| | | 环境保护税 |
| | | 其他税收收入 |
| | 非税收入 | 专项收入 |
| | | 行政事业性收费收入 |
| | | 罚没收入 |
| | | 国有资本经营收入 |

续表

| 财政预算收入 | 类级收入科目 | 款级收入科目 |
|---|---|---|
| | | 国有资源（资产）有偿使用收入 |
| | | 捐赠收入 |
| | | 政府住房基金收入 |
| | | 其他收入 |
| | 债务收入 | 中央政府债务收入 |
| | | 地方政府债务收入 |
| | 转移性收入 | 返还性收入 |
| | | 一般性转移支付收入 |
| | | 专项转移支付收入 |
| | | 上解收入 |
| | | 上年结余收入① |
| | | 调入资金 |
| | | 债务转贷收入 |
| | | 接受其他地区援助收入 |
| | | 动用预算稳定调节基金 |
| 政府性基金预算收入 | 非税收入 | 政府性基金收入 |
| | | 专项债务对应项目专项收入 |
| | 债务收入 | 地方政府债务收入 |
| | 转移性收入 | 政府性基金转移支付收入 |
| | | 上解收入 |
| | | 上年结余收入 |
| | | 调入资金 |
| | | 债务转贷收入 |
| 国有资本经营预算收入 | 非税收入 | 国有资本经营收入 |
| | 转移性收入 | 国有资本经营预算转移支付收入 |
| | | 上解收入 |
| 社会保险基金预算收入 | 社会保险基金收入 | 企业职工基本养老保险基金收入 |
| | | 失业保险基金收入 |
| | | 职工基本医疗保险基金收入 |
| | | 工伤保险基金收入 |

① 上年结余收入属于编制收入预算的项目，在实际收到的财政资金中不包括这一内容，所以上年结余收入（包含表7-3中所有上年结余收入）不能作为预算会计核算预算收入使用的会计科目。

续表

| 财政预算收入 | 类级收入科目 | 款级收入科目 |
| --- | --- | --- |
| | | 城乡居民基本养老保险基金收入 |
| | | 机关事业单位基本养老保险基金收入 |
| | | 城乡居民基本医疗保险基金收入 |
| | | 国库待划转社会保险费利息收入 |
| | | 其他社会保险基金收入 |
| | 转移性收入 | 上年结余收入 |
| | | 调入资金 |
| | | 社会保险基金转移收入 |
| | | 社会保险基金上级补助收入 |
| | | 社会保险基金下级上解收入 |

注：本表只列出类级和款级收入科目与各种财政预算收入的对应关系，省略了款级以下的项级和目级收入科目分类。

### 7.1.2　政府财政支出的内容

按照目前的财政预算管理，财政预算支出总体上包括四种：一般公共预算资金的支出，政府性基金预算资金的支出，国有资本经营预算资金的支出，社会保险基金预算资金的支出。各种财政预算资金的支出按照政府收支分类科目中的支出分类科目可分为更详细的内容。

政府支出分类科目从两个维度对政府财政支出进行划分：一是按照政府提供公共服务的功能领域等划分，又称政府支出分类科目划分财政支出的功能分类；二是按照政府使用公共资金的经济活动或具体用途划分，又称政府支出分类科目划分财政支出的经济分类。

**1. 政府支出的功能分类科目**

按照政府支出功能分类，类级支出科目共包括 30 个：

（1）一般公共服务支出；

（2）外交支出；

（3）国防支出；

（4）公共安全支出；

（5）教育支出；

（6）科学技术支出；

（7）文化旅游体育与传媒支出；

（8）社会保障和就业支出；

（9）卫生健康支出；

（10）节能环保支出；

（11）城乡社区支出；

（12）农林水支出；
（13）交通运输支出；
（14）资源勘探工业信息等支出；
（15）商业服务业等支出；
（16）金融支出；
（17）援助其他地区支出；
（18）自然资源海洋气象等支出；
（19）住房保障支出；
（20）粮油物资储备支出；
（21）灾害防治及应急管理支出；
（22）预备费；
（23）其他支出；
（24）转移性支出；
（25）债务还本支出；
（26）债务付息支出；
（27）债务发行费用支出；
（28）抗疫特别国债安排的支出；
（29）国有资本经营预算支出；
（30）社会保险基金支出。

政府支出的功能分类科目分为类、款、项三个层级。每一类支出科目相应地包括属于该类科目的款、项级支出科目。政府支出功能分类科目层级示例见表7-4和表7-5。

表7-4 政府支出功能分类科目层级示例1

| 类级支出科目 | 款级支出科目 | 项级支出科目 |
| --- | --- | --- |
| 教育支出 | 教育管理事务 | 行政运行 |
| | | 一般行政管理事务 |
| | | 机关服务 |
| | | 其他教育管理事务支出 |
| | 普通教育 | 学前教育 |
| | | 小学教育 |
| | | 初中教育 |
| | | 高中教育 |
| | | 高等教育 |
| | | 其他普通教育支出 |
| | 职业教育 | 初等职业教育 |
| | | 中等职业教育 |
| | | 技校教育 |
| | | 高等职业教育 |
| | | 其他职业教育支出 |
| | ⋮ | |

表 7-5　政府支出功能分类科目层级示例 2

| 类级支出科目 | 款级支出科目 | 项级支出科目 |
|---|---|---|
| 卫生健康支出 | 卫生健康管理事务 | 行政运行 |
| | | 一般行政管理事务 |
| | | 机关服务 |
| | | 其他卫生健康管理事务支出 |
| | 公立医院 | 综合医院 |
| | | 中医（民族）医院 |
| | | 传染病医院 |
| | | 职业病防治医院 |
| | | 精神病医院 |
| | | ⋮ |
| | 基层医疗卫生机构 | 城市社区卫生机构 |
| | | 乡镇卫生院 |
| | | 其他基层医疗卫生机构支出 |
| | 公共卫生 | 疾病预防控制机构 |
| | | 卫生监督机构 |
| | | 妇幼保健机构 |
| | | 精神卫生机构 |
| | | ⋮ |
| | ⋮ | |

**2. 政府支出的经济分类科目**

政府支出的经济分类科目分为两种：一种是适用于编制政府财政预算的支出经济分类科目，称为政府预算支出经济分类科目；另一种是适用于编制政府部门预算的支出经济分类科目，称为部门预算支出经济分类科目。政府预算支出经济分类科目分为类、款两个层级，类级支出科目共包括 15 个：

（1）机关工资福利支出；
（2）机关商品和服务支出；
（3）机关资本性支出（一）；
（4）机关资本性支出（二）；
（5）对事业单位经常性补助；
（6）对事业单位资本性补助；
（7）对企业补助；
（8）对企业资本性支出；
（9）对个人和家庭的补助；
（10）对社会保障基金补助；

（11）债务利息及费用支出；

（12）债务还本支出；

（13）转移性支出；

（14）预备费及预留；

（15）其他支出。

每一类支出经济分类科目相应地包括属于该类科目的款级支出科目。政府预算支出经济分类科目层级示例见表7-6。

**表7-6 政府预算支出经济分类科目层级示例**

| 类级支出科目 | 款级支出科目 |
| --- | --- |
| 机关工资福利支出 | 工资奖金津补贴 |
| | 社会保障缴费 |
| | 住房公积金 |
| | 其他工资福利支出 |
| 机关商品和服务支出 | 办公经费 |
| | 会议费 |
| | 培训费 |
| | ⋮ |
| 机关资本性支出（一） | 房屋建筑物购建 |
| | 基础设施建设 |
| | 公务用车购置 |
| | ⋮ |
| ⋮ | |
| 对事业单位经常性补助 | 工资福利支出 |
| | 商品和服务支出 |
| | 其他对事业单位补助 |
| ⋮ | |
| 对企业资本性支出 | 对企业资本性支出（一） |
| | 对企业资本性支出（二） |
| ⋮ | |
| 债务利息及费用支出 | 国内债务付息 |
| | 国外债务付息 |
| | 国内债务发行费用 |
| | 国外债务发行费用 |
| 债务还本支出 | 国内债务还本 |
| | 国外债务还本 |
| ⋮ | |

### 3. 各项财政预算支出的内容

政府支出分类科目的功能分类涵盖政府提供公共服务的全部领域，政府的一般公共预算资金（抗疫特别国债安排的支出、国有资本经营预算支出和社会保险基金支出除外）可供分配、使用于上述各个功能领域。

政府性基金预算资金只能用于政府性基金设立时规定的用途，如三峡水库库区基金收入规定用于三峡水库的基础设施建设、解决移民遗留问题及库区维护和管理等，因此只能用在农林水支出方面；又如政府民航发展基金规定用于机场建设、民航节能减排、通用航空发展等，因此只能用在交通运输支出方面。所以，政府性基金预算资金用于设立政府性基金的公共服务领域。

国有资本经营预算资金主要用于国家出资企业的投资及改制，以及补充一般公共预算资金和社会保险基金。所以，国有资本经营预算资金限于社会保障和就业支出、国有资本经营预算支出和转移性支出。

社会保险基金预算资金只能用于社会保险基金使用的领域，以及社会保险基金的上解或下拨，所以社会保险基金预算资金限于社会保险基金支出和转移性支出。表 7 - 7 显示了预算支出与政府支出功能分类类级科目的对应关系。

表 7 - 7　预算支出与政府支出功能分类类级科目的对应关系

| 政府支出功能分类类级科目 | 一般公共预算支出 | 政府性基金预算支出 | 国有资本经营预算支出 | 社会保险基金预算支出 |
|---|---|---|---|---|
| 1. 一般公共服务支出 | √ | | | |
| 2. 外交支出 | √ | | | |
| 3. 国防支出 | √ | | | |
| 4. 公共安全支出 | √ | | | |
| 5. 教育支出 | √ | | | |
| 6. 科学技术支出 | √ | √ | | |
| 7. 文化旅游体育与传媒支出 | √ | √ | | |
| 8. 社会保障和就业支出 | √ | √ | √ | |
| 9. 卫生健康支出 | √ | | | |
| 10. 节能环保支出 | √ | √ | | |
| 11. 城乡社区支出 | √ | √ | | |
| 12. 农林水支出 | √ | √ | | |
| 13. 交通运输支出 | √ | √ | | |
| 14. 资源勘探工业信息等支出 | √ | √ | | |
| 15. 商业服务业等支出 | √ | | | |
| 16. 金融支出 | √ | √ | | |
| 17. 援助其他地区支出 | √ | | | |
| 18. 自然资源海洋气象等支出 | √ | | | |

续表

| 政府支出功能分类类级科目 | 一般公共预算支出 | 政府性基金预算支出 | 国有资本经营预算支出 | 社会保险基金预算支出 |
|---|---|---|---|---|
| 19. 住房保障支出 | √ | | | |
| 20. 粮油物资储备支出 | √ | | | |
| 21. 灾害防治及应急管理支出 | √ | | | |
| 22. 预备费① | √ | | | |
| 23. 其他支出 | √ | √ | | |
| 24. 转移性支出 | √ | √ | √ | √ |
| 25. 债务还本支出 | √ | √ | | |
| 26. 债务付息支出 | √ | √ | | |
| 27. 债务发行费用支出 | √ | | | |
| 28. 抗疫特别国债安排的支出 | | √ | | |
| 29. 国有资本经营预算支出 | | | √ | |
| 30. 社会保险基金支出 | | | | √ |

## 7.2 财政预算指标会计核算②

财政预算指标会计核算就是通过登记会计账簿，记录人民代表大会批复的预算指标及其调整变动到执行的全部过程。财政预算指标会计核算的对象是财政收支预算指标，会计核算的主体是负责进行财政预算指标管理的财政部门相关内部机构。

### 7.2.1 财政预算指标及其管理

财政预算指标是指在财政预算管理中，按照批准的财政收入应当达到的目标额度和财政支出的最高限定额度，前者称为财政收入预算指标，后者称为财政支出预算指标。

**1. 财政预算指标的内容**

（1）财政收入预算指标包括本级一般公共预算收入（含税收收入和非税收入）、上级转移支付收入、下级上解收入、从政府性基金调入资金、从国有资本经营预算调入资金、其他调入资金、动用预算稳定调节基金、政府一般债务收入及政府一般债务转贷收入、上年结转收入等。收入预算指标按照政府收入分类科目编制到款级。

（2）财政支出预算指标包括本级一般公共预算本级支出预算、上解上级支出预算、对下级的转移支付支出预算、政府一般债务转贷支出预算、债务还本支出预算、安排

① 预备费属于编制支出预算的项目，但是在动用预备费支付财政资金时，要按照实际使用资金的功能分类登记一般公共预算支出，所以预备费不能作为预算会计核算预算支出使用的会计科目，也不作为预算会计会计报表的支出栏目。

② 本节以一般公共预算资金为例介绍财政预算指标会计核算。

预算稳定调节基金预算等。支出预算指标按照政府支出功能分类科目编制到项级，按政府预算支出经济分类科目编制到款级。

**2. 财政预算指标管理分级**

财政预算指标管理是对财政预算指标划分层级、记录各层级指标变化过程以及分层级进行控制和追踪。

（1）财政收入预算指标分级。按照对财政收入预算指标的管理，财政收入预算指标分为三个层级：批准收入预算指标；分解收入预算指标；已确认收入预算指标。

1）批准收入预算指标，又称财政收入预算类指标，是指经过法定批准机构批准、本年预算收入应当达到目标的财政收入预算指标。包括年初经由人民代表大会批准的本年财政收入预算指标，预算年度中间经由人大常委会批准对部分财政收入预算的调增调减指标等。

2）分解收入预算指标，又称收入指标类指标，是指经过财政部门对批准收入预算指标进行分解，确定了筹集财政资金的渠道、地区、部门、项目等的财政收入预算指标。财政收入预算发生调整①时，涉及的分解收入预算指标也需要调整。

3）已确认收入预算指标，又称收入类指标，是指已经按照收入预算取得财政资金、确认已经完成执行的财政收入预算指标。

对财政收入预算指标进行层级划分，是为了记录各层级指标变化过程和追踪收入预算管理过程。财政收入预算指标划分的层级没有对预算收入进行控制的功能。

（2）财政支出预算指标分级。财政支出预算指标是财政部门可以分配给政府部门（单位）等或财政部门直接使用财政资金的额度。按照对财政支出预算指标的管理，财政支出预算指标分为四个层级：批准支出预算指标；分解支出预算指标；支付申请预算指标；已支付预算指标。

1）批准支出预算指标，又称财政支出预算类指标，是指经过法定批准机构批准、用于本年预算支出的财政支出预算指标。包括年初经由人民代表大会批准的本年财政支出预算指标，预算年度中间经由人大常委会批准对部分财政支出预算的调增调减指标等。

人民代表大会年初批准财政支出预算之前，鉴于下级政府年初用款安排的需要，本级政府要在尚未批准的预算草案范围内，将部分支出预算指标提前下达给下级政府财政部门，形成提前下达的财政支出预算指标。本级政府的人民代表大会批准本年财政支出预算后，要将提前下达的支出预算指标核销。

在预算期间，如果因为应急救灾需要支付财政资金，但尚未有对应的可供执行支出预算指标，财政部门可以按照规定预先向有关用款单位支付应急救灾财政资金，由此形成预拨资金的财政支出预算指标。财政部门的有关业务主管部门对支出预算指标完成分解或调剂出应急救灾资金相关的可执行指标后，要将预拨的支出预算指标核销。

2）分解支出预算指标，又称支出指标类指标，是指需要或者已经经过财政部门对批准支出预算指标的分解，确定了财政资金使用的地区、项目、部门、单位等，形成可以向用款地区、部门、单位拨款的财政支出预算指标。分解完成后的财政支出预算

① 财政预算调整是指由于需要增加或者减少预算总支出、需要动用预算稳定调节基金、需要调减预算安排的重点支出数额、需要增加举借债务数额，对年初批准的部分预算进行调增和调减。

指标称为可执行指标；暂时尚未分解完成的财政支出预算指标简称待分指标。待分指标分解完成后转为可执行指标。财政支出预算发生调整、调剂①时，涉及的待分指标和可执行指标也需要调整。

3）支付申请预算指标，又称支付申请类指标，是指财政部门接到财政拨款的用款单位申请，批准向其拨款（或代为其付款）的财政支出预算指标。

4）已支付预算指标，又称支付类指标，是指已经按照预算拨付财政资金、支付完成的财政支出预算指标。

（3）财政支出预算指标控制。财政支出预算指标是财政部门按照预算控制财政资金分配使用的工具，具有对预算支出进行控制的功能。财政支出预算指标通过分层级支出预算指标对预算支出进行控制：批准支出预算指标控制分解支出预算指标，分解支出预算指标包括待分指标和可执行指标，其中可执行指标控制支付申请预算指标，支付申请预算指标控制已支付预算指标，即控制实际财政拨款支出。

财政支出预算指标分层级控制采用余额控制方式。具体做法是：下一层级的预算指标由上一层级预算指标转化而来。预算指标在上下层级间转化时，下一层级预算指标增加的同时，上一层级预算指标产生同等数量的减少。比如，经过分解，批准支出预算指标转化为分解支出预算指标（包括待分指标和可执行指标），分解支出预算指标增加时，转化的批准支出预算指标产生同等数量的减少。又比如，待分指标经分解转化为可执行指标，可执行指标增加时，已经转化的待分指标产生同等数量的减少。每一层级预算指标的余额不得小于零。

这样的做法，使得每个层级支出预算指标的累计数额不会超出上一层级支出预算指标的累计数额，进而使得最终执行的预算支出总数不会超出批准的支出预算指标总额，从而避免实际预算支出超过支出预算的情况发生。

各层级预算指标之间的转化及对下一层级支出预算指标的控制见图7-1。

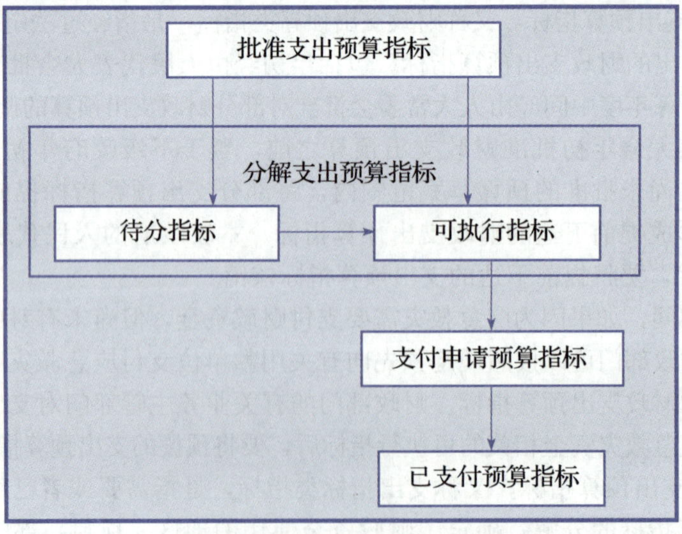


图7-1 各层级预算指标之间的转化及对下一层级支出预算指标的控制

① 财政预算调剂是指预算执行中转移支付支出预算在不同预算科目、预算级次或者项目间的变动，以及预算执行中单位支出预算在不同预算科目、预算级次或者项目、单位之间的变动。

## 7.2.2 财政预算指标核算的账户设置①

财政预算指标会计核算需要设置的会计科目分为财政收入预算指标科目、财政支出预算指标科目和财政预算指标结转结余科目。

**1. 财政收入预算指标核算的会计科目**

财政收入预算指标核算包括的会计科目有："年初收入预算""收入预算变动""收入指标""确认收入"科目等。

(1)"年初收入预算"科目。该科目核算年初经人大批准的本级政府收入预算指标。该科目贷方登记人大批准的本级政府支出预算指标，借方登记批准收入预算指标分解下达形成的收入指标数。当批准收入预算指标全部转为收入指标后，期末该科目无余额。

(2)"收入预算变动"科目。该科目核算经人大批准，预算执行中的本级政府收入预算调整变动而导致的收入预算指标变动。该科目贷方登记人大批准本级政府收入预算指标变动数（收入预算调整减少以红字冲销法登记，用负数反映），借方登记收入预算指标变动数分解下达形成的收入指标。当收入预算指标变动数全部转为收入指标后，期末该科目无余额。

(3)"收入指标"科目。该科目核算批准收入预算分解形成的收入预算指标。该科目贷方登记年初批准收入预算指标和收入预算指标调整变动数分解形成的收入指标数（收入预算调整减少以红字冲销法登记，用负数反映），借方登记因发生实际预算收入而转为确认收入的收入预算指标。该科目的余额反映了收入预算和实际收入的差额。借方余额反映实际预算收入超过收入预算的超收收入预算指标，贷方余额反映实际预算收入少于收入预算的短收收入预算指标。

年末将超收收入补充预算稳定调节基金（或者使用预算稳定调节基金弥补短收收入）时，将该科目相应的余额转入"可执行指标——安排预算稳定调节基金"科目。

年终转账时，将该科目余额全部转入"指标结转"科目。转账后，该科目无余额。

(4)"确认收入"科目。该科目核算已经确认预算收入的收入预算指标。该科目贷方登记发生实际预算收入的收入预算指标。年终转账前的累计贷方余额反映本期已经确认预算收入的收入预算指标。年终转账时，将该科目贷方余额转入"指标结转结余"科目。转账后，该科目无余额。

**2. 财政支出预算指标核算的会计科目**

财政支出预算指标核算包括的会计科目有："年初支出预算""提前下达指标""预拨指标"②"支出预算变动""待分指标""可执行指标""支付申请""确认支付"科目等。

---

① 本节只介绍 7.2.3 中指标管理业务核算使用的会计科目及账户结构，财政预算指标会计核算使用的全部会计科目见本书第 6 章。

② 在《预算指标会计核算实施方案》规定的财政预算指标会计科目中，"提前下达指标"和"预拨指标"科目被称为指标负债类科目。

（1）“年初支出预算”科目。该科目核算年初经人大批准的本级政府支出预算指标。该科目借方登记人大批准的本级政府支出预算指标，贷方登记批准支出预算指标转到“待分指标”“可执行指标”科目的分解支出预算指标，以及冲销的提前下达支出预算指标和预拨支出预算指标。当冲销后的批准支出预算指标转为分解支出预算指标后，期末该科目无余额。

（2）“提前下达指标”科目。该科目核算人大批复支出预算前，提前下达给下级政府财政的支出预算指标。该科目贷方登记提前下达的支出预算指标，借方登记批准支出预算后予以核销的提前下达支出预算指标。该科目的贷方余额反映提前下达、尚未核销的支出预算指标。提前下达的支出预算指标核销后，该科目无余额。

（3）“预拨指标”科目。该科目核算在尚未有批准的可执行预算指标之前，因应急救灾需要预先将财政资金拨付本级政府用款单位等的支出预算指标。该科目贷方登记预拨的支出预算指标，借方登记核销的预拨支出预算指标。该科目的贷方余额反映预拨、尚未核销的支出预算指标。预拨的支出预算指标核销后，该科目无余额。

（4）“支出预算变动”科目。该科目核算经人大批准，预算执行中的本级政府支出预算调整变动而导致的支出预算指标变动。该科目借方登记人大批准本级政府支出预算变动数（支出预算调整减少以红字冲销法登记，用负数反映），贷方登记支出预算变动数转到“待分指标”“可执行指标”科目的分解支出预算指标数。当支出预算指标变动数转为分解支出预算指标后，该科目无余额。

（5）“待分指标”科目。该科目核算批准支出预算指标分配到财政部门的内部主管机构，但因无法及时分解尚不可执行的支出预算指标。该科目的借方登记暂时尚未分解完成的财政支出预算指标，贷方登记分解完成的可以用于支付的财政支出预算指标（支出预算调整减少以红字冲销法登记，用负数反映）。该科目借方余额反映待分解的财政支出预算指标。年末将该科目剩余借方余额转入“指标结转”“指标结余”科目后，该科目无余额。

（6）“可执行指标”科目。该科目核算已经分解完成、可供执行的支出预算指标。可供执行的支出预算指标来源于两个部分：一是批准支出预算指标分配到财政部门的内部主管机构，直接分解成为可供执行的支出预算指标；二是财政部门的内部主管机构最终将待分指标分解，成为可供执行的支出预算指标。该科目的借方登记分解完成的财政支出预算指标，贷方登记进入支付申请阶段的财政支出预算指标（支出预算调整减少以红字冲销法登记，用负数反映）。该科目借方余额反映可以用于用款申请支付的财政支出预算指标。年末将该科目因未发生支付的剩余借方余额转入“指标结转”“指标结余”科目后，该科目无余额。

转入预算稳定调节基金的预算指标结余和超收、短收预算收入也通过该科目核算。

（7）“支付申请”科目。该科目核算用款方提出支付申请并已获批准支付、尚未实际支付的财政支出预算指标。该科目借方登记用款方提出支付申请并已获批准支付的财政支出预算指标，贷方登记已经按照预算支付财政资金的财政支出预算指标。该科目借方余额反映已获批准申请支付、尚未实际支付的财政支出预算指标。已获批准支付的财政支出预算指标在按照预算全部支付财政资金后，该科目无余额。

（8）“确认支付”科目。该科目核算财政支出预算指标中可执行指标的安排使用数。该科目借方登记已经按照预算实际支付财政资金和权责发生制事项确认预算支出的财政支出预算指标，贷方登记转入"指标结转结余"科目的财政支出预算指标。该科目借方累计余额反映本期已经支付、动用的财政支出预算指标。年终转账时，将该科目借方累计余额转入"指标结转"科目。转账后，该科目无余额。

转入预算稳定调节基金的预算指标结余和超收、短收预算收入也通过该科目核算。

**3. 财政预算指标结转结余核算的会计科目**

财政预算指标结转结余核算包括的会计科目有："指标结转""指标结余""指标结转结余"科目。

（1）"指标结转"科目。该科目核算根据财政部门预算指标结转结余规定，下年可继续安排使用的财政预算指标结转。该科目借方登记本年不再执行、下年可继续执行的剩余待分解和可执行支出预算指标，以及转入预算稳定调节基金后的剩余收入指标贷方余额（借方余额用负数）。该科目期末转入支出预算指标的借方发生额反映本年不再执行、下年可继续安排使用的财政预算指标结转。期末核销指标结转时，将该科目余额与"指标结转结余"科目余额对冲核销清零。清零结账后，该科目无余额。

（2）"指标结余"科目。该科目核算根据财政部门预算指标结转结余规定，不再继续执行、转入预算稳定调节基金的财政预算指标结余。该科目借方登记不再继续执行的支出预算指标（包括待分指标和可执行指标），贷方登记期末转入预算稳定调节基金的预算指标结余。该科目转入预算稳定调节基金之前的借方余额反映不再继续执行的财政预算指标结余。指标结余用于转入预算稳定调节基金时，将该科目全部借方余额转入"可执行指标——安排预算稳定调节基金"科目。转账后，该科目期末无余额。

（3）"指标结转结余"科目。该科目核算确认收入与确认支出相抵形成的财政预算指标差额。该科目借方登记年终转账时"确认收入"科目贷方余额转入数，贷方登记年终转账时"确认支付"科目借方余额转入数。该科目年终转账后的余额，反映最后的确认收入与确认支出相抵形成的财政预算指标差额。期末与指标结转对冲核销时，将该科目贷方余额与"指标结转"科目借方余额对冲核销清零。清零结账后，该科目无余额。

### 7.2.3　财政预算指标核算的账务处理[①]

**1. 年初批准本年预算前提前下达和预拨支出预算指标**

财政部门向下级政府财政部门提前下达补助支出预算指标时，按照提前下达的支出预算指标数，借记"可执行指标"科目，贷记"提前下达指标"科目。按照提前下达的支出预算指标向下级政府财政部门拨款时，按照拨款的金额，借记"确认支付"科目，贷记"可执行指标"科目。

财政部门在人大批准年初预算前需要向本级政府用款单位拨付应急财政资金，按照预拨的支出预算指标数，借记"可执行指标"科目，贷记"预拨指标"科目。按照

① 由于篇幅限制，本节只介绍财政预算指标管理中收入预算指标、支出预算指标核算一般业务的账务处理。另外，为了便于读者学习预算会计核算知识，本节对财政预算指标核算的账务处理省略了本书 6.3.2 节财政预算指标会计科目表中的一级会计科目（即"财政支出预算类""指标负债类""指标结转结余类"等科目）。

预拨应急款项的金额，借记“确认支付”科目，贷记“可执行指标”科目。

例 7－1

资料：某市财政部门向市辖A区政府财政部门提前下达转移支付的补助支出预算指标20亿元，然后将对A区政府的补助款支付给A区政府财政部门。要求：编制该业务预算指标核算记账的会计分录。

借：可执行指标——补助支出 2 000 000 000

贷：提前下达指标——补助支出 2 000 000 000

借：确认支付——补助支出 2 000 000 000

贷：可执行指标——补助支出 2 000 000 000

**2. 年初批准财政收支预算指标**

本年财政预算草案获得人民代表大会批准后，按照批准的支出预算数，借记“年初支出预算”科目，按照批准的收入预算数，贷记“年初收入预算”科目。

在人大批准年初预算前提前下达和预拨支出预算指标的，按照提前下达和预拨的支出预算指标数，借记“提前下达指标”和“预拨指标”科目，贷记“年初支出预算”科目。

例 7－2

资料：接例7－1，年初该市人民代表大会批准本年收入预算1 000亿元，支出预算1 000亿元。财政部门登记批准的年初预算指标，并冲减提前下达的支出预算指标20亿元。要求：编制该业务预算指标核算记账的会计分录。

借：年初支出预算 100 000 000 000

贷：年初收入预算 100 000 000 000

借：提前下达指标——补助支出 2 000 000 000

贷：年初支出预算——补助支出 2 000 000 000

**3. 分解财政收支预算指标**

（1）分解财政收入预算指标。财政部门将经人民代表大会批准的财政收入预算指标分配到内部有关主管机构分解时，按照分解完成的收入预算指标数，借记“年初收入预算”科目，贷记“收入指标”科目。

（2）分解财政支出预算指标。财政部门将经人民代表大会批准的财政支出预算指标分配到内部有关主管机构分解时，按照分解完成的支出预算指标数，借记“可执行指标”科目，按照暂时不能分解的支出预算指标数，借记“待分指标”科目，按照前两者的合计数，贷记“年初支出预算”科目。

待分解指标完成分解后，按照分解的待分解支出预算指标数，借记“可执行指标”科目，贷记“待分指标”科目。

已经分解完成的可执行指标因故需要在不同部门、单位、项目之间进行调剂时，按照财政部门对支出预算指标数的调剂数，借记“可执行指标——××部门（单位、项目）”科目，贷记“可执行指标——××部门（单位、项目）”科目。

财政部门向本级政府用款单位拨付尚未有对应可执行指标的应急财政资金时，按照需要预拨的支出预算指标数，借记“可执行指标”科目，贷记“预拨指标”科目。财政主管部门调剂分解出对应预拨应急财政资金的可执行支出预算指标后，按照分解出的可执行指标数，借记“预拨指标”科目，贷记“待分指标”科目。

**例 7-3**

资料：接例 7-2，编制该市财政部门对下述有关财政预算指标核算业务记账的会计分录。

（1）该市财政部门对人大批准的年初财政收支预算指标进行分解。将收入预算指标完全分解；将支出预算指标 930 亿元（不含已经提前下达的支出预算指标 20 亿元）分解完成，暂时无法确定用款单位和项目的 50 亿元支出预算指标留待以后分解。

借：年初收入预算　100 000 000 000
　贷：收入指标　100 000 000 000
借：可执行指标　93 000 000 000
　　待分指标　5 000 000 000
　贷：年初支出预算　98 000 000 000

（2）因使用财政资金的工程项目变更工程管理单位，财政部门批准将对 A 单位的可执行支出预算指标 1 亿元调剂给 B 单位。

借：可执行指标——B 单位　100 000 000
　贷：可执行指标——A 单位　100 000 000

（3）收到 C 单位应急用款申请 5 000 万元，财政部门批准先采用预拨方式将需要使用的财政资金拨付该单位，资金已经拨付。

借：可执行指标——C 单位　50 000 000
　贷：预拨指标——C 单位　50 000 000
借：支付申请——C 单位　50 000 000
　贷：可执行指标——C 单位　50 000 000
借：确认支付——C 单位　50 000 000
　贷：支付申请——C 单位　50 000 000

（4）财政部门报请市政府批准动用预备费①，作为上述 C 单位应急用款的资金来源。

借：预拨指标——C 单位　50 000 000
　贷：待分指标　50 000 000

**4. 批准调整财政收支预算指标**

预算执行过程中，经人民代表大会的常设机构批准对年初财政预算收支进行调整时，按照批准的调增财政支出预算数，借记“支出预算变动”科目，按照批准的调增财政收入预算数，贷记“收入预算变动”科目。按照批准的调减财政支出预算数，用负数借记“支出预算变动”科目，按照批准的调减财政收入预算数，用负数贷记“收入预算变动”科目。

① 预备费作为待分指标，等到决定动用预备费且确定用款单位、项目时，转为可执行指标或已经预拨的可执行指标。

将调增的收入预算指标分解为收入指标时，按照分解的收入指标数（调减的分解收入指标用负数），借记“收入预算变动”科目，贷记“收入指标”科目。

将调增的支出预算指标分解为支出指标时，按照分解的支出指标数（调减的分解支出指标用负数），借记“待分指标”和“可执行指标”科目，贷记“支出预算变动”科目。

**例7-4**

资料：上例该市年中经人大常委会批准，调增甲项级支出预算30亿元，调减乙项级支出预算13亿元（已分解完成）；调增本级收入预算17亿元。财政部门已经将此次财政收支预算调整数全部分解完成。要求：编制该市财政部门对上述有关财政预算指标核算记账的会计分录。

| | | |
|---|---|---|
| 借：支出预算变动 | 3 000 000 000 | |
| 　　支出预算变动 | −1 300 000 000 | |
| 　贷：收入预算变动 | | 1 700 000 000 |
| 借：可执行指标 | 3 000 000 000 | |
| 　　可执行指标 | −1 300 000 000 | |
| 　贷：支出预算变动 | | 3 000 000 000 |
| 　　　支出预算变动 | | −1 300 000 000 |
| 借：收入预算变动 | 1 700 000 000 | |
| 　贷：收入指标 | | 1 700 000 000 |

**5. 执行财政收支预算**

（1）执行财政收入预算。财政部门收到国库等财政资金收纳单位报告的财政收入时，按照实际收到的财政资金数[①]，借记“收入指标”科目，贷记“确认收入”科目。

**例7-5**

资料：上例该市财政部门某日接到国库报来收到税收收入4 000万元。要求：编制该市财政部门对该业务财政预算指标核算记账的会计分录。

问答7-1：在财政预算指标会计核算中，对财政超收是如何进行反映和账务处理的？

| | | |
|---|---|---|
| 借：收入指标 | 40 000 000 | |
| 　贷：确认收入 | | 40 000 000 |

（2）执行财政支出预算。

1）批准支付申请。财政部门收到用款单位的财政拨款支付申请（包括应急用款的支付申请）并予以批准时，按照批准拨款需要动用的支出预算指标数，借记“支付申请”科目，贷记“可执行指标”科目。

2）按照支出预算拨款。财政部门按照财政支出预算向用款单位拨款时，按照实际确认的预算支出数[②]，借记“确认支付”科目，贷记“支付申请”科目。

---

① 与本书第8章8.1.2节介绍的财政预算收入核算确认的预算收入金额和确认时间一致。

② 与本书第8章8.2.2节介绍的财政预算支出核算确认的预算支出金额和确认时间一致。

例7-6

资料：上例该市财政部门某日批准用款单位按照预算报来的支付财政拨款资金5 000万元的申请，次日按照该申请从国库付款5 000万元。要求：编制该市财政部门对该业务财政预算指标核算记账的会计分录。

借：支付申请　50 000 000
　贷：可执行指标　50 000 000
借：确认支付　50 000 000
　贷：支付申请　50 000 000

**6. 年末结转支出预算指标结余**

年末将不再继续执行的支出预算指标结转到预算指标结余时，按照结转到指标结余的待分指标数贷记“待分指标”科目，按照结转到指标结余的可执行指标数贷记“可执行指标”科目，按照两者的合计数，借记“指标结余”科目。

例7-7

资料：上例该市年末财政预算指标核算转账前的会计科目余额见表7-8。要求：编制该市财政部门年末指标结余的转账会计分录。

表7-8 会计科目余额

单位：万元

| 科目名称 | 余额方向 | 金额 |
|---|---|---|
| 本年收入预算 | 贷 | 0 |
| 收入预算变动 | 贷 | 0 |
| 收入指标 | 借 | 80 000 |
| 确认收入 | 贷 | 10 250 000 |
| 本年支出预算 | 借 | 0 |
| 支出预算变动 | 借 | 0 |
| 可执行指标 | 借 | 100 000 |
| 其中：不再继续执行 | 借 | 35 000 |
| 　　下年继续执行 | 借 | 65 000 |
| 待分指标 | 借 | 40 000 |
| 其中：不再继续执行 | 借 | 35 000 |
| 　　下年继续执行 | 借 | 5 000 |
| 支付申请 | 借 | 0 |
| 确认支付 | 借 | 10 030 000 |

借：指标结余　700 000 000
　贷：可执行指标　350 000 000
　　　待分指标　350 000 000

**7. 补充和调入预算稳定调节基金**

（1）年末将不再继续执行的预算指标结余转入预算稳定调节基金时，按照转入指标数，借记“可执行指标——安排预算稳定调节基金”科目，贷记“指标结余”科目。

（2）年末按照规定将超收的预算收入补充预算稳定调节基金时，按照超收收入指标数，借记“可执行指标——安排预算稳定调节基金”科目，贷记“收入指标”科目；年末按照规定调入预算稳定调节基金弥补短收的预算收入时，按照弥补短收收入指标数，用负数借记“可执行指标——安排预算稳定调节基金”科目，贷记“收入指标”科目。

对转入和补充预算稳定调节基金的可执行指标数进行冲销时，按照冲销数（调入预算稳定调节基金用负数），借记“确认支付”科目，贷记“可执行指标——安排预算稳定调节基金”科目。

**例 7-8**

资料：接例 7-7，该市将本年指标结余 7 亿元转入预算稳定调节基金，将本年超收预算收入 8 亿元补充预算稳定调节基金。要求：编制该市财政部门对该业务财政预算指标核算记账的会计分录。

| | | |
|---|---|---|
| 借：可执行指标——安排预算稳定调节基金 | 1 500 000 000 | |
| 　贷：指标结余 | | 700 000 000 |
| 　　　收入指标 | | 800 000 000 |
| 借：确认支付 | 1 500 000 000 | |
| 　贷：可执行指标——安排预算稳定调节基金 | | 1 500 000 000 |

**8. 年末结转收支预算指标和年终核销结账**

（1）年末将需要在下年继续执行的收支预算指标结转到预算指标结转时，按照转账的可执行指标数和待分指标数，贷记“可执行指标”科目和“待分指标”科目，按照补充或调入预算稳定调节基金之后的“收入指标”科目借方余额数（贷方余额用负数），贷记“收入指标”科目，按照三者合计数，借记“指标结转”科目。

（2）结转已经执行完成的收支预算指标。按照年终最终确认执行的支出预算数，借记“指标结转结余”科目，贷记“确认支付”科目。按照年终最终确认执行的收入预算数，借记“确认收入”科目，贷记“指标结转结余”科目。

（3）核销指标结转和指标结转结余。年末，将“指标结转”科目余额与“指标结转结余”科目余额对冲核销，按照对冲核销的指标余额数，借记或贷记“指标结转结余”科目，贷记或借记“指标结转”科目。

**例 7-9**

资料：接例 7-7、例 7-8，该市财政部门年末将收支预算指标结转，将本年收支预算执行完成的确认收入和确认支付指标结转，并将结转后“指标结转结余”科目余额和“指标结转”科目余额核销清零。要求：编制该市财政部门对上述业务财政预算指标核算记账的会计分录。

指标结转：

借：指标结转　700 000 000
　贷：可执行指标　650 000 000
　　　待分指标　50 000 000

结转已经执行完成的收支预算指标：

确认收入的指标数＝1 025(亿元)

确认支付的指标数＝1 003＋15＝1 018(亿元)

借：指标结转结余　101 800 000 000
　贷：确认支付　101 800 000 000
借：确认收入　102 500 000 000
　贷：指标结转结余　102 500 000 000

核销清零：

借：指标结转结余　700 000 000
　贷：指标结转　700 000 000

## 思考题

1. 政府收入和支出分类科目是如何划分的？
2. 财政支出预算指标是如何控制预算支出的？

## 练习题

1. 资料：某县年初人民代表大会批准本年收入预算 100 亿元，支出预算 100 亿元。财政部门登记批准的年初预算指标。

**要求：**编制该业务预算指标核算记账的会计分录。

2. 资料：上述该县财政部门对批准的年初财政收支预算指标进行分解。将收入预算指标完全分解；将支出预算指标 75 亿元分解完成，暂时无法确定用款单位和项目的 25 亿元支出预算指标留待以后分解。

**要求：**编制该业务预算指标核算记账的会计分录。

3. 资料：上述该县财政部门收到本级政府甲单位应急用款申请 1 000 万元，批准先采用预拨方式将需要使用的财政资金拨付该单位，资金已经拨付。

**要求：**编制该业务预算指标核算记账的会计分录。

4. 资料：上述该县财政部门报请政府批准动用预备费，作为上述甲单位应急用款的资金来源。

**要求：**编制该业务预算指标核算记账的会计分录。

5. 资料：上述该县年末财政预算指标核算转账前的会计科目余额见下表。该县本年指标结余 1.4 亿元按照规定补充预算稳定调节基金，短收预算收入 8 000 万元通过调入预算稳定调节基金弥补。

**要求：**编制该县财政部门年末指标结余转账、补充和调入预算稳定调节基金、指标结转转账、指标结转结余转账和账户余额核销记账的会计分录。

会计科目余额

单位：万元

| 科目名称 | 余额方向 | 金额 |
| --- | --- | --- |
| 本年收入预算 | 贷 | 0 |
| 收入预算变动 | 贷 | 0 |
| 收入指标 | 贷 | 8 000 |
| 确认收入 | 贷 | 992 000 |
| 本年支出预算 | 借 | 0 |
| 支出预算变动 | 借 | 0 |
| 可执行指标 | 借 | 10 000 |
| 其中：不再继续执行 | 借 | 4 000 |
| 　　　下年继续执行 | 借 | 6 000 |
| 待分指标 | 借 | 10 000 |
| 其中：不再继续执行 | 借 | 10 000 |
| 　　　下年继续执行 | 借 | 0 |
| 支付申请 | 借 | 0 |
| 确认支付 | 借 | 980 000 |

# 第 8 章 Chapter 8 政府财政预算本级收支的核算

学习目标

1. 掌握不同情况下财政预算本级收支核算的账务处理
2. 了解不同财政拨款方式
3. 掌握不同财政拨款方式下财政预算本级支出的确认和账务处理

## 8.1 财政预算本级收入的核算

财政预算本级收入是指一级政府通过征收税收收入和非税收入或直接举债等方式，取得可由本级政府分配、使用的财政资金。

### 8.1.1 核算财政预算本级收入和财政性存款的科目设置

**1. 核算财政预算本级收入的科目设置**

财政会计为核算财政预算本级收入设置的总账科目包括以下几个。

（1）“一般公共预算本级收入”科目。该科目核算财政部门按照一般公共预算取得的各项税收收入和非税收入的本级收入①。

（2）“政府性基金预算本级收入”科目。该科目核算财政部门按照政府性基金预算取得的各项政府性基金收入的本级收入。

（3）“国有资本经营预算本级收入”科目。该科目核算财政部门按照国有资本经营预算取得的各项国有资本经营收入的本级收入。

（4）“债务收入”科目。该科目核算省级以上财政部门作为直接债务人，发行政府债券取得的纳入财政预算管理的债务收入，以及财政部门作为直接债务人，获得外国政府或国际金融组织贷款取得的纳入财政预算管理的债务收入。

---

① 本级收入是指财政部门从财政系统外部获得的非偿还性收入。

在各个核算财政预算本级收入的总账科目下，按照该收入对应的政府收入分类科目（一般公共预算本级收入包括类、款、项、目级，其他包括款、项、目级，各收入科目下均不含转移性收入），设置各级明细科目进行明细核算，以便反映财政预算本级收入资金来源的明细情况。

**2. 核算财政性存款的科目设置**

财政会计设置的存款类科目包括“国库存款”科目和“其他财政存款”科目。其中，“国库存款”科目核算财政部门在国家金库[①]的财政资金存款；“其他财政存款”科目核算财政部门在银行的各种财政资金专户中的财政资金存款。

《中华人民共和国国家金库条例》

在“国库存款”和“其他财政存款”总账科目下，应当按照存放的财政资金种类设明细科目，分别核算各类财政资金存款。对国库存款，应当尽量按照一般公共预算资金、政府性基金预算资金、国有资本经营预算资金分账核算。在“国库存款”总账科目下，要设置“一般公共预算存款”“政府性基金预算存款”“国有资本经营预算存款”等明细科目；在“其他财政存款”总账科目下，一般要设置“专用基金存款”“财政专户管理资金存款”“外债资金存款”等明细科目。未设国家金库地区的乡镇财政部门因为各种财政预算资金都存放于商业银行财政专户，所以在“其他财政存款”总账科目下，可以设置“一般公共预算存款”“政府性基金预算存款”等明细科目，核算各种财政预算资金存款。

“国库存款”和“其他财政存款”属于资产类科目，为了便于学习预算收入的核算，本篇将这两个科目的设置及核算内容提前放在这里介绍。

### 8.1.2 财政预算本级收入的账务处理

为了方便对政府债务核算的介绍和学习，本篇将债务收入的账务处理内容放在第10章介绍，本节只介绍财政预算本级收入的账务处理。

**1. 设置同级财政对应国库的预算收入的账务处理**

财政会计收到国库报来的预算收入日报表、分成收入计算日报表等凭证时，按照不同预算资金解入国库财政存款账户的金额，借记“国库存款”科目及相应的明细科目，贷记“一般公共预算本级收入”“政府性基金预算本级收入”“国有资本经营预算本级收入”等科目及其明细科目。

**例 8-1**

资料：某省财政会计收到同级国库报来的预算收入日报表（见表8-1），经审核后按照日报表的预算收入金额登记收入账簿。要求：编制该省财政会计对这项业务进行

① 有关国家金库（国库）的职责详见《中华人民共和国国家金库条例》（扫描二维码）。

账务处理的会计分录①。

**表 8-1　预算收入日报表**

级次：省

| 预算科目 | | | | 本日收入 | | | | | | | | | | | | |
|---|---|---|---|---|---|---|---|---|---|---|---|---|---|---|---|---|
| 类 | 款 | 项 | 目 | 百 | 十 | 亿 | 千 | 百 | 十 | 万 | 千 | 百 | 十 | 元 | 角 | 分 |
| 税收收入 | 增值税 | 国内增值税 | 国有企业增值税 | | | | 1 | 8 | 8 | 0 | 0 | 0 | 0 | 0 | 0 | 0 |
| | | | 私营企业增值税 | | | | | 5 | 0 | 0 | 0 | 0 | 0 | 0 | 0 | 0 |
| | 企业所得税 | 国有保险企业所得税 | | | | | | 8 | 0 | 0 | 0 | 0 | 0 | 0 | 0 | 0 |
| | | 联营企业所得税 | | | | | | 2 | 2 | 0 | 0 | 0 | 0 | 0 | 0 | 0 |
| | 资源税 | 其他资源税 | | | | | | | 5 | 0 | 0 | 0 | 0 | 0 | 0 | 0 |
| 非税收入 | 政府性基金收入 | 民航发展基金收入 | | | | | | | 2 | 6 | 0 | 0 | 0 | 0 | 0 | 0 |
| | 专项收入 | 水利建设专项收入 | | | | | | | 3 | 0 | 0 | 0 | 0 | 0 | 0 | 0 |
| | | 残疾人就业保障金收入 | | | | | | | 2 | 5 | 0 | 0 | 0 | 0 | 0 | 0 |
| | 行政事业性收费收入 | 公安行政事业性收费收入 | 居民身份证工本费 | | | | | | | 5 | 0 | 0 | 0 | 0 | 0 | 0 |
| | | 市场监管行政事业性收费收入 | 锅炉、压力容器检验费 | | | | | | | 5 | 0 | 0 | 0 | 0 | 0 | 0 |
| | 罚没收入 | 一般罚没收入 | 卫生罚没收入 | | | | | | | 3 | 2 | 0 | 0 | 0 | 0 | 0 |
| | 国有资本经营收入 | 利润收入 | 金融企业利润收入 | | | | | 1 | 0 | 5 | 0 | 0 | 0 | 0 | 0 | 0 |
| | 捐赠收入 | 国内捐赠收入 | | | | | | 1 | 0 | 0 | 0 | 0 | 0 | 0 | 0 | 0 |
| 合计 | | | | | | | 3 | 7 | 4 | 9 | 2 | 0 | 0 | 0 | 0 | 0 |

借：国库存款——一般公共预算存款　　36 182 000

　　　　——政府性基金预算存款　　260 000

　　　　——国有资本经营预算存款　　1 050 000

　贷：一般公共预算本级收入——税收收入——增值税——国内增值税——国有企业增值税　　18 800 000

　　　——私营企业增值税　　5 000 000

　　　——企业所得税——国有保险企业所得税　　8 000 000

　　　——联营企业所得税　　2 200 000

　　　——资源税——其他资源税　　500 000

　　——非税收入——专项收入——残疾人就业保障金

---

① 为了既说明按照政府收支分类科目设置的明细科目的核算，又节省篇幅，本篇在例 8-1 至例 8-4 的答案中列出按照政府收支分类科目设置的收入支出明细科目，其余例题答案中省略按照政府收支分类科目设置的收入支出明细科目。

收入 250 000

——水利建设专项收入 300 000

——行政事业性收费收入——公安行政事业性收费收入——居民身份证工本费 50 000

——市场监管行政事业性收费收入——锅炉、压力容器检验费 50 000

——罚没收入——一般罚没收入——卫生罚没收入 32 000

——捐赠收入——国内捐赠收入 1 000 000

政府性基金预算本级收入——政府性基金收入——民航发展基金收入 260 000

国有资本经营预算本级收入——国有资本经营收入——利润收入——金融企业利润收入 1 050 000

**2. 没有设置同级财政对应国库的乡镇财政预算收入的账务处理**

没有设置国库的乡镇财政部门收到征收机构报来的交到县级国库的预算收入报告时，按照交到国库的金额登记备查账。县级财政部门收到国库报解的乡镇财政部门的预算收入时，县财政会计借记“国库存款”科目，贷记“一般公共预算本级收入”“政府性基金预算本级收入”等科目及其明细科目（注明乡镇财政收入）。县级财政部门将乡镇财政部门的预算收入返还，拨付到乡镇财政部门的财政存款账户时，县财政会计按照拨付数，借记“一般公共预算本级收入”“政府性基金预算本级收入”等科目，贷记“国库存款”科目；乡镇财政会计按照收到的预算收入数，借记“其他财政存款”科目，贷记“一般公共预算本级收入”“政府性基金预算本级收入”等科目及其明细科目。

**例 8-2**

资料：某镇和县财政部门发生以下业务：①镇财政所收到镇属国有企业缴付增值税30万元，镇属联营企业缴付所得税50万元，将税款交付县国库；②县国库将该镇财政收入报解给县财政部门；③县财政部门将该镇的财政收入返还，拨付到该镇的财政存款账户。要求：编制该镇、县财政会计对这些业务进行账务处理的会计分录。

①镇财政所将征收的税款交付县国库。

镇财政会计按照交县国库的收入数登记备查账。

②县财政部门收到国库报来的镇财政收入。

县财政会计记账：

借：国库存款——一般公共预算存款 800 000

贷：一般公共预算本级收入——某镇——税收收入——增值税——国内增值税——国有企业增值税 300 000

——企业所得税——联营企业所得税 500 000

③县财政部门将镇财政收入返还。

县财政会计记账：

借：一般公共预算本级收入——某镇——税收收入——增值税——国内增值税——国有企业增值税　300 000

——企业所得税——联营企业所得税　500 000

贷：国库存款——一般公共预算存款　800 000

镇财政会计记账：

借：其他财政存款——一般公共预算存款　800 000

贷：一般公共预算本级收入——税收收入——增值税——国内增值税——国有企业增值税　300 000

——企业所得税——联营企业所得税　500 000

**3. 预算收入资金退库的账务处理**

在一般公共预算收入中，有些属于“负收入”，即在收入发生时，不是将财政资金缴入国库，而是将财政资金从国库支付给相应的企业单位等。这些负收入主要包括采用先征后退方式实行税收优惠政策的各种退税，以及对实行国家限价政策企业的政策性亏损补贴。发生预算收入退库时，财政会计按照退库的数额，用红字借记“国库存款”科目，贷记“一般公共预算本级收入”科目及其明细科目。当预算收入日报表等凭证表明报解入库的预算收入既有正收入又有负收入时，对预算收入的明细账按照正收入（用蓝字）和负收入（用红字）分别登记；对总账按照正、负收入的合计数登记，合计数为正数的用蓝字登记，合计数为负数的用红字登记。

**例 8－3**

资料：某市财政会计收到同级国库报来的预算收入日报表（见表 8－2），经审核后按照日报表的预算收入金额登记收入账簿。要求：编制该市财政会计对这项业务进行账务处理的会计分录。

**表 8－2　预算收入日报表**

级次：市

| 预算科目 | | | | 本日收入 | | | | | | | | | | | | |
|---|---|---|---|---|---|---|---|---|---|---|---|---|---|---|---|---|
| 类 | 款 | 项 | 目 | 百 | 十 | 亿 | 千 | 百 | 十 | 万 | 千 | 百 | 十 | 元 | 角 | 分 |
| 税收收入 | 企业所得税 | 国有机械工业所得税 | | | | | | 3 | 3 | 0 | 0 | 0 | 0 | 0 | 0 | 0 |
| | 增值税 | 国内增值税 | 国有企业增值税 | | | | | 5 | 5 | 2 | 0 | 0 | 0 | 0 | 0 | 0 |
| | 企业所得税退税 | 私营企业所得税退税 | | | | | — | 2 | 0 | 0 | 0 | 0 | 0 | 0 | 0 | 0 |
| 非税收入 | 行政事业性收费收入 | 法院行政事业性收费收入 | 诉讼费 | | | | | | 1 | 5 | 0 | 0 | 0 | 0 | 0 | 0 |
| | 国有资本经营收入* | 国有企业计划亏损补贴 | 农业企业计划亏损补贴 | | | | | — | 3 | 0 | 0 | 0 | 0 | 0 | 0 | 0 |
| 合计 | | | | | | | | 6 | 6 | 7 | 0 | 0 | 0 | 0 | 0 | 0 |

* 属于一般公共预算收入中的负收入。

借：国库存款——一般公共预算存款　　6 670 000
　贷：一般公共预算本级收入——税收收入——企业所得税——国有机械工业所得税　　3 300 000
　　——增值税——国内增值税——国有企业增值税　　5 520 000
　　——企业所得税退税——私营企业所得税退税　　2 000 000
　　——非税收入——行政事业性收费收入——法院行政事业性收费收入——诉讼费　　150 000
　　——国有资本经营收入——国有企业计划亏损补贴——农业企业计划亏损补贴　　300 000

**4. 预算收入资金退回的账务处理**

对已经记入收入科目、发现错误入库的预算收入，财政会计要及时做预算收入退回的账务处理。退回错误入库的预算收入与负收入不一样。前者是对错误入库及记账的收入的更正，后者是退库的收入。因此，与记录负收入用红字贷记收入科目的账务处理不同，退回错误入库的收入的账务处理是用蓝字登记在收入科目的借方。退回错误入库的预算收入时，按照退回的预算收入数，借记“一般公共预算本级收入”“政府性基金预算本级收入”“国有资本经营预算本级收入”等科目，贷记“国库存款”科目。

## 8.2 财政预算本级支出的核算

财政预算本级支出是指某级政府财政部门对本级政府所属预算单位分配资金或使用财政资金用于本级政府的直接支出。

### 8.2.1 财政预算本级支出的确认

财政预算支出的确认与预算支出管理有关。一般情况下，预算支出的确认需要满足三个条件：（1）支出的资金纳入批准的本期财政支出预算；（2）支出的资金属于消耗（除了转贷款支出以外预计不收回）的资金；（3）能够列入预算支出的金额是确定的。除此以外，在一些特定情况下也可以确认预算支出，包括：预算年度开始后，预算草案在本级人民代表大会批准前，参照上一年同期的预算支出数额安排必须支付的本年度支出，以及法律规定必须履行支付义务的支出和用于自然灾害等突发事件处理的支出。

如果支出计划已经纳入下期预算，但是在预算期开始之前预算单位需要用款，或者在实拨资金方式下，财政部门需要提前拨款才能满足基层预算单位在预算期初的用款需要，则财政会计在年末将属于下年预算的财政拨款预先支付给预算单位。但是拨款时不能列入本期预算支出（先作为预拨经费处理），待进入下一年（预拨经费对应的预算期），财政会计再将预拨给预算单位的资金确认为当期预算支出。

对财政拨款采用国库集中支付方式时，由于未使用的财政资金都在国库，因而财政会计平时不会对这些资金确认支出。在经费包干的政策下，为了避免单位期末突击花钱，提高财政资金使用效率，到了年末，不能将预算单位没有用完的财政资金支付额度全部收回，而是留给预算单位以后继续使用。这种未用完的财政结余资金已经列入当年支出预算，就不在下年重新列入对单位的支出预算。所以，对已经列入本期预算、预算单位期末尚未使用、在国库中的财政资金，财政会计在期末按照权责发生制确认预算支出，同时确认对预算单位的负债。在以后期间财政资金由预算单位使用支付时，不再确认新期间的预算支出，而是确认财政部门对预算单位的负债减少。

问答 8－1：为什么财政部门存在实拨资金、国库集中支付两种不同支付方式？它们对财政会计确认预算支出的影响有什么不同？

## 8.2.2　财政拨款方式与财政预算本级支出的确认

财政部门的财政预算本级支出大多数是拨给政府单位（又称预算单位）等的财政拨款，这些财政拨款导致的财政预算本级支出确认与财政拨款的方式有关。目前，财政部门对预算单位的财政拨款主要有两种方式：一是实拨资金方式[①]；二是国库集中支付方式。其中，国库集中支付方式又分为财政直接支付方式和财政授权支付方式。不同的财政拨款方式使得财政资金拨款支出的确认不同。[②]

《财政国库管理制度改革试点方案》

### 1. 实拨资金方式下的财政预算本级支出确认

实拨资金方式的基本做法是财政部门按照预算和用款分期（一般是按月或按季度）计划，在期初将拨给单位的财政资金通过银行转账系统拨到预算单位的开户银行账户上，预算单位使用财政资金时，直接从其开户银行的账户转账支付资金或提取现金。在实拨资金方式下，下级预算单位的财政经费要先由财政部门拨到主管会计单位的银行账户上，再通过各级单位的银行账户层层向下级单位转拨。实拨资金的流程示意见图 8－1。

预算拨款凭证

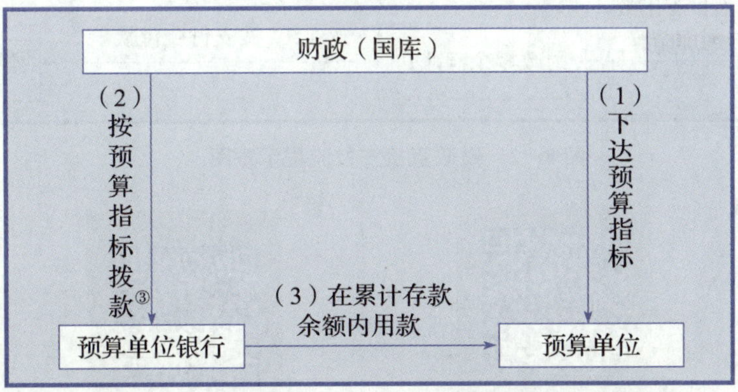


图 8－1　实拨资金流程示意图

① 随着国库集中支付方式的普遍推行，采用实拨资金方式进行财政拨款越来越少。目前只有部分基层政府或各级政府的少部分专项财政资金采用实拨资金方式拨款。

② 采用国库集中支付的原因和具体做法详见《财政国库管理制度改革试点方案》（扫描二维码）。

③ 涉及的凭证式样参见预算拨款凭证（扫描二维码）。

在实拨资金方式下，财政资金在用款期初就按照预算拨给预算单位。单位的财政经费绝大多数采取“经费包干，超支不补，结余留用”的管理方式，拨给单位的财政资金即使单位本期没有用完也不再收归财政部门。因此，在财政资金拨给单位时（即财政资金从国库拨出时），财政会计就确认预算支出的发生。

在实拨资金方式下，财政资金在预算年度末全部按照预算拨给预算单位后，财政会计按照拨款预算数全额确认预算支出。因此，全部预算支出是按照收付实现制基础确认的。

**2. 财政直接支付方式下的财政预算本级支出确认**

财政直接支付方式的基本做法是财政部门按照预算和用款分期（一般是按月或按季度）计划，在期初将预算单位可以申请财政直接支付的额度下达给预算单位。预算单位在使用财政资金时，向财政部门提出财政直接支付申请（不超出财政直接支付剩余额度）。财政部门接到预算单位的财政直接支付申请后进行审批，批准支付后通过财政部门在银行设置的财政零余额账户向预算单位申请支付的收款人转账付款。每日，国库和财政零余额账户之间进行结算，将当日通过财政零余额账户付出的款项通过银行转账系统从国库拨至财政零余额账户。财政直接支付（以采购物品为例）的流程见图8-2。

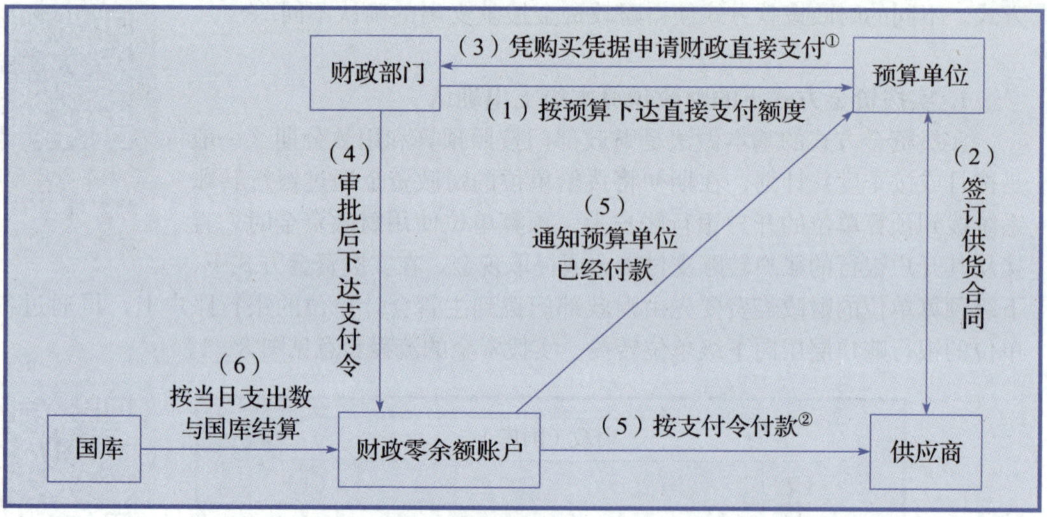


图8-2 财政直接支付流程示意图

中央基层预算单位财政直接支付申请书

财政直接支付凭证

① 涉及的单据式样参见中央基层预算单位财政直接支付申请书（扫描二维码）。
② 涉及的单据式样参见财政直接支付凭证（扫描二维码）。

在财政直接支付方式下，财政资金并没有实际拨给预算单位，而是根据预算单位的申请直接付给向预算单位提供商品或服务的收款人。因此财政会计在对预算单位下达财政直接支付额度时，并不确认预算支出。财政部门在国库和财政零余额账户之间进行结算时，按照当日国库向财政零余额账户付出的财政资金金额确认预算支出。

在财政直接支付方式下，财政会计在预算期中确认的预算支出金额等于预算单位实际使用的财政资金数额，到预算年度末往往小于当期的全部预算数。因此，在经费包干的管理方式下，预算年度末财政部门要向预算单位确认应当转到下一年可使用的财政直接支付额度，同时将转到下一年的财政直接支付额度确认为财政部门的本期预算支出。对应这部分直接支付额度的资金在以后为预算单位支付时，不再确认为以后期间的预算支出。

在财政直接支付方式下，财政会计对大部分拨款（当期为预算单位支付的资金，不包括使用上期结转的财政直接支付额度）采用收付实现制基础确认预算支出，对年末尚未从国库拨出的当期预算拨款（需要以后为预算单位支付的资金）采用权责发生制基础确认预算支出。

**3. 财政授权支付方式下的财政预算本级支出确认**

财政授权支付方式的基本做法是财政部门按照预算和用款分期（一般是按月或按季度）计划，在期初将预算单位可以授权支付的额度下达给预算单位，同时也下达给预算单位零余额账户的代理银行。预算单位在使用财政资金时，直接向预算单位零余额账户的代理银行下达授权支付令（不超出财政授权支付剩余额度）。预算单位零余额账户的代理银行收到预算单位的授权支付令后，按照授权支付令的要求向预算单位要求支付的收款人转账付款。预算单位还可以通过下达授权支付令从预算单位零余额账户提取现金，用于单位用款的现金支付。每日，国库和预算单位零余额账户之间进行结算，将当日通过预算单位零余额账户付出的款项（包括转账支付和提取现金）通过银行转账系统从国库拨至预算单位零余额账户。财政授权支付（以采购物品为例）的流程见图 8－3。

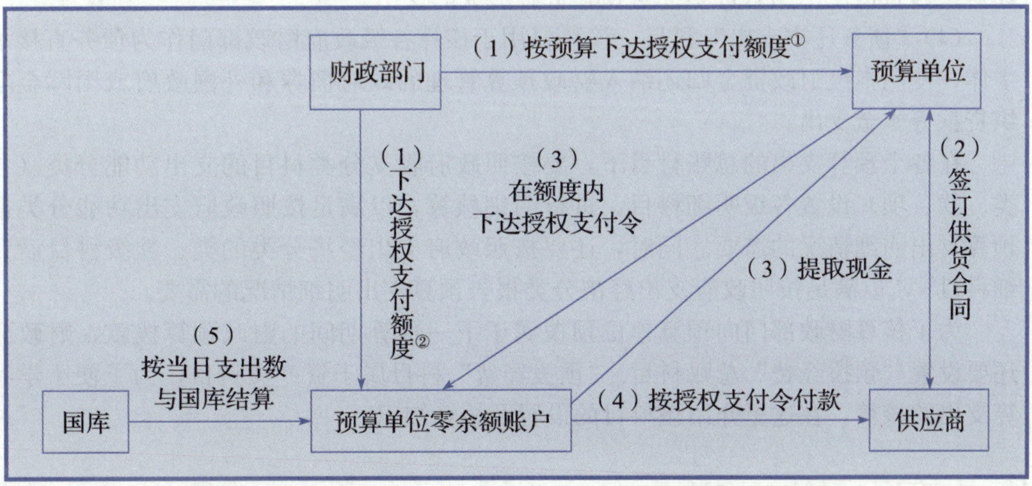


图 8－3　财政授权支付流程示意图

① 涉及的单据式样参见财政授权额度到账通知书（扫描下页二维码）。
② 涉及的单据式样参见财政授权支付额度通知单（扫描下页二维码）。

财政授权额度到账通知书

财政授权支付额度通知单

财政授权支付方式与财政直接支付方式相似，除了预算单位通过预算单位零余额账户提取少量现金外，财政资金不拨付给预算单位，而是根据预算单位的要求付给向单位提供商品或服务的收款人。因此财政会计确认财政拨款的预算支出与财政直接支付方式相同。

在财政授权支付方式下，财政会计对大部分拨款（当期为预算单位支付的资金，不包括使用上期结转的财政授权支付额度）采用收付实现制基础确认预算支出，对年末尚未从国库拨出的当期预算拨款（需要以后为预算单位支付的资金）采用权责发生制基础确认预算支出。

### 8.2.3 核算财政预算本级支出的科目设置

财政会计为核算财政预算本级支出设置的总账科目包括以下几个。

（1）“一般公共预算本级支出”科目。该科目用于核算财政部门按照一般公共预算将一般公共预算资金分配给本级政府预算单位或直接使用形成的非偿债性支出。

（2）“政府性基金预算本级支出”科目。该科目用于核算财政部门按照政府性基金预算将政府性基金预算资金分配给本级政府预算单位或直接使用形成的非偿债性支出。

（3）“国有资本经营预算本级支出”科目。该科目用于核算财政部门按照国有资本经营预算直接使用国有资本经营预算资金形成的支出。

（4）“债务还本支出”科目。该科目用于核算各级政府财政部门作为债务直接承担主体，使用本级财政资金归还纳入财政预算管理的政府债券和外国政府或国际金融组织贷款等本金支出。

在各个预算支出的总账科目下，要按照政府收支分类科目的支出功能分类（包括类、款、项）设置各级明细科目，进行明细核算，以满足按照政府支出功能分类报告预算支出明细情况的需要。同时，还要按照政府支出经济分类的类、款级科目设置明细科目①，以满足按照政府支出经济分类报告预算支出明细情况的需要。

为了核算财政部门向预算单位预拨属于下一预算期间的财政预算拨款，财政会计还要设置“预拨经费”总账科目。“预拨经费”科目属于资产类科目，为了便于学习预算支出的核算，在这里介绍该科目的设置及核算知识。

---

① 对于不同类级科目的同名称款级科目，本篇以加序号进行区别。如将“机关资本性支出（一）”科目下的“房屋建筑物购建”科目写为“房屋建筑物购建 1”科目，将“机关资本性支出（二）”科目下的“房屋建筑物购建”科目写为“房屋建筑物购建 2”科目。

### 8.2.4 财政预算本级支出的账务处理

为了方便对政府债务核算的介绍和学习，本篇将债务还本支出的账务处理内容放在第 11 章介绍，本节只介绍财政预算本级支出的账务处理。

**1. 预算支出的账务处理**

采用实拨资金方式进行财政拨款或财政支出的，财政会计按照根据当期预算从国库拨出的资金数额，借记“一般公共预算本级支出”“政府性基金预算本级支出”等科目及其明细科目，贷记“国库存款”科目及其明细科目。

采用国库集中支付方式支付当期财政预算资金的，财政会计在国库与财政零余额账户和预算单位零余额账户结算付款时，按照从国库付款的金额，借记“一般公共预算本级支出”“政府性基金预算本级支出”“国有资本经营预算本级支出”等科目及其明细科目，贷记“国库存款”科目及其明细科目。

有些财政预算本级支出的核算伴随着财政股权资产和某些负债的核算，这些资产、负债核算的账务处理参见第 10～11 章的内容。

例 8－4

资料：某省财政部门为预算单位支付使用的经费，财政会计按照代理财政零余额账户和预算单位零余额账户的某工商银行与国库进行日结算报送的预算支出结算清单（见表 8－3）上的金额进行账务处理。要求：编制该省财政会计对此项业务进行账务处理的会计分录。

表 8－3 预算支出结算清单

代理银行：工商银行××分行
列支日期：20××年×月×日 单位：元

| 基层预算单位名称 | 支出功能分类科目名称（项） | 支出经济分类科目名称（款） | 本日列支金额 | | |
|---|---|---|---|---|---|
| | | | 合计 | 财政直接支付 | 财政授权支付 |
| 林业厅 | 行政运行 | 办公经费 | 653 900 | 564 300 | 89 600 |
| | 机关服务 | 公务用车购置 | 187 041 | 180 500 | 6 541 |
| 林业研究所 | 事业机构 | 工资福利支出 | 428 624 | 425 000 | 3 624 |
| | 应用技术研究与开发 | 离退休费 | 98 300 | | 98 300 |
| 林业专科学校 | 中专教育 | 商品和服务支出 | 235 956 | 235 060 | 896 |
| 林场 | 森林培育 | 工资福利支出 | 1 854 700 | 1 850 400 | 4 300 |
| | 森林资源管理 | 商品和服务支出 | 746 000 | 560 000 | 186 000 |
| | 林区公共支出 | 资本性支出（一） | 500 000 | 500 000 | |
| | 贷款贴息 | 资本性支出（二） | 320 000 | 320 000 | |
| 林业病虫害防治所 | 事业机构 | 工资福利支出 | 362 700 | 210 600 | 152 100 |
| | 防灾减灾 | 资本性支出（一） | 230 000 | 207 000 | 23 000 |
| 合计 | | | 5 617 221 | 5 052 860 | 564 361 |

借：一般公共预算本级支出——农林水支出——林业和草原——行政运行——机关商品和服务支出——办公经费　653 900
　　——机关服务——机关资本性支出（一）——公务用车购置　187 041
　　——事业机构——对事业单位经常性补助——工资福利支出　791 324
　　——森林培育——对事业单位经常性补助——工资福利支出　1 854 700
　　——森林资源管理——对事业单位经常性补助——商品和服务支出　746 000
　　——林区公共支出——对事业单位资本性补助——资本性支出（一）　500 000
　　——贷款贴息——对事业单位资本性补助——资本性支出（二）　320 000
　　——防灾减灾——对事业单位资本性补助——资本性支出（一）　230 000
　　——科学技术支出——技术研究与开发——应用技术研究与开发——对个人和家庭的补助——离退休费　98 300
　　——教育支出——职业教育——中专教育——对事业单位经常性补助——商品和服务支出　235 956
　贷：国库存款——一般公共预算存款　5 617 221

例 8-5

资料：某省财政部门按照政府性基金预算使用旅游发展基金向省旅游局拨款50万元，用于招标研究制定本省旅游发展行业规划。要求：编制该省财政会计对该业务进行账务处理的会计分录。

借：政府性基金预算本级支出　500 000
　贷：国库存款　500 000

例 8-6

资料：某省财政部门按照国有资本经营预算向省属企业拨款1.23亿元，用于企业棚户区改造。要求：编制该省财政会计对该业务进行账务处理的会计分录。

借：国有资本经营预算本级支出　123 000 000
　贷：国库存款　123 000 000

**2. 预拨经费的账务处理**

财政会计提前向预算单位拨付下一年预算款时，按照从国库拨出的资金数额，借记“预拨经费”科目，贷记“国库存款”科目。到下一预算期时，将预拨给预算单位的资金转列支出，借记“一般公共预算本级支出”“政府性基金预算本级支出”等科目及其明细科目，贷记“预拨经费”科目。

例 8-7

资料：某市财政部门为了保证本市安居工程顺利开工，在 12 月预先向有关行政单位拨付列入下年由财政部门直接安排的预算（住房保障支出）的廉租住房工程款 1 000 万元，用于工程前期开支。次年 1 月，将该款项列支。要求：编制该市财政会计对此项业务进行账务处理的会计分录。

①12 月拨款时。

借：预拨经费 10 000 000

贷：国库存款 10 000 000

②次年 1 月转列支出时。

借：一般公共预算本级支出 10 000 000

贷：预拨经费 10 000 000

**3. 期末按照权责发生制确认预算支出的账务处理**

年末财政会计对预算单位确认尚未使用的财政直接支付和财政授权支付额度时，按照确认的未使用额度，借记“一般公共预算本级支出”“政府性基金预算本级支出”等科目及其明细科目，贷记“应付国库集中支付结余”科目。以后预算期间预算单位使用这些额度时，财政会计按照国库与财政零余额账户和预算单位零余额账户的结算付款数，借记“应付国库集中支付结余”科目，贷记“国库存款”科目。

例 8-8

资料：某省财政部门向预算单位拨付经费，年末与省属东方大学核对结算财政拨款的全年预算数和国库集中支付数。财政会计根据预算支出结算单（见表 8-4）对该大学尚未使用的本年财政预算拨款金额进行账务处理。要求：编制该省财政会计对结算业务进行账务处理的会计分录。

表 8-4 预算支出结算单（集中支付单位）

填报单位：东方大学 单位：万元

| 预算科目名称（项） | 单位填报数 | | | 财政核定数 | | |
|---|---|---|---|---|---|---|
| | 全年下达预算指标 | 全年用款数 | 年末用款计划结转数 | 全年下达预算指标 | 全年用款数 | 年末用款计划结转数 |
| | ① | ② | ③=①-② | ④ | ⑤ | ⑥=④-⑤ |
| 高等教育 | 8 600 | 7 892.56 | 707.440 | 8 600 | 7 892.56 | 707.440 |
| 来华留学教育 | 700 | 688.384 | 11.616 | 700 | 688.384 | 11.616 |
| 合计 | 9 300 | 8 580.944 | 719.056 | 9 300 | 8 580.944 | 719.056 |

借：一般公共预算本级支出 7 190 560

贷：应付国库集中支付结余 7 190 560

例 8-9

资料：接例 8-8，次年 1 月省财政部门收到财政零余额账户代理银行与国库结算的有关凭证，表明为东方大学支付了本科教学设备采购款 30 万元，其中使用上年未使用的资金 10 万元，使用当年预算资金 20 万元。要求：编制该省财政会计对此项业务进行账务处理的会计分录。

借：一般公共预算本级支出　200 000
　　应付国库集中支付结余　100 000
　贷：国库存款　300 000

**4. 预算支出冲减的账务处理**

在有些情况下，财政部门会收到退回或收回原支付时已经列支的预算资金。为了不形成这些资金的重复列支，财政会计对退回或收回已经列支的财政预算资金采用冲减预算支出的核算方法。财政会计对已经列支的预算支出进行冲减核算的情况包括：在实拨资金方式下，由于预算单位的计划任务取消或预算单位使用的非包干经费有结余等，预算单位退回原领取的财政拨款；在国库集中支付方式下，由于预算单位退货等，预算单位的供货商等将国库集中支付的款项退回财政资金银行账户；在国库集中支付方式下，将预算单位尚未使用的以前年度财政资金用款额度调剂用于其他预算用途；收回股权投资资金中原投资支出的资金。这些情况都会导致财政会计对原来已经列支的预算支出做冲减的账务处理。

问答8-2：财政预算收入涉及国库资金减少时，什么情况采用红字记账，什么情况采用蓝字反向冲销？

（1）财政会计在已经列支的资金退回时，按照退回的资金数，借记“国库存款”科目，贷记原来列支的支出科目。

（2）财政会计在调剂预算单位尚未使用的以前年度财政资金用款额度，支付其他用途资金时，按照原来列支的财政资金用款额度，借记“应付国库集中支付结余”科目，贷记原来列支的支出科目，同时，按照调剂后预算用途实际支付的金额，借记有关支出科目，贷记“国库存款”科目。

（3）财政会计在收回股权投资资金时，按照原投资时列支的预算资金数，借记“国库存款”科目，贷记原来列支的支出科目。

## 思考题

1. 政府收入和支出分类科目是如何划分的？
2. 预算收入的“负收入”和收入的退回有何区别？
3. 未设国库的乡镇财政预算收入如何确认？如何进行账务处理？
4. 为什么说预算拨款的方式会影响到预算支出的核算？
5. 在什么情况下可以确认预算支出？

## 练习题

1. 资料：某市财政会计收到国库报来的预算收入日报表，当日财政收入为：属于一般公共预算本级收入的国有企业增值税收入75万元，个人所得税收入10万元，国有工业企业计划亏损补贴88万元，国有冶金企业企业所得税退税12万元，属于政府性基金预算本级收入的南水北调工程建设资金收入 18 万元。

**要求**：编制该市财政会计对该项业务进行账务处理的会计分录（收入的明细账核算略）。

2. 资料：某市财政会计收到国库转来的凭证，该凭证表明收到属于国有资本经营预算本级收入的一笔市属国有银行上缴的利润 500 万元，一笔国有企业转让股权取得的资金 2 000 万元。

**要求**：编制该市财政会计对该项业务进行账务处理的会计分录（收入的明细账核算略）。

3. 资料：3 月 3 日 A 县财政会计收到国库报来的预算收入日报表和有关凭证，所列当日的一般公共预算本级收入 125 万元。其中包括所属乙乡财政（未设国库）的一般公共预算本级收入 35 万元。经县财政会计审核，3 月 6 日将所属乙乡财政的一般公共预算本级收入 35 万元拨到乙乡财政存款账户。

**要求**：编制 3 月 3 日、3 月 6 日 A 县财政会计进行账务处理的会计分录和 3 月 6 日乙乡财政会计进行账务处理的会计分录（收入的明细账核算略）。

4. 资料：H 市财政拨款采用实拨资金方式，财政部门 5 月 1 日用一般公共预算资金向有关预算领报单位拨付当月经费（经费包干）：拨教育局小学教育经费 300 万元；拨人事局行政经费 80 万元；拨卫生局综合医院经费 150 万元。

**要求**：编制该市财政会计对此该项业务进行账务处理的会计分录（支出的明细账核算略）。

5. 资料：乙市财政拨款采用国库集中支付方式，该市财政局根据国有资本经营预算通过国库集中支付系统向某市属机械国有企业拨付 5 000 万元，用于增加其资本金。

**要求**：编制该市财政会计对此项业务进行账务处理的会计分录（支出的明细账核算略）。

# 第 9 章 Chapter 9 政府财政转移支付收支和财政预算资金结余的核算

学习目标

1. 了解各种转移支付收支核算的内容
2. 掌握各种转移支付收支核算使用的科目及账务处理
3. 掌握各种财政预算资金结余的核算
4. 了解预算稳定调节基金设置的目的，掌握预算稳定调节基金的核算
5. 了解预算周转金设置的目的，掌握预算周转金的核算

## 9.1 财政转移支付收支的核算

### 9.1.1 上下级政府之间财政转移支付收支的核算

**1. 上下级政府财政部门之间转移支付形成的收支**

在中国各级政府财政分级管理的体制下，财政收入要在各级政府财政之间进行划分，还要做到每级政府事权与财权相匹配。各地区经济发展的不平衡或者经济体制改革中各级政府事权的变化，有可能导致有的政府财权与事权不匹配，造成有的政府财力不足。为了解决这个问题，需要进行政府之间的转移支付。

问答 9-1：为什么同一财政部门内部不同预算资金之间转移也确认收支？

政府之间的转移支付主要在上下级政府之间进行，包括上级政府对下级政府的转移支付，又称为“补助”；下级政府对上级政府的转移支付，又称为“上解”。

在财政资金补助过程中，上级财政部门是资金的转出方，下级财政部门是资金的转入方。因此上级财政部门形成补助支出，下级财政部门形成补助收入。

在财政资金上解过程中，下级财政部门是资金的转出方，上级财政

部门是资金的转入方。因此下级财政部门形成上解支出，上级财政部门形成上解收入。

上级政府财政部门向下级政府财政部门转贷款也属于上下级政府之间的转移支付。在上级政府对下级政府转贷款的过程中，上级财政部门是资金的转出方，形成债务转贷支出；下级财政部门是资金的转入方，形成债务转贷收入。

对某个财政部门来说，上解收入、补助收入和债务转贷收入增强该财政部门的可支配财力，是该财政部门的财政资金收入；上解支出、补助支出和债务转贷支出削弱该财政部门的可支配财力，是该财政部门的财政资金支出。但是从全国财政系统整体看，上解收支、补助收支和债务转贷收支只是财政系统因转移支付形成的系统内部收支，这些收支并没有形成财政系统整体的收入和支出。在汇总报告各级财政部门总的财政收入和财政支出时，要将上下级财政部门之间的上解收支、补助收支和债务转贷收支抵销。

**2. 核算上下级政府财政部门之间转移支付收支的科目设置及账务处理**

（1）科目设置。为了核算上下级政府财政部门之间转移支付收支，财政会计要设置下列总账科目：

1）“上解支出”科目。该科目用于核算向上级财政部门支付转移支付资金形成的财政支出。

2）“上解收入”科目。该科目用于核算收到下级财政部门的转移支付资金形成的财政收入。

3）“补助支出”科目。该科目用于核算向下级财政部门支付没有偿还要求的转移支付资金形成的财政支出。

4）“补助收入”科目。该科目用于核算收到上级财政部门没有偿还要求的转移支付资金形成的财政收入。

5）“债务转贷支出”科目。该科目用于核算向下级财政部门支付有偿还要求的转移支付资金形成的债务支出。

6）“债务转贷收入”科目。该科目用于核算收到上级财政部门有偿还要求的转移支付资金形成的债务收入。

在各个核算上下级转移支付收支的总账科目下，首先要按照不同的预算管理资金设置明细科目。在各个核算上下级转移支付收入的总账科目下，应当按照政府收入分类中转移性收入的各层级分类设置明细科目。在各个核算上下级转移支付支出的总账科目下，应当按照政府支出功能分类中转移性支出的各层级分类设置明细科目。上级财政在对下级财政核算转移性收支时，还应当按照下级财政部门进行明细核算。在各个核算补助和上解的总账科目中，如果设置了核算政府性基金预算收支的明细科目，还要在这些明细科目下按照各个政府性基金设置明细科目进行核算。

（2）账务处理。为了方便对政府债务核算的介绍和学习，本篇将债务转贷收支的账务处理内容放在第 11 章介绍，本节介绍上下级财政部门之间转移支付收支中不含债务转贷收支的业务的账务处理。

1）直接计入收支的补助款和上解款的账务处理。上级财政部门向下级财政部门拨付补助款项时，上级财政部门按照拨付的补助资金金额，借记“补助支出”及其明细科目，贷记“国库存款”科目；下级财政部门按照收到的补助资金金额，借记“国库存款”科目，贷记“补助收入”及其明细科目。下级财政部门向上级财政部门支付上解款项时，上级财政部门按照收到的上解资金金额，借记“国库存款”科目，贷记“上解收入”及其明细科目；下级财政部门按照支付的上解资金金额，借记“上解支出”及其明细科目，贷记“国库存款”科目。

例 9-1

资料：某省和下属政府财政部门之间发生的转移支付业务如下：①省财政部门向下属甲市财政部门支付返还增值税款 8 000 万元；②省财政部门使用国家重大水利工程建设基金向下属乙市财政部门支付地方重大水利工程建设款 1 亿元；③省财政部门向实行“县财省管”的下属丙县财政部门支付体制补助款 4.5 亿元；④省下属丁市财政部门向省财政部门支付专项上解款 1 000 万元。要求：编制省、市（县）两级财政会计对上述业务进行账务处理的会计分录。

①省财政部门向甲市财政部门支付返还增值税款时，省财政会计记账。

借：补助支出——一般公共预算补助支出——甲市　　80 000 000
　贷：国库存款——一般公共预算存款　　80 000 000

甲市财政会计记账。

借：国库存款——一般公共预算存款　　80 000 000
　贷：补助收入——一般公共预算补助收入　　80 000 000

②省财政部门向乙市财政部门支付地方重大水利工程建设款时，省财政会计记账。

借：补助支出——政府性基金预算补助支出——乙市　　100 000 000
　贷：国库存款——政府性基金预算存款　　100 000 000

乙市财政会计记账。

借：国库存款——政府性基金预算存款　　100 000 000
　贷：补助收入——政府性基金预算补助收入　　100 000 000

③省财政部门向丙县财政部门支付体制补助款时，省财政会计记账。

借：补助支出——一般公共预算补助支出——丙县　　450 000 000
　贷：国库存款——一般公共预算存款　　450 000 000

丙县财政会计记账。

借：国库存款——一般公共预算存款　　450 000 000
　贷：补助收入——一般公共预算补助收入　　450 000 000

④丁市财政部门向省财政部门支付专项上解款时，省财政会计记账。

借：国库存款——一般公共预算存款　　10 000 000
　贷：上解收入——一般公共预算上解收入——丁市　　10 000 000

丁市财政会计记账。

借：上解支出——一般公共预算上解支出　　10 000 000
　贷：国库存款——一般公共预算存款　　10 000 000

2）通过往来款登记补助款和上解款的账务处理。在有些转移支付中，有时会采用超基数返还，或按照某项收入分成等方式确定转移支付金额。在这种情况下，上下级财政部门在预算执行中期往往不能确定转移支付资金的金额。为了不耽误接受转移支付的财政部门使用资金，上下级财政部门可以在没有确定转移支付年度资金总数的情况下，按照预计数或控制数先行支付。这时，上下级财政部门先通过往来款科目对转移支付资金进行核算。

当上级财政部门向下级财政部门预拨补助资金时，上级财政会计按照拨付的预拨补助金额，借记“与下级往来”科目，贷记“国库存款”科目；下级财政会计按照收到的预拨补助金额，借记“国库存款”科目，贷记“与上级往来”科目。当确定应当补助的资金数额时，上级财政会计按照确定数以内已经拨付的预拨补助金额，借记“补助支出”科目及其明细科目，贷记“与下级往来”科目；下级财政会计按照确定数以内已经收到的预拨补助金额，借记“与上级往来”科目，贷记“补助收入”科目及其明细科目。

当下级财政部门向上级财政部门预交上解资金时，下级财政会计按照支付的预交上解金额，借记“与上级往来”科目，贷记“国库存款”科目；上级财政会计按照收到的预交上解金额，借记“国库存款”科目，贷记“与下级往来”科目。当确定应当上解的资金数额时，下级财政会计按照确定数以内已经支付的预交上解金额，借记“上解支出”科目及其明细科目，贷记“与上级往来”科目；上级财政会计按照确定数以内已经收到的预交上解金额，借记“与下级往来”科目，贷记“上解收入”科目及其明细科目。

**例 9-2**

资料：某省和下属××市两级财政对所得税收入实行超基数返还的转移支付方式，前三个季度，省财政部门每季度按照季度控制数向市财政部门返还所得税超基数返还收入 5 000 万元；11 月，省财政部门向市财政部门下达通知单，确认本年一共应返还所得税超基数返还收入 1.9 亿元。要求：分别编制省财政会计和市财政会计支付返还收入和按照确定的返还收入数中已预收（支）数进行收入（支出）记账的会计分录。

①每季度支付返还收入时，省财政会计记账。

| | | |
|---|---|---|
| 借：与下级往来——××市——所得税返还 | 50 000 000 | |
| 贷：国库存款——一般公共预算存款 | | 50 000 000 |

市财政会计记账。

| | | |
|---|---|---|
| 借：国库存款——一般公共预算存款 | 50 000 000 | |
| 贷：与上级往来——所得税返还 | | 50 000 000 |

②确定返还收入数时，省财政会计记账。

| | | |
|---|---|---|
| 借：补助支出——一般公共预算补助支出——××市 | 150 000 000 | |
| 贷：与下级往来——××市——所得税返还 | | 150 000 000 |

市财政会计记账。

| | | |
|---|---|---|
| 借：与上级往来——所得税返还 | 150 000 000 | |
| 贷：补助收入——一般公共预算补助收入 | | 150 000 000 |

3）期末结算时尚未上解款和补助款的账务处理。在能够确定上解和补助数额的情况下，财政部门应当按照确定的数额及时支付转移支付款项，并在有关登记补助收支和上解收支的科目中记录。但是有时由于财政部门国库的存款不足，可能到预算期末仍然没有全部按照确定数额进行转移支付。在这种情况下，上下级财政部门需要按照结算时应补助未补助和应上解未上解的转移支付款项采用权责发生制确认收入或支出，同时将应补助未补助和应上解未上解的款项确认为上下级财政部门之间的往来款。

期末上下级财政部门进行结算时，上级财政会计按照结算单中确定的应补助未补助资金数，借记“补助支出”科目及其明细科目，贷记“与下级往来”科目；下级财政会计按照结算单中确定的应补助未补助资金数，借记“与上级往来”科目，贷记“补助收入”科目及其明细科目。

下级财政会计按照结算单中确定的应上解未上解资金数，借记“上解支出”科目及其明细科目，贷记“与上级往来”科目；上级财政会计按照结算单中确定的应上解未上解资金数，借记“与下级往来”科目，贷记“上解收入”科目及其明细科目。

## 9.1.2 不同地区政府之间财政转移支付收支的核算

**1. 不同地区政府财政部门之间转移支付形成的收支**

在中国，同级地方政府之间没有隶属关系。但是有时因为发生重大自然灾害，未受灾地区政府向受灾地区政府施以援助；有时为了帮助经济落后地区加快发展，经济发达地区政府向经济落后地区政府予以援助。这些援助资金在不同地区政府财政部门之间形成转移支付收支。

在地区间援助过程中，援助方地区政府财政部门是资金的转出方，援助资金时形成地区间援助支出；接受援助方地区政府财政部门是资金的转入方，接受援助资金时形成地区间援助收入。

对某个地区政府财政部门来说，地区间援助收入增强该财政部门的可支配财力，是该财政部门的财政资金收入；地区间援助支出削弱该财政部门的可支配财力，是该财政部门的财政资金支出。但是从全国财政系统来看，地区间援助收支只是不同地区财政因转移支付形成的全国财政系统内部收支，这些收支并没有形成财政系统整体的收入和支出。在汇总报告各个地区财政部门总的财政收入和财政支出时，要将不同地区财政部门之间的援助收支抵销。

**2. 核算不同地区政府财政部门之间转移支付收支的科目设置及账务处理**

（1）科目设置。为了核算不同地区政府财政部门之间转移支付收支，财政会计要设置下列总账科目：

1）“地区间援助支出”科目。该科目用于核算向被援助地区财政部门支付转移支付资金形成的财政支出。

2）“地区间援助收入”科目。该科目用于核算收到援助地区财政部门转移支付资金形成的财政收入。

在“地区间援助收入”和“地区间援助支出”总账科目下，要按照政府收支分类中转移性收入和转移性支出的相关分类设置明细科目核算，还要按照转移支付的对方政府设置明细科目核算。目前地区间转移支付收支仅限于一般公共预算资金，如果地区间援助收支的资金拓展到其他种类的财政资金，那么在“地区间援助收入”和“地区间援助支出”总账科目下，还需要按照财政资金的种类设置明细科目核算。

（2）账务处理。援助方财政会计按照实际拨付的援助资金数，借记“地区间援助支出”科目及其明细科目，贷记“国库存款”科目；接受援助方财政会计按照实际收到的援助资金数，借记“国库存款”科目，贷记“地区间援助收入”科目及其明细科目。

**例 9－3**

资料：A 省财政部门根据本省政府决定，使用一般公共预算资金向遭受地震灾害的 B 省财政部门支付 10 亿元，用于援助该省进行震后恢复重建工作，B 省财政部门已经收到该笔款项。要求：编制 A，B 两省财政会计对该业务进行账务处理的会计分录。

①A 省财政会计记账。

借：地区间援助支出——B 省　　1 000 000 000

　　贷：国库存款——一般公共预算存款　　1 000 000 000

②B 省财政会计记账。

借：国库存款——一般公共预算存款　　1 000 000 000

　　贷：地区间援助收入——A 省　　1 000 000 000

### 9.1.3　同一财政部门内不同财政资金之间转移收支的核算

**1. 财政部门内部资金调拨形成的收支**

政府财政部门管理的财政资金包括一般公共预算资金、政府性基金预算资金和国有资本经营预算资金等。在有些情况下，不同资金之间会发生转移支付，即将某种资金转移给另一种资金。这种同一财政部门管理的不同财政资金之间的转移支付通常称为“调拨”。①

在财政资金调拨过程中，对某种财政资金来说，调入资金增加可分配使用的该种财政资金，形成该种财政资金的收入；调出资金减少可分配使用的该种财政资金，形成该种财政资金的支出。

《推进财政资金统筹使用方案》

从某个财政部门整体看，调入资金和调出资金只是财政部门管理的不同财政资金之间的调拨形成的财政部门内部收支，这些收支并没有增加该财政部门对外的收入和支出。在报告某种财政资金收入和支出时，要将该种财政资金的调入资金和调出资金单独列示；在汇总报告某财政部门总的财政收入和财政支出时，要将不同财政资金之间的调入资金和调出资金抵销。

**2. 核算财政部门内部资金调拨收支的科目设置及账务处理**

（1）科目设置。为了核算同一财政部门内部不同财政资金之间的调拨收支情况，财政会计要设置下列总账科目：

1）“调入资金”科目。该科目用于核算某种资金从其他资金调入的资金收入。

2）“调出资金”科目。该科目用于核算某种资金向其他资金调出的资金支出。

在“调入资金”科目和“调出资金”科目下，要按照调入、调出的预算资金种类设置明细科目核算。在“调入资金”科目下，要按照政府收入分类中的转移性收入下调入资金的分类设置明细科目核算。在“调出资金”科目下，要按照政府支出功能分类中的转移性支出下调出资金的分类设置明细科目核算。在“调入资金——政府性基金预算调入资金”科目和“调出资金——政府性基金预算调出资金”明细科目下，还

① 有关政府财政部门内部不同预算资金的调拨原因和相关管理参见《推进财政资金统筹使用方案》（扫描二维码）“二、具体措施（四）推进政府预算体系的统筹协调”。

要按照各个政府性基金分别设置明细科目核算。

（2）账务处理。当财政部门将某种财政资金调拨至另一种财政资金时，财政会计对调出资金的财政资金账户借记“调出资金——××预算调出资金”科目，贷记“国库存款——××存款”科目；对调入资金的财政资金账户借记“国库存款——××存款”科目，贷记“调入资金——××预算调入资金”科目。

如果调入或调出的财政资金存在其他财政存款账户上，则上述账务处理中应当借记或贷记的财政存款科目为“其他财政存款”。

**例9-4**

资料：某市财政部门将政府性基金预算中的国有土地使用权出让收入2亿元调入一般公共预算，以补充一般公共预算资金。要求：编制该市财政会计对此项业务进行账务处理的会计分录。

①对一般公共预算资金的账务处理。

借：国库存款——一般公共预算存款　　200 000 000
　贷：调入资金——一般公共预算调入资金　　200 000 000

②对政府性基金预算资金的账务处理。

借：调出资金——政府性基金预算调出资金——调出国有土地使用权出让收入　　200 000 000
　贷：国库存款——政府性基金预算存款　　200 000 000

**例9-5**

资料：某省财政部门将国有资本经营预算资金10亿元调入一般公共预算，以补充一般公共预算资金。要求：编制该省财政会计对此项业务进行账务处理的会计分录。

①对一般公共预算资金的账务处理。

借：国库存款——一般公共预算存款　　1 000 000 000
　贷：调入资金——一般公共预算调入资金　　1 000 000 000

②对国有资本经营预算资金的账务处理。

借：调出资金——国有资本经营预算调出资金　　1 000 000 000
　贷：国库存款——国有资本经营预算存款　　1 000 000 000

《预算稳定调节基金管理暂行办法》

## 9.2　一般公共预算资金结余的核算

### 9.2.1　预算稳定调节基金的核算

**1. 预算稳定调节基金**①

财政部门在组织财政预算收入的过程中，往往会出现实际筹集的财政收入大于预算收入的情况，即预算收入的“超收”。这些超收的预算收入以往一般用

① 有关设立预算稳定调节基金的原因参见《推进财政资金统筹使用方案》（扫描上页二维码）“二、具体措施（五）推进跨年度预算的统筹协调”。有关预算稳定调节基金的设置、补充和动用，参见《预算稳定调节基金管理暂行办法》（扫描本页二维码）。

于追加财政拨款支出。按照原来的预算管理体制，在预算期中超收而追加的财政支出不需要经过人民代表大会审批。因此，这些财政支出就脱离了人民代表大会的事前监督。为了加强对全部财政资金支出的监督，也为了将超收的财力储备起来，以便用于财政“短收”年度的补充，财政部门从 2007 年起建立了预算稳定调节基金。

当财政收入超收时，将超收部分从一般公共预算资金中提取出来，用于增加预算稳定调节基金，而不是用于追加当期支出。这样，应提取预算稳定调节基金的超收财政资金就不会用来追加当期财政支出。当遇到财政收入短收年份，动用预算稳定调节基金安排财政预算支出需要人民代表大会审批，从而解决用超收财政预算收入安排财政支出脱离人民代表大会事前监督的问题。

从长期来看，预算稳定调节基金还起到一般公共预算资金“蓄水池”的作用，用于平衡不同预算年度财政资金的收支。

在财政收入超收较多的年度，从一般公共预算资金中提取一部分，用于增加预算稳定调节基金；在财政收入出现短收的年度，使用预算稳定调节基金补充一般公共预算资金。这样，使用预算稳定调节基金弥补了财政收入短收导致的一般公共预算资金收支缺口，减少了当期预算收支的赤字。

当一般公共预算资金和政府性基金预算资金出现结余时，也可以补充增加预算稳定调节基金。

预算稳定调节基金在财政会计核算中作为净资产。对提取的一般公共预算资金按照支出进行账务处理，同时增加预算稳定调节基金。在动用预算稳定调节基金时，将动用的预算稳定调节基金作为一般公共预算资金的收入进行账务处理，同时减少预算稳定调节基金。

预算稳定调节基金也属于一般公共预算资金的范畴。预算稳定调节基金作为净资产和一般公共预算结转结余（反映一般公共预算资金累计收支差额的净资产），代表一般公共预算资金累积的结余。虽然从一般公共预算资金中提取预算稳定调节基金时账面上出现支出（“安排预算稳定调节基金”），但是这在导致一般公共预算结转结余减少的同时增加了预算稳定调节基金，并没有增加一般公共预算资金整体累积的结余；虽然当动用预算稳定调节基金时账面上出现收入（“动用预算稳定调节基金”），但是这在导致一般公共预算结转结余增加的同时减少了预算稳定调节基金，并没有减少一般公共预算资金整体累积的结余。因此可以看出，由于核算而提取和动用预算稳定调节基金出现的支出和收入，不属于反映可使用财力增减变动的财政资金收支。

问答 9-2：预算稳定调节基金的增加和减少为什么通过一般公共预算资金的支出和收入核算？

**2. 核算预算稳定调节基金的科目设置及账务处理**

（1）科目设置。为了核算预算稳定调节基金的设立、增加和安排使用，财政会计要设置下列总账科目：

1）“动用预算稳定调节基金”科目。该科目属于收入类科目，用于核算动用预算稳定调节基金补充的一般公共预算资金。

2）“安排预算稳定调节基金”科目。该科目属于支出类科目，用于核算从一般公共预算资金中提取的预算稳定调节基金。

3）“预算稳定调节基金”科目。该科目属于净资产类科目，用于核算预算稳定调节基金的累积余额。

另外，用政府性基金预算资金结余补充预算稳定调节基金时，先通过“调出资金”科目和“调入资金”科目进行政府性基金预算资金调入一般公共预算资金的核算。

（2）账务处理。财政会计在超收年度用一般公共预算资金建立或补充预算稳定调节基金或者用一般公共预算资金结余补充预算稳定调节基金时，按照提取的金额，借记“安排预算稳定调节基金”科目，贷记“预算稳定调节基金”科目。

从政府性基金预算资金结余中提取预算稳定调节基金时，首先按照提取的金额，借记“调出资金——政府性基金预算调出资金”科目，贷记“调入资金——一般公共预算调入资金”科目，然后按照相同的金额，借记“安排预算稳定调节基金”科目，贷记“预算稳定调节基金”科目。

财政会计在短收年度动用预算稳定调节基金弥补一般公共预算资金收支差额时，按照动用预算稳定调节基金的金额，借记“预算稳定调节基金”科目，贷记“动用预算稳定调节基金”科目。

例 9-6

资料：某省财政部门从2008年起建立预算稳定调节基金。2008年根据财政超收情况安排30亿元建立预算稳定调节基金；2010年又根据财政超收情况安排50亿元补充预算稳定调节基金；2016年动用预算稳定调节基金70亿元补充一般公共预算资金收支差额；2018年用政府性基金预算资金结余5亿元补充预算稳定调节基金。要求：编制该省财政会计对上述业务进行账务处理的会计分录。

①2008年建立预算稳定调节基金时。

| | | |
|---|---|---|
| 借：安排预算稳定调节基金 | 3 000 000 000 | |
| 贷：预算稳定调节基金 | | 3 000 000 000 |

②2010年补充预算稳定调节基金时。

| | | |
|---|---|---|
| 借：安排预算稳定调节基金 | 5 000 000 000 | |
| 贷：预算稳定调节基金 | | 5 000 000 000 |

③2016年动用预算稳定调节基金时。

| | | |
|---|---|---|
| 借：预算稳定调节基金 | 7 000 000 000 | |
| 贷：动用预算稳定调节基金 | | 7 000 000 000 |

④2018年用政府性基金预算资金结余补充预算稳定调节基金时。

| | | |
|---|---|---|
| 借：调出资金——政府性基金预算调出资金 | 500 000 000 | |
| 贷：调入资金——一般公共预算调入资金 | | 500 000 000 |
| 借：安排预算稳定调节基金 | 500 000 000 | |
| 贷：预算稳定调节基金 | | 500 000 000 |

## 9.2.2 一般公共预算资金结余的核算

**1. 一般公共预算资金结余**

一般公共预算资金结余是一般公共预算资金的各种收入与各种支出相抵后的余额，分为当期的结余和累积的结余。当期的一般公共预算资金结余有时是正数，有时是负数（赤字）。累积的一般公共预算资金结余应当总是正数。

**2. 核算一般公共预算资金结余的科目设置及账务处理**

（1）科目设置。为了对一般公共预算资金结余进行核算，财政会计要设置“一般公共预算结转结余”总账科目，用于登记转入的各项属于一般公共预算资金的收入和支出，反映一般公共预算资金的当期结余和累积结余。

（2）账务处理。财政会计在期末对一般公共预算资金的收支进行转账时，转入“一般公共预算结转结余”科目的收入科目包括“一般公共预算本级收入”“补助收入——一般公共预算补助收入”“上解收入——一般公共预算上解收入”“债务收入——一般公共预算债务收入”“债务转贷收入——一般公共预算债务转贷收入”“调入资金——一般公共预算调入资金”“动用预算稳定调节基金”；转入“一般公共预算结转结余”科目的支出科目包括“一般公共预算本级支出”“补助支出——一般公共预算补助支出”“上解支出——一般公共预算上解支出”“债务还本支出——一般公共预算债务还本支出”“债务转贷支出——一般公共预算债务转贷支出”“调出资金——一般公共预算调出资金”“安排预算稳定调节基金”。编制收入转账的会计分录时，按照上述有关收入科目的本期发生额，分别借记这些收入科目及其明细科目，按照这些收入科目本期发生额的合计数，贷记“一般公共预算结转结余”科目；编制支出转账的会计分录时，按照上述有关支出科目的本期发生额，分别贷记这些支出科目及其明细科目，按照这些支出科目本期发生额的合计数，借记“一般公共预算结转结余”科目。

例9-7

资料：某省财政会计期末进行一般公共预算资金的收支转账，转账前有关一般公共预算的各个收支科目发生额如表9-1所示。要求：编制该省财政会计进行一般公共预算收支转账的会计分录。（表中各科目下的明细科目余额略。）

表9-1　科目发生额表

单位：万元

| 会计科目 | | 借或贷 | 发生额 |
|---|---|---|---|
| 总账科目 | 明细科目 | | |
| 一般公共预算本级收入 | | 贷 | 7 988 000 |
| 上解收入 | | 贷 | 244 623 |
| | 一般公共预算上解收入 | 贷 | 185 600 |
| 补助收入 | | 贷 | 1 655 700 |
| | 一般公共预算补助收入 | 贷 | 1 059 000 |
| 债务收入 | | 贷 | 500 000 |
| | 一般公共预算债务收入 | 贷 | 500 000 |
| 债务转贷收入 | | 贷 | 300 000 |
| | 一般公共预算债务转贷收入 | 贷 | 300 000 |
| 调入资金 | | 贷 | 52 000 |
| | 一般公共预算调入资金 | 贷 | 52 000 |
| 动用预算稳定调节基金 | | 贷 | 800 000 |
| 一般公共预算本级支出 | | 借 | 9 670 460 |

续表

| 会计科目 | | 借或贷 | 发生额 |
|---|---|---|---|
| 总账科目 | 明细科目 | | |
| 上解支出 | | 借 | 33 000 |
| | 一般公共预算上解支出 | 借 | 15 000 |
| 补助支出 | | 借 | 889 900 |
| | 一般公共预算补助支出 | 借 | 663 300 |
| 债务转贷支出 | | 借 | 300 000 |
| | 一般公共预算债务转贷支出 | 借 | 300 000 |
| 债务还本支出 | | 借 | 200 000 |
| | 一般公共预算债务还本支出 | 借 | 200 000 |

①收入转账。

借：一般公共预算本级收入　79 880 000 000
　　上解收入——一般公共预算上解收入　1 856 000 000
　　补助收入——一般公共预算补助收入　10 590 000 000
　　债务收入——一般公共预算债务收入　5 000 000 000
　　债务转贷收入——一般公共预算债务转贷收入　3 000 000 000
　　调入资金——一般公共预算调入资金　520 000 000
　　动用预算稳定调节基金　8 000 000 000
　贷：一般公共预算结转结余　108 846 000 000

②支出转账。

借：一般公共预算结转结余　108 487 600 000
　贷：一般公共预算本级支出　96 704 600 000
　　上解支出——一般公共预算上解支出　150 000 000
　　补助支出——一般公共预算补助支出　6 633 000 000
　　债务转贷支出——一般公共预算债务转贷支出　3 000 000 000
　　债务还本支出——一般公共预算债务还本支出　2 000 000 000

## 9.2.3 预算周转金的核算

### 1. 预算周转金

预算周转金是指各级政府财政部门为调剂预算年度内季节性收支差额，保证及时用款而设置的周转资金。设置预算周转金是将对应国库存款的一般公共预算结转结余资金锁定，不用于安排新增的支出预算，以保证在当期预算收入入库迟缓时仍然有足够的库款用于支付。因此，不需要为设置预算周转金从国库支付资金。设置和转回预算周转金的核算只是在相关的净资产科目之间进行。按照新修订的《中华人民共和国预算法实施条例》，各级政府财政部门可以根据需要设置预算周转金，设置预算周转金的最高额度不超过本级政府一般公共预算支出总额的1%。预算周转金主要从本级政府一般公共预算结转结余中提取设置，可以在年底转回预算稳定调节基金。

**2. 核算预算周转金的科目设置及账务处理**

（1）科目设置。为了核算预算周转金，财政会计需要设置“预算周转金”科目，该科目属于净资产类科目。“预算周转金”科目下不设明细科目。

（2）账务处理。财政会计在本年预算支出总额要求的预算周转金限额内，根据需要确定当年要增加的预算周转金。

从一般公共预算结转结余中提取设置预算周转金时，按照确定的提取金额，借记“一般公共预算结转结余”科目，贷记“预算周转金”科目；将预算周转金转回基金时，按照转回的金额，借记“预算周转金”科目，贷记“预算稳定调节基金”科目。

例 9－8

资料：某市财政部门某年初根据本年一般公共预算支出总额及预算周转金需求情况，确定从一般公共预算结转结余中提取设置预算周转金 2 000 万元；年末，将年初设置的预算周转金 2 000 万元转回预算稳定调节基金。要求：编制该市财政会计对此项业务进行账务处理的会计分录。

①年初设置预算周转金。

借：一般公共预算结转结余　　20 000 000

　贷：预算周转金　　20 000 000

②年末转回预算周转金。

借：预算周转金　　20 000 000

　贷：预算稳定调节基金　　20 000 000

## 9.3 政府性基金预算资金结余和国有资本经营预算资金结余的核算

### 9.3.1 政府性基金预算资金结余的核算

**1. 政府性基金预算资金结余**

政府性基金预算资金结余是政府性基金预算资金的各种收入与各种支出相抵后的余额，分为当期结余和累积结余。当期的政府性基金预算资金结余有时是正数，有时是负数（赤字）。累积的政府性基金预算资金结余应当总是正数。

**2. 核算政府性基金预算资金结余的科目设置及账务处理**

（1）科目设置。为了对政府性基金预算资金结余进行核算，财政会计要设置“政府性基金预算结转结余”总账科目，用于登记转入的各项属于政府性基金预算资金的收入和支出，反映政府性基金的当期结余和累积结余。该科目还要按照各项政府性基金设置明细科目，分别核算各项政府性基金的结余。

（2）账务处理。财政会计在期末对有关政府性基金预算资金的收支进行转账时，转入“政府性基金预算结转结余”科目的收入科目包括“政府性基金预算本级收入”

“补助收入——政府性基金预算补助收入”“上解收入——政府性基金预算上解收入”“债务收入——政府性基金预算债务收入”“债务转贷收入——政府性基金预算债务转贷收入”“调入资金——政府性基金预算调入资金”；转入“政府性基金预算结转结余”科目的支出科目包括“政府性基金预算本级支出”“补助支出——政府性基金预算补助支出”“上解支出——政府性基金预算上解支出”“债务还本支出——政府性基金预算债务还本支出”“债务转贷支出——政府性基金预算债务转贷支出”“调出资金——政府性基金预算调出资金”。编制收入转账的会计分录时，按照相关收入科目的本期发生额，分别借记这些收入科目及其明细科目，按照这些收入科目本期发生额的合计数，贷记“政府性基金预算结转结余”科目及其明细科目；编制支出转账的会计分录时，按照相关支出科目的本期发生额，分别贷记这些支出科目及其明细科目，按照这些支出科目本期发生额的合计数，借记“政府性基金预算结转结余”科目及其明细科目。

例 9-9

资料：接例 9-7，该省财政会计年末进行政府性基金预算资金的收支转账，转账前有关政府性基金预算的各个收支科目发生额如表 9-2 所示。要求：编制该省财政会计进行政府性基金预算收支转账的会计分录。（表 9-2 中未显示的明细账转账会计分录略。）

**表 9-2 科目发生额表**

单位：万元

| 会计科目 | | | 借或贷 | 发生额 |
|---|---|---|---|---|
| 总账科目 | 二级明细科目 | 三级明细科目 | | |
| 政府性基金预算本级收入 | | | 贷 | 1 880 823 |
| | 国家重大水利工程建设基金收入 | | 贷 | 456 000 |
| | 国有土地收益基金收入 | | 贷 | 109 000 |
| | 国有土地使用权出让收入 | | 贷 | 398 000 |
| | 农业土地开发资金收入 | | 贷 | 59 700 |
| | 城市基础设施配套费收入 | | 贷 | 200 400 |
| 上解收入 | | | 贷 | 244 623 |
| | 政府性基金预算上解收入 | | 贷 | 59 023 |
| | | 彩票公益金收入 | 贷 | 59 023 |
| 补助收入 | | | 贷 | 1 655 700 |
| | 政府性基金预算补助收入 | | 贷 | 568 700 |
| | | 港口建设费收入 | 贷 | 568 700 |
| 债务转贷收入 | | | 贷 | 30 000 |
| | 地方政府专项债务转贷收入 | | | 30 000 |
| | | 城市基础设施配套费债务转贷收入 | | 30 000 |
| 政府性基金预算本级支出 | | | 借 | 2 020 250 |

续表

| 会计科目 | | | 借或贷 | 发生额 |
|---|---|---|---|---|
| 总账科目 | 二级明细科目 | 三级明细科目 | | |
| | 国家重大水利工程建设基金对应专项债务收入安排的支出 | | 借 | 436 500 |
| | 国有土地收益基金及对应专项债务收入安排的支出 | | 借 | 100 500 |
| | 国有土地使用权出让收入及对应专项债务收入安排的支出 | | 借 | 330 800 |
| | 农业土地开发资金安排的支出 | | 借 | 55 000 |
| | 城市基础设施配套费对应专项债务收入安排的支出 | | 借 | 240 050 |
| | 港口建设费对应专项债务收入安排的支出 | | 借 | 580 800 |
| 上解支出 | | | 借 | 33 000 |
| | 政府性基金预算上解支出 | | 借 | 18 000 |
| | | 国家重大水利工程建设基金 | 借 | 18 000 |
| 补助支出 | | | 借 | 889 900 |
| | 政府性基金预算补助支出 | | 借 | 226 600 |
| | | 农网还贷资金 | 借 | 226 600 |
| 调出资金 | | | 借 | 32 000 |
| | 政府性基金预算调出资金 | | 借 | 32 000 |
| | | 国有土地使用权出让收入 | 借 | 32 000 |

①收入转账。

借：政府性基金预算本级收入——国家重大水利工程建设基金收入　4 560 000 000

——国有土地收益基金收入　1 090 000 000

——国有土地使用权出让收入　3 980 000 000

——农业土地开发资金收入　597 000 000

——城市基础设施配套费收入　2 004 000 000

上解收入——政府性基金预算上解收入——彩票公益金收入　590 230 000

补助收入——政府性基金预算补助收入——港口建设费收入　5 687 000 000

债务转贷收入——地方政府专项债务转贷收入——城市基础设施配套费债务转贷收入　300 000 000

贷：政府性基金预算结转结余——国家重大水利工程建设基金结余　4 560 000 000

——国有土地收益基金结余　1 090 000 000

——国有土地使用权出让收入结余 3 980 000 000
——农业土地开发资金结余 597 000 000
——城市基础设施配套费结余 2 304 000 000
——彩票公益金结余 590 230 000
——港口建设费结余 5 687 000 000

②支出转账。

借：政府性基金预算结转结余——国家重大水利工程建设基金结余
4 545 000 000
——国有土地收益基金结余 1 005 000 000
——国有土地使用权出让收入结余 3 628 000 000
——农业土地开发资金结余 550 000 000
——城市基础设施配套费结余 2 400 500 000
——港口建设费结余 5 808 000 000
——农网还贷资金结余 2 266 000 000

贷：政府性基金预算本级支出——国家重大水利工程建设基金对应专项债务收入安排的支出 4 365 000 000
——国有土地收益基金及对应专项债务收入安排的支出
1 005 000 000
——国有土地使用权出让收入及对应专项债务收入安排的支出
3 308 000 000
——农业土地开发资金安排的支出 550 000 000
——城市基础设施配套费对应专项债务收入安排的支出
2 400 500 000
——港口建设费对应专项债务收入安排的支出
5 808 000 000
上解支出——政府性基金预算上解支出——国家重大水利工程建设基金
180 000 000
补助支出——政府性基金预算补助支出——农网还贷资金 2 266 000 000
调出资金——政府性基金预算调出资金——国有土地使用权出让收入
320 000 000

## 9.3.2 国有资本经营预算资金结余的核算

**1. 国有资本经营预算资金结余**

国有资本经营预算资金结余是国有资本经营预算资金的各种收入与各种支出相抵后的余额，分为当期结余和累积结余。当期的国有资本经营预算资金结余一般是正数。累积的国有资本经营预算资金结余应当总是正数。

**2. 核算国有资本经营预算资金结余的科目设置及账务处理**

（1）科目设置。为了对国有资本经营预算资金结余进行核算，财政会计要设置

“国有资本经营预算结转结余”总账科目，用于登记转入的各项属于国有资本经营预算资金的收入和支出，反映国有资本经营预算资金的当期结余和累积结余。

（2）账务处理。财政会计在期末对有关国有资本经营预算资金的收支进行转账时，转入“国有资本经营预算结转结余”科目的收入科目包括“国有资本经营预算本级收入”“补助收入——国有资本经营预算补助收入”“调入资金——国有资本经营预算调入资金”；转入“国有资本经营预算结转结余”科目的支出科目包括“国有资本经营预算本级支出”“补助支出——国有资本经营预算补助支出”“调出资金——国有资本经营预算调出资金”。编制收入转账的会计分录时，按照相关收入科目的本期发生额，分别借记这些收入科目及其明细科目，按照这些收入科目本期发生额的合计数，贷记“国有资本经营预算结转结余”科目；编制支出转账的会计分录时，按照相关支出科目的本期发生额，分别贷记这些支出科目及其明细科目，按照这些支出科目本期发生额的合计数，借记“国有资本经营预算结转结余”科目。

例 9－10

资料：接例 9－7，该省财政会计年末进行国有资本经营预算资金的收支转账，转账前有关国有资本经营预算的各个收支科目发生额如表 9－3 所示。要求：编制该省财政会计进行国有资本经营预算收支转账的会计分录。（表 9－3 中未显示的明细账转账会计分录略。）

表 9－3 科目发生额表

单位：万元

| 会计科目 | | 借或贷 | 发生额 |
|---|---|---|---|
| 总账科目 | 明细科目 | | |
| 国有资本经营预算本级收入 | | 贷 | 351 246 |
| 补助收入 | | 贷 | 1 655 700 |
| | 国有资本经营预算补助收入 | 贷 | 23 000 |
| 国有资本经营预算本级支出 | | 借 | 3 510 500 |
| 调出资金 | | 借 | 20 000 |
| | 国有资本经营预算调出资金 | 借 | 20 000 |

①收入转账。

借：国有资本经营预算本级收入　　3 512 460 000
　　补助收入——国有资本经营预算补助收入　　230 000 000
　贷：国有资本经营预算结转结余　　3 742 460 000

②支出转账。

借：国有资本经营预算结转结余　　35 305 000 000
　贷：国有资本经营预算本级支出　　35 105 000 000
　　　调出资金——国有资本经营预算调出资金　　200 000 000

## 思考题

1. 为什么要对转移支付收支的核算另外设置会计科目？

2. 预算稳定调节基金的作用是什么？安排和调入预算稳定调节基金会不会造成一般公共预算资金累积结余的变化？

3. 预算周转金与预算稳定调节基金的作用和核算有什么不同？

4. 为什么在核算预算资金结余的科目中，只有政府性基金预算结转结余要设置明细科目？

5. 一般公共预算结转结余、政府性基金预算结转结余、国有资本经营预算结转结余相比较，包含的收入、支出有何区别？

## 练习题

1. 资料：12月D市财政部门与所属甲、乙、丙县财政部门发生如下业务：

(1) 3日，D市将一般公共预算资金100万元拨付给甲县，作为对甲县的体制补助；

(2) 7日，D市将政府性基金预算资金的小型水库移民扶助基金80万元拨付给乙县，用于弥补其小型水库移民扶助基金收支缺口；

(3) 16日，丙县按上解规定，将专项上解资金55万元上缴D市。

**要求：**编制市、县两级财政会计对上述业务进行账务处理的会计分录（有关补助收支、上解收支的明细账核算略）。

2. 资料：某县财政部门从政府性基金预算资金的地方财政税费附加结余中调出1 200万元，用于补充一般公共预算资金。

**要求：**编制该县财政会计对该项业务进行账务处理的会计分录。

3. 资料：某市财政部门2016年从国有资本经营预算资金中调出8 000万元，用于补充一般公共预算资金。

**要求：**编制该市财政会计对该项业务进行账务处理的会计分录。

4. 资料：某省财政部门20×6年财政收入增加超出预算较多，根据有关规定，安排预算稳定调节基金50亿元；20×7年财政收入短收，从预算稳定调节基金中调出资金40亿元，弥补一般公共预算收支差额。

**要求：**编制该省财政会计对这两项业务进行账务处理的会计分录。

5. 资料：某省财政会计年末进行预算资金的收支转账，转账前各个收支科目的发生额如下表所示。

**要求：**编制该省财政会计进行预算收支转账的会计分录。（表中未显示的明细账转账会计分录略。）

**科目发生额表**

单位：万元

| 会计科目 | | 借或贷 | 发生额 |
|---|---|---|---|
| 总账科目 | 明细科目 | | |
| 一般公共预算本级收入 | | 贷 | 7 508 000 |
| 政府性基金预算本级收入 | | 贷 | 3 206 500 |
| 国有资本经营预算本级收入 | | 贷 | 351 246 |

续表

| 会计科目 | | 借或贷 | 发生额 |
|---|---|---|---|
| 总账科目 | 明细科目 | | |
| 上解收入 | | 贷 | 238 620 |
| | 一般公共预算上解收入 | 贷 | 185 600 |
| | 政府性基金预算上解收入 | 贷 | 53 020 |
| 补助收入 | | 贷 | 1 934 600 |
| | 一般公共预算补助收入 | 贷 | 1 059 000 |
| | 政府性基金预算补助收入 | 贷 | 875 600 |
| 债务收入 | | 贷 | 500 000 |
| 债务转贷收入 | | 贷 | 300 000 |
| 调入资金 | | 贷 | 93 670 |
| | 一般公共预算调入资金 | 贷 | 93 670 |
| | 政府性基金预算调入资金 | 贷 | 0 |
| 一般公共预算本级支出 | | 借 | 4 670 460 |
| 政府性基金预算本级支出 | | 借 | 3 713 510 |
| 国有资本经营预算本级支出 | | 借 | 251 050 |
| 上解支出 | | 借 | 32 000 |
| | 一般公共预算上解支出 | 借 | 27 000 |
| | 政府性基金预算上解支出 | 借 | 5 000 |
| 补助支出 | | 借 | 358 300 |
| | 一般公共预算补助支出 | 借 | 253 600 |
| | 政府性基金预算补助支出 | 借 | 104 700 |
| 债务转贷支出 | | 借 | 480 000 |
| 债务还本支出 | | 借 | 360 000 |
| 调出资金 | | 借 | 93 670 |
| | 一般公共预算调出资金 | 借 | 0 |
| | 政府性基金预算调出资金 | 借 | 13 670 |
| | 国有资本经营预算调出资金 | 借 | 80 000 |
| 安排预算稳定调节基金 | | 借 | 1 000 000 |

# 第 10 章 Chapter 10 政府财政资产和负债的核算（上）

学习目标

1. 了解财政各个资产项目、负债项目的概念及其内容
2. 了解国库现金管理存款、借出款项的业务内容，掌握相关核算的科目设置及账务处理
3. 了解政府股权投资的业务内容，掌握核算政府股权投资的科目设置及账务处理
4. 了解应付国库集中支付结余的业务内容，掌握相关核算的科目设置及账务处理
5. 了解上下级财政部门往来款的业务内容，掌握核算上下级财政部门往来款以及财政部门其他往来款的科目设置及账务处理

## 10.1 国库现金管理存款的核算

### 10.1.1 业务内容

国库现金管理是指在确保满足财政国库支付需要的前提下，以实现国库现金余额最小化和投资收益最大化为目标的一系列财政管理活动。在实行国库现金管理的初期，国库现金管理的操作形式包括两种：一是在商业银行进行定期存款；二是买回国债。目前，政府财政部门的国库现金管理活动主要是在商业银行的定期存款，且仅限于中央和省级政府财政部门。也有个别地方试点市级政府财政部门进行国库现金管理活动，但要由省级政府财政部门代理。

国库现金管理采用商业银行定期存款方式，就是将国库存款中高于保障支付需求余额、暂时不用的国库现金按一定期限存放于商业银行，商业银行提供足额质押并向财政部门支付利息。这种作为定期存款存放于商业银行的国库资金称为国库现金管理存款。目前规定的国库现金管理存款期限一般在一年以内（含一年）。

国库现金管理存款活动的业务包括：财政部门将国库存款资金划转给接受存款的商业银行，由此形成财政部门国库现金管理存款的增加；存款到期，存款的商业银行

将存款本金和利息足额给付财政部门，由此形成财政部门国库现金管理存款的减少和利息收入（规定利息收入作为一般公共预算本级收入）的增加。①

《地方国库现金管理试点办法》

### 10.1.2　科目设置及账务处理

**1. 科目设置**

为核算财政部门的国库现金管理存款，财政会计要设置“国库现金管理存款”总账科目。在该总账科目下，应当按照存款银行和具体每笔存款设置明细科目。“国库现金管理存款”科目的借方登记国库现金管理存款的本金增加数，贷方登记国库现金管理存款的本金减少数，期末借方余额反映政府财政部门持有的国库现金管理存款。

此外，国库现金管理存款的利息收入通过“一般公共预算本级收入”科目核算。

**2. 账务处理**

财政部门将本级财政国库资金划转到存款银行时，借记“国库现金管理存款”科目及其明细科目，贷记“国库存款”科目；定期存款到期，财政部门收到银行划回的定期存款本金和利息时，按照国库收到的金额，借记“国库存款”科目，按照收回的定期存款本金，贷记“国库现金管理存款”科目及其明细科目，按照收回的利息，贷记“一般公共预算本级收入”科目。

**例 10-1**

资料：某省财政部门将国库进行现金管理的资金 20 亿元支付给指定代理存款业务的××银行进行半年期定期存款（年利率 3%）；半年后，该银行将该笔国库现金管理存款本息 20.3 亿元支付给省国库。要求：编制该省财政会计对这笔国库现金管理存款业务进行账务处理的会计分录。

①进行定期存款时。

借：国库现金管理存款——××银行——××存款　　2 000 000 000
　贷：国库存款　　2 000 000 000

②收回定期存款时。

借：国库存款　　2 030 000 000
　贷：国库现金管理存款——××银行——××存款　　2 000 000 000
　　一般公共预算本级收入——非税收入——国有资源（资产）有偿使用收入——利息收入——国库存款利息收入　　30 000 000

## 10.2　借出款项的核算

### 10.2.1　业务内容

借出款项是指财政部门按照对外借款管理相关规定借给预算单位临时急需且要求

① 国库现金管理的具体内容和管理细节参见《地方国库现金管理试点办法》（扫描二维码）。

到期收回的款项。财政部门对预算单位除了在正常情况下按照支出预算进行拨款以外，在个别情况下需要给付预算单位一些垫借款，以满足单位临时用款的需求。这种垫借的款项支付没有纳入支出预算，需要按期收回，从而形成财政部门对预算单位的借出款项。

由于借出款项属于没有纳入支出预算的款项支付，容易扩大使用范围，从而造成对支出预算限制的突破，所以，要严格限制借出款项的范围。目前规定：借出款项的对象只限于纳入本级政府财政预算管理的一级预算单位（不含企业）；借出款项仅限于临时性资金周转或者为应对社会影响较大的突发事件的临时急需垫款，且借款期限不得超过一年；对逾期不归还借款的单位，可通过扣减其预算拨款等方式确保及时收回借款。

财政部门向预算单位支付借出款项时，形成财政部门的借出款项资产；借款到期，财政部门收回借出款项时，导致财政部门借出款项资产的减少。借出款项不收取利息，因此在借出款项业务核算中没有利息收入的核算。如果对预算单位逾期不还的借款采用扣减预算拨款收回的方式，在扣减预算拨款后注销该借出款项时，按照扣减的预算拨款将其列入支出。

借出款项在确认时容易与预拨经费、其他应收款混淆，因此确认借出款项需要同时满足四个条件：没有纳入预算（包括下期预算）；经过借款审批程序；签订借款协议；有明确的借款金额、还款期限及还款资金来源。

### 10.2.2 科目设置及账务处理

**1. 科目设置**

为了核算财政部门的借出款项，财政会计要设置“借出款项”总账科目。在“借出款项”总账科目下，要按照借款单位设置明细科目核算。此外，还要设置辅助账，记录每笔借款的金额、期限、到期日等。“借出款项”科目的借方登记借出款项的增加数，贷方登记借出款项的减少数，期末借方余额反映财政部门对外借款数。

**2. 账务处理**

财政部门向预算单位支付借款时，按照实际支付的金额借记“借出款项”科目及其明细科目，贷记“国库存款”等科目；在收回借款时，按照收回的金额借记“国库存款”等科目，贷记“借出款项”科目及其明细科目；对逾期不还的借款，在扣除借款单位的预算拨款后注销借出款项时，按照注销的金额借记被扣除预算拨款的有关预算支出科目，贷记“借出款项”科目。

**例 10－2**

资料：某市财政部门发生有关借出款项的业务如下：①向甲单位支付 1 000 万元作为临时垫付款；②3 个月后收回对甲单位的借出款项 1 000 万元；③对乙单位扣减本期一般公共预算拨款 500 万元，注销该单位逾期没有归还的财政借出款项 500 万元。要求：编制该市财政会计对上述业务进行账务处理的会计分录（对乙单位扣减一般公共预算拨款的明细账核算略）。

①借：借出款项——甲单位 10 000 000
　　贷：国库存款 10 000 000
②借：国库存款 10 000 000
　　贷：借出款项——甲单位 10 000 000
③借：一般公共预算本级支出 5 000 000
　　贷：借出款项——乙单位 5 000 000

## 10.3 股权投资的核算

财政会计核算的股权投资是指以政府为主体，因其持有各类被投资主体股权或股权性质的权利而形成的股权资产。股权投资主要包括三类：对国际金融组织的股权投资，对政府投资基金的股权投资，对国有及国家出资企业的股权投资。

### 10.3.1 对国际金融组织的股权投资

**1. 业务内容**

中国作为国际金融组织（如世界银行、国际货币基金组织、亚洲开发银行、亚洲基础设施投资银行等）的成员及股东，要按照组织规章对国际金融组织认缴股本（或基金份额）。中国对国际金融组织认缴的股本由中央政府财政直接出资，出资形成的股权投资资产由中央政府财政会计进行核算。中国对国际金融组织出资认缴股本，财政会计要确认对国际金融组织的股权投资资产；中国因从国际金融组织撤资收回原认缴的股本，财政会计要确认对国际金融组织的股权投资资产的减少。

对国际金融组织的股权投资纳入中央政府财政的一般公共预算。因此，在支付财政资金认缴股本时，除了要确认股权投资资产的增加，还要确认一般公共预算支出；在收回股本资金时，除了要确认股权投资资产的减少，还要冲减一般公共预算支出。

**2. 科目设置及账务处理**

（1）科目设置。为了核算对国际金融组织的股权投资，财政会计要设置“股权投资”总账科目，并在“股权投资”总账科目下设置“国际金融组织投资”一级明细科目。在一级明细科目下，按照认缴股本的国际金融组织设置明细科目进行核算。

由于股权投资的资金支出纳入支出预算管理，对国际金融组织股权投资的核算伴随着采用收付实现制基础的预算收支的核算，因此采用双分录形式的核算方法。由此，需要设置“资产基金——股权投资”科目，以对应“股权投资”科目的核算。

（2）账务处理。当出资认缴国际金融组织股本（或基金份额）时，按照实际支付的金额，借记“一般公共预算本级支出”科目，贷记“国库存款”科目；同时，按照股权投资成本，借记“股权投资——国际金融组织投资”科目，贷记“资产基金——股权投资”科目。当从国际金融组织撤出股本（或基金份额）时，按照收回的金额，借记“国库存款”科目，贷记“一般公共预算本级支出”科目；同时，按照实际撤出的股本，借记“资产基金——股权投资”科目，贷记“股权投资——国际金融组织投资”科目。

**例 10-3**

资料：中央财政部门支付一般公共预算资金500亿元，作为中国对亚洲××银行的股本出资。要求：编制中央财政会计对该业务进行账务处理的会计分录。

借：一般公共预算本级支出　　50 000 000 000
　贷：国库存款　　50 000 000 000
借：股权投资——国际金融组织投资——亚洲××银行　　50 000 000 000
　贷：资产基金——股权投资　　50 000 000 000

## 10.3.2 对政府投资基金的股权投资

**1. 业务内容**

政府投资基金是政府用财政资金单独出资或与社会资本共同出资，旨在引导社会各类资本投资经济社会发展的重点领域和薄弱环节，或支持相关产业和领域发展，采用股权投资方式设立的基金。

政府投资基金的设立一般都有期限，政府在基金期满清算时收回对基金的投资。在符合基金协议规定的情况下，政府也可以提前退出基金并收回投资。

各级政府设立或参股的政府投资基金由本级政府财政部门通过安排一般公共预算、政府性基金预算、国有资本经营预算资金出资，对政府投资基金的股权投资的会计核算由各级出资政府的财政会计进行。

《政府投资基金暂行管理办法》

政府投资基金采取市场化运作，基金的净资产表现为基金的所有者权益。政府财政按照投资的比例享有基金的所有者权益。所以，对政府投资基金的股权投资应当反映政府对政府投资基金享有的所有者权益。①

政府投资基金本身的会计核算及会计报表参照企业会计的做法。在期末，作为投资主体的政府财政与作为被投资主体的基金之间并不进行会计报表的行对行合并。政府对政府投资基金的股权投资只能以股权投资资产的形式在政府会计报表中反映。所以，为了使政府会计报表中的股权投资反映政府对政府投资基金享有的所有者权益，对政府投资基金的股权投资的会计核算采用权益法。

对政府投资基金的股权投资业务及核算包括：（1）出资时财政会计要确认股权投资资产的增加，还要确认支付资金的相关预算支出；（2）年末按照权益法确认股权投资的损益调整；（3）基金进行利润分配，要确认应收股利以及股权投资的损益调整的减少；（4）用分配的基金股利转增股本，要确认股权投资中收益转增投资的增加，以及损益调整的减少；（5）收到现金股利，要确认相关预算收入的增加；（6）因基金清算等撤回基金投资收回出资，要确认股权投资资产的减少，并就收回的资金冲减相关预算支出和确认相关预算收入。

① 政府投资基金的设立、运行、终止、退出、相关预算和资产管理等具体内容和管理要求参见《政府投资基金暂行管理办法》（扫描二维码）。

**2. 科目设置及账务处理**

（1）科目设置。为了核算对政府投资基金的股权投资，财政会计要在“股权投资”总账科目下设置“投资基金投资”一级明细科目；在一级明细科目下按照被投资基金主体设置明细科目进行核算。此外，还要在每个被投资主体的明细核算科目中设置“投资成本”“损益调整”“收益转增投资”“其他权益变动”明细科目。

为了核算对政府投资基金的股权投资取得的应收股利，财政会计要设置“应收股利”总账科目，在“应收股利”总账科目下按照每一投资的基金设置明细科目进行核算。

由于股权投资的资金支出纳入支出预算管理，对政府投资基金股权投资的核算伴随着采用收付实现制基础的预算收支的核算，所以采用双分录形式的核算方法，在“资产基金”总账科目下设置“股权投资”和“应收股利”明细科目进行核算，以分别对应“股权投资”和“应收股利”科目的核算。

（2）账务处理。出资时，根据出资的预算资金，按照实际支付的金额，借记“一般公共预算本级支出”等科目，贷记“国库存款”科目；同时，按照相同的金额，借记“股权投资——投资基金投资”科目下的“投资成本”明细科目，贷记“资产基金——股权投资”科目。

年末，根据政府财政在被投资基金当期净利润或净亏损中占有的份额，借记或贷记“股权投资——投资基金投资”科目下的“损益调整”明细科目，贷记或借记“资产基金——股权投资”科目。

政府财政将归属财政的收益留作基金滚动使用时，借记“股权投资——投资基金投资”科目下的“收益转增投资”明细科目，贷记“股权投资——投资基金投资”科目下的“损益调整”明细科目。

被投资基金宣告派发现金股利或利润时，按照应上缴政府财政的部分，借记“应收股利”科目，贷记“资产基金——应收股利”科目；同时，按照相同的金额，借记“资产基金——股权投资”科目，贷记“股权投资——投资基金投资”科目下的“损益调整”明细科目。

收到基金派发的现金股利或利润时，按照收到的金额，借记“国库存款”科目，贷记“一般公共预算本级收入”等科目；同时，借记“资产基金——应收股利”科目，贷记“应收股利”科目。

被投资基金发生除净损益以外的其他权益变动时，按照政府财政持股比例计算应享有的部分，借记或贷记“股权投资——投资基金投资”科目下的“其他权益变动”明细科目，贷记或借记“资产基金——股权投资”科目。

投资基金存续期满、清算或政府财政从投资基金退出收回出资时，政府财政按照实际收回的资金，借记“国库存款”等科目，按照收回的原实际出资的金额，贷记“一般公共预算本级支出”等科目，按照超出原实际出资部分的金额，贷记“一般公共预算本级收入”等科目；按照因收回股权投资而减少在被投资基金中占有的权益金额，借记“资产基金——股权投资”科目，贷记“股权投资——投资基金投资”科目及相关明细科目。

### 例 10－4

资料：某省财政部门使用一般公共预算资金出资建立一个科技型中小企业技术创新基金（属于资源勘探工业信息等支出功能分类），财政出资5亿元，占基金全部股份的40%，基金协议规定各出资方按照出资比例享有基金所有者权益。基金运行期间的所有者权益情况如表10－1所示。要求：编制该省财政会计对该基金出资、撤资及所有者权益变动进行记账的会计分录。

**表10－1 科技型中小企业技术创新基金所有者权益情况表**

单位：万元

| 时间 | 财政出资或撤资 | 财政股本/基金总股本 | 基金所有者权益 | | | | |
|---|---|---|---|---|---|---|---|
| | | | 合计 | 其中 | | | |
| | | | | 本年利润 | 分配股利 | 未分配利润 | 其他权益变动 |
| 第一年6月 | 50 000 | 50 000/125 000 | 125 000 | | | | |
| 第一年年末 | | | 125 000 | | | | |
| 第二年年末 | | | 150 000 | 25 000 | | 25 000 | |
| 第三年4月 | | 58 000/145 000 | 150 000 | | 20 000① | 5 000 | |
| 第三年9月 | | | 160 000 | | | | 10 000② |
| 第三年年末 | | | 190 000 | 30 000 | | 35 000 | |
| 第四年4月 | | | 180 000 | | 10 000③ | 25 000 | |
| 第四年年末 | | | 250 000 | 70 000 | | 95 000 | |
| 第五年年初 | －50 000④ | 29 000/145 000 | 250 000 | | | （略） | |

注：①假定第三年4月分配的股利全部转增基金股本。

②假定为接受捐赠。

③假定第四年4月宣布股利分红，5月支付现金股利。

④假定第五年年初撤资5亿元（撤资后财政占基金股份的20%），财政撤资股份由基金的其他股东认购；财政撤资所得资金5亿元已经缴入国库。

①第一年6月出资。

借：股权投资——投资基金投资——科技型中小企业技术创新基金——投资成本　500 000 000

　贷：资产基金——股权投资　500 000 000

借：一般公共预算本级支出　500 000 000

　贷：国库存款　500 000 000

②第二年年末。

财政按照占股比例享有的本年利润＝250 000 000×0.4＝100 000 000（元）

借：股权投资——投资基金投资——科技型中小企业技术创新基金——损益调整　100 000 000

　贷：资产基金——股权投资　100 000 000

③第三年4月。

财政按照占股比例的股利转增基金股本＝200 000 000×0.4＝80 000 000（元）

借：股权投资——投资基金投资——科技型中小企业技术创新基金——收益转

增投资　80 000 000

贷：股权投资——投资基金投资——科技型中小企业技术创新基金——损益调整　80 000 000

④第三年 9 月。

财政按照占股比例享有的其他权益变动(接受捐赠)＝100 000 000×0.4
＝40 000 000(元)

借：股权投资——投资基金投资——科技型中小企业技术创新基金——其他权益变动　40 000 000

贷：资产基金——股权投资　40 000 000

⑤第三年年末。

财政按照占股比例享有的本年利润＝300 000 000×0.4＝120 000 000(元)

借：股权投资——投资基金投资——科技型中小企业技术创新基金——损益调整　120 000 000

贷：资产基金——股权投资　120 000 000

⑥第四年 4 月。

财政按照占股比例享有的股利分红＝100 000 000×0.4＝40 000 000(元)

借：应收股利　40 000 000

贷：资产基金——应收股利　40 000 000

借：资产基金——股权投资　40 000 000

贷：股权投资——投资基金投资——科技型中小企业技术创新基金——损益调整　40 000 000

⑦第四年 5 月，国库收到现金股利。

借：国库存款　40 000 000

贷：一般公共预算本级收入　40 000 000

借：资产基金——应收股利　40 000 000

贷：应收股利　40 000 000

⑧第四年年末。

财政按照占股比例享有的本年利润＝700 000 000×0.4＝280 000 000(元)

借：股权投资——投资基金投资——科技型中小企业技术创新基金——损益调整　280 000 000

贷：资产基金——股权投资　280 000 000

⑨第五年年初，财政部门从基金撤资所得资金 5 亿元入国库。

借：国库存款　500 000 000

贷：一般公共预算本级支出　250 000 000

一般公共预算本级收入　250 000 000

借：资产基金——股权投资　500 000 000

贷：股权投资——投资基金投资——科技型中小企业技术创新基金——投资成本 250 000 000

——损益调整 190 000 000

——收益转增投资 40 000 000

——其他权益变动 20 000 000

## 10.3.3 对国有及国家出资企业的股权投资

**1. 业务内容**

国有及国家出资企业包括国有独资企业、国有独资公司，以及国有资本控股公司、国有资本参股公司（以下均称国家出资企业）。对国家出资企业的股权投资是指从出资人角度核算的对国家出资企业的股权投资资产。各级政府分别代表国家履行对国家出资企业的出资人职责，对本级政府代表股权的国家出资企业负有出资责任并获得与股权相应的投资收益权。各级政府负责对本级政府履行出资人职责的国家出资企业的股权投资进行核算、报告，各级政府对国家出资企业股权投资的核算、报告由本级政府财政部门负责。

除了以政府为投资人的国家出资企业以外，政府单位（一般是事业单位）作为投资人的企业也属于国家出资企业。政府单位作为投资人的国家出资企业，由投资单位履行国有出资人职责，并由投资的政府单位进行会计核算，不由财政会计进行核算。

除了发生国家出资企业之间的合并、分立，部分国有股权在国家出资企业之间转让，以及政府管理的国家出资企业在上下级政府之间划转以外，对国家出资企业的股权投资业务（包括出资、企业实现利润、股利分配、其他所有者权益变动、撤资等）与对政府投资基金的股权投资业务基本相同。

如果国家出资企业的合并、分立和部分国有股权在国家出资企业之间的转让发生在本级政府管理的企业之间，那么政府财政会计需要按照新的对各个国家出资企业的股权投资重新记账。

如果国家出资企业的合并、分立和部分国有股权的转让发生在上下级政府管理的企业之间，那么上下级政府财政会计都需要按照本级政府新的对各个国家出资企业的股权投资重新记账。

如果国家出资企业的管理权（履行出资人职责）在上下级政府之间划转，那么划入的政府财政会计要确认对划入企业的股权投资，划出的政府财政会计要核销对划出企业的股权投资。

**2. 科目设置及账务处理**

（1）科目设置。为了核算对国家出资企业的股权投资，财政会计要在“股权投资”总账科目下设置“企业股权投资”一级明细科目；在一级明细科目下按照被投资企业设置明细科目进行核算。此外，还要在每个被投资企业的明细科目中设置“投资成本”

“损益调整”“收益转增投资”“其他权益变动”明细科目。

为了核算对国家出资企业的股权投资取得的应收股利，财政会计还要在“应收股利”总账科目下按照每一投资的企业设置明细科目进行核算。

由于股权投资的资金支出纳入支出预算管理，对国家出资企业股权投资的核算伴随着采用收付实现制基础的预算收支的核算，所以采用双分录形式的核算方法，通过“资产基金——股权投资（应收股利）”科目进行核算。

（2）账务处理。对国家出资企业的股权投资业务（包括出资、企业实现利润、股利分配、其他所有者权益变动、撤资等）的账务处理，与对政府投资基金的股权投资业务的账务处理一样，这里不再赘述。

## 10.4　应付国库集中支付结余的核算

### 10.4.1　业务内容

国库集中支付结余是指在实行国库集中支付制度下，预算单位尚未使用的以前年度财政预算结余资金。这部分资金存放在国库，但是已经分配给预算单位，使用权在预算单位，以后要通过国库集中支付方式为预算单位支付。所以，从财政部门的角度看，国库集中支付结余形成对预算单位的一种负债，称为应付国库集中支付结余。

应付国库集中支付结余对预算单位来说形成资产，称为财政应返还额度。财政应返还额度一般采用国库集中支付方式，用于财政部门以后对预算单位的财政拨款支出。

每年年末，财政部门要确定本年度新增的应付国库集中支付结余，同时按照权责发生制将这部分资金列入本年预算支出。各个预算单位①也要与之对应，确认本年度新增的财政应返还额度，同时确认单位的财政拨款（预算）收入。

在年度预算执行过程中，财政部门通过为预算单位支付以前年度的应付国库集中支付结余，减少财政部门的应付国库集中支付结余。

### 10.4.2　科目设置及账务处理

**1. 科目设置**

为了核算应付国库集中支付结余，财政会计要设置“应付国库集中支付结余”总账科目。该总账科目下，按照应付各类财政预算资金、应付预算单位等设置明细科目。

**2. 账务处理**

年末，财政会计按照权责发生制对预算单位本年尚未使用的国库集中支付结余确认支出时，借记“一般公共预算本级支出”“政府性基金预算本级支出”等科目，贷记“应付国库集中支付结余”科目及其明细科目。

财政部门通过国库集中支付为预算单位支付以前年度国库集中支付结余时，按照

① 限于执行《政府会计制度——行政事业单位会计科目和报表》的预算单位。

实际支付的金额，借记“应付国库集中支付结余”科目及其明细科目，贷记“国库存款”科目。

**例 10－5**

资料：某市财政部门年末与各预算单位对账，年末实行国库集中支付的预算单位本年尚未使用的预算资金汇总如表 10－2 所示。要求：编制该市财政会计对预算支出按照权责发生制记账的会计分录（各预算支出记账的明细科目核算略）。

表 10－2　尚未使用的预算资金汇总表

| 预算资金项目 | 支出功能分类 | | | 金额（万元） |
|---|---|---|---|---|
| | 类 | 款 | 项 | |
| 一般公共预算资金 | （略） | （略） | （略） | 1 683 232.67 |
| | ⋮ | ⋮ | ⋮ | （略） |
| 政府性基金预算资金 | （略） | （略） | （略） | 445 557.09 |
| | ⋮ | ⋮ | ⋮ | （略） |
| 合计 | — | — | — | 2 128 789.76 |

借：一般公共预算本级支出　　16 832 326 700
　　政府性基金预算本级支出　　4 455 570 900
　贷：应付国库集中支付结余　　21 287 897 600

**例 10－6**

资料：某市财政部门按照该市某单位的财政直接支付申请，为该单位支付使用上年财政直接支付额度的一般公共预算资金 60 万元。要求：编制该市财政会计对该项业务进行记账的会计分录。

借：应付国库集中支付结余　　600 000
　贷：国库存款　　600 000

## 10.5　上下级财政部门往来款的核算

### 10.5.1　业务内容

上下级财政部门往来款是指各级财政部门在执行财政预算的过程中发生的待结算资金。发生上下级财政部门往来款的情况主要有以下几种。

**1. 上下级财政部门之间的短期借款**

财政部门在执行财政预算的过程中，有时会出现年度内预算收入和预算支出的季节性不平衡，如在年度内某个时期支出大于收入，从而导致国库存款不足。此时，下级财政可以向上级财政申请短期借款，上级财政暂时将本级国库的存款资金向下级财政借出。此类款项就形成上下级财政部门之间的往来款。借出款项的财政部门形成往来款资产，借入款项的财政部门形成往来款负债。

**2. 上下级财政部门转移支付的预拨款**

上下级财政部门之间按照增量返还等方式确定转移支付数额时，往往出现不能及时确定转移支付的金额却又需要及时支付资金的情况。在这种情况下，需要采取预拨付后结算的方法，即转移支付的付出方财政部门先预拨转移支付资金，待到能够确定应当支付的金额时再进行结算。平时财政部门预拨转移支付资金，财政会计要按照上下级往来款进行账务处理。

**3. 上下级财政部门转移支付的待退还资金**

上下级财政部门在转移支付过程中，有时会发生支付金额错误的情况。在这种情况下，经上下级财政部门核实确认，可以暂时不将错误支付的资金退回，而是先转作往来款处理，待上下级财政部门期末结算时一并清理。

除了上述三个方面，财政会计还将一些其他原因导致的上下级财政部门之间的应收应付款作为往来款进行账务处理，如上下级财政部门年末结算的应补助未补助和应上解未上解资金，上下级财政部门年末结算的上级财政部门预收或垫付归还的转贷款本、息、费等。

### 10.5.2　科目设置及账务处理

**1. 科目设置**

为核算上下级财政部门之间的往来款项，财政会计要设置“与下级往来”和“与上级往来”总账科目。在“与下级往来”和“与上级往来”总账科目下，按照往来款业务的种类设置明细科目进行核算。在“与下级往来”总账科目下，按照各个下级政府财政部门设置明细科目进行核算。

“与下级往来”科目是核算本级财政部门对下级财政部门往来款项的科目。当发生对下级财政部门的往来款项资产时，登记在“与下级往来”科目的借方；当减少对下级财政部门的往来款项资产时，登记在“与下级往来”科目的贷方。当发生对下级财政部门的往来款项负债时，登记在“与下级往来”科目的贷方；当减少对下级财政部门的往来款项负债时，登记在“与下级往来”科目的借方。该科目的期末借方余额反映下级财政部门对本级财政部门的欠款；如果期末余额在贷方，则反映本级财政部门对下级财政部门的欠款。由此看出，“与下级往来”科目的期末余额可能在借方，也可能在贷方，因此它属于具有资产、负债双重性质的科目。但是为了在会计科目表和会计报表中保持“与下级往来”会计科目和报表项目的固定位置，将“与下级往来”作为资产类会计科目和报表项目。如果“与下级往来”科目期末出现贷方余额，则在资产负债表中以负数反映。

“与上级往来”科目是核算本级财政部门对上级财政部门往来款项的科目。当发生对上级财政部门的往来款项负债时，登记在“与上级往来”科目的贷方；当减少对上级财政部门的往来款项负债时，登记在“与上级往来”科目的借方。当发生对上级财政部门的往来款项资产时，登记在“与上级往来”科目的借方；当减少对上级财政部门的往来款项资产时，登记在“与上级往来”科目的贷方。该科目的期末贷方余额反映本级财政部门对上级财政部门的欠款；如果期末余额在借方，则反映上级财政部门对本级财政部门的欠款。由此看出，“与上级往来”科目的期末余额可能在贷方，也可能在借方，因此它属于具有资产、负债双重性质的科目。但是为了在会计科目表和会计报表中保持“与上级往来”会计科目和报表项目的固定位置，将“与上级往来”作为负债类会计科目和报表项目。如果“与上级往来”科目期末出现借方余额，则在资产负债表中以负数反映。

上级财政部门“与下级往来”科目余额应当与下级财政部门“与上级往来”科目余额一致。在某一级政府财政部门的会计报表中，“与上级往来”和“与下级往来”代表该财政部门的资产或负债。但是从整体来看，财政部门的“与上级往来”和“与下级往来”只是财政系统内部的资产、负债，不代表财政系统对外的资产、负债。因此，编报包括各级财政部门的资产、负债汇总报表时，需要把上下级财政部门之间的“与上级往来”和“与下级往来”科目金额抵销。

**2. 账务处理**

（1）上下级财政部门之间的短期借款账务处理。下级财政部门向上级财政部门临时借款时，上级财政会计按照拨付的借款数，借记“与下级往来”科目，贷记“国库存款”科目；下级财政会计按照收到的借款数，借记“国库存款”科目，贷记“与上级往来”科目。

下级财政部门向上级财政部门归还临时借款时，上级财政会计按照收到的还款数，借记“国库存款”科目，贷记“与下级往来”科目；下级财政会计按照支付的还款数，借记“与上级往来”科目，贷记“国库存款”科目。

如果经上级财政部门同意，将下级财政部门的临时借款转为对下级财政部门的补助款，上级财政会计按照批准转为补助的金额，借记“补助支出”科目，贷记“与下级往来”科目；下级财政会计按照批准转为补助的金额，借记“与上级往来”科目，贷记“补助收入”科目。

例 10－7

资料：某市财政部门与下属甲县财政部门发生的经济业务如下：①县财政部门因一般公共预算资金周转困难向市财政部门临时借款 8 000 万元，款项已经拨付到县国库存款账户；②县财政部门根据收入实现情况向市财政部门归还临时借款 5 000 万元；③年底因为县财政收入实现情况不好，市财政部门决定向县财政追加 3 000 万元的均衡性转移支付补助，以抵销县财政尚未归还的临时借款。要求：编制该市、县两级财政会计对上述业务进行账务处理的会计分录。

①拨付临时借款时，市财政会计记账。

| | | |
|---|---|---|
| 借：与下级往来——甲县 | 80 000 000 | |
| 　　贷：国库存款——一般公共预算存款 | | 80 000 000 |

甲县财政会计记账。

| | | |
|---|---|---|
| 借：国库存款——一般公共预算存款 | 80 000 000 | |
| 　　贷：与上级往来 | | 80 000 000 |

②归还临时借款时，市财政会计记账。

借：国库存款——一般公共预算存款　50 000 000
　　贷：与下级往来——甲县　50 000 000

甲县财政会计记账。

借：与上级往来　50 000 000
　　贷：国库存款——一般公共预算存款　50 000 000

③追加补助时，市财政会计记账。

借：补助支出　30 000 000
　　贷：与下级往来——甲县　30 000 000

甲县财政会计记账。

借：与上级往来　30 000 000
　　贷：补助收入　30 000 000

（2）上下级财政部门转移支付的预拨款账务处理。上下级财政部门转移支付的预拨款核算同本书第 9 章通过往来款登记补助款和上解款的账务处理，这里不再赘述。

（3）上下级财政部门转移支付的待退还资金账务处理。上下级财政会计发现已经入账的转移支付款错误时，要及时通知对方，对多支付的款项做退回处理，对少支付的款项进行补充支付。

发现多支付补助款项时，上级财政会计按照多支付的金额，借记“与下级往来”科目，贷记“补助支出”科目；下级财政会计按照多收到的金额，借记“补助收入”科目，贷记“与上级往来”科目。实际退回多补助的资金时，上级财政会计按照收到退回的金额，借记“国库存款”科目，贷记“与下级往来”科目；下级财政会计按照支付退回的金额，借记“与上级往来”科目，贷记“国库存款”科目。上下级财政部门也可以商定，多支付的补助款只转作往来款，待到年终结算时再进行处理。

发现多支付上解款项时，下级财政会计按照多支付的金额，借记“与上级往来”科目，贷记“上解支出”科目；上级财政会计按照多收到的金额，借记“上解收入”科目，贷记“与下级往来”科目。实际退回多上解的资金时，下级财政会计按照收到退回的金额，借记“国库存款”科目，贷记“与上级往来”科目；上级财政会计按照支付退回的金额，借记“与下级往来”科目，贷记“国库存款”科目。上下级财政部门也可以商定，多支付的上解款只转作往来款，待到年终结算时再进行处理。

**例 10-8**

资料：某县财政部门发现，上月对市财政部门的一笔专项上解款多付了 10 万元，通知市财政部门后，商定先转作往来款，待年终结算时再处理。要求：编制该县、市财政会计对此项业务进行账务处理的会计分录。

①县财政会计记账。

借：与上级往来——应收退回上解款　100 000
　　贷：上解支出　100 000

②市财政会计记账。

借：上解收入　100 000
　　贷：与下级往来——××县应收退回上解款　100 000

## 10.6 其他往来款的核算

### 10.6.1 业务内容

除了各级财政部门之间的往来款项，财政部门其他各种应收、应付、暂收、暂付的往来款项及待结算款项等，都作为其他应收款和其他应付款进行核算。

（1）作为其他应收款进行核算的主要业务包括：财政部门对预算单位临时拨付的待批准预算款项①；上级财政部门为下级财政部门垫付的转贷款还款；财政部门为承担转贷款还款责任的用款单位垫付的转贷款还款；财政部门对承担政府重要商品储备任务的企业拨付的预付待结算补贴款。

（2）作为其他应付款进行核算的主要业务包括：国库和财政专户收到尚不能确定收入的款项或其他不明原因的款项；财政部门预收下级财政部门交来的转贷款还款；财政部门预收承担转贷款还款责任的用款单位交来的转贷款还款；上级财政部门收回向下级财政部门转移支付形成的存量资金。

在财政会计核算的其他应收款中，针对本级政府单位的部分，应当与这些单位对财政部门的其他应付款等记录一致；在财政会计核算的其他应付款中，针对本级政府单位的部分，应当与这些单位对财政部门的其他应收款等记录一致。从一级政府整体看，财政部门与政府单位之间因财政其他应收款或财政其他应付款形成的资产、负债，属于会计主体内部不同子主体之间的资产、负债。合并编报政府整体的资产负债表时，需要将财政部门与本级政府单位之间因财政其他应收款或财政其他应付款形成的资产、负债相互抵销。

### 10.6.2 科目设置及账务处理

**1. 科目设置**

财政会计设置“其他应收款”总账科目核算财政部门的各种暂付、应收款项。在“其他应收款”总账科目下按照资金性质、借款单位或付款事项等设置明细科目进行核算。

财政会计设置“其他应付款”总账科目核算财政部门的各种暂收、应付款项。在“其他应付款”总账科目下按照资金性质、债权单位或款项来源设置明细科目进行核算。

**2. 账务处理**

财政部门向预算单位或其他单位临时拨款时，财政会计按照拨付款项的金额，借记“其他应收款”科目，贷记“国库存款”或“其他财政存款”科目；收回临时拨款时，编制相反的会计分录；如因追加预算等不再收回临时拨款，按照批准正式拨款的

① 不属于按照规定可以列入预算支出的部分。

数额，借记“一般公共预算本级支出”“政府性基金预算本级支出”“专用基金支出”等科目，贷记“其他应收款”科目。

当国库或财政专户收到尚不能确认收入或原因不明的款项时，财政会计按照收到款项的金额，借记“国库存款”或“其他财政存款”科目，贷记“其他应付款”科目；对查明原因可以确认收入的款项，借记“其他应付款”科目，贷记“一般公共预算本级收入”“政府性基金预算本级收入”“国有资本经营预算本级收入”“专用基金收入”等科目；对查明原因不属于收入、需要退回交款人的款项，在退回时按照退回的金额，借记“其他应付款”科目，贷记“国库存款”或“其他财政存款”科目。

其他情况下使用“其他应收款”和“其他应付款”科目进行的账务处理参见本篇有关章节。

**例 10－9**

资料：某市财政部门发生如下经济业务：①市某高中学校房屋漏雨，要求财政部门临时拨款抢修，财政部门同意临时拨款 80 万元，款项已经拨付到该中学银行账户；②经财政部门批准，动用市财政预备费作为对该中学的追加预算；③该中学房屋修理工程完工，退回工程结余资金 1.5 万元。要求：编制该市财政会计对上述业务进行账务处理的会计分录。

①向中学拨款时。

| | | |
|---|---|---|
| 借：其他应收款——××中学房屋修理临时拨款 | 800 000 | |
| 　贷：国库存款——一般公共预算存款 | | 800 000 |

②追加预算时。

| | | |
|---|---|---|
| 借：一般公共预算本级支出 | 800 000 | |
| 　贷：其他应收款——××中学房屋修理临时拨款 | | 800 000 |

③收到中学退回资金时。

| | | |
|---|---|---|
| 借：国库存款——一般公共预算存款 | 15 000 | |
| 　贷：一般公共预算本级支出 | | 15 000 |

**例 10－10**

资料：某市财政部门发生如下经济业务：①国库存款账户收到属于一般公共预算本级收入的款项 57 800 元，但是凭证没有填写收入的明细；②财政专户收到两笔来源不明的款项，分别为 89 000 元和 4 500 元；③国库经收单位查明，国库收到的属于一般公共预算本级收入的款项是非税收入中的城镇垃圾处理费，登记收入账户；④财政专户代理银行查明，两笔来源不明的款项中，89 000 元为错交财政部门资金专户的旅游发展基金收入，4 500 元为错交的资金，已经将属于政府性基金预算本级收入的资金调入国库，将错收的资金退回交款单位。要求：编制该市财政会计对上述业务进行账务处理的会计分录。

①国库收到没有填写收入明细的资金。

| | | |
|---|---|---|
| 借：国库存款——一般公共预算存款 | 57 800 | |
| 　贷：其他应付款——其他暂存款 | | 57 800 |

②财政专户收到来源不明的款项。

| | | |
|---|---|---|
| 借：其他财政存款 | 93 500 | |

贷：其他应付款——其他暂存款 93 500

③登记一般公共预算本级收入。

借：其他应付款——其他暂存款 57 800

贷：一般公共预算本级收入 57 800

④将财政专户中来源不明的资金转户和退回交款单位。

资金转户：

借：其他应付款——其他暂存款 89 000

贷：其他财政存款 89 000

借：国库存款——政府性基金预算存款 89 000

贷：政府性基金预算本级收入 89 000

退回交款单位：

借：其他应付款——其他暂存款 4 500

贷：其他财政存款 4 500

## 思考题

1. 为什么有的资产（如国库现金管理存款、借出款项）的增减不使用“资产基金”科目核算，而有的资产（如股权投资、应收股利）的增减使用双分录通过“资产基金”科目核算？

2. 为什么说“与上级往来”科目和“与下级往来”科目都属于具有资产、负债双重性质的科目？

3. 除了本章举例使用“其他应收款”和“其他应付款”科目核算的业务以外，财政会计还有哪些使用“其他应收款”和“其他应付款”科目核算的业务？

## 练习题

1. 资料：某市财政部门发生有关借出款项的业务如下：

(1) 年初向某事业单位支付800万元，作为偿还期3个月的借出款项用于临时垫付；

(2) 3个月后收回对该事业单位的借出款项500万元；

(3) 下半年对该事业单位扣减本期一般公共预算拨款300万元，注销该单位逾期没有归还的财政借出款项300万元。

**要求**：编制该市财政会计对上述业务进行账务处理的会计分录（扣减对该事业单位一般公共预算拨款的明细账核算略）。

2. 资料：某市财政部门实行国库集中支付的财政资金发生的经济业务如下：市财政会计年末对甲事业单位尚未使用的一般公共预算资金500万元按照权责发生制确认支出。

**要求**：编制该市财政会计对该业务进行账务处理的会计分录（支出的明细账核

算略）。

3. 资料：某市使用国有资本经营预算资金出资参股成立一家城市公用事业企业，政府出资 4.9 亿元，占该企业全部投资的 49%，企业协议规定各出资方按照出资比例享有企业所有者权益。该企业运行期间的所有者权益情况如下表所示。

**要求**：编制该市财政会计对该企业出资、撤资及所有者权益变动记账的会计分录。

某市某公用事业企业所有者权益情况表　　单位：万元

| 时间 | 财政出资或撤资 | 财政股本/基金总股本 | 所有者权益 | | | | |
|---|---|---|---|---|---|---|---|
| | | | 合计 | 其中 | | | |
| | | | | 本年利润 | 分配股利 | 未分配利润 | 其他权益变动 |
| 第一年 6 月 | 49 000 | 49 000/100 000 | 100 000 | | | | |
| 第一年年末 | | | 100 500 | 500 | | 500 | |
| 第二年年末 | | | 105 500 | 5 000 | | 5 500 | |
| 第三年 4 月 | | 51 695/105 500 | 105 500 | | 5 500① | 0 | |
| 第三年年末 | | | 112 500 | 7 000 | | 7 000 | |
| 第四年 4 月 | | | 109 500 | | 3 000② | 4 000 | |
| 第四年年末 | | | 113 000 | 3 500 | | 7 500 | |
| 第五年年初 | —55 370③ | 0/105 500 | 113 000 | | | （略） | |

注：①假定第三年 4 月分配的股利全部转增企业股本。

②假定第四年 4 月宣布股利分红，5 月支付现金股利。

③假定第五年年初政府撤资 5.537 亿元，政府撤资股份由企业的其他股东认购；政府撤资所得资金 5.537 亿元已经缴入国库。

4. 资料：

（1）甲市财政向 B 县财政拨付 500 万元，作为暂借款用于临时解决 B 县财政国库存款不足，B 县财政会计收到甲市财政的通知和县支库转来的收到借款的有关凭证；

（2）B 县财政根据国库存款增加情况，归还市财政借款 380 万元，B 县财政会计收到国库的转账凭证；

（3）经甲市财政批准，同意将原借给 B 县财政的 120 万元转为对该县的体制性补助。

**要求**：编制甲市财政会计和 B 县财政会计对上述业务进行账务处理的会计分录（补助收支的明细账核算略）。

5. 资料：5 月 5 日 H 市财政会计收到国库报来的预算收入日报表，所列一项 14 万元的收入性质不明，作暂存款处理；5 月 7 日经确认，5 月 5 日预算收入日报表所列收入性质不明的 14 万元系 H 市财政的增值税收入。

**要求**：编制 H 市财政会计对上述业务进行账务处理的会计分录（增值税收入的明细账核算略）。

# 第 11 章 政府财政资产和负债的核算（下）

Chapter 11

学习目标

1. 了解国家债券的概念，了解国债发行、归还的业务内容，掌握相关核算的科目设置及账务处理

2. 了解地方政府债券的概念，了解地方政府债券发行、转贷、偿还的业务内容，掌握相关核算的科目设置及账务处理

3. 了解主权外债的概念，了解主权外债借入、转贷、归还的业务内容，掌握相关核算的科目设置及账务处理

## 11.1 国家债券的核算

### 11.1.1 国家债券的概念及相关经济业务

**1. 概念**

中央政府财政部门为筹集财政资金发行的约定一定期限内还本付息的债券称为国家债券，简称国债。按照新的《中华人民共和国预算法》（以下简称《预算法》）的规定，中央政府可以通过举借债务（包括发行国债和举借主权外债等）来筹集资金，弥补中央财政预算收支缺口；地方政府可以通过举借债务（包括发行地方政府债券和举借主权外债）来筹集资金，弥补地方财政预算收支缺口。因此，国债资金仅由中央政府筹集和归还，不用于向地方政府转贷。

按照发行国债的期限划分，国债包括短期国债（一年内还本，包括一年）和长期国债（一年以上还本，不包括一年）；按照国债付息方式划分，国债包括分期付息的国债和到期一次还本付息的国债。

中央政府财政部门发行国债获得国债资金，纳入一般公共预算管理。所以发行及归还国债的业务，既涉及纳入一般公共预算的债务收支的核算，又涉及财政负债的核算。

**2. 相关经济业务**

（1）发行国债。中央政府财政部门发行国债获得国债资金，一方面取得一般公共预算的债务收入，另一方面形成应付国债的负债。中央政府财政部门在发行国债时，发行费用及发行折价金额（以下统称费用）要确认为一般公共预算支出；如果是溢价发行，发行溢价的金额要冲减一般公共预算支出。

（2）年末国债计息。中央政府财政会计在年末要确认应付国债利息，并增加应付国债的负债。

（3）支付国债利息。中央政府财政部门支付国债的利息要确认为一般公共预算支出，并冲减其中已经计入应付国债负债的应付利息。

（4）归还（兑付）国债本金。中央政府财政部门归还（兑付）国债的本金时，一方面要确认国债债务还本支出，另一方面要确认应付国债的负债减少。此外，兑付国债发生的兑付费用要确认为一般公共预算支出。

## 11.1.2　核算国债的科目设置

核算中央政府的国债业务涉及下列科目：

设置"应付短期政府债券"总账科目，核算政府财政部门以政府名义发行的期限不超过一年（含一年）的国债的应付本金和利息。该科目下应当设置"应付国债"一级明细科目，在该一级明细科目下再分别设置"应付本金""应付利息"明细科目，分别核算国债的应付本金、应付利息。此外，债务管理部门还应当建立相应的辅助账，详细记录每期国债的金额、种类、期限、发行日、到期日、票面利率、偿还本金及付息情况等，作为财政会计核算国债应付本金和利息的依据。

设置"应付长期政府债券"总账科目，核算政府财政部门以政府名义发行的期限超过一年（不含一年）的国债的应付本金和利息。核算国债使用的"应付长期政府债券"科目的设置与"应付短期政府债券"科目类似。

由于国债业务的核算伴随着采用收付实现制基础的预算收支的核算，所以需要采用双分录核算方式。通过设置"待偿债净资产"总账科目下的"应付短期政府债券"和"应付长期政府债券"明细科目，分别对应"应付短期政府债券"和"应付长期政府债券"科目的核算。

为了核算借入和归还国债本金形成的预算收支，财政会计要使用"债务收入""债务还本支出"总账科目，并在这两个总账科目下设置明细科目；为了核算发行国债发生的费用、支付的利息，财政会计要使用"一般公共预算本级支出"总账科目。这些科目的设置及核算内容参见第 8 章。

问答 11-1：在政府会计核算中，为什么要核算债务预算收入和债务还本支出？

## 11.1.3　核算国债的账务处理

**1. 发行国债**

中央财政部门在发行国债时，财政会计按照国库收到的发行国债的资金数额借记“国库存款”科目，按照国债的实际发行额①，贷记“债务收入”科目，按照收到发行国债的资金数额和发行额的差额，借记或贷记“一般公共预算本级支出”科目；同时，按照到期应付的国债本金金额，借记“待偿债净资产——应付短期政府债券（应付长期政府债券）”科目，贷记“应付短期政府债券（应付长期政府债券）”科目及其明细科目。

**2. 年末对应付国债计息**

财政会计年末对应付国债登记应付利息时，按照本期应付未付利息金额，借记“待偿债净资产——应付短期政府债券（应付长期政府债券）”科目，贷记“应付短期政府债券（应付长期政府债券）”科目及其明细科目。

**3. 支付国债利息**

中央财政部门支付分期付息的国债利息时，按照支付的利息，借记“一般公共预算本级支出”科目，贷记“国库存款”科目；同时，按照支付的利息中已经登记为国债应付利息的部分，借记“应付短期政府债券（应付长期政府债券）”科目及其明细科目，贷记“待偿债净资产——应付短期政府债券（应付长期政府债券）”科目。

**4. 兑付国债**

中央财政部门在兑付国债时，按照支付的本金金额借记“债务还本支出”科目，按照兑付时一并支付的国债利息借记“一般公共预算本级支出——债务付息支出”科目，按照兑付国债支付的金额贷记“国库存款”科目，按照前两者与后者的差额借记或贷记“一般公共预算本级支出——债务发行费用支出”科目；同时，按照兑付国债已经登记的应付本息金额，借记“应付短期政府债券（应付长期政府债券）”科目及其明细科目，贷记“待偿债净资产——应付短期政府债券（应付长期政府债券）”科目。

**例 11－1**

资料：中央财政部门有关国债的部分经济业务如下：①中央财政20×1年4月1日对国内平价发行一期按年付息的5年期付息国债500亿元，年利率为5%，该期国债全部发行完成，支付银行代理发行费用5 000万元，国库实际收到发行国债的资金499.5亿元；②每年4月1日支付国债利息25亿元；③国债到期兑付国债本金及利息、费用（最后一年利息25亿元，兑付费用20 00万元）525.2亿元。要求：编制中央财政会计对上述业务进行账务处理的会计分录。

①发行国债。

借：国库存款——一般公共预算存款　　49 950 000 000

　　一般公共预算本级支出　　50 000 000

　贷：债务收入　　50 000 000 000

借：待偿债净资产——应付长期政府债券　　50 000 000 000

　贷：应付长期政府债券——应付国债——应付本金　　50 000 000 000

① 指按照国债发行价格计算的国债实际发行数量。其中，贴息国债（又称贴现国债）发行价格为按照国债面值贴息折扣后的金额；付息国债发行价格为国债的面值。

每年年末计息，计算本年应付未付利息：

50 000 000 000×0.05÷12×9＝1 875 000 000（元）

| | | |
|---|---|---|
| 借：待偿债净资产——应付长期政府债券 | 1 875 000 000 | |
| 　贷：应付长期政府债券——应付国债——应付利息 | | 1 875 000 000 |

②每年 4 月 1 日支付利息。计算每年支付的利息：

50 000 000 000×0.05＝2 500 000 000（元）

| | | |
|---|---|---|
| 借：一般公共预算本级支出 | 2 500 000 000 | |
| 　贷：国库存款——一般公共预算存款 | | 2 500 000 000 |
| 借：应付长期政府债券——应付国债——应付利息 | 1 875 000 000 | |
| 　贷：待偿债净资产——应付长期政府债券 | | 1 875 000 000 |

③到期还本付息及支付兑付费用。

| | | |
|---|---|---|
| 借：债务还本支出 | 50 000 000 000 | |
| 　　一般公共预算本级支出 | 2 520 000 000 | |
| 　贷：国库存款——一般公共预算存款 | | 52 520 000 000 |
| 借：应付长期政府债券——应付国债——应付本金 | 50 000 000 000 | |
| 　　　　　　　　　　　　　　　——应付利息 | 1 875 000 000 | |
| 　贷：待偿债净资产——应付长期政府债券 | | 51 875 000 000 |

## 11.2　地方政府债券的核算

### 11.2.1　地方政府债券的概念及相关经济业务[①]

**1. 概念**

地方政府债券是指省、自治区、直辖市政府（含经省级政府批准自办债券发行的计划单列市政府，以下统称省级政府）发行的政府债券，分为一般债券和专项债券。其中，一般债券是为没有收益的公益性项目发行的、约定一定期限内主要以一般公共预算收入还本付息的政府债券；专项债券是为有一定收益的公益性项目发行的、约定一定期限内以公益性项目对应的政府性基金或专项收入还本付息的政府债券。

《地方政府一般债务预算管理办法》

《地方政府专项债务预算管理办法》

地方政府债券包括短期地方政府债券（一年内还本，包括一年）和长期地方政府债券（一年以上还本，不包括一年），目前发行的长期地方政府债券一般为分期付息的债券。

除了省级政府以外，目前市、县、乡级地方政府不允许发行地方政府债券。但是市、县、乡级政府可以通过转贷的形式，获得其

① 与本节内容有关的地方政府债券业务和预算管理要求参见《地方政府一般债务预算管理办法》（扫描二维码）和《地方政府专项债务预算管理办法》（扫描二维码）。

隶属的省级政府发行的地方政府债券。因此，地方政府债券存在上级地方政府向下级地方政府层层转贷的情况。

**2. 相关经济业务**

（1）发行地方政府债券。省级政府财政部门发行地方政府债券获得资金，一方面取得纳入一般公共预算和政府性基金预算的债务收入，另一方面形成应付地方政府债券的负债。省级政府财政部门在发行地方政府债券时，发行费用及发行折价金额（以下统称费用）要确认为一般公共预算支出或政府性基金预算支出；如果是溢价发行，发行溢价的金额要冲减一般公共预算支出或政府性基金预算支出。

（2）转贷地方政府债券。上级地方政府向下级地方政府转贷地方政府债券时，借出地方政府债券转贷资金的上级政府财政部门要将转贷的本金确认为债务转贷支出，将扣除的发行费用冲减相关的预算支出，还要确认未来收回转贷资金本金的债权资产；借入地方政府债券转贷资金的下级政府财政部门要将转贷的本金确认为债务转贷收入，将被扣除的发行费用确认为一般公共预算支出或政府性基金预算支出，还要确认未来归还转贷资金的负债。

（3）年末地方政府债券计息。承担偿还地方政府债券责任的各级地方政府财政部门在年末要确认应付地方政府债券利息，增加应付地方政府债券的负债。

有地方政府债券转贷的地方，上级政府财政部门年末要确认应收转贷地方政府债券利息的债权资产。

（4）偿还地方政府债券本金和利息。承担偿还地方政府债券责任的各级地方政府财政部门在归还地方政府债券本金和利息时，要确认支付本金、利息的一般公共预算支出或政府性基金预算支出，并减少记入应付地方政府债券的负债。

有地方政府债券转贷的地方，上级政府财政部门收到和转付由下级政府财政部门偿还的转贷地方政府债券本金和利息，通过其他往来款核算（先收后付确认为其他应付款，先付后收确认为其他应收款）。上级政府财政部门在收到由下级政府财政部门偿还的地方政府债券本金和利息时，还要减少应收转贷地方政府债券本金、利息的债权资产。

（5）年末扣缴下级政府欠还的地方政府债券转贷资金。有地方政府债券转贷的地方，有可能出现接受转贷的地方政府违约、不按期偿还地方政府债券本金和利息的情况。对于下级地方政府不能按期偿还的地方政府债券，上级地方政府有责任先行垫付偿还。到了年末，垫付偿还地方政府债券转贷资金的上级政府财政部门可以通过上下级政府财政部门之间的年末结算，对下级地方政府财政部门扣缴欠还的地方政府债券转贷资金。

扣缴下级政府欠还的地方政府债券转贷资金时，上级政府财政部门先将垫还资金时确认的其他应收款转为与下级往来款，同时减少对下级政府财政部门的应收转贷地方政府债券的债权资产；下级财政部门先将被扣缴资金确认为与上级往来款，同时减少对上级政府财政部门的应付转贷地方政府债券的负债，结算完成后，将被扣缴的地方政府债券本金确认为债务还本支出，将被扣缴的地方政府债券利息、费用等确认为一般公共预算支出和政府性基金预算支出。

## 11. 2. 2　核算地方政府债券的科目设置

核算各级地方政府债券业务涉及下列科目：

在“应付短期政府债券”和“应付长期政府债券”总账科目下设置“应付地方政府一般债券”“应付地方政府专项债券”一级明细科目，核算省级地方政府发行的一般债券和专项债券；在一级明细科目下分别设置“应付本金”“应付利息”明细科目，核算地方政府债券的应付本金和利息。此外，债务管理部门还应当建立相应的辅助账，详细记录每期地方政府债券的金额、种类、期限、发行日、到期日、票面利率、偿还本金及付息情况等，作为财政会计核算地方政府债券的应付本金和利息的依据。

设置“应收地方政府债券转贷款”总账科目，核算省级及省级以下地方政府财政应收下级政府财政的地方政府债券转贷款的本金、利息。该科目下应当设置“应收地方政府一般债券转贷款”和“应收地方政府专项债券转贷款”一级明细科目，在一级明细科目下再分别设置“应收本金”和“应收利息”两个明细科目，对应收地方政府债券转贷款的本金和利息进行核算。“应收地方政府债券转贷款”科目还要按照转贷对象进行明细核算。

设置“应付地方政府债券转贷款”总账科目，核算省级以下（不含省级）地方政府财政应付上级政府财政的地方政府债券转贷款的本金、利息。该科目下应当设置“应付地方政府一般债券转贷款”和“应付地方政府专项债券转贷款”一级明细科目，在一级明细科目下再分别设置“应付本金”和“应付利息”两个明细科目，对应付地方政府债券转贷款的本金和利息进行核算。

由于地方政府债券借入、转贷及归还的核算伴随着采用收付实现制基础的预算收支的核算，所以需要采用双分录核算方式。通过设置“待偿债净资产”总账科目下的“应付短期政府债券”“应付长期政府债券”“应付地方政府债券转贷款”明细科目，对应“应付短期政府债券”“应付长期政府债券”“应付地方政府债券转贷款”科目的核算；通过设置“资产基金”总账科目下的“应收地方政府债券转贷款”明细科目，对应“应收地方政府债券转贷款”科目的核算。

为了核算借入和归还地方政府债券本金形成的预算收支，财政会计要使用“债务收入”“债务转贷收入”“债务转贷支出”“债务还本支出”总账科目，以及各总账科目下设置的核算地方政府债券的明细科目。

为了核算支付地方政府债券利息及发行费用等，财政会计要使用“一般公共预算本级支出”“政府性基金预算本级支出”总账科目。

为了核算收回地方政府债券转贷资金，财政会计要使用“其他应付款”“其他应收款”总账科目。

## 11. 2. 3　核算地方政府债券的账务处理

**1. 发行地方政府债券**

省级财政部门在发行地方政府债券时，按照国库收到的发行地方政府债券的资金数额借记“国库存款”科目，按照地方政府债券的实际发行额贷记“债务收入”科目，按照收到发行地方政府债券的资金数额和发行额的差额，借记或贷记“一般公共预算本级支出”或“政府性基金预算本级支出”科目；同时，按照到期应付的地方政府债券本金借记“待偿债净资产——应付短期政府债券（应付长期政府债券）”科目，贷记“应付短期政府债券（应付长期政府债券）”科目及其明细科目。

**2. 转贷地方政府债券**

借出转贷地方政府债券的上级政府财政部门按照转贷地方政府债券的本金借记“债务转贷支出”科目，按照对下级政府财政部门扣除的发行费用贷记“一般公共预算本级支出”或“政府性基金预算本级支出”科目，按照转贷支付的资金数额贷记“国库存款”科目；同时，按照应当收回的转贷地方政府债券本金借记“应收地方政府债券转贷款”科目及其明细科目，贷记“资产基金——应收地方政府债券转贷款”科目。

借入转贷地方政府债券的下级政府财政部门按照转贷地方政府债券收到的资金数额借记“国库存款”科目，按照被上级政府财政部门扣除的发行费用借记“一般公共预算本级支出”或“政府性基金预算本级支出”科目，按照接受转贷地方政府债券本金贷记“债务转贷收入”科目；同时，按照将来应当归还的转贷地方政府债券本金借记“待偿债净资产——应付地方政府债券转贷款”科目，贷记“应付地方政府债券转贷款”科目及其明细科目。

**3. 年末地方政府债券计息**

省级政府财政会计年末对应付地方政府债券登记应付利息时，按照本期应付未付利息金额，借记“待偿债净资产——应付短期政府债券（应付长期政府债券）”科目，贷记“应付短期政府债券（应付长期政府债券）”科目及其明细科目。

年末登记转贷的地方政府债券应计利息时，向下级政府财政部门转贷地方政府债券的各级政府（含省级政府）财政部门，按照本期转贷的地方政府债券应收未收利息金额，借记“应收地方政府债券转贷款”科目及其明细科目，贷记“资产基金——应收地方政府债券转贷款”科目。接受上级政府财政部门转贷地方政府债券的各级政府（不含省级政府）财政部门，按照本期转贷的地方政府债券应付未付利息金额，借记“待偿债净资产——应付地方政府债券转贷款”科目，贷记“应付地方政府债券转贷款”科目及其明细科目。

**4. 偿还地方政府债券本金、利息**

承担偿还地方政府债券责任的各级地方政府财政部门偿还本级政府承担的地方政府债券本金、利息，按照实际支付本金的金额借记“债务还本支出”科目，按照支付利息的金额借记“一般公共预算本级支出”或“政府性基金预算本级支出”科目，按照支付本息的金额贷记“国库存款”科目；偿还下级政府承担的地方政府债券本金、利息，按照实际支付的金额借记“其他应付款”或“其他应收款”科目（在垫付的情况下），贷记“其他财政存款”科目。

同时，省级政府财政部门按照偿付债券已经在应付地方政府债券的核算科目中登记的本金和应付利息金额，借记“应付短期政府债券（应付长期政府债券）”科目及其明细科目，贷记“待偿债净资产——应付短期政府债券（应付长期政府债券）”科目。省级以下各级地方政府财政部门按照偿付债券已经在应付地方政府债券转贷款的核算科目中登记的本金和应付利息金额，借记“应付地方政府债券转贷款”科目及其明细科目，贷记“待偿债净资产——应付地方政府债券转贷款”科目。

上级政府财政部门收到由下级政府财政部门偿还的转贷地方政府债券本金、利息时，按照实际收到的金额借记“国库存款”科目，贷记“其他应付款”或“其他应收款”科目（在垫付的情况下）；同时，按照偿付债券已经在应收地方政府债券转贷款的核算科目中登记的本金和应收利息金额，借记“资产基金——应收地方政府债券转贷款”科目，贷记“应收地方政府债券转贷款”科目及其明细科目。

问答 11－2：财政部门债务转贷时，为什么上级财政向下级财政层层转贷时，上下级财政部门分别确认债务转贷收支，而下级财政通过上级财政层层向上归还转贷资金时，双方却往往不确认预算收支？

**5. 年末扣缴下级政府欠还的地方政府债券转贷资金**

年末通过结算扣缴下级政府欠还的地方政府债券转贷资金时，上级政府财政部门按照扣缴的资金数额，借记“与下级往来”科目，贷记“其他应收款”科目；同时，按照欠还债券已经在应收地方政府债券转贷款的核算科目中登记的本金和应收利息金额，借记“资产基金——应收地方政府债券转贷款”科目，贷记“应收地方政府债券转贷款”科目及其明细科目。

下级政府财政部门按照被扣缴的资金数，借记“其他应收款”科目，贷记“与上级往来”科目；同时，按照欠还债券已经在应付地方政府债券转贷款的核算科目中登记的本金和应付利息金额，借记“应付地方政府债券转贷款”科目及其明细科目，贷记“待偿债净资产——应付地方政府债券转贷款”科目。列报支出时，按照被扣缴的转贷地方政府债券本金数，借记“债务还本支出”科目，按照被扣缴的转贷地方政府债券应付利息数，借记“一般公共预算本级支出”或“政府性基金预算本级支出”科目，按照两者的合计数，贷记“其他应收款”科目。

**例 11－2**

资料：某省财政部门和下属市级财政部门关于发行和转贷地方政府一般债券的业务如下：①省财政部门 7 月 1 日发行面额为 40 亿元的地方政府债券（该债券为期三年，到期一次还本付息，年利率 5%，其中为下属市级政府代发 14 亿元），已经收到全部足额发行收入，并支付债券发行费用 4 000 万元；②省财政部门将地方政府债券中的 8 亿元转贷给下属甲市财政部门，6 亿元转贷给下属乙市财政部门，并向甲、乙两市财政会计发出分摊债券发行费用通知单，通知甲市分摊债券发行费用 800 万元，乙市分摊债券发行费用 600 万元，实际向甲市财政部门支付款项 7.92 亿元，向乙市财政部门支付款项 5.94 亿元；③省财政部门将地方政府债券资金 5 亿元作为专项转移支付（城乡社区专项补助）拨给丙市财政部门；④每年末，省市财政会计对该地方政府债券计提应付利息；⑤该地方政府债券即将到期，甲市财政部门将应当归还的地方政府债券本金 8 亿元、利息 1.2 亿元上缴省财政部门；⑥该地方政府债券到期，省财政向中央财政交还地方政府债券本金 40 亿元、利息 6 亿元，归还的资金中包括为乙市垫付的本金 6 亿元、利息 9 000 万元；⑦省财政部门收到乙市补缴的地方政府债券本金 4 亿元、利息6 000万元；⑧年终结算，省财政部门扣缴了为乙市垫付的地方政府债券本金2亿元、利息3 000万元；⑨乙市财政会计将被省财政部门扣缴的地方政府债券本息转列支出。要求：根据上述业务，编制省、市两级财政会计进行账务处理的会计分录。

①省财政部门收到地方政府债券资金并支付债券发行费用，省财政会计记账。

借：国库存款——一般公共预算存款　　4 000 000 000
　贷：债务收入　　4 000 000 000
借：待偿债净资产——应付长期政府债券　　4 000 000 000
　贷：应付长期政府债券——应付地方政府一般债券——应付本金　　4 000 000 000
借：一般公共预算本级支出　　40 000 000
　贷：国库存款——一般公共预算存款　　40 000 000

②省财政部门向下属甲、乙市财政部门转贷并通知分摊的债券发行费用。

a. 省财政会计记账。

借：债务转贷支出——甲市　　800 000 000
　　　　　　　　——乙市　　600 000 000
　贷：一般公共预算本级支出　　14 000 000
　　　国库存款——一般公共预算存款　　1 386 000 000
借：应收地方政府债券转贷款——应收地方政府一般债券转贷款——甲市——应收本金　　800 000 000
　　　　　　　　　　　　　　　　　　　　　　　　　　　　——乙市——应收本金　　600 000 000
　贷：资产基金——应收地方政府债券转贷款　　1 400 000 000

b. 甲市财政会计记账。

借：国库存款——一般公共预算存款　　792 000 000
　　一般公共预算本级支出　　8 000 000
　贷：债务转贷收入　　800 000 000
借：待偿债净资产——应付地方政府债券转贷款　　800 000 000
　贷：应付地方政府债券转贷款——应付地方政府一般债券转贷款——应付本金　　800 000 000

c. 乙市财政会计记账。

借：国库存款——一般公共预算存款　　594 000 000
　　一般公共预算本级支出　　6 000 000
　贷：债务转贷收入　　600 000 000
借：待偿债净资产——应付地方政府债券转贷款　　600 000 000
　贷：应付地方政府债券转贷款——应付地方政府一般债券转贷款——应付本金　　600 000 000

③省财政部门用地方政府债券资金向丙市转移支付。

a. 省财政会计记账。

借：补助支出——一般公共预算补助支出　　500 000 000
　贷：国库存款——一般公共预算存款　　500 000 000

b. 丙市财政会计记账。

借：国库存款——一般公共预算存款 500 000 000
贷：补助收入——一般公共预算补助收入 500 000 000

④年末省、市财政会计计提该地方政府债券的应付利息。

a. 第一年年末。省财政会计记账。

借：待偿债净资产——应付长期政府债券 100 000 000
贷：应付长期政府债券——应付地方政府一般债券——应付利息 100 000 000
借：应收地方政府债券转贷款——应收地方政府一般债券转贷款——应收利息
——甲市 20 000 000
——乙市 15 000 000
贷：资产基金——应收地方政府债券转贷款 35 000 000

甲市财政会计记账。

借：待偿债净资产——应付地方政府债券转贷款 20 000 000
贷：应付地方政府债券转贷款——应付地方政府一般债券转贷款——应付利息 20 000 000

乙市财政会计记账。

借：待偿债净资产——应付地方政府债券转贷款 15 000 000
贷：应付地方政府债券转贷款——应付地方政府一般债券转贷款——应付利息 15 000 000

b. 第二年年末和第三年年末。省财政会计记账。

借：待偿债净资产——应付长期政府债券 200 000 000
贷：应付长期政府债券——应付地方政府一般债券——应付利息 200 000 000
借：应收地方政府债券转贷款——应收地方政府一般债券转贷款——应收利息
——甲市 40 000 000
——乙市 30 000 000
贷：资产基金——应收地方政府债券转贷款 70 000 000

甲市财政会计记账。

借：待偿债净资产——应付地方政府债券转贷款 40 000 000
贷：应付地方政府债券转贷款——应付地方政府一般债券转贷款——应付利息 40 000 000

乙市财政会计记账。

借：待偿债净资产——应付地方政府债券转贷款 30 000 000
贷：应付地方政府债券转贷款——应付地方政府一般债券转贷款——应付利息 30 000 000

⑤甲市财政部门预缴应当归还的地方政府债券本金、利息。甲市财政会计记账。

借：债务还本支出 800 000 000
一般公共预算本级支出 120 000 000
贷：国库存款——一般公共预算存款 920 000 000
借：应付地方政府债券转贷款——应付地方政府一般债券转贷款——应付本金 800 000 000
——应付利息 100 000 000

贷：待偿债净资产——应付地方政府债券转贷款　900 000 000

省财政会计记账。

借：国库存款——一般公共预算存款　920 000 000

贷：其他应付款——地方政府债券还本——甲市　800 000 000

——地方政府债券付息——甲市　120 000 000

借：资产基金——应收地方政府债券转贷款　900 000 000

贷：应收地方政府债券转贷款——应收地方政府一般债券转贷款——应收本金——甲市　800 000 000

——应收利息——甲市　100 000 000

⑥省财政部门兑付该地方政府一般债券本金、利息。省财政会计记账。

借：债务还本支出　2 600 000 000

一般公共预算本级支出　390 000 000

其他应付款——地方政府债券还本——甲市　800 000 000

——地方政府债券付息——甲市　120 000 000

其他应收款——地方政府债券还本——乙市　600 000 000

——地方政府债券付息——乙市　90 000 000

贷：国库存款——一般公共预算存款　4 600 000 000

借：应付长期政府债券——应付地方政府一般债券——应付本金　4 000 000 000

——应付利息　500 000 000

贷：待偿债净资产——应付长期政府债券　4 500 000 000

⑦省财政部门收到乙市财政部门补缴的地方政府债券本金、利息。乙市财政会计记账。

借：债务还本支出　400 000 000

一般公共预算本级支出　60 000 000

贷：国库存款——一般公共预算存款　460 000 000

借：应付地方政府债券转贷款——应付地方政府一般债券转贷款——应付本金　400 000 000

——应付利息　60 000 000

贷：待偿债净资产——应付地方政府债券转贷款　460 000 000

省财政会计记账。

借：国库存款——一般公共预算存款　460 000 000

贷：其他应收款——地方政府债券还本——乙市　400 000 000

——地方政府债券付息——乙市　60 000 000

借：资产基金——应收地方政府债券转贷款　460 000 000

贷：应收地方政府债券转贷款——应收地方政府一般债券转贷款——应收本金——乙市　400 000 000

——应收利息——乙市　60 000 000

⑧年终省财政部门与乙市财政部门结算，扣缴地方政府债券本金、利息。省财政会计记账。

借：与下级往来——乙市　230 000 000
　贷：其他应收款——地方政府债券还本——乙市　200 000 000
　　——地方政府债券付息——乙市　30 000 000
借：资产基金——应收地方政府债券转贷款　230 000 000
　贷：应收地方政府债券转贷款——应收地方政府一般债券转贷款——应收本金——乙市　200 000 000
　　——应收利息——乙市　30 000 000

乙市财政会计记账。

借：其他应收款——地方政府债券还本　200 000 000
　——地方政府债券付息　30 000 000
　贷：与上级往来　230 000 000
借：应付地方政府债券转贷款——应付地方政府一般债券转贷款——应付本金　200 000 000
　——应付利息　30 000 000
　贷：待偿债净资产——应付地方政府债券转贷款　230 000 000

⑨乙市财政会计将被扣缴的地方政府债券本金、利息转列支出。乙市财政会计记账。

借：债务还本支出　200 000 000
　一般公共预算本级支出　30 000 000
　贷：其他应收款——地方政府债券还本　200 000 000
　　——地方政府债券付息　30 000 000

## 11.3　主权外债的核算

### 11.3.1　主权外债的概念及相关经济业务

**1. 主权外债的概念**

本章介绍的主权外债是指财政部经国务院批准代表国家统一筹借并形成政府外债的贷款，包括向国际金融组织和外国政府借入的贷款。中国政府向国际金融组织和外国政府借入的贷款，由中央政府代表国家承担最终还款责任，因其以国家主权信用为基础，所以又称为主权外债。

按照政府承担还款责任的不同，主权外债分为政府负有偿还责任贷款和政府负有担保责任贷款。政府负有偿还责任贷款又分为统借统还主权外债和统借自还主权外债。中央政府借入并承担偿还责任的主权外债属于统借统还主权外债；中央政府借入并向地方政府层层转贷，由地方政府承担偿还责任的主权外债属于统借自还主权外债。

政府负有担保责任贷款是指贷款通过财政部门转付或由外方直接付给用款单位，由用款单位承担偿还责任，财政部门对需要由用款单位偿还的主权外债只承担债务担保责任。财政部门承担债务担保责任的主权外债不纳入财政的债务收支预算管理，发生的借入贷款不由财政会计登记主权外债的负债。

主权外债一般由中央政府（财政部）统一借入，可以向下级政府层层转贷。主权外债还可以通过中央政府（财政部）向地方政府直接转贷。在直接转贷方式下，财政部仅承担担保责任，接受直接转贷的地方政府财政部门作为借入主权外债的直接债务人。

主权外债偿还期一般在一年以上，目前举借的主权外债一般为分期付息的贷款。

**2. 主权外债借款及转贷核算的业务内容**

除了由用款单位偿还的主权外债以及采用中央政府直接转贷方式的主权外债以外，财政部门借入、转贷和归还的主权外债资金全部纳入一般公共预算管理，并进行相应的会计核算。同时，还要求对因借入和转贷主权外债形成的相关资产、负债进行核算。这就意味着各级政府财政会计在处理主权外债业务时，既要核算因借入和转贷主权外债形成的负债或资产，又要将借入、转贷和归还主权外债资金作为债务预算收入和债务预算支出进行核算。

各级政府财政部门借入、转贷和归还主权外债资金业务主要包括：1）借入主权外债；2）转贷主权外债；3）期末对主权外债计息；4）扣缴和分摊主权外债相关费用；5）归还主权外债本、息、费；6）年末扣缴下级财政部门欠缴的主权外债；7）转付、转还及垫还用款单位承担偿还责任的主权外债。其中，除了4）和7）以外，其他业务内容的核算与地方政府债券类同，这里不再赘述。以下仅介绍上述4）和7）的主权外债业务核算内容，以及外方将主权外债资金直接付给用款单位的业务核算内容。

（1）扣缴和分摊主权外债相关费用。主权外债的费用包括项目管理费、手续费、承诺费、汇兑损益等。承担偿还主权外债责任的各级政府财政部门都要偿还主权外债的相关费用。支付主权外债的费用有两种方式：一是在得到主权外债贷款时直接扣缴，如项目管理费；二是在使用主权外债资金期间，按照该期间应承担的费用分摊支付，如手续费、汇兑损益等。

承担主权外债偿还责任的政府财政部门，对直接扣缴的主权外债费用，要在取得主权外债资金时确认一般公共预算支出；对主权外债资金使用期间分摊的费用，按照收到的费用通知单（费用分割单）确定应付的费用，在归还费用时确认一般公共预算支出。

（2）转付、转还及垫还用款单位承担偿还责任的主权外债。如果使用主权外债资金的是有项目收入的生产性单位，那么主权外债可以由用款单位签订借款协议承担偿还责任，财政部门只承担债务担保责任，主权外债资金不纳入财政预算管理。在这种情况下，财政部门收到和向用款单位转付主权外债资金，以及从用款单位收到并转还主权外债偿还资金，均作为其他往来款核算。

如果用款单位到期未能偿还主权外债资金，则财政部门履行担保义务，先行垫付主权外债资金。同时，财政部门要确认对用款单位收回欠还的主权外债资金的债权资产。如果以后财政部门不能收回或豁免用款单位欠还的主权外债资金，则将为用款单位垫还的主权外债资金转为一般公共预算支出，并将为用款单位垫还主权外债资金的债权资产注销。

（3）外方将资金直接付给用款单位的主权外债。财政部门借入的主权外债分为外方（指作为主权外债债权人的外国政府和国际金融组织）将资金付给财政部门和外方将资金直接付给用款单位①两种情形。对于外方将资金直接付给用款单位的主权外债，在主权外债借入和转贷业务核算中，不涉及财政存款的核算，但是要根据主权外债的偿债责任，确认相关的负债和债权资产，同时进行相关收入、支出的核算：对于由本级政府承担偿债责任的，政府（中央政府，通过中央政府直接转贷向外国政府及国际金融组织借款的地方政府）财政部门要确认债务收入或债务转贷收入，其中主权外债资金由本级政府单位使用的，应当确认为一般公共预算支出，主权外债资金由下级政府单位使用的，应当确认为转移支付的支出；对于由下级政府承担偿债责任的，政府财政部门要确认债务收入或债务转贷收入，并确认债务转贷支出。各级政府财政部门还要同时确认借入和转贷主权外债产生的有关负债和债权资产。

## 11.3.2　核算政府主权外债的科目设置

核算各级政府的主权外债业务涉及下列科目：

设置“借入款项”总账科目，核算借入主权外债的政府（中央政府和作为借入主权外债的直接债务人的地方政府）财政部门向国际金融组织和外国政府等借入的款项，以及各级政府以国务院批准的其他方式借入的款项。在该总账科目下，设置“主权外债”一级明细科目，在该一级明细科目下分别设置“应付本金”“应付利息”明细科目。其中，“应付本金”明细科目核算借入主权外债的应付本金，“应付利息”明细科目核算借入主权外债的应付利息。“主权外债”明细科目还应当按照债权人进行核算。此外，债务管理部门应当建立相应的辅助账，详细记录主权外债每笔借入款项的期限、借入和归还日期、借款利率、偿还及付息情况等，作为财政会计核算借入主权外债应付本金和利息的依据。

设置“应收主权外债转贷款”总账科目，核算各级政府财政部门应收下级政府财政部门的主权外债转贷款的本金、利息。该科目下应当设置“应收本金”和“应收利息”两个明细科目，其中，“应收本金”明细科目核算应收主权外债转贷款的本金，“应收利息”明细科目核算应收主权外债转贷款的利息。“应收主权外债转贷款”科目还要按照转贷对象进行核算。

设置“应付主权外债转贷款”总账科目，核算省级以下（含省级）地方政府财政部门应付上级政府财政部门的主权外债转贷款的本金、利息。该科目下应当设置“应付本金”和“应付利息”两个明细科目，其中，“应付本金”明细科目核算应付主权外债转贷款的本金，“应付利息”明细科目核算应付主权外债转贷款的利息。

由于主权外债借入、转贷和归还的核算伴随着采用收付实现制基础的预算收支的核算，因此需要采用双分录核算方式。设置“待偿债净资产”总账科目下的“借入款项”和“应付主权外债转贷款”明细科目，对应“借入款项”和“应付主权外债转贷

---

① 外方将主权外债资金直接付给用款单位购买商品及服务的供应商，视同外方将主权外债资金付给用款单位。

款”科目的核算；设置“资产基金”总账科目下的“应收主权外债转贷款”明细科目，对应“应收主权外债转贷款”科目的核算。

为了核算借入和归还主权外债本金形成的预算收支，财政会计要使用“债务收入”“债务转贷收入”“债务转贷支出”“债务还本支出”总账科目，并在各总账科目下设置核算主权外债的明细科目；为了核算支付主权外债利息和费用等，财政会计要使用“一般公共预算本级支出”总账科目。

为了核算向下级政府财政部门收回主权外债转贷款，以及向用款单位转付和收回用款单位偿还的主权外债资金，财政会计要使用“其他应付款”“其他应收款”总账科目。

### 11.3.3 核算政府主权外债的账务处理

政府主权外债的账务处理分为两种情况：外方将主权外债资金付给财政部门的账务处理；外方将主权外债资金直接付给用款单位的账务处理。外方将主权外债资金付给财政部门的账务处理与地方政府债券业务的账务处理相差不大，本节不再赘述。本节只介绍外方将主权外债资金直接付给用款单位的账务处理。

（1）借入主权外债的政府（中央政府，通过中央政府直接转贷向外国政府及国际金融组织借款的地方政府）。

1）借入主权外债的政府财政承担还款责任，贷款资金由本级政府财政同级部门（单位）使用。财政会计根据用款单位实际发生的贷款数额，借记“一般公共预算本级支出”科目，贷记“债务收入”科目；同时，按照本级政府财政承担的债务金额，借记“待偿债净资产——借入款项”科目，贷记“借入款项”科目。

2）借入主权外债的政府财政承担还款责任，贷款资金由下级政府财政同级部门（单位）使用。财政会计根据用款单位实际发生的贷款数额，借记“补助支出”科目，贷记“债务收入”科目；同时，按照本级政府财政承担的债务金额，借记“待偿债净资产——借入款项”科目，贷记“借入款项”科目。

3）下级政府财政承担还款责任，贷款资金由下级政府财政同级部门（单位）使用。借入主权外债的政府财政会计根据用款单位实际发生的贷款数额，借记“债务转贷支出”科目，贷记“债务收入”科目；按照下级政府财政承担的债务金额，借记“待偿债净资产——借入款项”科目，贷记“借入款项”科目，同时，借记“应收主权外债转贷款”科目，贷记“资产基金——应收主权外债转贷款”科目。

（2）借入主权外债转贷款的政府。

1）本级政府财政承担还款责任，贷款资金由本级政府财政同级部门（单位）使用。本级政府财政会计根据用款单位实际发生的贷款数额，借记“一般公共预算本级支出”科目，贷记“债务转贷收入”科目；同时，按照本级政府财政承担的债务金额，借记“待偿债净资产——应付主权外债转贷款”科目，贷记“应付主权外债转贷款”科目。

2）本级政府财政承担还款责任，贷款资金由下级政府财政同级部门（单位）使用。本级政府财政会计根据用款单位实际发生的贷款数额，借记“补助支出”科目，贷记“债务转贷收入”科目；同时，按照本级政府财政承担的债务金额，借记“待偿债净资产——应付主权外债转贷款”科目，贷记“应付主权外债转贷款”科目。

3）下级政府财政承担还款责任，贷款资金由下级政府财政同级部门（单位）使用。本级政府财政会计根据用款单位实际发生的贷款数额，借记“债务转贷支出”科目，贷记“债务转贷收入”科目；按照下级政府财政承担的债务金额，借记“待偿债净资产——应付主权外债转贷款”科目，贷记“应付主权外债转贷款”科目，同时，借记“应收主权外债转贷款”科目，贷记“资产基金——应收主权外债转贷款”科目。

**例 11-3**

资料：某省通过中央政府直接转贷获得某国际金融组织的项目贷款，以一般公共预算资金偿还，采用外方将贷款直接支付给项目实施单位的方式。该项目贷款的部分业务如下：①省财政部门将该项目贷款额度的 2 亿元转贷给所属甲市，3 000 万元转贷给省属 A 公司，6 000 万元转移支付给所属乙市，以财政拨款方式给省属 B，C 事业单位使用额度各 2 000 万元；②甲市财政部门将该项目转贷款额度的 5 000 万元以财政拨款方式给市属 D 事业单位使用，4 000 万元转贷给所属丙县；③乙市财政部门以财政拨款方式给市属 E 事业单位使用额度 2 000 万元；④丙县财政部门将该项目转贷款额度的 4 000 万元以财政拨款方式给县属 F 事业单位使用。该贷款项目实施后，各级财政部门收到外方给项目实施单位出具的第一期付款通知单（见表 11-1）。要求：根据上述业务，编制省、市、县各级财政会计进行账务处理的会计分录（项目管理费略，有关收入、支出的明细账核算略）。

表 11-1　外方项目付款通知单　　单位：元

| 用款单位 | 用款项目 | 本期付款金额 | 累计付款金额 |
|---|---|---|---|
| 省属 A 公司 | （略） | 2 500 000 | 2 500 000 |
| 省属 B 事业单位 | | 2 000 000 | 2 000 000 |
| 省属 C 事业单位 | | 1 800 000 | 1 800 000 |
| 甲市属 D 事业单位 | | 4 800 000 | 4 800 000 |
| 乙市属 E 事业单位 | | 1 500 000 | 1 500 000 |
| 丙县属 F 事业单位 | | 1 000 000 | 1 000 000 |

①根据对省属 A 公司的外方付款记账。

由于省财政对省属 A 公司的外债不承担偿还责任，而且相应款项未经省财政的存款账户，所以省财政会计对此付款不登记正式账，只登记备查账。

根据对省属 B，C 事业单位的外方付款记账。省财政会计记账。

借：一般公共预算本级支出　　3 800 000

　贷：债务收入　　3 800 000

借：待偿债净资产——借入款项　　3 800 000

　贷：借入款项——借入国际金融组织贷款——应付本金　　3 800 000

②根据对甲市属 D 事业单位的外方付款记账。

a. 省财政会计记账。

借：债务转贷支出　　4 800 000

贷：债务收入 4 800 000

借：待偿债净资产——借入款项 4 800 000

贷：借入款项——借入国际金融组织贷款——应付本金 4 800 000

借：应收主权外债转贷款——应收本金——甲市 4 800 000

贷：资产基金——应收主权外债转贷款 4 800 000

b. 甲市财政会计记账。

借：一般公共预算本级支出 4 800 000

贷：债务转贷收入 4 800 000

借：待偿债净资产——应付主权外债转贷款 4 800 000

贷：应付主权外债转贷款——应付本金 4 800 000

③根据对乙市属E事业单位的外方付款记账。

a. 省财政会计记账。

借：补助支出 1 500 000

贷：债务收入 1 500 000

借：待偿债净资产——借入款项 1 500 000

贷：借入款项——借入国际金融组织贷款——应付本金 1 500 000

b. 乙市财政会计记账。

借：一般公共预算本级支出 1 500 000

贷：补助收入 1 500 000

④根据对丙县属F事业单位的外方付款记账。

a. 省财政会计记账。

借：债务转贷支出 1 000 000

贷：债务收入 1 000 000

借：待偿债净资产——借入款项 1 000 000

贷：借入款项——借入国际金融组织贷款——应付本金 1 000 000

借：应收主权外债转贷款——应收本金——甲市 1 000 000

贷：资产基金——应收主权外债转贷款 1 000 000

b. 甲市财政会计记账。

借：债务转贷支出 1 000 000

贷：债务转贷收入 1 000 000

借：待偿债净资产——应付主权外债转贷款 1 000 000

贷：应付主权外债转贷款——应付本金 1 000 000

借：应收主权外债转贷款——应收本金——丙县 1 000 000

贷：资产基金——应收主权外债转贷款 1 000 000

c. 丙县财政会计记账。

借：一般公共预算本级支出 1 000 000

贷：债务转贷收入 1 000 000

借：待偿债净资产——应付主权外债转贷款 1 000 000

贷：应付主权外债转贷款——应付本金 1 000 000

## 思考题

1. 国债、地方政府债券、主权外债的核算内容有哪些差别？

2. 为什么分期付息的地方政府债券与主权外债实际支付的利息和账面登记的应付利息往往不一样？

## 练习题

1. 资料：中央财政部门有关国债的部分经济业务如下：

(1) 中央财政 20×1 年 2 月 1 日向国内平价发行一期半年期付息国债 200 亿元，年利率为 6%，该期国债全部发行完成，支付银行代理发行费用 2 000 万元，国库实际收到发行国债的资金 199.8 亿元；

(2) 该国债到期，中央财政部门已经支付全部兑付国债的本金及利息。

**要求：**编制中央财政会计对上述业务进行账务处理的会计分录（有关收入、支出的明细账核算略）。

2. 资料：某市通过省财政部门获得地方政府债券的转贷款，该转贷款的年利率为 4%，每年 7 月 1 日付息。该转贷款的部分业务如下：

(1) 该市财政部门 6 月 30 日收到省财政部门转贷款 4 亿元，资金已经拨入市财政部门财政专户；

(2) 7 月 1 日，市财政部门将该转贷款中的 1 亿元又转贷给下属甲县财政部门，1 亿元补助给下属乙县财政部门，其余的转贷款留在市财政部门使用，市财政部门已将转贷款支付给甲县财政部门和乙县财政部门；

(3) 借款期内每年年末，市、甲县财政会计登记该项目贷款的应付利息；

(4) 借款期第一年和第二年 7 月 1 日，市、甲县财政会计支付该项目贷款该年应付的利息；

(5) 贷款到期，市财政部门收到甲县财政部门交付的贷款本金和最后一年的利息；

(6) 市财政部门向省财政部门支付该项目贷款全部本金及最后一年的利息。

**要求：**根据上述业务，编制市、县两级财政会计进行账务处理的会计分录（有关收入、支出的明细账核算略）。

3. 资料：某省通过中央政府直接转贷获得某国际金融组织的项目贷款，采用外方直接将贷款支付给项目实施单位的方式。该项目贷款的部分业务如下：

(1) 省财政部门将项目贷款额度的 1 亿元（其中 5 000 万元由用款单位承担偿还责任）转贷给甲市；

(2) 甲市财政部门将该项目贷款额度的 5 000 万元转贷给市属 A 公司（由该公司承担还款责任），3 000 万元转贷给乙县，2 000 万元转移支付给丙县；

(3) 乙县将该项目贷款额度 3 000 万元以财政拨款方式给县属 B 事业单位使用；

(4) 丙县将该项目贷款额度 2 000 万元以财政拨款方式给县属 C 事业单位使用；

(5) 该贷款项目实施后，各级财政部门收到外方给项目实施单位发出的第一期付款通知单（见下表）。

外方项目付款通知单

单位：元

| 用款单位 | 用款项目 | 第一期付款金额 |
|---|---|---|
| 甲市属A公司 | （略） | 20 000 000 |
| 乙县属B事业单位 | | 6 000 000 |
| 丙县属C事业单位 | | 1 500 000 |

**要求：** 根据上述业务，编制市、县两级财政会计进行账务处理的会计分录（项目管理费略，有关收入、支出的明细账核算略）。

# 第 12 章

Chapter 12

# 政府财政会计报表

学习目标

1. 了解财政会计报表的种类及格式
2. 了解年终会计报表的编制程序
3. 了解财政会计报表的审核及汇总

## 12.1 财政会计报表的种类及格式

### 12.1.1 财政会计报表的种类

**1. 财政会计报表的分类**

财政会计报表是财政会计报告各种会计信息的主要文件形式。财政部门编报的会计报表从不同角度有不同的分类。

(1) 按照编制报表满足的会计目标划分，财政会计报表包括反映财政预算执行情况的报表和反映财政财务状况的报表。

(2) 按照报表报告的财政管理资金划分，财政会计报表包括一般公共预算资金报表、政府性基金预算资金报表、国有资本经营预算资金报表、财政专户管理资金报表、专用基金报表、社会保险基金预算资金报表等。

(3) 按照报表反映内容的详略程度划分，财政会计报表包括总表和明细表。其中，明细表是从某一角度对总表项目的细分内容进行报告。按照不同要求有不同划分方式的明细表，如收入明细表，包括反映收入详细来源的明细表、按照收入所属财政部门级次划分的明细表；支出明细表，包括反映政府支出功能分类的明细表、反映政府支出经济分类的明细表。

(4) 按照报表的形式划分，财政会计报表包括会计报表和会计报表附注。其中，会计报表附注用于解释和说明会计报表中数据的某些内容，或者反映会计报表中不能直接体现但是对使用者理解会计报表内容有用的情况。从形式上看，会计报表附注由明细表和文字说明组成。

（5）按照报表反映的管理公共资源的政府划分，财政会计报表包括本级政府会计报表和各级政府汇总报表。其中，某级政府财政部门编制的各级政府汇总报表包括本级政府及所辖行政区域内各层级下级政府的报表。

（6）按照报表报送的时间要求划分，财政会计报表包括旬报、月报、半年报、年报。其中，旬报又称快报，只有预算收入和预算支出的报表才要求编制旬报。年报又称决算报表，决算报表包括的内容最全面，报表数量最多。

**2. 财政部门年终编制的会计报表**

依据《财政总预算会计制度》，目前财政部门编制的年终报表包括：

（1）资产负债表，是反映在会计期初、期末由财政管理的各种资金形成的资产、负债、净资产状况的报表。

（2）收入支出表，是反映政府财政在某一会计期间一般公共预算资金、政府性基金预算资金、国有资本经营预算资金、财政专户管理资金、专用基金的收、支、余情况的报表。

（3）一般公共预算执行情况表，是反映政府财政在某一会计期间一般公共预算收支执行结果的报表。

（4）政府性基金预算执行情况表，是反映政府财政在某一会计期间政府性基金预算收支执行结果的报表。

（5）国有资本经营预算执行情况表，是反映政府财政在某一会计期间国有资本经营预算收支执行结果的报表。

（6）财政专户管理资金收支情况表，是反映政府财政在某一会计期间财政专户管理资金全部收支情况的报表。

（7）专用基金收支情况表，是反映政府财政在某一会计期间专用基金全部收支情况的报表。

## 12.1.2 财政会计报表的格式

目前《财政总预算会计制度》规定的主要会计报表格式如下。

**1. 资产负债表**

财政会计编制的资产负债表按照会计等式“资产＝负债＋净资产”设置。资产负债表采用账户式结构，分为左右两个部分：左面列示各项资产栏目；右面上边列示各项负债栏目，右面下边列示各项净资产栏目。资产栏目划分为流动资产栏目和非流动资产栏目两个部分；负债栏目划分为流动负债栏目和非流动负债栏目两个部分。

资产负债表每个栏目均设有年初余额和期末余额两个纵向数字栏，分别列示政府财政的各项资产、负债、净资产在报表编制期的年初金额和期末金额。其中，年度资产负债表的期末余额就是年末余额。

资产负债表左面各栏目（资产栏目）年初余额的合计总额与右面各栏目（负债栏

目和净资产栏目）年初余额的合计总额相等；左面各栏目（资产栏目）期末余额的合计总额与右面各栏目（负债栏目和净资产栏目）期末余额的合计总额相等。

资产负债表的式样见表 12-1。

**表 12-1　资产负债表**

会财政 01 表

编制单位：　　　　　　　　　　年　　月　　日　　　　　　　　　　单位：元

| 资产 | 年初余额 | 期末余额 | 负债和净资产 | 年初余额 | 期末余额 |
|---|---|---|---|---|---|
| 流动资产： | | | 流动负债： | | |
| 国库存款 | | | 应付短期政府债券 | | |
| 国库现金管理存款 | | | 应付利息 | | |
| 其他财政存款 | | | 应付国库集中支付结余 | | |
| 有价证券 | | | 与上级往来 | | |
| 在途款 | | | 其他应付款 | | |
| 预拨经费 | | | 应付代管资金 | | |
| 借出款项 | | | 一年内到期的非流动负债 | | |
| 应收股利 | | | 流动负债合计 | | |
| 应收利息 | | | 非流动负债： | | |
| 与下级往来 | | | 应付长期政府债券 | | |
| 其他应收款 | | | 借入款项 | | |
| 流动资产合计 | | | 应付地方政府债券转贷款 | | |
| 非流动资产： | | | 应付主权外债转贷款 | | |
| 应收地方政府债券转贷款 | | | 其他负债 | | |
| 应收主权外债转贷款 | | | 非流动负债合计 | | |
| 股权投资 | | | **负债合计** | | |
| 待发国债 | | | 一般公共预算结转结余 | | |
| 非流动资产合计 | | | 政府性基金预算结转结余 | | |
| | | | 国有资本经营预算结转结余 | | |
| | | | 财政专户管理资金结余 | | |
| | | | 专用基金结余 | | |
| | | | 预算稳定调节基金 | | |
| | | | 预算周转金 | | |
| | | | 资产基金 | | |
| | | | 减：待偿债净资产 | | |
| | | | **净资产合计** | | |
| **资产总计** | | | **负债和净资产总计** | | |

**2. 收入支出表**

财政会计编制的收入支出表按照等式“期初滚存结余＋本期收入－本期支出＝期末滚存结余”设置。收入支出表采用横向单步式结构，自上而下分为四个部分：年初结转结余、本期收入、本期支出、年末结转结余。

收入支出表还按照不同管理方式的财政资金设置纵向栏目，包括：一般公共预算、政府性基金预算、国有资本经营预算、财政专户管理资金、专用基金。在每种资金的栏目内，设置本月数和本年累计数两栏，分别反映报告日当月的收入、支出数和报告日当年累计的收入、支出数。

为了使收入支出表使用者更清晰地了解各项收入来源和支出去向，以及它们对不同口径财政资金总量的影响，收入支出表还设置了一些特定口径的收入、支出栏目。这些特定口径的收入、支出，有的并不增加或减少整个财政系统的资金总量，有的并不增加或减少同一财政部门的资金总量，有的支出并没有造成财政资金的实际流出等。在收入支出表中，这些特定口径的栏目有：反映上下级财政部门之间、同级财政部门之间的收入、支出，包括上解收入、上解支出、补助收入、补助支出、地区间援助收入、地区间援助支出；反映同一财政部门内部不同财政资金之间调拨形成的收入、支出，包括调入资金、调出资金；反映政府借款及还款形成的收入、支出，包括债务收入、债务转贷收入、债务还本支出、债务转贷支出；反映设置、增加及动用预算稳定调节基金形成的收入、支出，包括安排预算稳定调节基金、动用预算稳定调节基金；反映列入一般公共预算支出增加专用基金形成的收入、支出，包括来自预算安排的收入、预算安排专用基金的支出；反映列入一般公共预算支出但资金并未实际支付的支出，包括权责发生制列支。

收入支出表的式样见表12-2。

**表12-2 收入支出表**

会财政02表

编制单位： 年 月 单位：元

| 项目 | 一般公共预算 | | 政府性基金预算 | | 国有资本经营预算 | | 财政专户管理资金 | | 专用基金 | |
|---|---|---|---|---|---|---|---|---|---|---|
| | 本月数 | 本年累计数 | 本月数 | 本年累计数 | 本月数 | 本年累计数 | 本月数 | 本年累计数 | 本月数 | 本年累计数 |
| 年初结转结余 | | | | | | | | | | |
| 收入合计 | | | | | | | | | | |
| 本级收入 | | | | | | | | | | |
| 其中：来自预算安排的收入 | — | — | — | — | — | — | — | — | | |
| 补助收入 | | | | | — | — | — | — | — | — |
| 上解收入 | | | | | — | — | — | — | — | — |
| 地区间援助收入 | | | — | — | — | — | — | — | — | — |
| 债务收入 | | | | | — | — | — | — | — | — |
| 债务转贷收入 | | | | | — | — | — | — | — | — |
| 动用预算稳定调节基金 | | | — | — | — | — | — | — | — | — |
| 调入资金 | | | | | — | — | — | — | — | — |
| 支出合计 | | | | | | | | | | |
| 本级支出 | | | | | | | | | | |
| 其中：权责发生制列支 | | | | | | | — | — | — | — |

续表

| 项目 | 一般公共预算 | | 政府性基金预算 | | 国有资本经营预算 | | 财政专户管理资金 | | 专用基金 | |
|---|---|---|---|---|---|---|---|---|---|---|
| | 本月数 | 本年累计数 | 本月数 | 本年累计数 | 本月数 | 本年累计数 | 本月数 | 本年累计数 | 本月数 | 本年累计数 |
| 预算安排专用基金的支出 | | | — | — | — | — | — | — | — | — |
| 补助支出 | | | | | — | — | — | — | — | — |
| 上解支出 | | | | | — | — | — | — | — | — |
| 地区间援助支出 | | | — | — | — | — | — | — | — | — |
| 债务还本支出 | | | | | — | — | — | — | — | — |
| 债务转贷支出 | | | | | — | — | — | — | — | — |
| 安排预算稳定调节基金 | | | — | — | — | — | — | — | — | — |
| 调出资金 | | | | | | | — | — | — | — |
| 结余转出 | | | — | — | — | — | — | — | — | — |
| 其中：增设预算周转金 | | | — | — | — | — | — | — | — | — |
| 年末结转结余 | | | | | | | | | | |

注：表中有“—”的部分不必填列。

### 3. 预算执行情况表

预算执行情况表设置为两个部分：收入部分和支出部分。收入部分反映财政部门的某种预算资金的本级收入；支出部分反映财政部门的某种预算资金的本级支出。预算执行情况表的收入部分和支出部分之间没有勾稽关系，收入的合计金额与支出的合计金额之间也没有相等关系。

在收入部分，收入栏目按照政府收支分类科目中收入分类科目的类、款、项、目①自上而下依次排列；在支出部分，支出栏目按照政府收支分类科目中支出功能分类科目的类、款、项自上而下依次排列。

在预算执行情况表每个栏目内，还设置了本月（旬）数和本年（月）累计数两栏，分别反映报告日当月（旬）的收入、支出数和报告日当年（月）累计的收入、支出数。属于预算执行情况表的一般公共预算执行情况表的式样见表 12－3，政府性基金预算执行情况表的式样见表 12－4，国有资本经营预算执行情况表的式样见表 12－5。

**表 12－3 一般公共预算执行情况表**

会财政 03－1 表

编制单位： 年 月 旬 单位：元

| 项目 | 本月（旬）数 | 本年（月）累计数 |
|---|---|---|
| 一般公共预算本级收入 | | |
| 101 税收收入 | | |

① 政府性基金预算执行情况表和国有资本经营预算执行情况表只按照收入分类科目的款、项、目来列示。

续表

| 项目 | 本月（旬）数 | 本年（月）累计数 |
|---|---|---|
| 10101 增值税 | | |
| 1010101 国内增值税 | | |
| 101010101 国有企业增值税 | | |
| ⋮ | | |
| 一般公共预算本级支出 | | |
| 201 一般公共服务支出 | | |
| 20101 人大事务 | | |
| 2010101 行政运行 | | |
| ⋮ | | |

**表 12-4　政府性基金预算执行情况表**

会财政 03-2 表

编制单位：　　　　　　　　　　年　　月　　旬　　　　　　　　　　单位：元

| 项目 | 本月（旬）数 | 本年（月）累计数 |
|---|---|---|
| 政府性基金预算本级收入 | | |
| 10301 政府性基金收入 | | |
| 1030102 农网还贷资金收入 | | |
| 103010201 中央农网还贷资金收入 | | |
| ⋮ | | |
| 政府性基金预算本级支出 | | |
| 206 科学技术支出 | | |
| 20610 核电站乏燃料处理处置基金支出 | | |
| 2061001 乏燃料运输 | | |
| ⋮ | | |

**表 12-5　国有资本经营预算执行情况表**

会财政 03-3 表

编制单位：　　　　　　　　　　年　　月　　旬　　　　　　　　　　单位：元

| 项目 | 本月（旬）数 | 本年（月）累计数 |
|---|---|---|
| 国有资本经营预算本级收入 | | |
| 10306 国有资本经营收入 | | |
| 1030601 利润收入 | | |
| 103060103 烟草企业利润收入 | | |
| ⋮ | | |
| 国有资本经营预算本级支出 | | |
| 208 社会保障和就业支出 | | |

续表

| 项目 | 本月（旬）数 | 本年（月）累计数 |
|---|---|---|
| 20804 补充全国社会保障基金 | | |
| 2080451 国有资本经营预算补充社保基金支出 | | |
| ⋮ | | |

## 12.2　年终会计报表的编制程序

财政会计编制年终会计报表要遵循一定的工作程序，编制报表前要经过三个步骤：年终清理、年终结算、年终结账。

### 12.2.1　年终清理

财政会计在会计年度结束前，应当全面进行年终清理。年终清理包括以下主要事项。

**1. 核对年度预算**

各项财政收支特别是对预算单位及上下级财政部门的预算支出都是按照预算执行的，预算数字是与预算单位确认最终拨款的依据，也是和上下级财政部门办理收支结算的依据。因此，年终前财政会计要根据预算批准部门和其他得到授权部门批准的预算，把本级财政部门对上下级财政部门的上解、补助全年预算数核对清楚，把本级财政部门对本级政府各预算单位拨款的全年预算数核对清楚。需要核对的全年预算数包括人民代表大会批准的年初预算数，以及年中预算调整数（调增、调减数）。

**2. 完成年终拨款**

在确定全年预算数的基础上，财政会计年终要在规定的截止时间（一般为 12 月 25 日）前，将尚未按照年终预算拨付给预算单位和上下级财政部门的款项及时拨付。

**3. 清理本年预算收支**

财政会计年终要就已经发生的预算收支与有关单位核对，并对应当在本年度确认的预算收支进行清理确认，计入本年收支。清理本年预算收支的工作包括三个方面：

（1）与预算单位之间的收入、支出清理。财政会计要将对本级政府各单位的拨款支出与单位的拨款收入核对清楚。在此基础上，对预算单位收支和往来款项进行清理。清理的内容包括：1）实行国库集中支付的未支付资金，清理时对于列入当年拨款计划、由于单位尚未使用而未支付的款项，按照权责发生制基础确认预算支出，同时确认对预算单位的应付国库集中支付结余。2）实行实拨资金的，对当年安排的非包干使用的拨款结余部分根据具体情况处理：属于单位正常周转占用的资金，仍可作为预算支出处理；属于应收回的拨款，应及时收回，并按收回数相应冲减预算支出。

（2）其他往来款项的清理。对财政部门与预算单位的暂付款和暂存款进行清理，按照规定应当转作拨款支出的暂付款项要及时转入本年有关支出账户。除了对预算单位之间的往来款项进行清理外，财政会计还要对与其他单位的往来款项或临时借款进行清理，做到人欠收回，欠人归还。经过确认应转作收入和支出（或冲减支出）的往来款项和临时借款，要及时登记本年有关收入和支出账户。

（3）与征收机构和国库之间的清理。在预算年度末，征收机构应当将属于本年的预算收入及时缴入国库。国库在年终库款报解整理期内，向财政部门报齐当年的预算收入。财政部门根据国库编制的收入对账单与国库核对，保证财政收入数字和国库库款数字一致。发现财政会计记账错误的，应及时进行错账调整。对于国库在库款报解整理期内报来的属于上年的预算收入或退回的预算支出，财政会计要将其记入上年的收入和支出账户。

### 12.2.2 年终结算

财政部门的年终结算是指各级财政部门在年终清理的基础上，结清上下级财政部门之间的转移支付收支和借垫款项。相互进行年终结算的上下级财政部门，要按照财政管理体制的规定，计算出全年应补助、应上解数额，与年度预算执行过程中已补助、已上解数额进行比较，结合借垫款项，计算出全年最后应补或应退数额，填制并向对方报送年终财政决算结算单，相互进行结算。结算双方经核对无误后，财政会计将结算单作为年终财政结算凭证，据以入账。

### 12.2.3 年终结账

年终结账工作分为年终转账、结清旧账和记入新账三个环节，依次做账。

**1. 年终转账**

财政会计经过年终清理记账和上下级财政结算记账后，核算出各个收入科目和支出科目的最终全年累计数额，在此基础上进行收支转账。转账时，将各个收入科目和支出科目的余额分别转入“一般公共预算结转结余”“政府性基金预算结转结余”“国有资本经营预算结转结余”“财政专户管理资金结余”“专用基金结余”等科目。

**2. 结清旧账**

财政会计在进行收支转账后，结清报告年度各个科目的最终余额。其中收入和支出科目全部结清为零，对资产类、负债类、净资产类等年终有余额的科目，在摘要栏注明“结转下年”字样，表示转入新账。

**3. 记入新账**

财政会计将上一年度各个有余额科目的余额直接记入新年度该科目总账和明细账

的余额栏中，并在摘要栏注明“上年结转”字样，作为该科目新年度的期初余额。

年终结账后，根据各个账户的年末余额等编制年度会计报表。

## 12.3　财政会计报表的审核及汇总

### 12.3.1　财政会计报表的审核

财政会计年终编制的各种会计报表需要先进行审核，审核无误的会计报表才能对外报送。会计报表的审核包括政策性审核和技术性审核。

**1. 政策性审核**

政策性审核主要是审核会计报表反映的预算收支执行情况及其结果是否符合有关法律法规的规定。

(1) 预算收入的审核。对预算收入应主要审核以下内容：

1) 本年度的预算收入是否按照国家法律、政策的规定组织征收，是否存在国家已经取消的项目收入；

2) 是否按照规定及时将预算收入足额缴入国库，是否有无故拖欠、截留、挪用预算收入的情况，是否有将应缴的收入以其他应付款挂在往来账上的现象；

3) 预算收入的划分、报解是否符合财政管理体制的规定，是否有错误划分、报解预算收入的情况；

4) 收入退库是否符合国家规定，是否有办理不符合规定的收入退库的情况。

(2) 预算支出的审核。对预算支出应主要审核以下内容：

1) 列入本年预算的支出是否符合规定，是否有错列预算支出的情况；

2) 预算支出是否按照规定的列报口径列支；

3) 各种预算支出是否划分清楚，是否有将各种预算支出相混淆的情况；

4) 预算支出是否编列齐全，是否有漏报的情况；

5) 是否严格按照预算进行拨款，是否有违反预算超拨的情况；

6) 调增、调减预算的预算支出中有无违反规定审批程序的情况。

**2. 技术性审核**

技术性审核是从会计报表的数字关系、数字计算的准确程度等方面对会计报表进行审核。对政府财政会计报表的技术性审核主要包括以下内容：

(1) 会计报表的项目及填列是否完整，是否有漏项。

(2) 会计报表内有关项目之间是否符合表内勾稽关系。

(3) 会计报表之间的有关数字是否一致，是否符合报表间勾稽关系。

(4) 会计报表的年初数是否与上年报表年末数一致。

(5) 财政会计报表的有关数字是否与其他有关部门年报的有关数字一致。

(6) 上下级财政会计报表之间，报表中有关上解和补助的对应数字，与上级往来和与下级往来的对应数字，应收、应付地方政府债券转贷款和主权外债转贷款的对应数字等是否一致；财政会计报表与单位会计报表之间，财政会计报表的应付国库集中支付结余与单位会计报表的财政应返还额度合计数，财政会计报表的预拨经费、借出款项、应付代管资金、其他应收款与单位会计报表的相关项目（如其他应收款、其他应付款等）对应的数字等是否一致。

财政会计报表审核过程中发现的问题要及时解决。需要调整或更正报表数字的，进行调整和更正。在调整、更正报表时，需要调整、更正账户数字的，相应调整旧账和重新办理结账，以保持调整后的账表一致。

## 12.3.2 财政会计报表的汇总

**1. 财政汇总报表**

除了编制、报告反映本级政府财政部门资金情况的会计报表，财政会计还要编制包含本级政府财政资金情况和所属下级政府财政资金情况的报表，称为汇总报表。

汇总报表一是要报告给本级政府人民代表大会，作为人大代表审议本级政府预算和决算的参考文件；二是要报告给上级政府财政部门，以满足上级财政部门编制汇总报表及管理的需要。

需要财政部门汇总的决算报表主要包括：资产负债表、收入支出表，以及各种预算资金的收入支出表等。

**2. 汇总报表的编制**

财政会计报表汇总采用各级财政层层汇总的方式。县级财政部门编制县本级及所属各乡、镇财政部门的汇总报表，市级财政部门编制市本级及所属各县、乡、镇财政部门的汇总报表，依此类推。各级财政部门将各个下级财政部门编制的下级财政部门汇总报表数据与本级财政部门报表数据进行汇总，编制本级财政部门的汇总报表。

各级财政部门都是按照统一的格式编制财政会计报表的，在汇总编制时可将上下级需要汇总的同一报表相同项目数字相加，填列在汇总报表的相同项目中。但是这样会造成汇总报表中某些项目数字的重复计算。因此，编制汇总报表时，还要将上下级财政会计报表中引起重复计算的项目数字抵销。需要抵销的报表项目包括：本级报表中的“上解收入”和所属下级报表中的“上解支出”；本级报表中的“补助支出”和所属下级报表中的“补助收入”；本级报表中的“债务转贷支出”和所属下级报表中的“债务转贷收入”；本级报表中的“与下级往来”和所属下级报表中的“与上级往来”；本级报表中的“应收地方政府债券转贷款”和所属下级报表中的“应付地方政府债券转贷款”；本级报表中的“应收主权外债转贷款”和所属下级报表中的“应付主权外债转贷款”。

同理，当上级财政部门将所属下级财政会计报表汇总时，所属不同地区之间存在援助的，还应当将涉及地区间援助的各地区财政部门报表中的“接受其他地区援助收入”项目和“援助其他地区支出”项目的数字抵销。

## 思考题

1. 财政会计年末编制会计报表的工作程序是怎样的？与企业会计年末编制财务报表的工作程序有什么不同？

2. 资产负债表和收入支出表的勾稽关系体现在哪些项目上？

3. 为什么财政会计报表汇总会导致项目数字重复计算？哪些项目数字要在相关报表汇总时进行抵销？

# 第 3 篇

# 政府单位会计

# 第 13 章 政府单位会计概述

Chapter 13

学习目标

1. 掌握政府单位的概念
2. 了解政府单位会计的适用范围
3. 了解政府单位的会计规范
4. 了解政府单位会计科目的分类和内容

## 13.1 政府单位的概念及政府单位会计的适用范围

### 13.1.1 政府单位的概念

政府单位是将履行政府功能作为主要职责的机构，主要包括行政单位和事业单位。行政单位是指进行国家行政管理、组织经济建设和文化建设、维护社会公共秩序的单位。行政单位包括国家行政机关，即国务院和地方各级人民政府及其工作机构；国家立法及司法机关，即全国人民代表大会和地方各级人民代表大会及其常务委员会，各级审判机关、检察机关和监察机关；其他国家机关，包括全国及各地方政治协商会议及其工作机构，政党组织（中国共产党及各民主党派），中国人民解放军和中国人民武装警察部队等。行政单位的人员列入国家行政编制，所需经费全部由国家财政供给。从编制部门预算进行预算管理的角度看，行政单位可分为人大、政协、民主党派、党务部门、综合性部门、公检法司部门、专业管理部门、一般政务部门和人民团体等。有些单位虽未列入行政编制，但完全行使行政管理职能，也视同行政单位。

事业单位是指国家或者国有单位出资成立的、以增进社会公共利益为目的的组织，如从事文化、教育、科研、医疗卫生、体育、出版、传媒、气象、水利、地震、环保、社会福利等事业的单位。事业单位活动经费主要来自政府的财政资金，事业单位筹建所需要的资产主要来源于国有资产。

### 13.1.2 政府单位会计的适用范围

行政单位和事业单位是政府单位会计最主要的适用对象。除此之外，几类非典型行政事业单位的组织，需要辨别其是否适用政府单位会计。

(1) 一些既不属于行政单位也不属于事业单位的组织，如政府出资或拨款运行的人民团体、各种协会等，不以盈利为目的，其资产和运营经费来源主要为国家财政拨款，因此适用政府单位会计。

(2) 一些由政府单位管理，但是具有与管理单位资产、负债相分离的独立资产、负债，并且资金来源和资金使用独立于管理单位其他资金的资金，具有基金会计主体的性质。如农业综合开发资金、土地储备资金、国家物资储备资金等，这些资金自身没有组织形式，不是政府单位，但是单独的会计主体，享有与政府单位一样的独立性。这些资金的管理单位要为其单独设置完整的会计账户进行核算，并为其单独编制会计报表。目前，这些资金适用专门的会计制度。

(3) 我国正处于政企分开，明确政府、企业各自职能和运行机制的过渡阶段，有些事业单位向企业转型，主要通过市场取得收入，基本不再以财政拨款作为自身运营的收入来源。这些单位不再无偿或低价收费提供服务，而是采取等价、有偿收费的方式提供服务。虽然这类单位有的还没有变更为企业法人，仍以事业法人登记注册，但实质上已经是营利性的企业。这类事业单位通常纳入企业财务管理体系，执行企业会计准则或小企业会计准则，不再纳入政府单位会计的适用范围。

(4) 有的事业单位下设独立核算的营利性单位，如高等学校的校办企业、科研单位的附属工厂等，这类单位实行企业化管理，运营目的是盈利。显然，这类单位实质上不是政府单位，适用企业会计。

(5) 国有企业出资举办的事业单位（如科研单位、医院、学校等），如果需要纳入政府部门预算管理，要求与政府其他单位行对行合并会计报表，按照政府单位会计标准进行核算。

## 13.2 政府单位的会计规范

随着新公共管理理论对政府职能和管理方法的重新认识，以及我国为此实行的国库集中支付、部门预算、政府非税收入收支两条线、政府收支分类等财政管理制度的改革，把政府作为一个统一机体进行管理、评价、信息全面披露的理论和实践条件逐渐成熟，行政单位和事业单位在政府职能履行、资金管理方面的一致性远远大于它们的行业差异，因此，当前的政府会计改革将原来分别制定的行政单位和事业单位会计规范合二为一，建立统一的政府会计规范。

目前，我国政府单位遵循的会计规范包括《政府会计准则——基本准则》，以及陆续制定的具体会计准则。为了使政府单位使用统一的会计核算科目和核算方法，进行统一的会计记账和编制报表，为编制政府层面的决算报告和综合财务报告打好基础，财政部制定了《政府会计制度——行政事业单位会计科目和报表》（以下简称“政府单位会计制度”）。另外，为了满足某些行业事业单位特殊的经济业务核算要求，财政部还制定了医院、基层医疗卫生机构、高等学校、中小学校、科学事业单位、彩票机构、国有林场与苗圃等行业事业单位执行政府单位会计制度的补充规定，以及若干执行政府单位会计制度的解释规定。

本篇将依据这些政府会计准则以及政府单位会计制度等会计标准介绍政府单位会计核算知识。

## 13.3 政府单位的会计科目

我国政府单位数量众多，尤其是事业单位行业分布广泛，不仅行政单位与事业单位业务存在差异，不同行业事业单位的主要经济业务也存在差异。为了提供政府的会计报表，需要将众多政府单位的会计报表汇总。这就要求各类政府单位的会计核算及会计要素项目信息具有可比性，为此，《政府会计制度——行政事业单位会计科目和报表》（包括行业事业单位等执行政府会计制度的补充规定）为行政事业单位统一确定了会计科目，如表13-1所示。

表13-1 政府单位会计科目表

| 序号 | 科目编号 | 科目名称 | 序号 | 科目编号 | 科目名称 |
|---|---|---|---|---|---|
| 一、财务会计科目 | | | | | |
| （一）资产类 | | | 20 | 1601 | 固定资产 |
| 1 | 1001 | 库存现金 | 21 | 1602 | 固定资产累计折旧 |
| 2 | 1002 | 银行存款 | 22 | 1611 | 工程物资 |
| 3 | 1011 | 零余额账户用款额度 | 23 | 1613 | 在建工程 |
| 4 | 1021 | 其他货币资金 | 24 | 1614 | 营林工程* |
| 5 | 1101 | 短期投资 | 25 | 1615 | 代建项目* |
| 6 | 1201 | 财政应返还额度 | 26 | 1701 | 无形资产 |
| 7 | 1211 | 应收票据 | 27 | 1702 | 无形资产累计摊销 |
| 8 | 1212 | 应收账款 | 28 | 1703 | 研发支出 |
| 9 | 1214 | 预付账款 | 29 | 1801 | 公共基础设施 |
| 10 | 1215 | 应收股利 | 30 | 1802 | 公共基础设施累计折旧（摊销） |
| 11 | 1216 | 应收利息 | | | |
| 12 | 1218 | 其他应收款 | 31 | 1811 | 政府储备物资 |
| 13 | 1219 | 坏账准备 | 32 | 1821 | 文物文化资产 |
| 14 | 1301 | 在途物品 | 33 | 1831 | 保障性住房 |
| 15 | 1302 | 库存物品 | 34 | 1832 | 保障性住房累计折旧 |
| 16 | 1303 | 加工物品 | 35 | 1841 | 林木资产* |
| 17 | 1401 | 待摊费用 | 36 | 1891 | 受托代理资产 |
| 18 | 1501 | 长期股权投资 | 37 | 1901 | 长期待摊费用 |
| 19 | 1502 | 长期债券投资 | 38 | 1902 | 待处理财产损溢 |

续表

| 序号 | 科目编号 | 科目名称 | 序号 | 科目编号 | 科目名称 |
|---|---|---|---|---|---|
| (二) 负债类 | | | 61 | 3301 | 本期盈余 |
| 39 | 2001 | 短期借款 | 62 | 3302 | 本年盈余分配 |
| 40 | 2101 | 应交增值税 | 63 | 3401 | 无偿调拨净资产 |
| 41 | 2102 | 其他应交税费 | 64 | 3501 | 以前年度盈余调整 |
| 42 | 2103 | 应缴财政款 | (四) 收入类 | | |
| 43 | 2201 | 应付职工薪酬 | 65 | 4001 | 财政拨款收入 |
| 44 | 2301 | 应付票据 | 66 | 4101 | 事业收入 |
| 45 | 2302 | 应付账款 | 67 | 4201 | 上级补助收入 |
| 46 | 2303 | 应付政府补贴款 | 68 | 4301 | 附属单位上缴收入 |
| 47 | 2304 | 应付利息 | 69 | 4401 | 经营收入 |
| 48 | 2305 | 预收账款 | 70 | 4601 | 非同级财政拨款收入 |
| 49 | 2307 | 其他应付款 | 71 | 4602 | 投资收益 |
| 50 | 2308 | 彩票销售结算*<br>待结算医疗款* | 72 | 4603 | 捐赠收入 |
| | | | 73 | 4604 | 利息收入 |
| 51 | 2309 | 应付返奖奖金* | 74 | 4605 | 租金收入 |
| 52 | 2310 | 应付代销费* | 75 | 4609 | 其他收入 |
| 53 | 2401 | 预提费用 | (五) 费用类 | | |
| 54 | 2501 | 长期借款 | 76 | 5001 | 业务活动费用 |
| 55 | 2502 | 长期应付款 | 77 | 5101 | 单位管理费用 |
| 56 | 2601 | 预计负债 | 78 | 5201 | 经营费用 |
| 57 | 2901 | 受托代理负债 | 79 | 5301 | 资产处置费用 |
| (三) 净资产类 | | | 80 | 5401 | 上缴上级费用 |
| 58 | 3001 | 累计盈余 | 81 | 5501 | 对附属单位补助费用 |
| 59 | 3101 | 专用基金 | 82 | 5801 | 所得税费用 |
| 60 | 3210 | 权益法调整 | 83 | 5901 | 其他费用 |
| 二、预算会计科目 | | | | | |
| (一) 预算收入类 | | | 14 | 7501 | 对附属单位补助支出 |
| 1 | 6001 | 财政拨款预算收入 | 15 | 7601 | 投资支出 |
| 2 | 6101 | 事业预算收入 | 16 | 7701 | 债务还本支出 |
| 3 | 6201 | 上级补助预算收入 | 17 | 7901 | 其他支出 |
| 4 | 6301 | 附属单位上缴预算收入 | (三) 预算结余类 | | |
| 5 | 6401 | 经营预算收入 | 18 | 8001 | 资金结存 |
| 6 | 6501 | 债务预算收入 | 19 | 8101 | 财政拨款结转 |
| 7 | 6601 | 非同级财政拨款预算收入 | 20 | 8102 | 财政拨款结余 |
| 8 | 6602 | 投资预算收益 | 21 | 8201 | 非财政拨款结转 |
| 9 | 6609 | 其他预算收入 | 22 | 8202 | 非财政拨款结余 |
| (二) 预算支出类 | | | 23 | 8301 | 专用结余 |
| 10 | 7101 | 行政支出 | 24 | 8401 | 经营结余 |
| 11 | 7201 | 事业支出 | 25 | 8501 | 其他结余 |
| 12 | 7301 | 经营支出 | 26 | 8701 | 非财政拨款结余分配 |
| 13 | 7401 | 上缴上级支出 | | | |

* 特殊行业事业单位及工程代建单位所特有的科目。

政府单位会计分为财务会计和预算会计，会计科目相应分为财务会计科目和预算会计科目。财务会计科目按照会计要素分为资产类、负债类、净资产类、收入类和费用类会计科目；预算会计科目按照会计要素分为预算收入类、预算支出类和预算结余类会计科目。

由于不同行业在业务范围和相关资产、负债管理规定上存在一定的差异，因此这些会计科目中有一些科目是特殊行业所特有的，在表中用*标注。

政府单位应当按照会计制度的规定设置、使用会计科目。[①] 在不影响会计处理和编制报表的前提下，根据本单位会计核算和财务管理的需要，可以自行增设或减少某些会计科目。

表13-1中列示的是总账科目，为了反映会计要素项目的具体情况，财政部门对部分总账科目规定了明细科目，政府单位应当按照财政部门的规定设置、使用明细科目。

本教材从方便读者理解的角度，在预算会计要素部分只涉及业务的预算会计核算分录，在财务会计要素部分将涉及业务的全部分录，包括预算会计核算分录和财务会计核算分录。

## 思考题

1. 适用政府单位会计的机构有哪些类型？你如何看待一些不属于政府单位的机构也需要执行政府单位会计？

2. 政府单位的会计规范中，除政府会计准则之外，政府会计制度的作用是什么？其强制力如何？

3. 政府单位的会计科目可以分为哪些类别？划分的依据是什么？

① 本教材使用“政府单位”代表“行政单位”和“事业单位”；如果某一业务或某一核算只适用于行政单位或事业单位，则具体使用“行政单位”“事业单位”。

# 第 14 章 Chapter 14 政府单位预算收入的核算

**学习目标**

1. 掌握政府单位预算收入的概念和判断要点
2. 辨别政府单位的不同预算收入
3. 掌握政府单位财政拨款预算收入的管理方式
4. 理解政府单位主要预算收入的确认方法
5. 掌握政府单位主要预算收入的核算方法

## 14.1 政府单位预算收入概述①

### 14.1.1 政府单位预算收入的定义

《政府会计制度——行政事业单位会计科目和报表》

政府单位预算收入是指政府单位在预算年度内依法取得的并纳入预算管理的现金流入。

判断是否为政府单位预算收入，需要注意以下问题：

（1）必须是依法取得的。政府单位获得的预算收入必须符合国家有关法律法规和规章制度。例如，国家有关法律法规规定行政单位不得开展金融业务，那么，行政单位就不可以通过银行借款取得债务预算收入；而医院等一些事业单位按照国家规定可以从银行借款，它们的借款需要确认为债务预算收入。

（2）可用于政府单位履行职能等活动。如果取得的资金不能用于履行职能等活动，则不能算作政府单位预算收入。例如，按照国家有关规定应当上缴国库或者财政专户的资金，如行政事业性收费、行政单位出租固定资产收到的租金等，收到时就明确该

① 本章至第 16 章的预算收、支、余的全部业务和科目应用详情参见《政府会计制度——行政事业单位会计科目和报表》（扫描二维码）第三部分“二、预算会计科目”。

资金需要上缴，不能用于履行单位职能等活动，因此不属于政府单位预算收入；财政部门从财政专户核拨给高等院校的资金，或者经核准不上缴国库或者财政专户的资金，则属于预算收入。同样，在未实行国库集中支付的地区，政府单位按照预算层级从上级收到由其拨付给下级预算单位的资金，应按照部门预算拨付给下级单位。这些收到时已明确不能用于本单位业务活动的资金，也不是本单位的预算收入，应作为对下级单位的负债处理。

（3）是现金资源。为准确反映预算收支执行情况，会计核算的收支口径应当与部门预算的收支口径保持一致。我国目前的预算管理对象是现金资源，因此，政府单位收入的核算主要反映货币资金（现金）的流入，包括库存现金、银行存款、其他货币资金、零余额账户用款额度、财政应返还额度等。其中，由于财政应返还额度按照预算要求可以作为支付手段，因此政府单位获得的财政应返还额度也属于预算收入；同样道理，政府财政直接支付当年财政预算的金额，是政府单位预算口径中的预算收入，在支付的同时应该确认为收入。如果政府单位取得的是非货币资产而不是货币资金，则不作为预算收入核算，例如单位取得捐赠的物资设备等。

（4）是当年预算的资金。财政部门根据相关管理规定，将其他各单位以往形成的结余或结转调剂调入本单位，尽管这些资金是政府单位从财政部门获得的，但是从政府总体的预算管理角度来看，它们不属于当年的预算资金，而是往年预算执行后结余资金在单位间的调整，因此，政府单位收到这类资金时不记为预算收入，而是直接调整单位预算结余。

## 14.1.2 政府单位预算收入的分类

政府单位类型较多，预算收入项目复杂，为了便于研究各项预算收入的范围、内容、特点，有针对性地加强管理，必须对收入进行科学分类。根据管理的需要，政府单位的预算收入可以按照不同标准进行分类。

**1. 按照资金来源分类**

目前的政府会计制度将政府单位预算收入分为9个科目进行核算。按照其来源，本教材将其归纳为以下五大类。

（1）财政拨款预算收入。财政资金是国家为了实现其职能，通过国家财政预算所集中的资金。特点是其取得和使用纳入政府财政预算管理，并在国库中存放管理，因此也称财政预算资金或经费。

从预算管理角度来看，同级财政部门根据政府财政预算，向本级政府单位拨付财政资金，政府部门全部或部分依靠这些财政资金履行政府职能或提供社会公益服务。本级财政对所属政府单位采用直接拨付或授权支付预算资金的管理方式。政府单位从本级财政部门取得的这些财政资金称为财政拨款预算收入。

（2）业务类预算收入。业务类预算收入指政府单位通过开展非营利性的专业业务活动及其辅助活动或少量非独立核算的营利性活动取得的服务或商品收入。这些业务类预算收入只存在于事业单位，行政单位不能获得此类收入。业务类预算收入纳入单位预算管理，但不是政府财政预算的内容，单位需要加以区分并分别核算。

事业单位取得的业务类预算收入分为事业预算收入和经营预算收入。

1）事业预算收入。事业预算收入是指事业单位通过开展专业业务活动及其辅助活动取得的现金流入。专业业务活动是指事业单位根据本单位专业特点所从事或开展的主要业务活动，也可以叫作主营业务，如文化事业单位的演出活动、教育事业单位的教学活动、科学事业单位的科研活动、卫生事业单位的医疗保健活动等。辅助活动是指与专业业务活动相关、直接为专业业务活动服务的单位行政管理活动、后勤活动及其他有关活动。通过开展上述活动取得的收入均作为事业预算收入核算。因开展科研及其辅助活动等取得的本级横向转拨财政款和通过非本级财政拨款取得的经费拨款，也属于事业预算收入。

2）经营预算收入。经营预算收入是指事业单位在专业业务活动及其辅助活动之外开展非独立核算的营利性活动取得的现金流入。行政单位以执行政府管理为职能，不得从事经营性活动。尽管政府不鼓励甚至限制政府单位进行营利性活动，但仍有事业单位在为社会提供公益服务的同时，利用自身资源主动或被动开展一些以盈利为目的的业务，如单位非独立核算的食堂对外提供市场定价的餐饮服务、单位礼堂对外出租等。事业单位的这些营利性活动应当尽可能独立设立机构并注册为独立的企业法人，独立核算，执行企业会计制度，上缴事业单位的纯收入作为附属单位上缴预算收入或投资预算收益处理。只有经营活动规模较小，不便或无法独立核算的，才纳入事业单位的经营预算收入核算。

(3）非同级财政的缴拨类预算收入。非同级财政的缴拨类预算收入分为政府部门内的上下级缴拨款和非同级财政拨款预算收入。

1）政府部门内的上下级缴拨款。基于预算管理权限，政府同一部门内的上级预算单位对下属事业单位的一些非财政资金可以要求上缴或者下拨，以平衡不同事业单位在执行业务过程中出现的资金收支差异，事业单位收到时将其单独归类。这种政府同一部门内上下级政府单位之间的缴拨款具体分为：

①上级补助预算收入。上级补助预算收入是指事业单位从主管部门或上级单位取得的非财政补助的现金流入。上级单位通过将自身组织的非财政资金或集中其他下级单位的非财政资金重新分配，拨给需要补助的事业单位，形成这些事业单位的上级补助收入。

②附属单位上缴预算收入。附属单位上缴预算收入是指事业单位附属的独立核算单位按有关规定上缴的收入，包括附属事业单位上缴的收入和附属企业上缴的利润等。附属单位补偿事业单位在支出中垫支的各种费用，应当相应冲减支出，不能作为上缴收入处理。

2）非同级财政拨款预算收入。非同级财政拨款预算收入是指政府单位从非同级政府财政部门取得的财政拨款，包括本级横向转拨财政款和非本级财政拨款。

政府单位通常不存在跨财政管理级次的预算拨款，但有时可能存在由于特殊原因，政府单位从本级政府以外的其他政府财政部门或业务部门，以及本级政府内跨部门跨预算级次取得转拨来的财政预算资金的情况。这类资金不是本级财政直接分配给单位的财政预算资金。它主要是从跨政府层级或跨部门的其他政府部门或单位获得的财政资金，为了满足使用和管理的需要，也为了满足未来合并编制全国性政府决算报表的需要，在分类和核算时必须区别于本级财政拨款以及本部门上下级补助缴款收入，单独分类并设置科目核算，称为非同级财政拨款预算收入。

需要注意的是，事业单位因完成科研项目而从立项出资单位取得的非同级财政拨款属于事业单位的业务类收入，应当归为事业单位的事业预算收入。

（4）投融资类预算收入。投融资类预算收入分为投资预算收益和债务预算收入。

1）投资预算收益。投资预算收益是事业单位取得的按照规定纳入单位预算管理的属于投资收益性质的现金流入，包括股权投资收益、出售或收回债券投资所取得的收益和债券投资利息收入。事业单位可以依法利用货币资金、实物、无形资产等方式向其他单位投资或者投资于国债。这些投资产生的收益纳入单位预算管理。

按照国家相关管理规定，事业单位应该严格控制投资，保证单位正常运转和事业发展。按照国家有关规定可以投资的，应当履行相关审批程序。事业单位不可使用财政拨款及其结余进行投资，通常情况下也不得从事股票、期货、基金、企业债券等投资。行政单位不可以进行投资，因而不存在投资预算收益。

2）债务预算收入。债务预算收入是事业单位按照规定从银行和其他金融机构等借入的纳入单位预算管理的债务本金。行政单位不得从银行等金融机构借款，因此，债务预算收入只存在于事业单位。不在事业单位部门预算中的日常业务往来产生的债务现金流入不属于债务预算收入。

（5）其他预算收入。其他预算收入包括除上述各类预算收入以外，纳入预算管理的现金流入，如捐赠预算收入、利息预算收入、租金预算收入、现金盘盈收入等。

**2. 按照资金用途分类**

（1）按照限定性分类。政府单位的资金遵循专款专用的原则，被指定用于特定项目的资金未经批准不能用于其他项目或日常活动。因此，政府单位的预算收入可以分为用于基本支出和用于项目支出两种用途的预算收入。同样，根据管理的要求，政府单位财政资金的基本支出中的人员支出与日常公用经费不可以混用，包括它们的结余，如果要改变用途，必须经过批准。在这些规定的限制下，政府单位在收到资金时需要按照用途进行分类管理，区分不同预算收入进行核算。

（2）按照支出功能分类。按照政府收支分类中的支出功能分类（项级分类）的目的，主要是披露部门和政府决算报表中政府履行各项公共服务职能的资金耗用信息，监督、分析、评价不同政府职能领域的资金支持和消耗情况。取得政府财政资金时，其具体的支出功能用途受到预算的限制，因此在取得时应该按照资金用途对收入进行分类核算。

政府单位常用的支出功能分类（项级分类）包括：行政运行、事业运行、一般行政管理事务、机关服务等，以及与自身管理或从事的行业相对应的支出功能项目，例如，税收单位的税收宣传、税务办案，水利行业单位的水利行业业务管理、水利工程建设、防汛、水利安全监督等。

### 14.1.3 各类预算收入的辨别

政府单位，尤其是事业单位对取得资金的业务进行会计处理时，要注意区分以下容易混淆的收入。

**1. 财政拨款预算收入与上级补助预算收入**

在财政拨款采用实拨资金方式下，财政拨款和上级补助都是从上级单位拨到本单位银行账户的资金。但前者是财政部门拨付的财政资金；后者是非财政拨款资金，是主管部门或上级单位用自身组织的收入或者集中下级单位的收入拨给事业单位的资金。

**2. 财政拨款预算收入与财政专户返还的事业预算收入**

尽管两者都由财政部门拨付，但前者是财政部门从国库拨给政府单位的财政预算资金，后者则是某些事业单位按照收支两条线要求管理的事业活动取得的资金。在管理上，事业预算收入不能在完成业务收到资金时就用于单位开支，而是要按照财政管理要求，先上缴财政专户由财政部门进行监管，审核批准拨付后，事业单位才能使用并确认为单位事业预算收入。

**3. 非同级财政拨款预算收入与事业预算收入**

事业单位可能会从同级政府的其他部门或者非同级政府的财政部门或业务部门获得资金。区分是非同级财政拨款预算收入还是事业预算收入，主要看资金是否用于政府购买服务。如果资金取得时被指定用于提供某个专业服务项目，接受项目资金的条件是完成项目并向出资单位提供项目研究成果等，则属于政府购买服务，项目承接单位将项目经费确认为事业预算收入。如果这些资金并未指定具体项目用途，或项目成果无须提交给立项的政府部门，则将收到的拨款确认为非同级财政拨款预算收入。

**4. 非同级财政拨款预算收入与财政拨款预算收入**

政府单位的财政拨款预算收入是本级政府的财政资金。政府单位取得的非同级政府财政拨款中，从同级政府的其他主管部门取得的转拨财政资金也是本级政府的财政资金，区分两者的标准是该财政资金的财政预算单位是否为本单位。本单位是该财政资金的财政预算单位的，该资金就是本单位的财政拨款预算收入；同级政府的其他主管部门是该财政资金的财政预算单位，按照该单位预算取得本级政府财政资金，之后分配转拨给本单位的，本单位就不是该财政资金的财政预算单位，该资金就不是本单位的财政拨款预算收入。

**5. 事业预算收入与经营预算收入**

经营预算收入是事业单位经营活动取得的预算收入，而不是专业业务活动及其辅助活动取得的预算收入。例如，高校对社会开展车辆或餐饮服务活动取得的预算收入属于经营活动取得的预算收入，而高校为有关单位或个人提供教育培训服务取得的预算收入则应作为事业预算收入，而不能作为经营预算收入处理。有时事业单位的辅助活动与经营活动的形式一样，这时就要看该类活动是否具有营利性，事业预算收入是通过非营利性活动取得的预算收入，如高校的学生食堂餐饮服务收入；经营预算收入是通过营利性活动如提供服务、销售产品（商品）取得的预算收入，如高校体育场馆对外按照市场价格收费的场地收入。

**6. 附属单位上缴预算收入与投资预算收益**

事业单位附属单位是指独立核算的附属单位，有的是企业，有的是企业化管理的事业单位。由于历史原因，一些事业单位投资的企业与企业化管理的事业单位在产权、资产、职工福利等方面没有厘清。由于管理权关系或产权关系受事业单位控制的单位，其上缴的预算收入是附属单位上缴预算收入。

如果事业单位通过投资方式控制其他营利性单位（企业或者企业化管理的事业单位），事业单位与其投资企业之间产权明晰，则被控制的单位属于长期投资的对象，它上缴的利润就是事业单位的投资预算收益。

**7. 附属单位上缴预算收入与经营预算收入**

经营预算收入是非独立核算的经营活动取得的预算收入，而不是从独立核算的经营单位或企业取得的上缴收入。单位对其经营活动的过程及结果独立完整地进行会计核算，称为独立核算。例如，事业单位的后勤部门如果设立企业法人，人员、财务独立，并单独设置账目，单独计算盈亏，就属于独立核算。该单位将纯收入的一部分上缴学校，学校收到后应当将其作为附属单位上缴预算收入而不是经营预算收入处理。如果该后勤部门人员都隶属于事业单位，虽然出于内部管理需要，这部分后勤业务使用相对独立的账户进行核算，但是从单位外部看，这部分人员和业务盈亏在财务上并不独立于事业单位，属于非独立核算，这部分人员从事经营活动的收入属于单位的经营预算收入。

## 14.2 财政拨款预算收入的管理和核算

### 14.2.1 管理方式

本级政府财政预算资金是政府单位行使职能或从事公共服务活动的主要资金来源。对财政预算资金不同的管理方式会对预算收入核算产生影响。

政府单位本级财政拨款的管理方式分为以下两种：

（1）逐级领拨的管理方式。逐级领拨的管理方式又称实拨资金方式。传统上，政府单位取得财政预算资金的方式是逐级领拨。政府单位编制的单位预算得到批准后，按照国家规定的程序，政府单位向财政机关或上级预算单位请领财政资金，财政部门的国库将财政存款直接划拨到主管单位（一级预算单位）在开户银行的存款账户上。一级预算单位收到拨入的款项后，向所属单位层层转拨经费，最终转入各个请领单位的银行账户。目前少数地区政府单位的财政资金仍旧使用实拨资金方式。

（2）国库单一账户的管理方式。国库单一账户的管理方式又称国库集中支付方式。在这种新的财政预算资金管理方式下，政府单位（预算单位）仍需要按照国家规定的预算级次逐级申请资金并逐级下达预算资金支付额度。政府单位根据预算获得对经费的使用权，经费并不拨入各单位的银行账户，而是保留在财政部门的国库单一账户中。财政部门只有在接到并批准各个政府单位的财政直接支付申请后，才通过财政零余额账户向商品或劳务供应者直接付款（即财政直接支付）；或者政府单位在财政部门授权支付额度内使用财政授权支付额度付款时，通过预算单位零余额账户向商品或劳务供应者直接付款（即财政授权支付）。在国库集中支付方式下，财政预算资金集中在国库，政府单位取得财政拨款并不增加其在开户银行的银行存款。目前大多数地区政府单位的财政资金实行国库集中支付方式。

## 14.2.2 核算

**1. 财政拨款预算收入的确认**

财政拨款预算收入的确认和计量与财政资金支付方式有关，政府单位在不同资金支付方式下对财政拨款预算收入的确认和计量如下：

（1）在财政直接支付方式下，根据财政零余额账户代理银行转来的财政直接支付入账通知书中的财政资金支付数额及相关原始凭证，确认财政拨款预算收入及其金额。

（2）在财政授权支付方式下，根据单位零余额账户代理银行转来的财政授权支付额度到账通知书中的授权支付额度，确认财政拨款预算收入及其金额。

（3）在实拨资金方式下，根据银行存款进账单中标明的财政拨款到账金额，确认财政拨款预算收入及其金额。单位收到下期预算的财政拨款，本期不可确认为财政拨款预算收入，需在下个预算期按照预收的金额确认财政拨款预算收入。单位收到财政部门很可能列入预算、尚未走完预算批准程序的临时拨款时，不确认为财政拨款预算收入；待到该拨款按照预期批准程序列入预算后，才确认为财政拨款预算收入。

年末，实行财政直接支付方式的，根据单位本年度财政直接支付预算指标数与财政直接支付实际支出数的差额确认财政拨款收入；实行财政授权支付方式的，根据单位本年度财政授权支付预算指标数与财政授权支付额度下达数的差额确认财政拨款收入。

**2. 核算财政拨款预算收入的科目设置**

根据预算管理的要求，政府单位的财政拨款预算收入既要按一般公共预算拨款和政府性基金预算拨款分别管理，也要按基本支出拨款和项目支出拨款分别管理。基本支出拨款还要按人员经费和日常公用经费分别管理。为满足预算管理要求，会计核算需要分别反映一般公共预算拨款和政府性基金预算拨款、基本支出拨款和项目支出拨款，以及人员经费拨款和日常公用经费拨款。

政府单位应设置“财政拨款预算收入”总账科目，核算单位从同级政府财政部门取得的各类财政拨款。

在“财政拨款预算收入”总账科目下，应当设置“基本支出拨款”和“项目支出拨款”两个明细科目，分别核算政府单位取得用于基本支出和项目支出的财政拨款资金。

根据政府部门决算报表编制的需要，政府单位还应当按照政府收支分类科目中支出功能分类科目的项级科目进行明细核算。

在“基本支出拨款”明细科目下按照人员经费和日常公用经费进行明细核算，在“项目支出拨款”明细科目下按照具体项目进行明细核算。

有一般公共预算拨款、政府性基金预算拨款两种或两种以上财政拨款的政府单位，还应当按照财政拨款的种类分别进行明细核算。

财政拨款预算收入明细科目示例见表 14－1。

表 14－1　财政拨款预算收入明细科目示例

| 总账科目 | 二级明细科目 | 三级明细科目 | 四级明细科目 | 五级明细科目 |
| --- | --- | --- | --- | --- |
| 财政拨款预算收入 | 一般公共预算拨款 | 支出功能分类项级科目 | 基本支出拨款 | 人员经费 |
| | | | | 日常公用经费 |
| | | | 项目支出拨款 | ××项目 |
| | | | | ××项目 |
| | 政府性基金预算拨款 | 同上 | 同上 | 同上 |

会计账户中各层级明细科目的设置并无一定之规，本教材对预算会计账户中各层级明细科目的设置遵循的原则是：根据当前政府单位财政资金管理及相关资金管理文件中明确要求提供的信息设置明细科目；结合单位自身管理可能需要的信息设置明细科目。实务中，单位可以根据自己的会计系统条件和管理需要，决定明细科目的层级顺序和数量。

**3. 核算预算资金占用的会计科目**

根据复式记账法的需要，政府单位除了设置预算收入类、预算支出类会计科目，以及包含当期预算结余和累计预算结余的预算结余类科目，还需设置反映政府单位依据预算所拥有的、可用于支出的预算资源状况的科目，这就是“资金结存”科目。预算资源与预算资源的来源始终是平衡的，因此，“资金结存”科目的金额应该始终与预算结余科目的总额一致。在“资金结存”总账科目下，可以根据预算资源的具体形态，设置“零余额账户用款额度”“货币资金”“财政应返还额度”明细科目。当政府单位的预算资源发生预算收入、预算支出变动时，“资金结存”科目相应发生变动。除了调剂预算结余导致的预算资源变动以外，政府单位取得预算资源时，借记“资金结存”科目，贷记相关预算收入科目；政府单位消耗预算资源时，贷记“资金结存”科目，借记相关预算支出科目。

问答 14－1：为什么预算会计要素只有 3 个？资金结存属于哪类要素？

**4. 财政拨款预算收入的账务处理**

（1）财政直接支付方式下的账务处理。采用国库集中支付方式进行财政直接支付时，根据财政零余额账户代理银行转来的财政直接支付入账通知书中的财政资金支付数额，确认财政拨款预算收入，借记“行政支出”“事业支出”等相关科目，贷记“财政拨款预算收入”科目。年末，按照财政部门批复的财政直接支付预算指标数与财政直接支付实际支出数的差额，借记“资金结存”科目，贷记“财政拨款预算收入”科目。因差错更正、购货退回等发生本年度财政直接支付的资金收回时，借记“财政拨款预算收入”科目，贷记“行政支出”“事业支出”等科目。

问答 14－2：政府财政部门对政府单位拨付或代为支付财政款项时，政府财政会计和政府单位会计核算如何衔接？

（2）财政授权支付方式下的账务处理。政府单位在得到财政部门下达的财政资金授权支付额度时，根据单位零余额账户代理银行转来的财政授权支付额度到账通知书，经与财政部门批准的授权支付额度预算计划核对无误后，借记“资金结存”科目，贷记“财政拨款预算收入”科目。年末，按照本年度财政授权支付预算指标数与财政授权支付额度下达数的差额，借记“资金结存”科目，贷记“财政拨款预算收入”科目。

(3) 实拨资金方式下的账务处理。通过实拨资金方式获取财政资金收入的政府单位，按本期预算收到财政拨款时，根据开户银行发来的银行存款进账单中标明的财政拨款到账金额，借记“资金结存”科目，贷记“财政拨款预算收入”科目。

平时，“财政拨款预算收入”科目的贷方余额反映单位获得财政拨款的累计数。年末结账时，将本科目本年发生额转入“财政拨款结转”科目，借记本科目，贷记“财政拨款结转”科目。年末结转后，本科目应无余额。

**5. 财政拨款预算收入的主要业务核算举例**

(1) 财政直接支付方式下的财政拨款预算收入核算。

**例 14－1**

资料：某水利部门的行政单位（事业单位，水利监测）实行国库直接支付。要求：编制该单位会计对下述业务进行账务处理的预算会计分录。①

①收到财政零余额账户代理银行转来的财政直接支付入账通知书，采用财政直接支付方式支付电脑等办公设备款 10 万元。

借：行政支出（事业支出②）　100 000

　贷：财政拨款预算收入——基本支出拨款——日常公用经费　100 000

②本年通过财政直接支付采购的一批硒鼓入库时发现质量问题，硒鼓已退回。接到财政零余额账户代理银行转来的财政直接支付退款通知书，退回相关货款 2 万元。

借：财政拨款预算收入——基本支出拨款——日常公用经费　20 000

　贷：行政支出（事业支出）　20 000

③收到财政零余额账户代理银行的财政直接支付入账通知书，采用财政直接支付方式支付电费 3.5 万元，其中 1.5 万元使用财政应返还额度③。

借：行政支出（事业支出）　35 000

　贷：资金结存——财政应返还额度　15 000

　　　财政拨款预算收入——基本支出拨款——日常公用经费　20 000

(2) 财政授权支付方式下的财政拨款预算收入核算。

**例 14－2**

资料：某水利部门的行政单位收到单位零余额账户代理银行转来的财政授权支付额度到账通知书，本月取得财政授权支付额度 19 万元，其中用于专项办公楼大型修缮业务 8 万元，用于水利资金专项审计项目 11 万元。要求：编制该单位会计对此业务进行账务处理的预算会计分录。

借：资金结存——零余额账户用款额度　190 000

　贷：财政拨款预算收入——项目支出拨款——办公楼大修　80 000

---

① 由于篇幅所限，此处及下面各类预算收入的明细科目举例只考虑资金限定性要求。同时，每个章节核算的明细科目举例只涉及本章节主要科目。

② 行政单位和事业单位的预算支出科目内容和具体使用，参见预算支出部分的介绍。

③ 财政应返还额度的使用和核算细节，参见预算结余部分的介绍。

——项目支出拨款——水利资金审计　　110 000

（3）年末确认财政拨款预算收入的核算。

**例 14-3**

资料：年末，某行政单位确认本年用于基本支出中日常公用经费的财政直接支付预算指标数为1 700万元，本年财政直接支付的实际支出数为1 695.5万元；确认财政授权支付预算指标数为40万元，已下达单位零余额账户用款额度37万元。要求：编制该单位会计年终确认财政拨款预算收入的会计分录。

借：资金结存——财政应返还额度　　45 000
　贷：财政拨款预算收入——基本支出拨款——日常公用经费　　45 000
借：资金结存——财政应返还额度　　30 000
　贷：财政拨款预算收入——基本支出拨款——日常公用经费　　30 000

（4）实拨资金方式下的财政拨款预算收入核算。

**例 14-4**

资料：某行政单位尚未实行国库集中支付，在实拨资金方式下，该单位发生如下业务。要求：编制该单位会计对下述业务进行账务处理的预算会计分录。

①收到银行存款进账单，财政部门拨入人员经费23万元。

借：资金结存——货币资金　　230 000
　贷：财政拨款预算收入——基本支出拨款——人员经费　　230 000

②年底收到银行存款进账单，财政部门拨付属于下年预算的下年1月份的××项目经费5万元。

年末收到财政部门拨款时，不确认财政拨款预算收入，登记备查账。

下年1月：

借：资金结存——货币资金　　50 000
　贷：财政拨款预算收入——项目支出拨款——××项目　　50 000

## 14.3 业务类预算收入的核算

### 14.3.1 事业预算收入的核算

**1. 事业预算收入的内容**

事业单位开展专业业务活动及其辅助活动收到的资金通常构成事业单位的事业预算收入，可以由事业单位收取并按照规定使用。

但是，并非所有通过事业活动收到的资金都能构成事业单位的事业预算收入。由于一些事业单位从事的业务具有国家垄断性，一部分事业活动的收入是利用政府权力、政府信誉、国家资源、国有资产，或通过提供特定公共服务、准公共服务而取得的，如国有电台、电视台的广告收费，学校的学费、住宿费，出售国有资产取得的资金等，通常情况下，这类资金收缴后不能由单位使用，而是纳入政府财政预算，由单位直接缴入国库或者缴入财政专户，不能确认为单位的事业预算收入。

也有个别种类的收费没有纳入财政预算，为了加强单位收费管理，实行收支两条线，收款时需要先交至财政部门开设的财政专门银行账户，经财政部门审核，按照单位的预算返还给事业单位。这些返还给事业单位的款项构成事业单位一类较为特殊的事业预算收入。目前仅有教育单位存在这种收入。

事业单位从事事业活动收到的资金，包括商品或服务的价款以及应缴的增值税销项税。在预算会计中，为简化起见，将增值税等同于价内税进行核算，代收时作为预算收入的一部分进行确认；未来缴纳时，按照缴纳金额作为预算支出进行确认。

问答 14－3：政府单位的增值税在预算会计核算中直接列入预算收支的处理基于怎样的考虑？

**2. 事业预算收入的确认**

根据事业预算收入的管理方式，事业单位的事业预算收入主要有两类。

（1）事业单位直接收到的事业预算收入。大多数事业单位通过提供专业业务活动及其辅助活动收到的不需要上缴国库或财政专户的资金，在收到时确认为事业预算收入。

（2）通过财政专户返还的事业预算收入。事业单位在取得属于财政专户管理的教育收费时，按照规定的时间缴入财政部门开设的汇缴专户。单位收到这些款项时不能作为事业预算收入，而应作为一种负债（应缴财政专户款）进行确认和核算。①

财政部门依据部门预算、收费上缴财政专户情况和用款申请，从财政专户代理银行向单位银行账户核拨资金后，事业单位才能根据相关的银行收款凭证确认相应的事业预算收入。

《中央单位教育收费收缴管理暂行办法》

**3. 核算事业预算收入的科目设置**

事业单位应设置“事业预算收入”科目核算本单位开展专业业务活动及其辅助活动取得的收入。该科目应当按照事业预算收入的类别、项目、来源、政府收支分类科目中支出功能分类相关科目等进行明细核算。

事业预算收入中如有专项资金收入，还应按具体项目进行明细核算。对于因开展科研及其辅助活动等从非同级财政部门取得的经费拨款，应当在“事业预算收入”科目下单设“非同级财政拨款”明细科目进行明细核算。

事业预算收入明细科目示例见表 14－2。

**表 14－2　事业预算收入明细科目示例**

| 总账科目 | 二级明细科目 | 三级明细科目（如有必要） | 四级明细科目 | 五级明细科目 |
|---|---|---|---|---|
| 事业预算收入 | 支出功能分类项级科目 | ××（业务）预算收入 | 非专项收入 | ××收入 |
| | | | | ××收入 |
| | | ××（业务）预算收入 | ××项目 | 非同级财政拨款 |
| | | | | 其他资金收入 |

① 按照收支两条线的方式通过财政专户管理的教育收费具体管理内容参见《中央单位教育收费收缴管理暂行办法》（扫描二维码）。

**4. 事业预算收入主要业务的账务处理**

采用财政专户返还方式管理的事业预算收入，收到从财政专户返还的事业预算收入时，按照实际收到的返还金额，借记“资金结存”科目，贷记“事业预算收入”科目。

事业单位收到其他事业预算收入时，按照实际收到的款项金额（含增值税的金额），借记“资金结存”科目，贷记“事业预算收入”科目。

年末，将“事业预算收入”科目本期发生额中的专项资金收入结转至非财政拨款结转，借记“事业预算收入”科目下各专项资金收入明细科目，贷记“非财政拨款结转”科目。将“事业预算收入”科目本期发生额中的非专项资金收入结转至其他结余，借记“事业预算收入”科目下各非专项资金收入明细科目，贷记“其他结余”科目。期末结账后，“事业预算收入”科目应无余额。

**5. 事业预算收入的主要业务核算举例**

例 14-5

资料：某高校发生以下与事业收入相关的业务。要求：编制该单位会计对下述业务进行账务处理的预算会计分录。

①为某企业提供专业培训，取得非营利性培训费13万元（含小规模纳税人增值税3%），款项已划入银行账户。

借：资金结存　　130 000

　贷：事业预算收入——非专项收入　　130 000

非税收入一般缴款书

②开学时，收到缴纳的学费40万元，采用集中缴库方式缴入财政专户。①

无预算会计分录。

③将前几日收到的学费60万元缴入财政专户。

无预算会计分录。

④收到银行通知书，收到财政部门通过财政专户拨付的返还学费50万元。②

借：资金结存　　500 000

　贷：事业预算收入——非专项收入　　500 000

⑤收到银行通知书，收到本校教师行业管理规范研究项目的业务经费5万元。

借：资金结存　　50 000

　贷：事业预算收入——行业管理规范研究项目　　50 000

财政拨款申请书（财政专户拨款专用）

### 14.3.2 经营预算收入的核算

经营预算收入是各事业单位在专业业务活动及其辅助活动之外开展非独立核算的

① 集中缴库的缴库凭证格式及内容参见非税收入一般缴款书（电子）（扫描二维码）。

② 高校需要提前向财政部门申请返还学费，申请单据格式及内容参见财政拨款申请书（财政专户拨款专用）（扫描二维码）。

营利性活动取得的现金流入，事业单位应设置“经营预算收入”科目进行核算。该科目应当按照经营活动类别、项目、政府收支分类科目中支出功能分类科目的项级科目进行明细核算。

事业单位开展营利性活动收讫提供服务或出售商品的价款、增值税等款项时，按照实际收到的金额，借记“资金结存”科目，贷记“经营预算收入”科目。年末，将“经营预算收入”科目本年发生额结转至经营结余，借记本科目，贷记“经营结余”科目。年末结账后，“经营预算收入”科目应无余额。

**例 14 - 6**

资料：某高校发生以下与经营收入相关的业务。要求：编制该单位会计对下述业务进行账务处理的预算会计分录。

①高校收取某体育培训机构包月使用部分学校球场的预付场地使用费 2.4 万元。

借：资金结存　　24 000

　贷：经营预算收入　　24 000

②学校体育馆销售饮料 500 元。

借：资金结存　　500

　贷：经营预算收入　　500

## 14.4　非同级财政的缴拨类预算收入的核算

### 14.4.1　上级补助预算收入的核算

事业单位使用“上级补助预算收入”科目核算从主管部门和上级单位取得的非财政补助现金流入。本科目应当按照发放补助单位、补助项目、政府收支分类科目中支出功能分类科目的项级科目等进行明细核算。上级补助收入中如有专项资金补助，应当按具体项目设置明细科目进行明细核算。

收到补助款时，借记“资金结存”科目，贷记“上级补助预算收入”科目；缴回补助款时，做相反的会计分录。

期末，将“上级补助预算收入”科目中的专项资金收入结转至非财政拨款结转，借记“上级补助预算收入”科目下各专项资金收入明细科目，贷记“非财政拨款结转”科目。将“上级补助预算收入”科目本年发生额中的非专项资金收入结转至其他结余，借记“上级补助预算收入”科目，贷记“其他结余”科目。年末转账后，“上级补助预算收入”科目应无余额。

**例 14 - 7**

资料：某小学收到上级主管单位拨来的补助资金 6 万元，用于校园活动场地的建设。要求：编制该单位会计对此业务进行账务处理的预算会计分录。

借：资金结存　　60 000

　贷：上级补助预算收入——场地建设项目　　60 000

### 14.4.2 附属单位上缴预算收入的核算

事业单位使用“附属单位上缴预算收入”科目核算本单位附属独立核算单位按照有关规定上缴的现金流入。本科目应当按照附属单位、缴款项目、政府收支分类科目中支出功能分类科目的项级科目等进行明细核算。附属单位上缴预算收入中如有专项资金收入，还应按具体项目进行明细核算。

收到附属单位缴来的款项时，按照实际收到的金额，借记“资金结存”等科目，贷记“附属单位上缴预算收入”科目。

期末，将“附属单位上缴预算收入”科目本期发生额中的专项资金收入结转至非财政拨款结转，借记“附属单位上缴预算收入”科目下各专项资金收入明细科目，贷记“非财政拨款结转”科目。将“附属单位上缴预算收入”科目本期发生额中的非专项资金收入结转至其他结余，借记“附属单位上缴预算收入”科目下各非专项资金收入明细科目，贷记“其他结余”科目。期末结账后，“附属单位上缴预算收入”科目应无余额。

**例 14-8**

资料：某大型综合医院与附属独立核算的体检中心发生如下业务。要求：编制该单位会计对下述业务进行账务处理的预算会计分录。

①收到体检中心按比例上缴的收入45万元。

借：资金结存　　450 000

　贷：附属单位上缴预算收入——非项目收入　　450 000

②收到体检中心上缴的用于新医疗大楼建造的专项资金100万元。

借：资金结存　　1 000 000

　贷：附属单位上缴预算收入——医疗大楼项目　　1 000 000

### 14.4.3 非同级财政拨款预算收入的核算

**1. 科目设置**

问答14-4：政府单位会计按照非同级财政拨款核算的资金范围是什么？核算时要注意什么问题？

为了核算政府单位从非同级政府财政部门取得的财政拨款——包括本级横向转拨财政款和非本级财政拨款，需要设置“非同级财政拨款预算收入”科目。该科目的设置可以为政府部门预算会计报表和政府合并预算会计报表的编制提供政府单位的往来信息，方便政府单位的预算收支进行抵销。

“非同级财政拨款预算收入”科目应按照相关预算收入的预算类别、来源单位、政府收支分类科目中支出功能分类科目的项级科目等进行明细核算，如果有专项资金收入，还应按照具体项目进行明细核算。

非同级财政拨款预算收入明细科目示例见表14-3。

表 14－3　非同级财政拨款预算收入明细科目示例

| 总账科目 | 二级明细科目 | 三级明细科目 | 四级明细科目 | 五级明细科目 |
|---|---|---|---|---|
| 非同级财政拨款预算收入 | 一般公共预算拨款 | 支出功能分类项级科目 | ××单位 | 非专项 |
| | | | ××单位 | ××项目 |
| | | | ××单位 | ××项目 |
| | 政府性基金预算拨款 | 同上 | 同上 | 同上 |

**2. 账务处理**

取得非同级财政拨款预算收入时，按照实际收到的金额，借记“资金结存”科目，贷记“非同级财政拨款预算收入”科目。

年末，根据“非同级财政拨款预算收入”科目下各专项资金收入明细科目的金额，借记本科目及各专项资金收入明细科目，贷记“非财政拨款结转”科目。根据“非同级财政拨款预算收入”科目本年发生额中的非专项资金收入的金额，借记本科目及各非专项资金收入明细科目，贷记“其他结余”科目。年末结转后，“非同级财政拨款预算收入”科目应无余额。

对于因开展科研及其辅助活动等从非同级财政部门取得的经费拨款，如高校获得其他单位因合作项目而拨付的科研项目经费，应当通过“事业预算收入”科目进行核算，不通过“非同级财政拨款预算收入”科目核算。

**3. 主要业务核算举例**

**例 14－9**

资料：某部属高校收到开户银行的到账通知书，收到所在地的市财政拨付给本单位的一笔经费 20 万元，用于高校发展。要求：编制该单位会计对上述业务进行账务处理的预算会计分录。

| | | |
|---|---|---|
| 借：资金结存 | 200 000 | |
| 　贷：非同级财政拨款预算收入 | | 200 000 |

**例 14－10**

资料：某部属高校收到开户银行的到账通知书，收到所在地的市财政委托本单位进行有关政府财政预算管理研究项目的经费 5 万元，款项已经到账。要求：编制该单位会计对上述业务进行账务处理的预算会计分录。

| | | |
|---|---|---|
| 借：资金结存 | 50 000 | |
| 　贷：事业预算收入——预算管理研究项目 | | 50 000 |

## 14.5　投融资类预算收入的核算

### 14.5.1　投资预算收益的账务处理

事业单位的投资预算收益是按规定纳入单位预算管理的投资收益的现金流入，从种类看，包括股权投资收益、出售或收回债券投资所取得的收益和债券投资利息收入。

事业单位用“投资预算收益”科目核算这类预算收入，并按照政府收支分类科目中支出功能分类科目的项级科目等进行明细核算。必要时可按投资对象设置更多明细科目。

事业单位投资预算收益的主要账务处理如下：

（1）收到债券投资的利息时，按照实际收到的金额，借记“资金结存”科目，贷记“投资预算收益”科目。

（2）取得持有长期股权投资的被投资单位分派的现金股利或利润时，按照实际收到的金额，借记“资金结存”科目，贷记“投资预算收益”科目。

（3）出售或到期收回本年度取得的短期、长期债券，收回的本金视同当期投资支出的收回，按照实际取得的价款或实际收到的本息金额，借记“资金结存”科目，按照取得债券时“投资支出”科目的发生额，贷记“投资支出”科目，按照其差额，贷记或借记“投资预算收益”科目。

（4）出售或到期收回以前年度取得的短期、长期债券，不冲减当期预算支出，而是调整预算结余。按照实际取得的价款或实际收到的本息金额，借记“资金结存”科目，按照取得债券时“投资支出”科目的发生额，贷记“其他结余”科目，按照其差额，贷记或借记“投资预算收益”科目。

（5）出售、转让以非货币性资产取得的长期股权投资时，确定按照规定纳入单位预算管理的金额（实际取得的价款扣减支付的相关费用和应缴财政款后的余额）后，借记“资金结存”科目，贷记“投资预算收益”科目。

（6）出售、转让以货币资金取得的长期股权投资时，其账务处理参照出售或到期收回债券投资。

年末，将“投资预算收益”科目本年发生额结转至其他结余，借记或贷记“投资预算收益”科目，贷记或借记“其他结余”科目。年末结转后，“投资预算收益”科目应无余额。

**例 14－11**

资料：某高校发生如下投资预算收益相关业务。要求：编制该单位会计对下述业务进行账务处理的预算会计分录。

①单位使用事业结余资金进行的3年期国债投资到期，收到本息10.5万元，国债购买成本为10.05万元。

借：资金结存　　105 000

　贷：其他结余　　100 500

　　投资预算收益　　4 500

②单位获得所投资的出版社本年度分红70万元，单位按照权益法进行核算。

借：资金结存　　700 000

　贷：投资预算收益　　700 000

③单位因合作产生问题，过去投资的按照成本法核算的酒店被转让给合作方，当年现金投资1 100万元。收回的股权转让款项2 598万元留归单位。

借：资金结存　　25 980 000

　贷：其他结余　　11 000 000

　　投资预算收益　　14 980 000

### 14.5.2　债务预算收入的账务处理

在事业单位从银行或其他金融机构借入的款项纳入单位预算管理的情况下，相关的现金流入构成单位的债务预算收入。

“债务预算收入”科目用于核算事业单位按照规定从银行和其他金融机构等借入的纳入单位预算管理的债务本金。本科目应当按照贷款单位、贷款种类、政府收支分类科目中支出功能分类科目的项级科目等进行明细核算。债务预算收入中如有指定专项用途的，还应按照具体项目进行明细核算。

事业单位借入各项短期或长期借款时，应按照实际收到的金额，借记“资金结存”科目，贷记“债务预算收入”科目。年末，将“债务预算收入”科目本年发生额中的专项资金收入结转至非财政拨款结转，借记“债务预算收入”科目下各专项资金收入明细科目，贷记“非财政拨款结转”科目。将“债务预算收入”科目本年发生额中的非专项资金收入结转至其他结余，借记“债务预算收入”科目下各非专项资金收入明细科目，贷记“其他结余”科目。年末结账后，“债务预算收入”科目应无余额。

例 14－12

资料：某大型综合医院从银行借入 500 万元，限定用于医疗大楼的修建。要求：编制该单位会计对上述业务进行账务处理的预算会计分录。

借：资金结存　5 000 000

　　贷：债务预算收入——医疗大楼项目　5 000 000

## 14.6　其他预算收入的核算

### 14.6.1　主要业务账务处理

政府单位的其他预算收入包括银行存款利息预算收入、租金预算收入、捐赠预算收入、现金盘盈收入等现金流入。单位用“其他预算收入”科目进行核算，按照其他预算收入的类别等进行明细核算。

其他预算收入中如有专项资金收入（如限定用途的捐赠收入），还应按具体项目进行明细核算。

政府单位每日现金账款核对中如果出现现金盘盈，属于无法查明原因的部分，在确定后借记“资金结存”科目，贷记“其他预算收入”科目。

政府单位收到银行存款利息、捐赠现金或属于其他预算收入的现金流入时，按照实际收到的金额，借记“资金结存”科目，贷记“其他预算收入”科目。

期末，将“其他预算收入”本期发生额中的专项资金收入转入非财政补助结转，借记“其他预算收入”下各专项资金收入明细科目，贷记“非财政补助结转”科目。将“其他预算收入”本期发生额中的非专项资金收入转入其他结余，借记“其他预算收入”科目下各非专项资金收入明细科目，贷记“其他结余”科目。期末结账后，“其他预算收入”科目应无余额。

## 14.6.2 主要业务核算举例

**例 14-13**

资料：某高校发生以下与其他预算收入相关的经济业务。要求：编制该单位会计对下述业务进行账务处理的预算会计分录。

①接到开户银行的到账通知书，收到本期银行存款利息1.8万元，记入单位银行账户。

借：资金结存　　18 000

　贷：其他预算收入　　18 000

②单位核对现金发现盘盈1 000元，无法查明原因，经领导批准作为单位其他预算收入。

借：资金结存　　1 000

　贷：其他预算收入　　1 000

③接受校友捐赠用于建设图书馆的款项2 000万元。

借：资金结存　　20 000 000

　贷：其他预算收入——图书馆建设项目　　20 000 000

## 思考题

1. 政府单位取得货币资金的业务是否都构成单位的预算收入业务？

2. 政府单位为何要在财政拨款收入核算中设置按照政府支出功能分类的明细账？是否需要设置按照政府支出经济分类的明细账？为什么？

3. 为何需要在会计核算科目上区分财政拨款预算收入和非同级财政拨款预算收入？

4. 非同级财政拨款预算收入与事业预算收入的区别是什么？为什么要这样区分？

5. 事业单位的银行借款为什么能够确认为债务预算收入，而其他债务如应缴财政款却不能确认为债务预算收入？

## 练习题

资料：以下是一些政府单位发生的业务，这些政府单位的财政资金只有一般公共预算资金。

**要求：** 编制必要的预算会计分录（使用总账科目以及与基本支出、项目支出相关的明细科目）。

(1) 某行政单位采购专用设备，财政直接支付50万元。设备尚未送达。

(2) 某行政单位前一日盘点发现长余现金10元，已记入待处理财产损溢，无法查明原因，经批准作为单位收入。

(3) 某事业单位收到上级拨来的资金 20 万元，用于补助专项执法。

(4) 某科研单位提供专业服务，取得事业收入 5 万元。

(5) 某行政单位收到行政事业性收费 3 000 元现金，需要上缴国库。

(6) 某事业单位出租临街的一排平房，承租人通过银行转账缴纳本年租金 100 万元，其中单位须缴纳的相关税费为 6.6 万元。根据管理规定，租金归单位预算安排使用。

(7) 某事业单位银行存款账户结算当期利息，单位获得利息收入 1 200 元。

(8) 某事业单位后勤部门向社会提供车辆运营服务，收取服务费 5 000 元现金。

(9) 某事业单位收到下属企业上缴的利润 7 万元。

(10) 某高校获得校友指定研究领域的奖学金捐款 300 万元，每年利息用于奖学金发放。

# 第 15 章 Chapter 15 政府单位预算支出的核算

学习目标

1. 掌握政府单位预算支出的定义
2. 了解政府单位预算支出的分类
3. 掌握政府单位预算支出确认的条件
4. 掌握政府单位预算支出的核算

## 15.1 政府单位预算支出概述

### 15.1.1 政府单位预算支出的定义

政府单位预算支出是指政府单位在预算年度内依法发生并纳入单位预算管理的现金流出。其中，“纳入单位预算管理的现金流出”的具体含义如下。

**1. 它是单位预算范围内的资金支出**

原则上，单位所有可用于自身活动的资金的流入和流出都应该纳入单位预算管理，但是目前尚有部分资金计提专用结余后脱离单位预算管理。使用这些专用结余导致的资金流出在目前的预算管理范围之外，不作为单位预算支出确认。

有一些资金不可用于单位自身活动，如应缴国库款缴纳时的现金流出、明确需要转拨下级单位的经费金额。这些资金不是单位预算资金，因此，在支付或转拨时不构成政府单位的预算支出。

**2. 它是货币资金的消耗或分配**

政府单位预算针对的是现金资源，因此预算管理以货币资金为管理对象，包括特殊的货币资金——财政应返还额度，只有预算范围内的现金流出才属于预算支出。政府单位非货币资金的资源流出，如材料物品的发放等，不是政府单位的预算支出；政府单位购买材料物品等支付货币资金，才是政府单位的预算支出。

## 15.1.2 政府单位预算支出的分类

按照政府单位发生预算支出的业务活动类型、资金管理限定性、支出的经济用途等，可以进行预算支出的多角度分类。

**1. 按业务活动类型分类**

根据政府单位预算支出所对应的单位业务活动类型，可以将预算支出分为以下几类：

（1）单位职能支出。政府单位发生的与履行政府管理或专业职能相关的现金流出，是政府单位的主要支出，也是政府单位资金管理的重点。

在行政单位，这类因履行职责实际发生的各项现金流出称为行政支出；在事业单位，这类因开展专业业务活动及其辅助活动实际发生的各项现金流出称为事业支出。

职能支出是政府单位资金管理的重点，它的资金来源主要是财政拨款预算收入，其他来源包括事业预算收入、非同级财政拨款预算收入、上下级单位缴拨款预算收入、投融资类预算收入等。

（2）经营支出。一些事业单位在专业业务活动及其辅助活动之外如果有余力，还可以从事一些非独立核算经营活动，以提高资产的使用效率。事业单位在专业业务活动及其辅助活动之外开展非独立核算经营活动实际发生的现金流出，就是经营支出。

（3）缴拨款类支出。事业单位上下级之间通过管理权限，对一些非财政拨款预算收入进行上缴或者下拨。事业单位拨付或上缴款项，形成上下级单位缴拨款类支出。根据资金流向，事业单位的缴拨款项分为对附属单位补助支出和上缴上级支出。这两类预算支出单独设置科目，一方面是为了区别于业务活动产生的预算支出，另一方面是为了方便在合并部门和政府决算报表时将上下级之间的预算收支抵销。

1）对附属单位补助支出，指事业单位用财政拨款预算收入之外的收入对附属单位进行补助发生的现金流出。

2）上缴上级支出，指事业单位按照财政部门和主管部门的规定上缴上级单位款项发生的现金流出。上缴上级支出只指政府部门中独立核算的事业单位按规定比例上缴上级的非预算财政资金，事业单位上缴上级的预算财政资金，如财政资金的结存或结余上缴不列为单位支出。

（4）投融资类支出。投融资类支出可分为投资支出和债务还本支出。

1）投资支出。事业单位存在非财政资金，为了提高这些资金的使用效益，事业单位可以根据相关规定，使用非财政资金购买国债或者采用其他经过上级批准的方式投资，如对外股权投资。政府单位的货币资金投资纳入预算管理，事业单位以货币资金投资方式发生的现金流出，就是单位的投资支出。

2）债务还本支出。事业单位自身承担的负债纳入单位预算管理，因此，偿还这些纳入预算管理的从银行和其他金融机构举借的债务本金发生的现金流出，构成事业单位的债务还本支出。

债务引起的利息尽管也是单位融资活动导致的一种支出，但是根据管理的需要，在会计核算上列入其他支出。

（5）其他支出。其他支出是政府单位除行政支出、事业支出、经营支出、对附属单位补助支出、上缴上级支出、投资支出、债务还本支出以外的各项现金流出，包括利息支出、捐赠支出、现金盘亏、捐赠税费、罚没支出等。

**2. 按资金管理限定性分类**

从资金管理的限定性角度出发，政府单位预算支出中的财政拨款预算支出分为基本支出和项目支出两大类。其他资金支出则根据出资者对用途的限定情况，强调用途受到限制的项目支出的管理。

《中央本级基本支出预算管理办法》

（1）基本支出。① 基本支出是政府单位为保障机构正常运转，完成日常管理和专业工作发生的支出。它是政府单位进行公务活动必需的日常资金消耗，是履行社会管理职能、完成社会公益事业的基本资金保证，也是单位预算支出管理的重点和上级有关部门考核、检查政府单位预算执行情况的重要依据。

从财政资金预算管理的角度出发，属于基本支出的经费必须是能够实行定员或定额管理的经费，分为人员经费和日常公用经费两部分。人员经费包括工资福利支出及对个人和家庭的补助，如基本工资、津贴补贴、奖金、其他社会保障缴费、离退休费、医疗费、助学金、住房补贴和其他人员经费等。日常公用经费则包括政府单位的商品和服务支出及资本性支出中属于基本支出的部分，如办公及印刷费、水电费、邮电费、取暖费、物业管理费、交通费、差旅费、日常维修费、会议费、专用材料费、办公设备购置等公用经费。这种分类的目的在于落实财政资金定员定额的原则，编制基本支出预算并实现对基本支出的管理和控制。

《中央本级项目支出预算管理办法》

（2）项目支出。② 项目支出是政府单位在基本支出之外为完成特定的行政工作任务或事业发展目标所发生的支出，包括基本建设、专项业务、大型修缮、大型购置、大型会议等支出。它们通常是不宜实行定员定额管理的支出项目。不论是财政拨款资金还是非财政资金，只要资金提供者指定资金用途并要求单独进行资金使用情况的报告，相应的资金支出就是项目支出。项目支出的管理应遵循以下原则：

1）专款专用原则。政府单位必须严格按限定的用途使用项目资金，专项资金不能用于日常业务作为基本支出；各专项资金不能互相挤占；有专项资金来源的活动不应挪用、挤占基本经费资金。严格区分项目支出与基本支出的意义在于加强各项资金管理，保证各项业务顺利开展。

2）收、支、余单独核算原则。政府单位对项目资金的取得和使用应单独设置账户进行反映，以便提供足够的信息，便于财政部门或上级单位对项目资金使用情况和使用效果进行考核和监督。政府单位不仅需要将项目资金与基本经费资金的收支分别反映，在项目资金的核算上也需要按项目进行反映，以便提供每个项目的进展状况和资金使用、结余状况。

---

① 基本支出的内容、分类和管理详情参见《中央本级基本支出预算管理办法》（扫描二维码）。
② 项目支出的内容、分类和管理详情参见《中央本级项目支出预算管理办法》（扫描二维码）。

3）加强检查监督原则。政府单位应对专项支出的使用、项目进度、使用效益等情况加强事前、事中和事后的检查监督，实行跟踪问效。政府单位应接受主管会计单位、财政部门等有关部门的检查和监督。

**3. 按支出的经济用途分类**

根据政府预算收支科目以及部门预算编制的分类要求，政府单位预算支出需要按照政府收支分类科目中部门预算支出经济分类科目，依照支出用途进行分类，每类再具体分为各款。

政府单位预算支出经济分类类级科目包括：工资福利支出、商品和服务支出、对个人和家庭的补助、债务利息及费用支出、资本性支出（基本建设）、资本性支出、对企业补助（基本建设）、对企业补助、对社会保障基金补助和其他支出。

## 15.1.3 政府单位预算支出的确认

**1. 预算支出确认的时点**

大多数的政府单位现金流出在符合预算支出定义的情况下确认为支出。

在国库集中支付方式下，通过财政直接支付使用本年度预算财政拨款的，在财政直接支付与确认财政拨款预算收入时确认财政拨款的预算支出。通过财政直接支付使用以前年度预算财政拨款的，在使用财政应返还额度时确认财政拨款的预算支出。通过财政授权支付使用财政拨款的，在使用财政授权支付额度进行付款（不包括从单位零余额账户提取现金）时确认财政拨款的预算支出。

在其他支付方式下，政府单位需要在支付属于预算管理范畴的现金时确认预算支出。如果单位支付的是不纳入单位预算管理的资金，如支付其他应收款中的押金、使用直接记入专用基金的资金、上缴应缴财政的款项、支付单位受托代理的资金等，则不能确认预算支出。

政府单位一些特殊的业务在确认预算支出时有较为特殊的确认时点：

（1）政府单位因单位职工出差暂借款等支付的暂付款项，通常可以在职工出差回来报销暂付款时确认预算支出。

（2）政府单位使用财政部门预拨的属于下年财政预算的款项，待到下年预拨款项所属的预算年度确认预算支出。政府单位使用财政部门暂付的没有列入财政预算的款项，待到该财政款项纳入财政预算和单位预算时确认预算支出。

（3）属于增值税一般纳税人的事业单位，在购买商品或服务支付增值税进项税额时，或者向税收部门支付本单位应交增值税时，将支付的增值税款项确认为预算支出。

（4）如果因为计量问题，有一些资金支出但是无法确定单位最终资金耗费的金额，在货币资金流出时不一定确认支出。例如，单位进行资产处置时可能发生相关现金流出，由于资产处置时还有处置资金收入、资金上缴、确定抵销金额等规定，现金流出时并不能明确最终单位承担的支出数，需要等到资产处置结束时才确认预算支出。

**2. 预算支出种类的确认**

确认事业单位的支出要注意各种资金的使用范围，正确判断容易混淆的几个支出种类。

（1）上缴上级支出与上缴财政结存或结余。上缴上级支出是事业单位上缴上级预算单位的非财政资金支出，属于事业单位的支出项目。政府单位年末财政拨款资金的结存或结余如果按照要求上缴财政部门，则不能确认为支出，而是确认为预算结余的直接减少。

（2）事业支出与经营支出。前者是事业单位在专业业务活动及其辅助活动中发生的支出；后者是事业单位在专业业务活动及其辅助活动之外开展经营活动发生的支出。凡是直接用于经营活动的材料、人工等费用，应据实列为经营支出；经营单位使用的水、电、风、气，要安装计量仪表，单独计算费用支出。单位在事业支出中垫支的有关费用，应按有关记录查明或按规定比例分摊。只有对经营支出实行严格的核算，才能避免因经营支出核算不实而挤占事业资金、虚增经营结余的现象。

（3）对附属单位补助支出与向附属单位转拨财政拨款收入。事业单位使用本单位筹集的非财政资金向附属单位拨付补助，属于对附属单位补助支出。事业单位如果向附属单位转拨财政拨款资金或其他上级主管部门的补助资金，收到时应作为单位的负债，拨付时作为负债的减少，不能列入支出。

## 15.2 单位职能支出的核算

### 15.2.1 科目设置

政府单位应当根据自身性质设置“行政支出”或“事业支出”总账科目，核算本单位在开展相关职能业务活动中发生的各项支出。

根据预算管理的需要，政府单位应该在“行政支出”或“事业支出”总账科目下，根据不同管理需求设置明细科目。

（1）根据资金来源约束情况分别设置“财政拨款支出”“非财政专项资金支出”“其他资金支出”明细科目。

设置“财政拨款支出”明细科目，核算政府单位使用本级财政拨款资金发生的支出。设置“非财政专项资金支出”明细科目，核算政府单位使用本级财政拨款以外、有限定用途的其他各类资金发生的支出，也就是其他各类资金的项目支出。设置“其他资金支出”明细科目，核算政府单位使用本级财政拨款以外、没有限定用途的其他各类资金发生的支出。

（2）按照政府收支分类科目中支出功能分类科目的项级科目设置相应的明细科目进行明细核算。

（3）按照资金来源的限定性设置“基本支出”和“项目支出”明细科目进行明细核算，并在“基本支出”和“项目支出”明细科目下按照政府收支分类科目中部门预算支出经济分类科目的款级科目进行明细核算，同时在“项目支出”明细科目下按照具体项目进行明细核算。

（4）一些行业的事业单位从行业管理角度出发，在“事业支出”总账科目下设置体现具体专业业务类型的明细科目。

（5）其他必要的明细科目。如果政府单位有一般公共预算拨款、政府性基金预算拨款两种或两种以上的财政拨款，还应当按照财政拨款的种类分别进行明细核算。

行政支出或事业支出的总账及明细科目见表 15－1。

**表 15－1　行政支出或事业支出总账及明细科目表**

<table>
<tr><th>总账科目</th><th>二级明细科目</th><th>三级明细科目</th><th>四级明细科目</th><th>五级明细科目</th><th>六级明细科目</th><th>七级明细科目</th></tr>
<tr><td rowspan="11">行政支出或事业支出</td><td rowspan="6">财政拨款支出</td><td rowspan="5">一般公共预算拨款支出</td><td rowspan="5">支出功能分类项级科目</td><td rowspan="2">基本支出</td><td>部门预算支出经济分类款级科目</td><td rowspan="2"></td></tr>
<tr><td>待处理</td></tr>
<tr><td rowspan="3">项目支出</td><td rowspan="2">××项目</td><td>部门预算支出经济分类款级科目</td></tr>
<tr><td>待处理</td></tr>
<tr><td>××项目</td><td>同上</td></tr>
<tr><td>政府性基金预算拨款支出</td><td>支出功能分类项级科目</td><td>同上</td><td>同上</td><td>同上</td></tr>
<tr><td>非财政专项资金支出</td><td rowspan="5">支出功能分类项级科目</td><td rowspan="2">基本支出</td><td>部门预算支出经济分类款级科目</td><td rowspan="2"></td><td rowspan="2"></td></tr>
<tr><td rowspan="4">其他资金支出</td><td>待处理</td></tr>
<tr><td rowspan="3">项目支出</td><td rowspan="2">××项目</td><td>部门预算支出经济分类款级科目</td><td rowspan="3"></td></tr>
<tr><td>待处理</td></tr>
<tr><td>××项目</td><td>同上</td></tr>
</table>

由于预算管理的需要，政府单位应该按照规定设置明细科目，但是可以根据自身的会计系统条件，决定明细科目的级次顺序。

### 15.2.2　主要业务账务处理

政府单位发生行政或事业支出业务，例如支付工资、支付劳务费、支付商品或服务款项或税费等，应按照实际支付的现金金额，借记“行政支出”或“事业支出”总账科目和相关明细科目，根据所使用资金的取得方式，贷记“财政拨款预算收入”或“资金结存”科目。

发生预付差旅费等暂付款时，政府单位可以不进行预算会计处理，待结算或报销时，按照结算或报销的金额，借记“行政支出”或“事业支出”总账科目和相关明细科目，贷记“财政拨款预算收入”或“资金结存”科目。

政府单位因购货退回款项或发生错误更正，属于当年支出收回的，按照收回金额，借记“财政拨款预算收入”或“资金结存”科目，贷记本科目。如果是退回往年款项，则不在本科目核算。

年末，将“行政支出”或“事业支出”科目本年发生额中的财政拨款支出部分转入财政拨款结转，借记“财政拨款结转”科目，贷记本科目下财政拨款支出明细科目；将“行政支出”或“事业支出”科目本年发生额中非财政专项资金支出部分转入非财政拨款结转，借记“非财政拨款结转”科目，贷记本科目下非财政专项资金支出明细科目；将“行政支出”或“事业支出”科目本年发生额中其他资金支出部分转入其他资金结转结余，借记“其他资金结转结余”科目，贷记本科目。年末结账后，“行政支出”或“事业支出”科目应无余额。

### 15.2.3 主要业务核算举例

**例 15-1**

资料：政府单位发生以下基本支出业务。要求：编制各政府单位会计对下述业务进行账务处理的预算会计分录。①

(1) 基本支出的核算。

①某行政单位发放基本工资总额 24 万元，津贴 20 万元，发放退休人员退休费 9.6 万元，其中含代职工转入住房公积金管理中心的住房公积金 2.88 万元。单位同时配套补贴住房公积金 2.88 万元。款项已通过财政直接支付转入个人工资账户和住房公积金个人账户。

借：行政支出——财政拨款支出——基本支出　　564 800

　贷：财政拨款预算收入　　564 800

②某行政单位因购置复印机等办公设备进行支付，总价值 1.5 万元，其中 0.5 万元用单位自筹资金支付，1 万元用单位零余额账户用款额度支付。

借：行政支出——财政拨款支出——基本支出　　10 000

　　　　　——其他资金支出——基本支出　　5 000

　贷：资金结存　　15 000

③某行政单位员工领用材料时，发现本年度购买的办公材料存在质量问题，将材料退回供应商，单位零余额账户代理银行通知已收回相应的货款 1 000 元。

借：资金结存　　1 000

　贷：行政支出——财政拨款支出——基本支出　　1 000

④某水利部门事业单位职工报销公务卡支付的水利工程运行调研差旅费 7 200 元，单位签发财政授权支付令，通知代理银行向公务卡银行支付 7 200 元。

借：事业支出——财政拨款支出——基本支出　　7 200

　贷：资金结存　　7 200

(2) 项目支出的核算。

①某水利部门事业单位购买价值 5 万元的水泵一套，用于城市防洪项目。已通过

---

① 由于篇幅所限，支出分录的明细科目只使用反映资金来源和用途的科目以及限定性的科目。

财政直接支付方式支付款项。

借：事业支出——财政拨款支出——项目支出——城市防洪项目 50 000

贷：财政拨款预算收入 50 000

②某行政单位通过财政直接支付方式支付施工单位办公楼大修改造项目工程款10万元。

借：行政支出——财政拨款支出——项目支出——办公楼大修 100 000

贷：财政拨款预算收入——项目支出拨款——办公楼大修 100 000

③某水利部门事业单位开出支票，使用上级省财政部门通过省水利厅拨付的指定用于本市水质监测的专项资金，支付专业公司咨询费8 000元。

借：事业支出——非财政专项资金支出——项目支出——水质监测专项 8 000

贷：资金结存 8 000

④某水利部门事业单位使用单位自筹资金，以现金支付某水利工程维护专项业务临时工的劳务费3万元。

借：事业支出——其他资金支出——项目支出——水利工程维护专项 30 000

贷：资金结存 30 000

## 15.3 经营支出的核算

事业单位在专业业务活动及其辅助活动之外，还可能存在一些非独立核算的经营活动，这些以盈利为目的的活动的支出需要单独核算，以便与相应的经营收入进行配比，得出差额。

### 15.3.1 科目设置

事业单位应设置“经营支出”总账科目核算本单位在专业业务活动及其辅助活动之外开展非独立核算经营活动实际发生的各项现金流出。

“经营支出”科目应当按照经营活动类别、项目、政府收支分类科目中支出功能分类科目的项级科目和部门预算支出经济分类科目的款级科目等进行明细核算。

### 15.3.2 主要业务账务处理

当经营活动发生货币支出，如支付工资和劳务费、支付商品或服务购买款、预付商品或服务订金、支付税费时，根据实际发生的金额，借记“经营支出”总账科目及相关明细科目，贷记“资金结存”科目。

事业单位经营活动因购货退回款项或发生错误更正，属于当年支出收回的，按照收回金额，借记“资金结存”科目，贷记本科目。如果是退回往年款项，则不在本科目核算。

期末，将“经营支出”科目本期发生额转入经营结余，借记“经营结余”科目，贷记“经营支出”科目。期末结账后，“经营支出”科目应无余额。

### 15.3.3 主要业务核算举例

例 15-2

资料：某体育场馆管理中心发生下列与经营支出相关的业务。要求：编制该事业单位会计对下述业务进行账务处理的预算会计分录。

①银行转账1 800元支付对外经营场馆部分合同人员的基本工资。

借：经营支出　　1 800

　贷：资金结存　　1 800

②使用银行存款支付场馆因经营业务发生的电费5 000元。

借：经营支出　　5 000

　贷：资金结存　　5 000

③支付场馆经营应缴纳的增值税1.5万元。

借：经营支出　　15 000

　贷：资金结存　　15 000

## 15.4 缴拨款类支出的核算

### 15.4.1 对附属单位补助支出的核算

对附属单位补助支出是指事业单位用财政拨款预算收入之外的收入对附属单位进行补助发生的支出。这里所说的财政拨款预算收入之外的收入包括上级补助的资金、单位事业活动和经营活动取得的自有资金、事业单位从附属单位集中的资金等。

事业单位应设置“对附属单位补助支出”科目，并按照接受补助单位、补助项目、政府收支分类科目中支出功能分类科目的项级科目和部门预算支出经济分类科目的款级科目等进行明细核算。

发生对附属单位补助支出时，按照实际发生的金额，借记“对附属单位补助支出”科目，贷记“资金结存”科目。

期末，将“对附属单位补助支出”科目本期发生额转入其他结余，借记“其他结余”科目，贷记“对附属单位补助支出”科目。期末结账后，“对附属单位补助支出”科目应无余额。

例 15-3

资料：某高校通过银行转账，向独立核算的附属中学拨付操场全面翻修的补助12万元。要求：编制该单位会计对该业务进行账务处理的预算会计分录。

借：对附属单位补助支出　　120 000

　贷：资金结存　　120 000

### 15.4.2 上缴上级支出的核算

事业单位应设置“上缴上级支出”科目核算本单位按照财政部门和主管部门的规

定上缴上级单位款项发生的现金流出。本科目应当按照收缴款项单位、缴款项目、政府收支分类科目中支出功能分类科目的项级科目和部门预算支出经济分类科目的款级科目等进行明细核算。

按规定上缴时，根据实际上缴的金额，借记“上缴上级支出”科目，贷记“资金结存”科目。期末，将“上缴上级支出”科目本期发生额全数转入其他结余，借记“其他结余”科目，贷记“上缴上级支出”科目。期末结账后，“上缴上级支出”科目应无余额。

**例 15-4**

资料：某高校通过银行转账，向上级教育厅缴纳核定的部分业务收入 40 万元。要求：编制该单位会计对该业务进行账务处理的预算会计分录。

| | | |
|---|---|---|
| 借：上缴上级支出 | 400 000 | |
| 　贷：资金结存 | | 400 000 |

## 15.5　投融资类支出的核算

### 15.5.1　投资支出的核算

事业单位应设置“投资支出”科目核算本单位以货币资金投资发生的现金流出。本科目应当按照投资类型、投资对象、政府收支分类科目中支出功能分类科目的项级科目和部门预算支出经济分类科目的款级科目等进行明细核算。

(1) 当单位以货币资金投资时，应按照投资金额和所支付的相关税费的合计数，借记“投资支出”科目，贷记“资金结存”科目。

(2) 出售、对外转让或到期收回本年度以货币资金取得的投资的[1]，如果按规定将投资收益纳入单位预算，应按照实际收到的金额，借记“资金结存”科目，按照取得投资时“投资支出”科目的发生额，贷记“投资支出”科目，按照其差额，贷记或借记“投资预算收益”科目；如果按规定将投资收益上缴财政，单位只核算本金部分，应按照取得投资时“投资支出”科目的发生额，借记“资金结存”科目，贷记“投资支出”科目；如果发生投资损失，应该按实际收回的金额，借记“资金结存”科目，贷记“投资支出”科目。

(3) 出售、对外转让或到期收回以前年度以货币资金取得的投资的，考虑到当时的投资支出已经转入“其他结余”科目并减少了当时的专用基金计提数量，在收回投资的年度，应在最初投资支出的金额范围内冲减“其他结余”科目，通过增加本年参与分配的金额，弥补往年少计提的专用基金。因此，如果按规定将投资收益纳入单位预算，事业单位应按照实际收到的金额，借记“资金结存”科目，按照取得投资时“投资支出”科目的发生额，贷记“其他结余”科目，按照其差额，贷记或借记“投资预算收益”科目；如果按规定将投资收益上缴财政，单位只对留归单位的本金进行核算，则按照取得投资时“投资支出”科目的发生额，借记“资金结存”科目，贷记“其他结余”科目；如果出现投资损失，则按照实际收回的金额，借记“资金结存”科

① 投资相关管理要求可参见第 17 章政府单位投资部分的介绍。

目，贷记“其他结余”科目。

年末，将“投资支出”科目本年发生额转入其他结余，借记“其他结余”科目，贷记“投资支出”科目。年末结账后，“投资支出”科目应无余额。

例 15-5

资料：某高校发生以下投资业务。要求：编制该单位会计对下述业务进行账务处理的预算会计分录。

①使用闲置的历年累积的其他结余资金购买国债进行长期投资，购买定期付息的国债 15 万元（含应收利息 2 000 元）。单位同时支付交易所相关佣金 1 500 元。

借：投资支出　151 500
　贷：资金结存　151 500

②接到投资账户银行的通知，单位上述国债发放利息 2 100 元。

借：资金结存　2 100
　贷：投资支出　2 000
　　投资预算收益　100

③出售前年购买的国债，收回银行存款 52 200 元。购买成本 50 050 元。按照相关管理规定，货币投资收回的本金和收益都纳入单位预算管理，无须上缴财政部门。

借：资金结存　52 200
　贷：其他结余　50 050
　　投资预算收益　2 150

④使用闲置的历年累积的非财政资金 200 万元以及单位闲置房产一处（账面价值 2 000 万元），与政府相关投资基金合作成立产业园有限公司。已获得出资凭证。

借：投资支出　2 000 000
　贷：资金结存　2 000 000

### 15.5.2 债务还本支出的核算

事业单位应设置“债务还本支出”科目，核算本单位偿还自身承担的、纳入预算管理的、从金融机构举借的债务本金的现金流出。本科目应当按照贷款单位、贷款种类、政府收支分类科目中支出功能分类科目的项级科目和部门预算支出经济分类科目的款级科目等进行明细核算。

偿还各项短期或长期借款时，按照偿还的借款本金，借记“债务还本支出”科目，贷记“资金结存”科目。

年末，将“债务还本支出”科目本年发生额转入其他结余，借记“其他结余”科目，贷记“债务还本支出”科目。年末结账后，“债务还本支出”科目应无余额。

例 15-6

资料：某高校 3 年前为新校舍建设借入一笔为期 3 年的借款，金额 5 000 万元，借款协议约定年利率为 6%，到期一次还本付息；借款到期，通过银行转账支付本息 5 900 万元。要求：编制该单位会计对上述业务进行账务处理的预算会计分录。

借：债务还本支出　50 000 000

其他支出　　9 000 000

贷：资金结存——货币资金　　59 000 000

## 15.6 其他支出的核算

### 15.6.1 科目设置

政府单位应设置“其他支出”科目，核算本单位除行政支出、事业支出、经营支出、上缴上级支出、对附属单位补助支出、投资支出、债务还本支出以外的各项现金流出，包括利息支出、捐赠支出、现金盘亏、捐赠税费、罚没支出等。本科目应当按照其他支出的类别、资金来源、政府收支分类科目中支出功能分类科目的项级科目和部门预算支出经济分类科目的款级科目等进行明细核算。其他支出中如有专项资金支出，还应按照具体项目进行明细核算。

有一般公共预算拨款、政府性基金预算拨款两种或两种以上财政拨款的事业单位，还应当在“财政拨款支出”明细科目下按照财政拨款的种类进行明细核算。

政府单位的其他支出总账及明细科目可参考表 15-2。

**表 15-2　其他支出总账及明细科目表**

<table>
<tr><th>总账科目</th><th>二级<br>明细科目</th><th>三级<br>明细科目</th><th>四级<br>明细科目</th><th>五级<br>明细科目</th><th>六级<br>明细科目</th><th>七级<br>明细科目</th><th>八级<br>明细科目</th></tr>
<tr><td rowspan="11">其他支出</td><td rowspan="8">利息支出</td><td rowspan="4">财政拨款支出</td><td rowspan="3">一般公共预算拨款支出</td><td rowspan="3">支出功能分类项级科目</td><td>基本支出</td><td>部门预算支出经济分类款级科目</td><td></td></tr>
<tr><td rowspan="2">项目支出</td><td>××项目</td><td rowspan="2">部门预算支出经济分类款级科目</td></tr>
<tr><td>××项目</td></tr>
<tr><td>政府性基金预算拨款支出</td><td>支出功能分类项级科目</td><td>同上</td><td>同上</td><td>同上</td></tr>
<tr><td>非财政专项资金支出</td><td rowspan="4">支出功能分类项级科目</td><td>基本支出</td><td>部门预算支出经济分类款级科目</td><td></td><td></td></tr>
<tr><td rowspan="3">其他资金支出</td><td rowspan="3">项目支出</td><td>××项目</td><td rowspan="3">部门预算支出经济分类款级科目</td><td rowspan="3"></td></tr>
<tr><td>××项目</td></tr>
<tr><td>××项目</td></tr>
<tr><td>捐赠支出</td><td rowspan="3">同上</td><td rowspan="3">同上</td><td rowspan="3">同上</td><td rowspan="3">同上</td><td rowspan="3">同上</td><td rowspan="3">同上</td></tr>
<tr><td>捐赠税费</td></tr>
<tr><td>⋮</td></tr>
</table>

### 15.6.2 主要业务账务处理

政府单位如果发生以下业务并且只设置“其他支出”科目，则需要进行以下账务处理。

（1）利息支出。政府单位支付银行借款利息时，按照实际支付的金额，借记本科目，贷记“资金结存”科目。

（2）捐赠支出。政府单位对外捐赠现金资产时，按照捐赠金额，借记本科目，贷记“资金结存”科目。

（3）现金盘亏。每日现金账款核对中如发现现金短缺，则按照短缺的现金金额，借记本科目，贷记“资金结存”科目。经核实属于应当由有关人员赔偿的，按照收到的赔偿金额，借记“资金结存”科目，贷记本科目。

（4）捐赠税费。接受捐赠（无偿调入）非现金资产发生的归属于捐入方（调入方）的相关税费、运输费等，以及对外捐赠（无偿调出）非现金资产发生的归属于捐出方（调出方）的相关税费、运输费等，按照实际支付的金额，借记本科目，贷记“资金结存”科目。

（5）罚没支出。发生罚没支出等其他支出时，按照实际支出的金额，借记本科目，贷记“资金结存”科目。

年末，将“其他支出”科目本年发生额中的财政拨款支出转入财政拨款结转，借记“财政拨款结转”科目，贷记本科目下各财政拨款支出明细科目；将“其他支出”科目本年发生额中的非财政专项资金支出转入非财政拨款结转，借记“非财政拨款结转”科目，贷记本科目下各非财政专项资金支出明细科目；将“其他支出”科目本年发生额中的其他资金支出（非财政非专项资金支出）转入其他结余，借记“其他结余”科目，贷记本科目下各其他资金支出明细科目。年末结账后，“其他支出”科目应无余额。

**例15-7**

资料：某民政部门事业单位本年度发生以下与其他支出有关的业务。要求：编制该单位会计对下述业务进行账务处理的预算会计分录。

①单位向灾区捐赠现金2万元，通过银行转账给红十字会。

| | | |
|---|---|---|
| 借：其他支出 | 20 000 | |
| 　贷：资金结存 | | 20 000 |

②单位向零余额账户代理银行开出支付令，支付向灾区运输捐赠物资的物流公司运输费5 000元。

| | | |
|---|---|---|
| 借：其他支出 | 5 000 | |
| 　贷：资金结存 | | 5 000 |

## 思考题

1. 政府单位预算支出与预算收入之间是否存在对应关系？

2. 哪些货币支出不能构成政府单位的预算支出？

3. 事业单位的财政拨款资金与非财政补助资金在资金管理和核算上有哪些异同？

4. 事业单位的专项（项目）收入、专项（项目）支出、专项（项目）结转分别在哪些账户中核算？

5. 事业单位的预算支出涉及哪些来源的资金？

6. 事业单位不属于预算支出的货币资金支出有哪些？它们具有怎样的特点？请举例说明。

## 练习题

资料：某事业单位发生如下业务。

**要求：** 编制相关的预算会计分录（使用总账科目以及与基本支出、项目支出有关的明细科目）。

(1) 采用财政直接支付方式支付专用设备的购置款项 30 万元，设备收到并投入使用。

(2) 单位自建一个内部停车场，使用银行存款支付材料费用 1.5 万元，材料直接投入使用。

(3) 单位向下属幼儿园拨付补助资金 15 万元，用银行存款支付。

(4) 单位按照规定应上缴上级主管单位其事业收入的 3%，通过银行转账上缴 10 万元。

(5) 后勤部门支付汽油费用时，根据里程计算车辆对外服务应承担的油费为 3 000 元。

(6) 单位采购业务耗材，采用财政直接支付方式支付 50 万元，材料尚未送达。

(7) 单位发放在职职工工资、奖金和津贴 70 万元，发放离退休人员退休费 20 万元。其中代职工转入住房公积金管理中心的住房公积金 8.4 万元。单位配套补贴住房公积金 8.4 万元。代扣代缴职工个人所得税 2 万元。款项已通过财政直接支付转入个人工资账户和住房公积金个人账户，个人所得税已经交至财政部门税收账户。

(8) 单位本年购买的一批办公耗材有质量问题，退回供应商。退回的耗材价值 3 万元。材料已发出，预算单位零余额账户开户银行收到对方退回的货款。

(9) 单位使用零余额账户用款额度支付固定资产大修理专项施工费用 15 万元。

(10) 单位职工报销本年预支的国际交流差旅费 30 000 元，实际支付 28 700 元，归还 1 300 元现金。单位采用报销时确认支出的会计方法。

(11) 单位转账归还新业务大楼建设长期借款 300 万元，相应的银行借款利息为 2 万元。

# 第 16 章 Chapter 16 政府单位预算结余的核算

**学习目标**

1. 掌握政府单位预算结余的要素和分类
2. 理解政府单位预算结余的相关管理要求
3. 理解政府单位预算结余会计科目设置的依据
4. 掌握政府单位各类资金预算结余业务的核算方法

## 16.1 政府单位预算结余概述

### 16.1.1 预算结余要素

**1. 预算收入、预算支出、预算结余的关系**

在当前会计规范中，政府单位预算会计要素分为预算收入、预算支出和预算结余三类。其中，预算收入、预算支出都是期间属性的要素，预算结余则是指政府单位预算年度内预算收入扣除预算支出后的资金余额，以及历年滚存的资金余额。在这里，预算结余要素实际上包括两项内容，即反映期间属性的当期预算结余，以及反映某一时点预算资源来源状况的历年滚存预算结余。

从预算结余反映的内容属性看，预算收入、预算支出和当期预算结余存在以下平衡关系：

预算收入－预算支出＝当期预算结余 (1)

历年滚存预算结余与预算收支要素的属性并不相同。它们之间没有直接的平衡关系。历年滚存预算结余由历年的当期预算结余累计形成。

**2. 预算结余与资金结存的关系**

目前我国的预算结余要素中存在一类被称为“资金结存”的项目。该项目与历年

滚存预算结余存在类似财务会计上的资产负债表恒等式关系，即

$$\text{资金结存}=\text{历年滚存预算结余} \tag{2}$$

从会计要素的属性看，二者均反映某个时点的状况：滚存预算结余类似财务会计中的净资产要素，反映政府单位某一时点的预算资金来源；资金结存类似财务会计中的资产要素，反映政府单位某一时点的预算资金占用。由于资金结存的这种特点，本教材认为，资金结存并不是预算结余要素的内容，而是预算资金的一种占用形式。

资金结存在一个会计期间的变化主要是由预算资金的收支变动引起的，资金结存与预算收入和支出的关系如下：

$$\text{资金结存当期变动额}=\text{预算收入}-\text{预算支出}+\text{历年滚存预算结余除当期预算收支变化外的其他变动} \tag{3}$$

本节所指的预算结余，如果没有特指，不包括资金结存，但是包括当期预算结余和历年滚存预算结余。

## 16.1.2　政府单位预算结余的分类

政府单位预算结余的分类与政府单位预算资金的管理要求密切相关，如对资金来源的管理、外部对资金用途的限定、单位内部对部分结余资金用途的限定等。

**1. 按照资金限定性和业务完成情况分类**

政府单位预算结余可以按照资金限定支持的相关业务是否完成分为结转和结余。

（1）结转。指当年预算已执行但尚未完成，或者因故未执行，下一年度需要按照原用途继续使用的预算结余资金，包括财政拨款结转、非财政拨款结转。

问答 16－1：为什么政府单位的预算结余要区分结转和结余？

财政拨款结转，是指政府单位当年预算已执行但尚未完成，或因故未执行，下一年度需要按照原用途继续使用的同级财政拨款滚存资金。它既包括项目当年已执行但尚未完成形成的当期和滚存财政拨款结转，或项目因故当期未执行，需要推迟到下年执行形成的当期和滚存财政拨款结转，也包括用于单位基本支出的当期和滚存财政拨款结转。

政府单位非同级财政拨款的资金，如事业预算收入、上级补助预算收入、非同级财政拨款预算收入、债务预算收入、其他预算收入中的捐赠收入等，也会有相当部分被出资者限定用途。如果政府单位当期未完成相应限定的业务，这些被限定用途的资金就会形成当期预算收支差额，未来需要继续用于原指定用途。

（2）结余。指当年预算工作目标已完成，或者因故终止，不再用于限定项目的预算资金。这些资金根据管理要求，可在单位内部、部门内部调剂或上缴出资者，或者留归政府单位自由使用。这类不再用于出资者限定项目的结余包括财政拨款结余、非财政拨款结余、经营结余、专用结余和其他结余。

财政拨款结余，是指支出预算工作目标已完成，或受政策变化、计划调整等因素影响工作终止，当年剩余的同级财政拨款资金。能称为财政拨款结余的只有已完成项目未用完的预算资金，或受政策变化、计划调整等因素影响，项目终止或撤销形成的剩余财政拨款资金，或某一预算年度安排的项目支出连续两年未动用，或者连续三年仍未使用完形成的剩余财政拨款资金。

除财政拨款结余外，其余的结余都属于非同级财政拨款资金的结余。其中：

非财政拨款结余是历年累积滚存的无限定用途的除同级财政拨款之外的资金结余，由各种没有受到用途限制的资金预算收支相抵后转入累积形成。

经营结余是政府单位当年经营预算收支的差额弥补以前年度亏损后的余额。

专用结余是政府单位按照规定从非财政拨款结余中提取的具有专门用途的资金。专用结余由政府单位按照规定对本无限定性的非财政拨款结余进行用途限定，也就是说，它的专门用途不是资金提供方限定的。

其他结余是未限定用途的非同级财政资金当期预算收支的差额。

**2. 按照资金来源分类**

政府单位预算结余按照资金来源分为财政拨款结转结余和非财政拨款结转结余。

财政拨款结转结余是同级财政资金拨款收支形成的结余，包括财政拨款结转和财政拨款结余。非财政拨款结转结余是非同级财政资金预算收支形成的结余，包括非同级财政专项结转、非财政拨款结余、经营结余、专用结余和其他结余。

## 16.1.3 政府单位预算结余的管理

政府单位预算结余在未来年度中的使用通常受到财政部门、其他资金供应者的限制，特别是财政部门对其提供的财政资金结余的管理有较多规定，对于已完成业务的结余资金和未完成业务的结转资金，在使用上的限制不同。

各政府单位在使用和核算预算资金结余时，必须考虑这些规定的限制，提供能揭示这些限制条件实施情况的账户资料。

**1. 财政拨款结转的管理**①

《中央部门结转和结余资金管理办法》

政府单位财政预算拨款结转分为基本支出结转资金和项目支出结转资金。基本支出在各个会计期间是持续发生的，项目支出通常具有阶段性。因此，用于基本支出的财政拨款收入减去相应的基本支出后的余额一般为结转；用于项目支出的财政拨款收入减去相应的项目支出后的余额，在项目未完成时一般为结转，如果项目完成，一般为结余。

基本支出结转资金包括人员经费结转资金和日常公用经费结转资金。基本支出结转资金原则上结转至下年继续使用，用于增人增编等人员经费和日常公用经费支出，但不得在人员经费和日常公用经费间挪用。项目支出结转资金结转至下年按原用途继续使用。结转资金原则上不得调整用途。在年度预算执行过

① 财政资金结转和结余的具体内容和管理细节参见《中央部门结转和结余资金管理办法》（扫描二维码）。

程中，确需调整结转资金用途的，需报财政部审批。

**2. 财政拨款结余的管理**[①]

财政拨款结余是政府单位当年预算工作目标已完成或因故终止，剩余的财政拨款滚存资金。政府单位年度预算执行结束后，根据财政部门对财政拨款结余管理的规定，形成的项目支出结余资金可以在以后期间统筹调剂使用，包括部门本级和下级预算单位之间的调剂、下级不同预算单位之间的调剂、不同预算科目之间的调剂等。

**3. 非财政拨款预算结转和结余的管理**

事业单位非财政拨款预算资金结转结余的管理，主要是区分专项资金与非专项资金。

非专项资金的活动的剩余资金，直接形成非财政拨款结余。

对于专项资金，需要进一步区别是否完成：未完成项目的专项资金剩余部分需继续留在“非财政拨款结转”科目中；已完成项目的专项资金结余留归事业单位的，转入单位的非财政拨款结余。

非财政拨款结余可以用于单位的任何活动，不受限制。另外，只有非财政拨款结余才可以按照规定进行分配，形成单位可用于某种限定用途的专用结余。

事业单位经营业务的结余不需要单独管理。由于单位开展经营活动是为了补充事业活动的资金而不是相反，因此，如果经营活动产生盈利，则经营结余与其他非财政非专项资金的结余一同进入分配过程，剩余资金转入单位的非财政拨款结余；如果亏损，则需要保留在单独设置的“经营结余”科目中，需要单位用未来的经营活动盈利进行弥补，不可用其他业务的结余进行补偿。

## 16.2　政府单位预算结余的科目设置

### 16.2.1　预算结余科目设置需要考虑的因素

政府单位预算结余受到预算管理的各类要求的限制，在预算结余的核算上需要考虑：

（1）根据资金管理的要求，将不同管理办法下的预算结余分开核算。这种区分包括财政拨款预算结余与非财政拨款预算结余、指定用途的专用结余与未指定用途的其他结余、经营活动结余与其他结余等。

（2）结余要按照有关部门的要求进行分配。按照财政部门的有关规定，政府单位可以按照规定从未指定用途的非财政拨款的预算结余中提取专用结余；政府单位经营活动缴纳的所得税理论上属于支出，但是在当前制度下将其归在结余分配中进行核算。分配后未指定用途的资金最后要转入“非财政拨款结余”科目。

（3）对于滚存结余，按照是不是财政资金和是否限定用途分别设置相应会计科目

① 财政资金结转和结余的具体内容和管理细节参见《中央部门结转和结余资金管理办法》（扫描上页二维码）。

进行核算。

### 16.2.2 预算结余的科目

政府单位会计应当根据资金管理的要求，按照资金来源、是否为专项资金分别设置各类结余核算所需要的总账科目。根据目前的制度要求，政府单位设置的用于结转各类收支、核算各类滚存结余以及结余分配的总账科目包括以下几种。

**1. 财政拨款资金预算结余科目**

（1）“财政拨款结转”科目。该科目用于结转政府单位当年的财政拨款资金收支，同时还用于核算调整和滚存的基本支出结余与未完成项目结余资金情况。

（2）“财政拨款结余”科目。该科目用于核算政府单位财政拨款资金已完成项目资金的结转、调整和滚存。这部分结余受到财政资金管理要求的限制，不能随意结转用于单位其他用途，需要单独核算。

**2. 非财政拨款资金预算结余科目**

（1）“非财政拨款结转”科目。该科目用于核算政府单位非财政拨款资金中的专项资金收入支出结转、调整和未完成项目的滚存结余情况。

（2）“经营结余”科目。该科目用于核算事业单位经营收支相抵后的结余抵销往年亏损后的余额。在单位无经营亏损的情况下，该科目反映当期的经营结余情况。

（3）“专用结余”科目。该科目反映事业单位按照规定从非财政拨款结余中提取的具有专门用途的资金的变动和滚存情况。

（4）“其他结余”科目。该科目用于核算政府单位非财政拨款资金中非专项资金当期收入、支出相抵后的结余情况（不包括经营收支结余）。该科目只反映该类资金当期的预算结余情况。

（5）“非财政拨款结余”科目。该科目用于核算政府单位非财政拨款资金中不再受到出资人用途限定或者没有任何用途限定的滚存结余情况。具体而言，该科目核算已经完成项目的专项非财政拨款结余资金、非专项非财政拨款结余资金（包括经营结余抵亏后转入）的转入和滚存。

在这些总账科目下还应该根据具体的资金管理需要设置明细科目，各政府单位需要设置的具体的明细科目主要考虑反映预算结余变动的各类原因，以及满足结余内部年末结账的需要，如“年初余额调整”“归集调入”等。

**3. “非财政拨款结余分配”科目**

“非财政拨款结余分配”科目用于核算事业单位非财政拨款资金中非专项资金结余分配的情况和结果。非财政拨款资金中的专项资金结余不参加分配，因此项目完成后的专项资金结余不通过该科目分配。

可以看出，在会计规范中，当期预算结余和历年滚存预算结余并没有在单独的一个或几个总账中进行核算，而是分散在多个总账和明细账中。在后面的会计报表中，当期预算结余将会以“本期预算收支差额”的形式体现。年末预算结余类的总账和明细账全部结转后，预算结余类科目“财政拨款结转”“财政拨款结余”“非财政拨款结转”“非财政拨款结余”“专用结余”的余额，反映的都是历年滚存的预算结余。

政府单位预算结余的总账及明细科目见表 16－1。

表 16－1　预算结余总账及明细科目表

<table>
<tr><th>总账科目</th><th>二级明细科目</th><th>三级明细科目</th><th>四级明细科目</th><th>五级明细科目</th><th>六级明细科目</th></tr>
<tr><td rowspan="5">财政拨款结转</td><td rowspan="3">一般公共预算拨款</td><td rowspan="5">年初余额调整<br>归集调入<br>归集调出<br>归集上缴<br>单位内部调剂<br>本年收支结转<br>累计结转</td><td rowspan="5">支出功能分类项级科目</td><td rowspan="2">基本支出结转</td><td>人员经费</td></tr>
<tr><td>日常公用经费</td></tr>
<tr><td>项目支出结转</td><td>××项目</td></tr>
<tr><td rowspan="2">政府性基金预算拨款</td><td rowspan="2">××项目</td><td></td></tr>
<tr><td></td></tr>
<tr><td rowspan="2">财政拨款结余</td><td>一般公共预算拨款</td><td rowspan="2">年初余额调整<br>归集上缴<br>内部调剂<br>结转转入<br>累计结余</td><td rowspan="2">支出功能分类项级科目</td><td rowspan="2">同上</td><td rowspan="2"></td></tr>
<tr><td>政府性基金预算拨款</td></tr>
<tr><td>非财政拨款结转</td><td>年初余额调整<br>缴回资金<br>项目间接费用或管理费<br>本年收支结转<br>累计结转</td><td>××项目</td><td></td><td></td><td></td></tr>
<tr><td>非财政拨款结余</td><td>年初余额调整<br>项目间接费用或管理费<br>结转转入<br>累计结余</td><td></td><td></td><td></td><td></td></tr>
<tr><td>经营结余</td><td>经营活动类别</td><td></td><td></td><td></td><td></td></tr>
<tr><td>专用结余</td><td>用途类别</td><td></td><td></td><td></td><td></td></tr>
<tr><td>其他结余</td><td></td><td></td><td></td><td></td><td></td></tr>
<tr><td>非财政拨款结余分配</td><td></td><td></td><td></td><td></td><td></td></tr>
</table>

## 16.3　财政拨款结转的核算

### 16.3.1　财政拨款结转的确认

政府单位应该遵循预算收入和预算支出的确认标准，判断同级财政资金变化应确认为财政拨款结转的变动，还是确认为政府单位财政拨款预算收入或业务支出。以下进一步说明这些标准在判断财政拨款结转或结余中的运用。

**1. 调剂的资金**

政府单位从同级财政部门取得的资金是政府单位的收入。如果政府单位从同级财政部门取得从其他单位调剂过来的其他单位的资金结余，在财政管理上，这些资金已经在财政部门和其他单位分别作为财政支出和单位预算收入确认，因此调剂的时候不能再次作为财政支出和单位收入进行确认。接受资金的政府单位应该作为财政拨款结转或结余的增加进行确认。

**2. 上缴的结余**

同理，根据财政管理的要求，上缴结转或结余的资金或被调剂到其他单位的资金，政府单位应该作为财政拨款结转或结余的减少进行确认。

**3. 以前年度支出的调整**

政府单位以前年度已经列为支出的资金购买的物资发生退货，或者出售现金投资等收到的资金属于对以前年度发生的支出结果的调整，不是本期业务支出的变化，不能作为本期的支出冲减，更不能作为本期的收入，应该确认为对以前年度收支形成的财政拨款结转或结余的调整（增加）。

## 16.3.2 明细科目设置

政府单位财政拨款结转既要按一般公共预算拨款结转和政府性基金预算拨款结转分别管理，也要按基本支出结转和项目支出结转分别管理。基本支出结转还要按人员经费结转和日常公用经费结转分别管理。为满足预算管理的要求，会计核算上需要分别反映：

（1）一般公共预算拨款结转和政府性基金预算拨款结转；

（2）基本支出结转和项目支出结转；

（3）人员经费结转和日常公用经费结转；

（4）引起财政拨款结转变动的原因。

因此，在“财政拨款结转”总账科目下，需要综合考虑并设置以下明细科目。

**1. 按照资金对应的业务设置明细科目**

设置“基本支出结转”“项目支出结转”两个明细科目。在“基本支出结转”明细科目下按照人员经费和日常公用经费进行明细核算；在“项目支出结转”明细科目下按照具体项目进行明细核算，还应当按照政府收支分类科目中支出功能分类科目的项级科目进行明细核算。

**2. 按照结转余额变动原因设置明细科目**

设置“年初余额调整”“归集调入”“归集调出”“归集上缴”“单位内部调剂”“本年收支结转”“累计结转”等明细科目，以满足编制财政拨款收入支出表的需要。财政拨款结转管理强调不同项目结转资金的用途和期间使用限制，因此在资金管理上要列报符合相关要求的程度。政府单位会计需要针对这些管理要求设置明细科目，以便提供相关信息。其中：

（1）与会计差错更正、以前年度支出收回相关的明细科目。“年初余额调整”科目核算因发生会计差错更正、以前年度支出收回等，需要调整财政拨款结转的金额。

（2）与财政拨款调拨业务相关的明细科目。

1）“归集调入”科目。本明细科目核算按照规定从其他单位调入财政拨款结转资金时，实际调增的额度或调入的资金数额。年末结账后，本明细科目应无余额。

2）“归集调出”科目。本明细科目核算按照规定向其他单位调出财政拨款结转资金时，实际调减的额度或调出的资金数额。年末结账后，本明细科目应无余额。

3）“归集上缴”科目。本明细科目核算按照规定上缴财政拨款结转资金时，实际核销的额度或上缴的资金数额。年末结账后，本明细科目应无余额。

4）“单位内部调剂”科目。本明细科目核算经财政部门批准对财政拨款结余资金改变用途，调整用于本单位其他未完成项目等的金额。年末结账后，本明细科目应无余额。

（3）与年末财政拨款结转业务相关的明细科目。

1）“本年收支结转”科目。本明细科目核算单位本年度财政拨款收支相抵后的余额。年末结账后，本明细科目应无余额。

2）“累计结转”科目。本明细科目核算单位滚存的财政拨款结转资金。本科目年末贷方余额反映单位财政拨款滚存的结转资金数额。

（4）与政府预算资金种类相关的明细科目。有一般公共预算拨款、政府性基金预算拨款两种或两种以上财政拨款的，还应当在“财政拨款结转”科目下按照财政拨款的种类进行明细核算。

财政拨款结转的总账及明细科目见表 16－2。

**表 16－2 财政拨款结转总账及明细科目表**

<table>
<tr><th>总账科目</th><th>二级明细科目</th><th>三级明细科目</th><th>四级明细科目</th><th>五级明细科目</th><th>六级明细科目</th></tr>
<tr><td rowspan="11">财政拨款结转</td><td rowspan="10">一般公共预算拨款</td><td rowspan="4">年初余额调整</td><td rowspan="11">支出功能分类项级科目</td><td rowspan="2">基本支出结转</td><td>人员经费</td></tr>
<tr><td>日常公用经费</td></tr>
<tr><td rowspan="2">项目支出结转</td><td>××项目</td></tr>
<tr><td>⋮</td></tr>
<tr><td>归集调入</td><td>同上</td><td>同上</td></tr>
<tr><td>归集调出</td><td>同上</td><td>同上</td></tr>
<tr><td>归集上缴</td><td>同上</td><td>同上</td></tr>
<tr><td>单位内部调剂</td><td>同上</td><td>同上</td></tr>
<tr><td>本年收支结转</td><td>同上</td><td>同上</td></tr>
<tr><td>累计结转</td><td>同上</td><td>同上</td></tr>
<tr><td>政府性基金预算拨款</td><td>同上</td><td>同上</td><td>同上</td></tr>
</table>

为了方便举例和突出重点，以下只以单位一般公共预算拨款业务和结转举例，不再注明“一般公共预算拨款”明细科目。

## 16.3.3 账务处理①

**1. 与会计差错更正、以前年度支出收回相关的账务处理**

（1）政府单位因发生会计差错更正退回以前年度国库直接支付、授权支付款项或财政性货币资金，或者因发生会计差错更正增加以前年度国库直接支付、授权支付款项或财政性货币资金，属于以前年度财政拨款结转资金的，借记或贷记“资金结存”科目，贷记或借记“财政拨款结转——年初余额调整”科目。

问答16-2：为什么政府单位的预算支出在退回时，有的要冲减预算支出，有的要调增结转结余？

（2）因购货退回、预付款项收回等发生以前年度支出又收回国库直接支付、授权支付款项或财政性货币资金，属于以前年度财政拨款结转资金的，借记“资金结存”科目，贷记“财政拨款结转——年初余额调整”科目。

**2. 与财政拨款结转结余资金调整业务相关的账务处理**

（1）按照规定从其他单位调入财政拨款结转资金的，按照实际调增的额度或调入的资金数额，借记“资金结存——财政应返还额度”“资金结存——零余额账户用款额度”“资金结存——货币资金”科目，贷记“财政拨款结转——归集调入”科目。

（2）按照规定向其他单位调出财政拨款结转资金的，按照实际调减的额度或调出的资金数额，借记“财政拨款结转——归集调出”科目，贷记“资金结存——财政应返还额度”“资金结存——零余额账户用款额度”“资金结存——货币资金”科目。

（3）按照规定上缴财政拨款结转资金或注销财政拨款结转资金额度的，按照实际上缴的资金数额或注销的资金额度，借记“财政拨款结转——归集上缴”科目，贷记“资金结存——财政应返还额度”“资金结存——零余额账户用款额度”“资金结存——货币资金”科目。

（4）经财政部门批准对财政拨款结余资金改变用途，调整用于本单位基本支出或其他未完成项目支出的，按照批准调剂的金额，借记“财政拨款结余——单位内部调剂”科目，贷记“财政拨款结转——单位内部调剂”科目。

**3. 与年末财政拨款结转和结余业务相关的账务处理**

（1）年末，将财政拨款预算收入本年发生额转入“财政拨款结转——本年收支结转”科目，借记“财政拨款预算收入”科目，贷记“财政拨款结转——本年收支结转”科目；将财政拨款支出本年发生额转入“财政拨款结转——本年收支结转”科目，借记“财政拨款结转——本年收支结转”科目，贷记各项支出（“财政拨款支出”）科目。结转时，应将“财政拨款预算收入”“行政支出”“事业支出”等预算支出科目相应的“财政拨款支出”下的明细科目余额，如“基本支出”下的“人员经费”“日常公用经费”明细科目余额、“项目支出”下的各项目明细科目余额，分别结转到“财政拨款结转——

① 建议在学习中掌握各项结转结余总账及余额变动原因，设置明细科目核算即可。

本年收支结转”科目下的“基本支出结转”“项目支出结转”的明细科目中。

（2）年末冲销有关明细科目余额。将本年收支结转、年初余额调整、归集调入、归集调出、归集上缴、单位内部调剂的余额转入累计结转，结转后，“财政拨款结转”科目除“累计结转”明细科目外，其他明细科目应无余额。

（3）年末完成上述结转后，应当对财政拨款结转各明细项目的执行情况进行分析，按照有关规定将符合财政拨款结余性质的项目余额转入财政拨款结余，借记“财政拨款结转——累计结转”科目，贷记“财政拨款结余——结转转入”科目。

“财政拨款结转”科目年末贷方余额反映单位滚存的财政拨款结转资金数额。

## 16.3.4　主要业务核算举例

**例 16－1**

资料：某体育管理中心发生以下与财政拨款结转有关的业务。要求：编制该单位会计对下述业务进行账务处理的预算会计分录。

（1）年初，上年发生一项办公楼中央控制系统日常维修费用，因对方报价清单错误，今年退回零余额账户用款额度维修款项 1.2 万元。

借：资金结存　12 000

　贷：财政拨款结转——年初余额调整——基本支出结转——日常公用经费　12 000

（2）年初，财政部门拨来财政调剂资金 4.5 万元，增加单位财政应返还额度，用于全运会赛事的准备。

借：资金结存　45 000

　贷：财政拨款结转——归集调入——项目支出结转——全运会专项　45 000

（3）年末有关预算收支科目当年发生额见表 16－3，将其转入“财政拨款结存”科目①。

**表 16－3　××体育管理中心预算收支科目发生额明细表**　单位：元

| 总账科目 | 二级明细科目 | 三级明细科目 | 四级明细科目 | 借方金额 | 贷方金额 |
|---|---|---|---|---|---|
| 财政拨款预算收入 | 基本支出 | 人员经费 | | | 16 300 000 |
| | | 日常公用经费 | | | 7 200 000 |
| | 项目支出 | 场馆大修 | | | 200 000 |
| | 项目支出 | 全运会专项 | | | 5 000 000 |
| 上级补助预算收入 | 非专项预算收入 | | | | 470 000 |
| | 项目预算收入 | 全运会专项 | | | 260 000 |
| 事业预算收入 | 非专项预算收入 | | | | 4 000 000 |
| | 项目预算收入 | ××市体育管理培训 | | | 70 000 |
| | | 体育管理研究 | | | 50 000 |

① 由于篇幅所限，明细科目级次较为简化。

续表

| 总账科目 | 二级明细科目 | 三级明细科目 | 四级明细科目 | 借方金额 | 贷方金额 |
|---|---|---|---|---|---|
| 经营预算收入 | | | | | 167 000 |
| 附属单位上缴预算收入 | 非专项预算收入 | | | | 105 000 |
| | 项目预算收入 | 全运会专项 | | | 250 000 |
| 投资预算收益 | | | | | 4 000 |
| 其他预算收入 | 利息预算收入 | | | | 22 500 |
| | 租金预算收入 | | | | 250 000 |
| | 其他预算收入 | | | | 127 500 |
| | 捐赠预算收入 | 全运会专项 | | | 200 000 |
| 事业支出 | 财政拨款支出 | 基本支出 | 基本工资 | 6 320 500 | |
| | | | 退休费 | 2 705 600 | |
| | | | 津贴补贴 | 5 653 000 | |
| | | | 住房公积金 | 1 620 900 | |
| | | | 办公费 | 1 930 000 | |
| | | | 水费 | 480 000 | |
| | | | 电费 | 767 000 | |
| | | | 取暖费 | 140 000 | |
| | | | 维护费 | 420 300 | |
| | | | 差旅费 | 600 600 | |
| | | | 会议费 | 350 000 | |
| | | | 劳务费 | 195 000 | |
| | | | 工会经费 | 140 000 | |
| | | | 专用设备购置 | 1 935 000 | |
| | | 项目支出 | 场馆大修 | 115 000 | |
| | | 项目支出 | 全运会专项 | 4 640 000 | |
| | 其他资金支出 | | | 3 000 000 | |
| | 非财政专项资金支出 | 全运会专项 | | 692 000 | |
| | | ××市体育管理培训 | | 69 000 | |
| 经营支出 | | | | 168 000 | |
| 上缴上级支出 | | | | 300 000 | |
| 对附属单位补助支出 | | | | 500 000 | |
| 投资支出 | | | | 200 000 | |

①结转财政拨款预算收入（单位支出功能分类略）。

借：财政拨款预算收入——基本支出——人员经费　　16 300 000

　　　　　　　　　　　　　　　　——日常公用经费　　7 200 000

　　　　　　　　　——项目支出——场馆大修　　200 000

——项目支出——全运会专项 5 000 000

贷：财政拨款结转——本年收支结转——基本支出结转——人员经费 16 300 000

——日常公用经费 7 200 000

——项目支出结转——场馆大修 200 000

——项目支出结转——全运会专项 5 000 000

②结转财政拨款支出。

借：财政拨款结转——本年收支结转——基本支出结转——人员经费 16 300 000①

——日常公用经费 6 957 900②

——项目支出结转——场馆大修 115 000

——项目支出结转——全运会专项 4 640 000

贷：事业支出——财政拨款支出——基本支出 23 257 900

——项目支出——场馆大修 115 000

——项目支出——全运会专项 4 640 000

（4）年末单位"财政拨款结转"科目除"累计结转"明细科目外，其余各明细科目余额见表16-4，将这些明细科目余额转入"累计结转"科目。

表16-4 财政拨款结转明细科目余额表

单位：元

| 二级明细科目 | 三级明细科目 | 四级明细科目 | 借方余额 | 贷方余额 |
|---|---|---|---|---|
| 本年收支结转 | 基本支出结转 | 人员经费 | | 0 |
| | | 日常公用经费 | | 242 100 |
| | 项目支出结转 | 场馆大修 | | 85 000 |
| | 项目支出结转 | 全运会专项 | | 360 000 |
| 归集调入 | 项目支出结转 | 全运会专项 | | 45 000 |
| 单位内部调剂 | 项目支出结转 | 全运会专项 | | 35 000 |
| 年初余额调整 | 基本支出结转 | 日常公用经费 | | 12 000 |

借：财政拨款结转——本年收支结转——基本支出结转——日常公用经费 242 100

——项目支出结转——场馆大修 85 000

——项目支出结转——全运会专项 360 000

——归集调入——项目支出结转——全运会专项 45 000

① 转自事业支出的基本支出中基本工资、退休费、津贴补贴、住房公积金四项金额。

② 转自事业支出的基本支出中从办公费至专用设备购置的各项金额。

——年初余额调整——基本支出结转——日常公用经费 12 000

贷：财政拨款结转——累计结转——基本支出结转——日常公用经费 254 100

——项目支出结转——场馆大修 85 000

——项目支出结转——全运会专项 405 000

## 16.4 财政拨款结余的核算

### 16.4.1 明细科目设置

为满足预算管理的要求以及编制财政收入支出表的需要，政府单位需要在“财政拨款结余”总账科目下设置以下明细科目。

(1) 按照财政拨款结余变动原因，设置“年初余额调整”“结转转入”“归集上缴”“单位内部调剂”“累计结余”等明细科目进行明细核算。其中，“单位内部调剂”明细科目用于核算政府单位将本单位完成项目的财政拨款结余资金调整用于其他未完成项目，从而减少财政拨款结余的金额。

(2) 按照结余资金对应的具体项目设置明细科目，核算各项目的结余资金情况。

(3) 按照政府收支分类科目中支出功能分类科目的项级科目进行明细核算，以满足汇总部门决算报表的需要。

有一般公共预算拨款、政府性基金预算拨款两种或两种以上财政拨款的行政单位，还应当按照财政拨款的种类进行明细核算。

年末，政府单位的收入和支出全部转入“财政拨款结转”科目，因此“财政拨款结余”科目下不需要设置“收支转账”明细科目。另外，财政拨款结余反映已完成项目的结余资金，由于已完成项目不需要调入资金，因此，“财政拨款结余”科目下不需要设置“归集调入”明细科目。

财政拨款结余的总账及明细科目见表16-5。

表16-5 财政拨款结余总账及明细科目表

| 总账科目 | 二级明细科目 | 三级明细科目 | 四级明细科目 | 五级明细科目 |
|---|---|---|---|---|
| 财政拨款结余 | 一般公共预算拨款结余 | 年初余额调整 | 支出功能分类项级科目 | ××项目 |
| | | 结转转入 | 支出功能分类项级科目 | ××项目 |
| | | 归集上缴 | 同上 | 同上 |
| | | 单位内部调剂 | 同上 | 同上 |
| | | 累计结余 | 同上 | 同上 |
| | 政府性基金预算拨款结余 | 同上 | 同上 | 同上 |

## 16.4.2 账务处理

“财政拨款结余”科目同时核算当期结转和累计结余，贷方登记财政拨款结余的增加数，借方登记财政拨款结余的减少数，期末贷方余额反映滚存的财政拨款结余资金数额。年中，如果发生增加“财政拨款结余”科目金额的事项，借记“资金结存”或者“财政拨款结转”科目及其明细科目等，贷记“财政拨款结余”科目及相关明细科目；如果发生减少“财政拨款结余”科目金额的事项，借记“财政拨款结余”科目及相关明细科目，贷记“资金结存”或“财政拨款结转”科目及其明细科目等。

年末，对财政拨款各项目执行情况进行分析，按照有关规定将符合财政拨款结余性质的已完成项目的结转资金余额转入“财政拨款结余”科目，借记“财政拨款结转——累计结转——项目支出结转”科目及其明细科目，贷记“财政拨款结余——结转转入——项目支出结余”科目及其明细科目。

年末结转已完成项目的资金结余后，将“财政拨款结余”科目下“年初余额调整”“结转转入”“归集上缴”“单位内部调剂”等明细科目的余额转入“累计结余”明细科目，转账后，“财政拨款结余”科目除“累计结余”明细科目外，其他明细科目应无余额。

“财政拨款结余”科目期末贷方余额反映政府单位滚存的财政拨款结余资金数额。

## 16.4.3 主要业务核算举例

**例 16-2**

资料：某体育管理中心发生以下与财政拨款结余有关的业务。要求：编制该单位会计对下述业务进行账务处理的预算会计分录。

①年初，上年结余的全民体育普及专项款为 3.5 万元，经批准，将其调剂用于本年度的全运会赛事项目。上年结余的场馆大修资金 5 万元按要求上缴财政。

借：财政拨款结余——单位内部调剂——全民体育普及专项 35 000

　贷：财政拨款结转——单位内部调剂——项目支出结转——全运会专项 35 000

借：财政拨款结余——归集上缴——项目支出结余——场馆大修 50 000

　贷：资金结存 50 000

②年末，结转本年已完成项目的资金结余。本年度场馆大修完工，累计结余资金 4 万元。

借：财政拨款结转——累计结转——项目支出结转——场馆大修 40 000

　贷：财政拨款结余——结转转入——项目支出结余——场馆大修 40 000

③年末，将财政拨款结余各明细科目的余额转入“累计结余”明细科目。

借：财政拨款结余——结转转入——项目支出结余——场馆大修 40 000

　贷：财政拨款结余——累计结余——项目支出结余——场馆大修 40 000

借：财政拨款结余——累计结余——全民体育普及专项 35 000

　贷：财政拨款结余——单位内部调剂——全民体育普及专项 35 000

借：财政拨款结余——累计结余——项目支出结余——场馆大修　　50 000
　贷：财政拨款结余——归集上缴——项目支出结余——场馆大修　　50 000

## 16.5 非财政拨款结转的核算

### 16.5.1 明细科目设置

政府单位除了财政拨款资金之外，从其他渠道取得的资金都是非同级财政资金。对于非财政资金来源的科研项目，一些事业单位可能根据管理需要计提项目间接费用或管理费，导致一部分资金从专项用途转为非专项用途；项目完成后的资金余额，根据出资人的要求，可能留归单位使用，也可能缴回。

政府单位设置“非财政拨款结转”科目核算本单位除财政拨款收支以外的各专项资金收入与相关支出相抵后剩余的须按规定用途使用的结转资金。

政府单位需要为“非财政拨款结转”科目设置必要的明细科目，包括：“年初余额调整”，核算因发生会计差错更正、以前年度支出收回等，需要调整非财政拨款结转的资金；“缴回资金”，核算按照规定缴回非财政拨款结转资金时，实际缴回的资金数额；“项目间接费用或管理费”，核算单位取得的科研项目预算收入中，按照规定计提项目间接费用或管理费的数额；“本年收支结转”，核算单位本年度非同级财政拨款专项收支相抵后的余额；“累计结转”，核算单位滚存的非同级财政拨款专项结转资金，年末贷方余额反映单位非同级财政拨款滚存的专项结转资金数额。除“累计结转”明细科目以外，其他明细科目年末转账后都没有余额。

“非财政拨款结转”科目还应当按照具体项目、政府收支分类科目中支出功能分类科目的项级科目等进行明细核算。

非财政拨款结转总账及明细科目见表16－6。

**表16－6 非财政拨款结转总账及明细科目表**

| 总账科目 | 二级明细科目 | 三级明细科目 | 四级明细科目 |
|---|---|---|---|
| 非财政拨款结转 | 年初余额调整 | 支出功能分类项级科目 | 项目1 |
| | | 同上 | 项目2 |
| | | 同上 | ⋮ |
| | 缴回资金 | 同上 | 同上 |
| | 项目间接费用或管理费 | 同上 | 同上 |
| | 本年收支结转 | 同上 | 同上 |
| | 累计结转 | 同上 | 同上 |

### 16.5.2 账务处理

年中，事业单位按照规定从科研项目预算收入中提取项目间接费用或管理费时，按照提取金额，借记“非财政拨款结转——项目间接费用或管理费”科目，贷记“非财政拨款结余——项目间接费用或管理费”科目。

收回以前年度支出或因会计差错更正收到或支出非同级财政拨款货币资金，属于非财政拨款结转资金的，按照收到或支出的金额，借记或贷记“资金结存”科目，贷记或借记“非财政拨款结转——年初余额调整”科目。

按照规定缴回非财政拨款结转资金的，按照实际缴回资金数额，借记“非财政拨款结转——缴回资金”科目，贷记“资金结存”科目。

年末，进行收支转账时，借记各预算收入总账科目中专项资金收入明细科目，贷记“非财政拨款结转——本年收支结转”科目；将行政支出、事业支出、其他支出本年发生额中的非财政拨款专项资金支出转入非财政拨款结转时，借记“非财政拨款结转——本年收支结转”科目，贷记“行政支出”“事业支出”“其他支出”科目下各非财政拨款专项资金支出明细科目。

年末冲销有关明细科目余额，将“非财政拨款结转”的明细科目“年初余额调整”“项目间接费用或管理费”“缴回资金”“本年收支结转”的余额转入“累计结转”明细科目。结转后，“非财政拨款结转”科目除“累计结转”明细科目外，其他明细科目应无余额。

年末完成上述结转后，应当对非财政拨款专项结转资金各项目情况进行分析，将留归本单位使用的非财政拨款专项（项目已完成）剩余资金转入非财政拨款结余，借记“非财政拨款结转——累计结转”科目，贷记“非财政拨款结余——结转转入”科目。

### 16.5.3　主要业务核算举例

**例 16－3**

资料：某体育管理中心本年度发生以下与非财政专项资金相关的结转业务。要求：编制该单位会计进行转账处理的预算会计分录。

（1）年末，根据表 16－3 年末收支科目发生额明细表，对非财政拨款专项资金进行收支转账。

①专项收入转账。

| | |
|---|---|
| 借：事业预算收入——项目预算收入——××市体育管理培训 | 70 000 |
| 　　　　　　　　　　　　　　　——体育管理研究 | 50 000 |
| 　　上级补助预算收入——项目预算收入——全运会专项 | 260 000 |
| 　　附属单位上缴预算收入——项目预算收入——全运会专项 | 250 000 |
| 　　其他预算收入——捐赠预算收入——全运会专项 | 200 000 |
| 　贷：非财政拨款结转——本年收支结转——××市体育管理培训 | 70 000 |
| 　　　　　　　　　　　　　　　　　——全运会专项 | 710 000 |
| 　　　　　　　　　　　　　　　　　——体育管理研究 | 50 000 |

②专项支出转账。

| | |
|---|---|
| 借：非财政拨款结转——本年收支结转——××市体育管理培训 | 69 000 |

——全运会专项 692 000

贷：事业支出——非财政专项资金支出——××市体育管理培训 69 000

——全运会专项 692 000

（2）单位的科研项目体育管理研究经费5万元，根据单位管理要求，从项目预算收入金额中计提5%的管理费。

借：非财政拨款结转——项目间接费用或管理费——体育管理研究 2 500

贷：非财政拨款结余——项目间接费用或管理费 2 500

（3）年末，将所有明细科目余额转入“累计结转”明细科目。

借：非财政拨款结转——本年收支结转——××市体育管理培训 1 000

——全运会专项 18 000

——体育管理研究 50 000

贷：非财政拨款结转——累计结转——××市体育管理培训 1 000

——全运会专项 18 000

——体育管理研究 50 000

借：非财政拨款结转——累计结转——体育管理研究 2 500

贷：非财政拨款结转——项目间接费用或管理费——体育管理研究 2 500

（4）体育管理培训项目完成，结余部分资金，根据与对方的协议，留归本单位使用。

借：非财政拨款结转——累计结转——××市体育管理培训 1 000

贷：非财政拨款结余——结转转入 1 000

## 16.6 非财政拨款结余的核算

### 16.6.1 非财政资金当年结余及其分配的核算

政府单位将非财政、无专项用途的资金结余最终都转入和累积到“非财政拨款结余”科目中。但是，在这之前，事业单位有一个对这类资金的集合和分配过程，行政单位也有一个计算这类资金当期结余的过程。

因此，政府单位需要设置“其他结余”科目核算本单位当期这类资金的收支差额。如果事业单位有经营活动，还需要设置“经营结余”科目单独核算本单位一定期间各项经营收支相抵后的余额以及弥补以前年度亏损后的余额。

事业单位对非财政、非专项资金结余的分配，是根据相关规定对部分结余资金用途的一种限定，例如限定用于职工的集体福利。事业单位使用“非财政拨款结余分配”科目核算本单位“其他结余”“经营结余”科目归集后进行分配的情况和结果。

**1. 其他结余的账务处理**

年末，政府单位应将事业预算收入、上级补助预算收入、附属单位上缴预算收入、非同级财政拨款预算收入、债务预算收入、其他预算收入本年发生额中的非专项资金收入以及投资预算收益本年发生额转入“其他结余”科目，借记“事业预算收入”“上级补助预算收入”“附属单位上缴预算收入”“非同级财政拨款预算收入”“债务预算收入”“其他预算收入”科目下各非专项资金收入明细科目和“投资预算收益”科目，贷记“其他结余”科目。（“投资预算收益”科目本年发生额为借方净额时，借记“其他结余”科目，贷记“投资预算收益”科目。）将行政支出、事业支出、其他支出本年发生额中的非同级财政拨款资金、非专项资金支出，以及上缴上级支出、对附属单位补助支出、投资支出、债务还本支出本年发生额转入“其他结余”科目，借记“其他结余”科目，贷记“行政支出”“事业支出”“其他支出”科目下各非同级财政拨款资金、非专项资金支出明细科目和“上缴上级支出”“对附属单位补助支出”“投资支出”“债务还本支出”科目。

政府单位出售投资收回往年发生的投资支出时，应借记“其他结余”科目，贷记“资金结存”科目。

**2. 经营结余的账务处理**

期末，存在经营活动的事业单位应将经营收入本期发生额转入“经营结余”科目，借记“经营收入”科目，贷记“经营结余”科目；将经营支出本期发生额转入“经营结余”科目，借记“经营结余”科目，贷记“经营支出”科目。

年末，完成上述结转后，“经营结余”科目期末如为贷方余额，则反映事业单位自年初至报告期末累计实现的弥补以前年度经营亏损后的经营结余；如为借方余额，则反映事业单位截至报告期末累计发生的经营亏损。年末结账后，“经营结余”科目一般无余额；如为借方余额，则反映事业单位累计发生的经营亏损。

**3. 非财政拨款结余分配的账务处理**

事业单位按照规定可以对非财政拨款结余分配提取专用基金，因此，应将“其他结余”科目的余额和“经营结余”科目的贷方余额转入“非财政拨款结余分配”科目。行政单位无计提专用基金业务，因而转入“非财政拨款结余”科目。当“其他结余”和“经营结余”科目为贷方余额时，借记“其他结余”科目，贷记“非财政拨款结余”或“非财政拨款结余分配”科目；当“其他结余”科目为借方余额时，借记“非财政拨款结余”或“非财政拨款结余分配”科目，贷记“其他结余”科目。“经营结余”科目的借方余额不进行结转。

根据有关规定提取专用基金的，按照提取的金额，借记“非财政拨款结余分配”科目，贷记“专用结余”科目。

年末，按照规定完成上述业务处理后，将“非财政拨款结余分配”科目余额转入非财政拨款结余。

**4. 主要业务核算举例**

例 16－4

资料：年末，某体育管理中心根据表 16－3 年末收支科目发生额明细表，分别结转非财政非专项资金收支中的经营收支和非经营收支。要求：编制该单位会计进行转账处理的预算会计分录。

①结转非专项非经营的收入。

借：事业预算收入——非专项预算收入 4 000 000

上级补助预算收入——非专项预算收入 470 000

附属单位上缴预算收入——非专项预算收入 105 000

投资预算收益 4 000

其他预算收入——利息预算收入 22 500

——租金预算收入 250 000

——其他预算收入 127 500

贷：其他结余 4 979 000

②结转非专项非经营的支出。

借：其他结余 4 000 000

贷：事业支出——其他资金支出 3 000 000

上缴上级支出 300 000

对附属单位补助支出 500 000

投资支出 200 000

③结转经营预算收入。

借：经营预算收入 167 000

贷：经营结余 167 000

④结转经营支出。

借：经营结余 168 000

贷：经营支出 168 000

**例16-5**

资料：前例中的体育管理中心计算出“其他结余”“经营结余”科目借贷方差额并转账，然后对“非财政拨款结余分配”科目余额进行分配。要求：编制该单位会计进行结余分配处理的预算会计分录。

①将“其他结余”科目余额转入“非财政拨款结余分配”科目。

借：其他结余 979 000

贷：非财政拨款结余分配 979 000

②由于经营结余情况为亏损，因此不转入“非财政拨款结余分配”科目。

③根据规定，从结余中计提职工福利基金15万元。

借：非财政拨款结余分配 150 000

贷：专用结余——职工福利基金 150 000

④将“非财政拨款结余分配”科目余额转入“非财政拨款结余”科目。

借：非财政拨款结余分配 829 000

贷：非财政拨款结余 829 000

## 16.6.2 专用结余的核算

**1. 专用基金及专用结余的科目设置**

专用基金是事业单位按照规定提取或者设置的具有专门用途的资金。事业单位按照相关规定，可以采用一定的方法计算，然后对一部分预算资金限定用途，这个过程称为计提专用基金，如职工福利基金等。在预算会计中，只对从非财政拨款结余分配中转入的专用基金进行介绍。专用基金的内容和其他来源以及全部核算业务，详见第 21 章专用基金部分的介绍。

政府预算会计在计提专用基金的过程中，对一部分预算结余资金的用途进行限定，这种限定用途的预算资金经过计提后形成预算会计中的专用结余。

事业单位通过设置“专用结余”科目核算本单位按照规定从其他结余和经营结余中提取的具有专门用途的资金的变动和滚存情况。本科目应当按照单位专用基金的类别进行明细核算，例如职工福利基金等。

**2. 专用结余的账务处理**

事业单位根据有关规定从本年度其他结余和经营结余中提取专用基金的，按照提取的金额，借记“非财政拨款结余分配”科目，贷记“专用结余”科目。根据规定使用从其他结余和经营结余中提取的专用基金时，按照使用的金额，借记“专用结余”科目，贷记“资金结存——货币资金”科目。“专用结余”科目年末贷方余额，反映事业单位从非同级财政拨款结余中提取的专用基金的累计滚存数额。

**3. 主要业务核算举例**

例 16-6

资料：前例中的体育管理中心动用从结余中计提的职工福利基金 3 万元购置专门用于职工娱乐活动的设备。要求：编制该单位会计进行账务处理的预算会计分录。

借：专用结余——职工福利基金　30 000

　　贷：资金结存——货币资金　30 000

### 16.6.3　非财政拨款累计结余的核算

政府单位通过设置“非财政拨款结余”科目核算本单位非财政、非专项资金的累计结余。本科目核算单位历年滚存的非限定用途的非同级财政拨款结余资金，主要为非财政拨款结余扣除结余分配后滚存的金额。

本科目应当设置“年初余额调整”“项目间接费用或管理费”“结转转入”“累计结余”明细科目，并按照政府收支分类科目中支出功能分类科目的项级科目进行明细核算。

**1. 行政单位非财政拨款结余的账务处理**

年末，行政单位不得对非财政拨款结余进行分配，因此需要将“其他结余”科目余额转入“非财政拨款结余”科目。当“其他结余”科目为贷方余额时，借记“其他结余”科目，贷记“非财政拨款结余”科目。当“其他结余”科目为借方余额时，借记“非财政拨款结余”，贷记“其他结余”科目。

### 2. 事业单位非财政拨款结余的账务处理

事业单位可能由于经营活动需要缴纳所得税。在我国目前的制度下，事业单位缴纳所得税在预算会计上不被视为一种预算支出，而是作为结余的直接减少。因而，缴纳所得税时，按照实际缴纳的金额，借记“非财政拨款结余”科目，贷记“资金结存”科目。

因收回以前年度支出等收到非同级财政拨款货币资金，或因会计差错更正收到或支出非同级财政拨款货币资金，属于非财政拨款结余资金的，按照收到或支出的金额，借记或贷记“资金结存”科目，贷记或借记“非财政拨款结余”科目。

年末，将留归本单位使用的非财政拨款专项（项目已完成）剩余资金转入“非财政拨款结余”科目，借记“非财政拨款结转”科目，贷记“非财政拨款结余”科目。

年末冲销有关明细科目余额，将“非财政拨款结余”的明细科目“年初余额调整”“项目间接费用或管理费”“结转转入”的余额结转至“累计结余”明细科目。结转后，“非财政拨款结余”科目除“累计结余”明细科目外，其他明细科目应无余额。

年末，事业单位将“非财政拨款结余分配”科目余额转入“非财政拨款结余”科目。行政单位则直接将“其他结余”科目余额转入“非财政拨款结余”科目。

“非财政拨款结余”科目年末贷方余额反映政府单位非同级财政拨款结余资金的累计滚存数额。

### 3. 主要业务核算举例

**例 16-7**

资料：前例中的体育管理中心发生以下与非财政拨款结余有关的业务。要求：编制该单位会计进行结余分配处理的预算会计分录。

①部分业务被要求缴纳所得税，通过银行转账支付所得税25 000元。

借：非财政拨款结余——累计结余　　25 000

　贷：资金结存　　25 000

②年末，将例16-3中转入“非财政拨款结余”科目的“结转转入”明细科目的金额1 000元转入“累计结余”明细科目。

借：非财政拨款结余——结转转入　　1 000

　贷：非财政拨款结余——累计结余　　1 000

## 思考题

1. 政府预算结余会计科目中哪些属于年末转账后没有余额的科目？
2. 政府预算结余会计科目中哪些属于年末转账后可能有余额的科目？
3. 政府从财政部门取得的资金是否都是预算收入？
4. 政府预算结余分配形成的专用结余与财政拨款结转或非财政拨款结转有什么区别？
5. 年末，不限定用途的非财政拨款资金收支相抵后的正余额是否都可以分配提取专用基金？

## 练习题

1. 资料：某水利厅行政单位发生以下与财政拨款结转相关的业务。单位只有一般公共预算拨款，因此不设一般公共预算拨款明细科目。

**要求**：编制该单位会计对下述业务进行账务处理的预算会计分录。

(1) 上年发生一笔日常业务专用材料采购支出 2 万元，年初发现材料有质量问题，退回供货商，款项已收回。

(2) 年初收到主管部门从其他单位调剂的财政拨款结余资金 3 万元，用于本年度的办公楼大修项目。单位已收到财政授权支付额度到账通知书。

(3) 经财政部门批准，上年完成的专项水利工程监督检查活动结余资金 1.7 万元，转入本年水利资金审计项目。

(4) 年末将“财政拨款预算收入”科目及其明细科目余额转入“财政拨款结转”科目及其明细科目。单位各财政拨款预算收入明细科目余额见下表。

××单位财政拨款预算收入明细科目余额表　　单位：元

| 二级明细科目 | 三级明细科目 | 贷方余额 |
|---|---|---|
| 基本支出拨款 | 人员经费 | 6 245 400 |
| | 日常公用经费 | 11 200 000 |
| 项目支出拨款 | 办公楼大修 | 203 000 |
| 项目支出拨款 | 水利资金审计 | 301 000 |
| 项目支出拨款 | 基本建设 | 72 800 000 |

(5) 年末，单位将“行政支出”下的“财政拨款支出”科目及其明细科目余额转入“财政拨款结转”科目及其明细科目。单位财政拨款支出明细科目余额见下表。

××单位财政拨款支出明细科目余额表　　单位：元

| 二级明细科目 | 三级明细科目 | 借方余额 |
|---|---|---|
| 基本支出 | 基本工资 | 2 800 000 |
| | 退休费 | 679 000 |
| | 津贴补贴 | 2 170 000 |
| | 住房公积金 | 596 400 |
| | 办公费 | 9 100 000 |
| | 咨询费 | 147 000 |
| | 水费 | 49 000 |
| | 电费 | 63 000 |
| | 差旅费 | 210 000 |
| | 会议费 | 455 000 |
| | 专用设备购置 | 868 000 |
| 项目支出 | 办公楼大修 | 194 600 |
| 项目支出 | 水利资金审计 | 294 000 |
| 项目支出 | 基本建设 | 72 695 700 |

(6) 年末单位“财政拨款结转”科目除“累计结转”明细科目外，其余各明细科目余额见下表，将这些明细科目余额转入“累计结转”明细科目。

财政拨款结转明细科目余额表

单位：元

<table>
<tr><th>二级明细科目</th><th>三级明细科目</th><th>四级明细科目</th><th>借方余额</th><th>贷方余额</th></tr>
<tr><td rowspan="5">本年收支结转</td><td rowspan="2">基本支出结转</td><td>人员经费</td><td></td><td>0</td></tr>
<tr><td>日常公用经费</td><td></td><td>308 000</td></tr>
<tr><td>项目支出结转</td><td>办公楼大修</td><td></td><td>8 400</td></tr>
<tr><td>项目支出结转</td><td>水利资金审计</td><td></td><td>7 000</td></tr>
<tr><td>项目支出结转</td><td>基本建设</td><td></td><td>104 300</td></tr>
<tr><td>归集调入</td><td>项目支出结转</td><td>办公楼大修</td><td></td><td>30 000</td></tr>
<tr><td>年初余额调整</td><td>基本支出结转</td><td>日常公用经费</td><td></td><td>20 000</td></tr>
<tr><td>单位内部调剂</td><td>项目支出结转</td><td>水利资金审计</td><td></td><td>17 000</td></tr>
</table>

(7) 单位的办公楼大修项目于本年度完工，按照规定将本项目的财政拨款结转资金3.84万元转入“财政拨款结余”科目。

2. 资料：年末，某水利厅行政单位的“财政拨款结余”科目除“累计结余”明细科目外，其他明细科目余额见下表。单位只有一般公共预算拨款，因此不设置一般公共预算拨款明细科目。

××行政单位财政拨款结余明细科目余额表

单位：元

| 二级明细科目 | 三级明细科目 | 四级明细科目 | 借方余额 | 贷方余额 |
|---|---|---|---|---|
| 单位内部调剂 | 项目支出结余 | 水利工程监督检查 | 17 000 | |
| 结余转账 | 项目支出结余 | 办公楼大修 | | 38 400 |

**要求：**编制该单位会计对“财政拨款结余”科目进行转账的预算会计分录。

3. 资料：某事业单位本年度的收入、支出发生额见下表。其中项目A已完成。单位非财政拨款结余按照发生额的3%计提职工福利基金，按2%计提科技转化基金。单位缴纳所得税7 000元。

**要求：**编制相关收入、支出转账分录及各类资金结转结余科目必要的转账和分配分录。

××事业单位收入、支出发生额

单位：元

<table>
<tr><th>总账科目</th><th>二级明细科目</th><th>三级明细科目</th><th>四级明细科目</th><th>借方发生额</th><th>贷方发生额</th></tr>
<tr><td rowspan="4">财政拨款预算收入</td><td rowspan="2">基本支出</td><td>人员经费</td><td></td><td></td><td>489 000</td></tr>
<tr><td>日常公用经费</td><td></td><td></td><td>179 000</td></tr>
<tr><td rowspan="2">项目支出</td><td>项目A</td><td></td><td></td><td>4 000</td></tr>
<tr><td>项目B</td><td></td><td></td><td>134 000</td></tr>
<tr><td rowspan="2">上级补助预算收入</td><td>非专项预算收入</td><td></td><td></td><td></td><td>14 100</td></tr>
<tr><td>项目预算收入</td><td>项目B</td><td></td><td></td><td>7 800</td></tr>
</table>

续表

| 总账科目 | 二级明细科目 | 三级明细科目 | 四级明细科目 | 借方发生额 | 贷方发生额 |
|---|---|---|---|---|---|
| 事业预算收入 | 非专项预算收入 | | | | 120 000 |
| | 项目预算收入 | 项目 C | | | 2 100 |
| 经营预算收入 | | | | | 6 010 |
| 附属单位上缴预算收入 | 非专项预算收入 | | | | 3 150 |
| 其他预算收入 | 非专项预算收入 | | | | 12 000 |
| 事业支出 | 财政拨款支出 | 基本支出 | 基本工资 | 189 615 | |
| | | | 退休费 | 81 168 | |
| | | | 津贴补贴 | 169 590 | |
| | | | 住房公积金 | 48 627 | |
| | | | 办公费 | 57 900 | |
| | | | 水费 | 14 400 | |
| | | | 电费 | 23 010 | |
| | | | 取暖费 | 4 200 | |
| | | | 维护费 | 12 609 | |
| | | | 工会经费 | 4 200 | |
| | | | 专用设备购置 | 58 050 | |
| | 财政拨款支出 | 项目支出 | 项目 A | 3 450 | |
| | | | 项目 B | 134 000 | |
| | 其他资金支出 | | | 90 000 | |
| | 非财政专项资金支出 | 项目 B | | 5 400 | |
| | | 项目 C | | 2 070 | |
| 经营支出 | | | | 5 040 | |
| 上缴上级支出 | | | | 9 000 | |
| 对附属单位补助支出 | | | | 15 000 | |

# 第 17 章 Chapter 17 政府单位资产的核算（上）

学习目标

1. 掌握政府单位资产的分类
2. 掌握政府单位资产确认和计量的方法
3. 掌握政府货币资产的类型和核算方法
4. 理解政府单位各类应收和预付款项的成因和核算方法
5. 掌握政府单位各类投资资产的管理要求和核算方法

## 17.1 政府单位资产概述

### 17.1.1 政府单位资产的内容

政府单位资产是指政府单位过去的经济业务或者事项形成的、由政府单位控制的、预期能够产生服务能力或者带来经济利益流入的经济资源。

政府单位资产可以从不同的角度进行分类。对政府单位资产的分类，既可以充分体现政府单位各项资产的具体内容和属性，也能够为会计信息使用者了解政府单位的资产情况提供更多的信息，以满足信息使用者的多重需要。

**1. 按照资产是否充当支付手段划分**

按照是否充当支付手段，资产可分为货币资产和非货币资产。货币资产是指用于充当购买商品或劳务，或者偿还债务的支付手段的资产，如财政资金支付额度、现金、银行存款、其他货币资金。非货币资产是指除货币资产以外的资产，如应收及预付账款、各类投资（短期投资、长期股权投资、长期债券投资）、存货（包括在途物品、库存物品、加工物品）、固定资产和基本建设（包括工程物资、在建工程）、无形资产、公共基础设施、政府储备物资、文物文化资产等。

**2. 按照资产的变现或耗用时间划分**

按照变现或耗用时间，资产可分为流动资产和非流动资产。流动资产是指在短期内（一般为一年以内）变现或者耗用的资产，包括货币资产、短期投资、应收和预付款项、各类存货、应收股利、应收利息等。非流动资产是指除流动资产以外的资产，包括固定资产、在建工程、无形资产、长期投资、公共基础设施、政府储备物资、文物文化资产、保障性住房、其他非流动资产等。

**3. 按照政府单位对资产的控制形式划分**

资产是政府单位控制的经济资源。政府单位对资产的控制有多种形式：

（1）政府单位占有和使用的资产，包括政府单位拥有所有权的资产和融资租赁的资产。拥有所有权的资产是政府单位最常见的资产，也是大多数政府单位最多的资产，如办公大楼、学校的教学设施、医院建筑和设施、单位车辆、维护工具、股权投资等。

融资租赁的资产，其法律上的所有权没有最终移交，但是政府单位承担风险并享有获得服务潜力或现金流入的权利，因此该资产实质上属于政府单位的资产。

（2）政府单位管理的公用资产。政府单位不使用这类资产，但依据政府管理的职责，负责这些资产的相关维护（收到维护经费和发生维护支出）、管理（如拥有确定使用方式和限制使用的权力），如各类公共基础设施、物资储备部门管理的政府储备物资、博物馆和展览馆的文物文化资产、政府公房管理单位管理的保障性住房等。

（3）政府单位受托代理的资产。这类资产指政府单位受到委托方委托，保存和代为管理的资产。受托代理资产的相关风险和利益不属于政府单位，政府单位不负责维护等相关支出，也不能使用和分配这些资产，只负有受托保管责任，因而该类资产不是政府单位拥有或控制的资产，不能作为单位的资产确认。但是从资产安全角度出发，需要有相应的记录和反映，因此，政府单位在会计上需要单独记录和反映。政府单位也需要同时记录相应的受托代理负债，并将受托代理资产和受托代理负债在会计报表栏目中单独反映，以区别于单位拥有和控制的资产及单位承担的负债。这类资产包括受托管理的货币资产和非现金资产，后者包括民政部门等接受的指定捐赠对象的捐赠物资、法院等执法单位执行法律程序罚没的物资、有关代储单位代储的政府储备物资等。

本教材在以下内容中，将结合以上分类以及业务核算的相似性，分别介绍相关会计核算。①

（1）货币资产，包括库存现金、银行存款、其他货币资金、零余额账户用款额度、财政应返还额度。

（2）应收和预付款项，包括应收票据、应收账款、预付账款、其他应收款、长期应收款、坏账准备。

（3）投资，包括短期投资、长期债券投资、长期股权投资以及相关的应收股利、应收利息。

《政府会计制度——行政事业单位会计科目和报表》

① 本章至第 21 章的资产、负债、收入、费用、净资产的全部业务和科目应用详情参见《政府会计制度——行政事业单位会计科目和报表》（扫描二维码）第三部分“一、财务会计科目”。这些章节的全部业务预算会计和财务会计完整核算可参考“附录：主要业务和事项账务处理举例”。

（4）占有和使用的非金融性资产①，包括流动性的非金融性资产，如各类存货；非流动性的固定资产、工程物资、在建工程、无形资产、研发支出等。

（5）政府单位管理的社会公用资产，主要包括公共基础设施、政府储备物资、文物文化资产、保障性住房、公益性林木资产。

（6）其他资产，包括待摊费用、长期待摊费用、待处理财产损溢、受托代理资产。

前三类资产将在本章介绍，后三类资产将在下一章介绍。

### 17.1.2 资产的确认和初始计量

政府单位的资产应该在取得相关权利或满足使用条件时进行确认。比如，购入的未通过合格验收、尚不能使用的设备等，就不能确认为资产。

问答17-1：政府单位会计核算资产的范围是什么？有哪些需要注意的问题？

政府单位确认的资产按照两种取得方式进行初始计量：一是支付对价取得的，如购买、建造、交换等；二是没有支付对价取得的，如无偿调入、接受捐赠等。

以支付对价方式取得的资产，应当按照取得资产时支付的现金或者现金等价物的金额，以及所付出的非货币性资产的评估价值计量。评估价值可以采用重置成本、现值、公允价值等。

没有支付对价取得的资产，除实际付出的成本（如相关税费、运输费等）外，资产的价值应当按照下列资产计价顺序确定：有关凭据注明的金额，依法经过资产评估的评估价值，同类或类似资产的市场价格，名义金额。按名义金额计量时，相关税费、运输费等作为费用，不计入资产的账面价值。对于无法可靠计量取得价值的资产，不予确认。

## 17.2 货币资产的核算

政府单位的货币资产是指单位为准备用于支付而持有的资产，包括库存现金、银行存款、其他货币资金、零余额账户用款额度、财政应返还额度。

### 17.2.1 库存现金、银行存款和其他货币资金的核算

**1. 科目设置**

库存现金又称现金，是指政府单位为满足零星支付需要而准备的现钞。政府单位的库存现金一般为人民币现钞，因需要外币支付而备有的外币现钞也属于库存现金。

政府单位应当设置“库存现金”总账科目核算单位的库存现金。

银行存款是指政府单位存放在本地开户银行的各种活期及定期存款。

实行国库集中支付改革的政府单位，其财政资金以预算额度和零余额账户用款额度的形式存在，因此全部依靠财政资金的行政单位一般不存在银行存款形式的财政资金。少数实行传统的实拨资金方式管理的行政单位，银行存款仍是其主要结算资金，

① 不包括预付账款、长期股权投资、其他应收款中的暂付款等。

单位存在大量的银行存款业务。事业单位由于存在大量非财政的事业收入和上下级非财政资金的缴拨，因此有比较多的银行存款业务。

政府单位在银行的外埠存款、银行本票存款、银行汇票存款、信用卡存款等属于其他货币资金。政府单位通过支付宝、微信等方式取得相关收入，尚未转入银行存款的支付宝、微信等第三方支付平台账户的余额，也作为其他货币资金核算。

政府单位应当设置“银行存款”总账科目核算单位存入银行的各种活期和定期存款，应设置“其他货币资金”总账科目核算其他货币资金业务，并根据这些资金形式设置相应的明细科目。

### 2. 主要业务账务处理

政府单位增加某类货币资金时，借记相应货币资金科目，贷记相应的资产或收入科目，如“货币资金”“银行存款”“零余额账户用款额度”“事业收入”“经营收入”“应收账款”等科目。

政府单位减少某类货币资金时，借记相应资产或费用科目，如“库存现金”“银行存款”“零余额账户用款额度”“业务活动费用”“单位管理费用”“其他应收款”“库存物品”等科目，贷记相应货币资金科目。

政府单位货币资金业务如果涉及预算资金的变动，在预算会计中体现为“资金结存”科目的变动，否则，预算会计不做相关分录，比如代收应缴财政的款项。预算会计的具体核算参见预算收支的相关内容。

问答 17－2：将政府单位的货币资金流入和流出确认为预算收入和预算支出的判断标准是什么？

### 3. 主要业务核算举例

**例 17－1**

资料：某民政局发生以下业务。要求：编制该单位对以下业务进行账务处理的会计分录。

①从零余额账户提取现金 4 500 元。

财务会计分录：

| | | |
|---|---|---|
| 借：库存现金 | 4 500 | |
| 　　贷：零余额账户用款额度 | | 4 500 |

预算会计分录：

| | | |
|---|---|---|
| 借：资金结存（——货币资金） | 4 500 | |
| 　　贷：资金结存（——零余额账户用款额度） | | 4 500 |

②收到个人缴纳的办证费 1 060 元，尚未上缴财政。

财务会计分录：

| | | |
|---|---|---|
| 借：库存现金 | 1 060 | |
| 　　贷：应缴财政款 | | 1 060 |

预算会计分录：无

③向下属单位拨付 6 万元，作为下级专项业务的资金补助。

财务会计分录：

借：对附属单位补助费用　　60 000
　贷：银行存款　　60 000

预算会计分录：

借：对附属单位补助支出　　60 000
　贷：资金结存　　60 000

④开出银行转账支票，支付某课题研究劳务费2万元。

财务会计分录：

借：业务活动费用　　20 000
　贷：银行存款　　20 000

预算会计分录：

借：事业支出　　20 000
　贷：资金结存　　20 000

### 17.2.2 零余额账户用款额度的核算

**1. 管理**

在财政授权支付管理方式下，政府单位使用财政资金需要按财政部门的规定，在代理银行开设预算单位零余额账户。政府单位可在财政授权支付额度到账通知书所确定的限额内通过零余额账户办理资金支付。该账户每日发生的支付，于当日营业终了前由代理银行在财政部门批准的用款额度内与国库单一账户进行清算。

财政授权支付额度到账通知书确定的月度财政授权支付额度在年度内可以累加。年终，代理银行将政府单位零余额账户中的财政授权支付额度余额全部注销，银行对账单作为政府单位年终余额注销的记账凭证。下年年初，政府单位根据代理银行提供的额度恢复到账通知书做恢复额度的账务处理。

**2. 科目设置和账务处理**

实行国库集中支付方式的政府单位应当设置“零余额账户用款额度”总账科目，核算本单位根据财政部门批复的用款计划收到和支用的零余额账户用款额度。本科目期末的借方余额反映政府单位尚未支用的零余额账户用款额度。年末注销余额后，本科目应无余额。

政府单位收到财政授权支付额度到账通知书时，根据通知书所列数额，借记“零余额账户用款额度”科目，贷记“财政拨款收入”科目。

政府单位按规定支用额度时，借记“业务活动费用”“单位管理费用”“应付账款”“库存物品”“固定资产”等科目，贷记“零余额账户用款额度”科目。

政府单位从零余额账户提取现金时，借记“库存现金”科目，贷记“零余额账户用款额度”科目。

年末，政府单位应根据代理银行提供的对账单做注销额度的账务处理，借记“财政应返还额度”科目，贷记“零余额账户用款额度”科目。

下年年初，政府单位根据代理银行提供的额度恢复到账通知书做恢复额度的账务处理，借记“零余额账户用款额度”科目，贷记“财政应返还额度”科目。政府单位收到财政部门批复的上年末下达零余额账户用款额度时，借记“零余额账户用款额度”科目，贷记“财政应返还额度”科目。

零余额账户用款额度涉及预算资金的变动，因此，在预算会计中体现为“资金结存”科目的变化，预算会计的具体核算参见预算收支相关内容。

### 3. 主要业务核算举例

**例 17－2**

资料：某事业单位发生以下与零余额账户用款额度有关的业务。要求：编制该单位会计对下述业务进行账务处理的会计分录。

①取得代理银行送来的财政授权支付额度到账通知书，本月获得财政授权支付额度 6 万元。

财务会计分录：

借：零余额账户用款额度　　60 000
　贷：财政拨款收入　　60 000

预算会计分录：

借：资金结存　　60 000
　贷：财政拨款预算收入　　60 000

②单位使用零余额账户用款额度支付本月电费 3 000 元，其中业务部门应承担 90%，管理部门应承担 10%。

财务会计分录：

借：业务活动费用　　2 700
　　单位管理费用　　300
　贷：零余额账户用款额度　　3 000

预算会计分录：

借：事业支出　　3 000
　贷：资金结存　　3 000

③单位通过零余额账户支付办公耗材的采购款 38 000 元（含增值税），材料已入库。

财务会计分录：

借：库存物品　　38 000
　贷：零余额账户用款额度　　38 000

预算会计分录：

借：事业支出　　38 000
　贷：资金结存　　38 000

④年末，注销尚未用完的零余额账户用款额度 42 000 元。同时，单位尚有未下达的财政授权支付额度 150 000 元。

财务会计分录：

借：财政应返还额度　　192 000
　贷：零余额账户用款额度　　42 000
　　　财政拨款收入　　150 000

预算会计分录：

借：资金结存（——财政应返还额度） 192 000

贷：资金结存（——零余额账户用款额度） 42 000

财政拨款预算收入 150 000

## 17.2.3 财政应返还额度的核算

**1. 财政应返还额度与预算指标数**

财政应返还额度是指实行国库集中支付的单位应收财政返还的资金额度，包括可以使用的以前年度财政直接支付资金额度和财政应返还的财政授权支付资金额度。

财政应返还额度是年末政府单位预算指标数未使用完而产生的一项资产。预算指标数是政府单位根据预算可以从财政部门获得的资金数额，代表存在于财政部门国库单一账户中的政府单位可使用的资金限额。政府单位在该限额内通过财政直接支付或财政授权支付方式使用。政府单位的预算额度（又称预算指标数）由于预算的批准而增加，由于财政直接支付和转为零余额账户用款额度而减少。

政府单位取得预算指标数后，实际的资金存在于财政部门国库单一账户中，而不是以现金或银行存款的形式存在。在国库单一账户管理体制下，政府单位尽管没有取得现金或银行存款，但在预算批准后，政府单位就对预算限额内的资金依法享有使用权，需履行财务管理、会计核算职能。因此，政府单位需要在账户上反映这种使用权所代表的资产。

实践中，属于财政直接支付的预算指标数只有在下达时才确认为资产，年底政府单位如果存在未使用完的预算指标数，则在年末确认为单位货币资产（即财政应返还额度）和相应的收入。在财政授权支付方式下，政府单位年末需将未使用完的零余额用款额度注销，注销的零余额用款额度与尚未使用的财政授权支付额度一同构成政府单位未使用预算指标数的一部分，确认为财政应返还额度。下年度，政府单位依旧对财政应返还额度享有使用权。但有时财政部门会根据政府单位结余使用情况，将政府单位未使用的预算指标数收回，这样政府单位就不再享有使用权。在这种情况下，政府单位的财政应返还额度就会减少。

**2. 科目设置和账务处理**

实行国库集中支付的政府单位应当设置“财政应返还额度”总账科目核算本单位应收财政返还的资金额度。

在“财政应返还额度”总账科目下，应当设置“财政直接支付”和“财政授权支付”两个明细科目。

在财政直接支付方式下，年末，政府单位根据本年度财政直接支付预算指标数与财政直接支付实际支出数的差额，借记“财政应返还额度”科目，贷记“财政拨款收入”科目。

政府单位使用以前年度财政直接支付额度发生支出时，借记“业务活动费用”“单位管理费用”“库存物品”等科目，贷记“财政应返还额度”科目。

在财政授权支付方式下，年末，政府单位需根据代理银行提供的对账单做注销额度的账务处理，借记“财政应返还额度”，贷记“零余额账户用款额度”科目；如果单位本年度财政授权支付预算指标数大于财政授权支付额度下达数，根据两者差额，借记“财政应返还额度”科目，贷记“财政拨款收入”科目。

下年年初，政府单位根据代理银行提供的上年度额度恢复到账通知书做恢复额度的账务处理，借记“零余额账户用款额度”科目，贷记“财政应返还额度”科目。政府单位收到财政部门批复的上年末下达零余额账户用款额度，借记“零余额账户用款额度”科目，贷记“财政应返还额度”科目。

“财政应返还额度”科目期末借方余额反映政府单位以后年度可以使用的财政资金额度。

财政应返还额度在预算会计中涉及“资金结存”科目的变动，预算会计的具体核算参见预算收支的相关内容。

### 3. 主要业务核算举例

**例 17-3**

资料：某行政单位发生以下与财政应返还额度有关的业务。要求：编制该单位会计对下述业务进行账务处理的会计分录。

（1）年末，单位财政直接支付预算指标数与财政直接支付实际支出数的差额为 13 万元。次年 1 月，财政部门决定将该单位以前年度未使用的财政直接支付额度中的 3 万元核减，其余 10 万元仍由该单位使用。

①年末确认财政应返还额度。

财务会计分录：

借：财政应返还额度——财政直接支付　　130 000

　　贷：财政拨款收入　　130 000

预算会计分录：

借：资金结存　　130 000

　　贷：财政拨款预算收入　　130 000

②收到财政部门下达的财政拨款结余核减审批通知。

财务会计分录：

借：累计盈余　　30 000

　　贷：财政应返还额度——财政直接支付　　30 000

预算会计分录：

借：财政拨款结转　　30 000

　　贷：资金结存　　30 000

（2）单位收到财政直接支付入账通知书，使用财政应返还额度支付当月业务办公用房租金 2 万元。

财务会计分录：

借：业务活动费用　　20 000

　　贷：财政应返还额度——财政直接支付　　20 000

预算会计分录：

借：行政支出　　20 000

贷：资金结存　　20 000

(3) 单位收到财政授权支付额度到账通知书，下达零余额账户用款额度16万元，其中上年未下达的零余额账户用款额度15 000元，恢复上年注销的零余额账户用款额度5 000元，当期的零余额账户用款额度14万元。

财务会计分录：

借：零余额账户用款额度　　160 000
　贷：财政拨款收入　　140 000
　　财政应返还额度——财政授权支付　　20 000

预算会计分录：

借：资金结存（——零余额账户用款额度）　　160 000
　贷：财政拨款预算收入　　140 000
　　资金结存（——财政应返还额度）　　20 000

## 17.3 应收和预付款项的核算

### 17.3.1 应收账款的核算

**1. 内容**

政府单位的应收账款是指事业单位提供服务、销售商品等应收取的款项，以及包括行政单位在内的因出租资产、出售物资等应收取的款项。

事业单位的应收账款通常由单位的事业活动或经营活动引起，无须上缴财政部门，因此，按照权责发生制，单位在确认应收账款的同时确认收入。事业单位出租固定资产或出售物资的款项，根据财政部门的要求，可能需要上缴财政，也可能无须上缴财政。行政单位在经济活动中一般不会有偿对外提供服务和商品，但是偶尔会因出售物资或出租单位固定资产而产生应收账款。行政单位出售、出租资产的收入要按照规定上缴财政部门，因此行政单位在应收账款发生时，不能确认收入，而是确认为一项负债，反映向财政部门上缴款项的义务。

**2. 主要业务账务处理**

政府单位应当设置“应收账款”总账科目核算本单位出租资产、出售物资等应当收取的款项。

事业单位销售商品、提供服务发生无须上缴财政的应收账款时，按照应收未收金额，借记“应收账款”科目，贷记“事业收入”“经营收入”“租金收入”“其他收入”等科目。收回应收账款时，按照实际收到的金额，借记“银行存款”等科目，贷记“应收账款”科目。

政府单位出租资产或出售物资需要上缴财政的，发生应收未收款项时，按照应收未收金额，借记“应收账款”科目，贷记“应缴财政款”科目。收回应收账款时，按照实际收到的金额，借记“银行存款”等科目，贷记“应收账款”科目。

应收账款业务如果涉及应缴财政款，则不属于预算资金范畴内的业务，因此预算会计在应收账款发生和收回时不确认预算收支；如果涉及单位的收入，则在收回货币资金时，按实际收到的金额确认相关预算收入。预算会计的具体核算参见预算收支的相关内容。

### 3. 主要业务核算举例

**例 17－4**

资料：某行政单位将一处闲置办公用房临时出租给某公司，租期 1 年，约定每月月初支付租金 15 000 元。单位为小规模纳税人，房屋租金收入应交增值税 714.29 元，其他税费 1 885.71 元。要求：编制该单位会计对下述业务进行账务处理的会计分录。

①年底，单位尚未收到该公司应付的 12 月租金。

财务会计分录：

| | | |
|---|---|---|
| 借：应收账款 | 15 000 | |
| 　贷：应交增值税 | | 714.29 |
| 　　其他应交税费 | | 1 885.71 |
| 　　应缴财政款 | | 12 400 |

预算会计分录：无

②单位收到该公司欠付上年 12 月的租金 15 000 元，款项已打到该单位的银行账户。

财务会计分录：

| | | |
|---|---|---|
| 借：银行存款 | 15 000 | |
| 　贷：应收账款 | | 15 000 |

预算会计分录：无

**例 17－5**

资料：某体育管理中心有关应收账款的业务如下。该中心为小规模纳税人。要求：编制该单位会计对下述业务进行账务处理的会计分录。

①非独立核算的场馆向附近的 A 单位提供部分体育场地长期服务，当月应收场地使用费 5 万元（含增值税 1 456.31 元）。按合同规定，这笔款项应在下月月初支付。

财务会计分录：

| | | |
|---|---|---|
| 借：应收账款 | 50 000 | |
| 　贷：经营收入 | | 48 543.69 |
| 　　应交增值税 | | 1 456.31 |

预算会计分录：无

②收到 A 单位转账的场地使用费 7 万元，其中 5 万元为前期应收款，2 万元为本期场地使用费（含增值税 582.52 元）。

财务会计分录：

| | | |
|---|---|---|
| 借：银行存款 | 70 000 | |
| 　贷：经营收入 | | 19 417.48 |
| 　　应收账款 | | 50 000 |
| 　　应交增值税 | | 582.52 |

预算会计分录：

| | | |
|---|---|---|
| 借：资金结存 | 70 000 | |

贷：经营预算收入　　70 000

## 17.3.2 应收票据和预付账款的核算

### 1. 内容和科目设置

应收票据指事业单位因开展经营活动销售商品、提供服务等而收到的商业汇票，包括银行承兑汇票和商业承兑汇票。行政单位不存在向市场出售商品或服务的业务，但是可能会因为处置资产等产生应收票据业务。

预付账款是指政府单位按照购货、服务合同规定预付给供应单位（或个人）的款项，以及按照合同规定向承包工程的施工企业预付的备料款和工程款。

政府单位应当设置“应收票据”和“预付账款”总账科目核算相关业务。

### 2. 主要业务账务处理

事业单位因销售商品、提供服务等收到商业汇票时，应按照商业汇票的票面金额，借记“应收票据”科目，按照确认的收入金额，贷记“经营收入”等科目。收回票款时，应按照实际收到的商业汇票票面金额，借记“银行存款”科目，贷记“应收票据”科目。

政府单位根据购货、服务合同规定预付款项时，按照预付金额，借记“预付账款”科目，贷记“财政拨款收入”“零余额账户用款额度”“银行存款”等科目。

政府单位收到所购资产或服务时，按照购入资产或服务的成本或结算款，借记“库存物品”“固定资产”“无形资产”“业务活动费用”“在建工程”等相关科目，按照相关预付账款的账面余额，贷记“预付账款”科目，按照实际补付的金额，贷记“财政拨款收入”“零余额账户用款额度”“银行存款”等科目。

应收票据业务和预付账款业务发生货币资金支付时，按照实际支付的金额确认相关的预算支出，具体核算参见预算收支的相关内容。

### 3. 主要业务核算举例

**例 17-6**

资料：某体育管理中心销售一批体育服装给A企业，收到面值为8万元、期限为3个月的商业承兑汇票一张。单位为小规模纳税人，该业务含增值税2 400元。要求：编制该单位会计对上述业务进行账务处理的会计分录。

财务会计分录：

借：应收票据　　80 000

　贷：经营收入　　77 600

　　　应交增值税　　2 400

预算会计分录：无

**例 17-7**

资料：某民政事业单位发生以下与预付账款有关的业务。单位为小规模纳税人。要求：编制该单位会计对下述业务进行账务处理的会计分录。

①从某企业订购救灾储备物资，合同总金额250万元，采用财政直接支付方式预

付 200 万元。

财务会计分录：

| | | |
|---|---|---|
| 借：预付账款 | 2 000 000 | |
| 　贷：财政拨款收入 | | 2 000 000 |

预算会计分录：

| | | |
|---|---|---|
| 借：事业支出 | 2 000 000 | |
| 　贷：财政拨款预算收入 | | 2 000 000 |

②接到通知，救灾物资已运到灾区，委托当地储备单位存放。合同总金额的余款 50 万元通过财政直接支付方式付给物资出售企业。

财务会计分录：

| | | |
|---|---|---|
| 借：政府储备物资 | 2 500 000 | |
| 　贷：财政拨款收入 | | 500 000 |
| 　　预付账款 | | 2 000 000 |

预算会计分录：

| | | |
|---|---|---|
| 借：事业支出 | 500 000 | |
| 　贷：财政拨款预算收入 | | 500 000 |

## 17.3.3　其他应收款的核算

### 1. 内容和科目设置

其他应收款是政府单位除应收票据、应收账款、预付账款、应收股利、应收利息以外的其他各项应收及暂付款项，如职工预借的差旅费、已经偿还银行尚未报销的本单位公务卡欠款、拨付给内部有关部门的备用金、应向职工收取的各种垫付款项、支付的可以收回的订金或押金、应收的上级补助和附属单位上缴款项、单位委托独立的基金会代为管理和投资的留本基金等。

政府单位应设置“其他应收款”科目进行核算，并按照其他应收款的类别以及债务单位（或个人）进行明细核算。

### 2. 主要业务账务处理

政府单位发生其他各种应收及暂付款项时，按照实际发生金额，借记“其他应收款”科目，贷记“零余额账户用款额度”“银行存款”“库存现金”“上级补助收入”“附属单位上缴收入”等科目。

收回其他各种应收及暂付款项时，按照收回的金额，借记“库存现金”“银行存款”等科目，贷记“其他应收款”科目。

其他应收款相关业务如果涉及预算资金，则在确定相关支出项目和金额时确认相关预算支出或预算结余变动。

### 3. 主要业务核算举例

例 17－8

资料：某省民政局发生以下与其他应收款有关的业务。要求：编制该单位会计对下述业务进行账务处理的会计分录。

①员工张强预借8 000元差旅费，款项以现金支付。单位采用通过报销确认支出的预算会计方法。

财务会计分录：

| | | |
|---|---|---|
| 借：其他应收款 | 8 000 | |
| 贷：库存现金 | | 8 000 |

预算会计分录：无

②张强同年报销7 600元差旅费，同时归还400元预借款。

财务会计分录：

| | | |
|---|---|---|
| 借：库存现金 | 400 | |
| 业务活动费用 | 7 600 | |
| 贷：其他应收款 | | 8 000 |

预算会计分录：

| | | |
|---|---|---|
| 借：行政支出 | 7 600 | |
| 贷：资金结存 | | 7 600 |

③后勤部门报销和申请补充备用金，备用金花费3 000元，用于后勤小额消耗品的购置。财务部门以现金支付。

财务会计分录：

| | | |
|---|---|---|
| 借：业务活动费用 | 3 000 | |
| 贷：库存现金 | | 3 000 |

预算会计分录：

| | | |
|---|---|---|
| 借：行政支出 | 3 000 | |
| 贷：资金结存 | | 3 000 |

### 17.3.4 坏账准备的核算

**1. 内容和科目设置**

行政单位除极少的出租固定资产的业务外，没有出售商品和服务的业务。相比之下，事业单位存在出售商品或服务引起的应收账款和其他应收款，因此面临交易对象无法偿还款项的风险。事业单位每年年末需要对收回后不需要上缴财政的应收账款和其他应收款进行检查，分析其可收回性，如果发现不能收回的迹象，则需要预计可能产生的坏账损失，计提坏账准备，确认坏账损失。

事业单位可以采用应收款项余额百分比法、账龄分析法、个别认定法等方法计提坏账准备。坏账准备计提方法一经确定，不应随意变更。如需变更，应当按照规定报经批准，并在报表附注中予以说明。

事业单位应设置“坏账准备”科目，并对应收账款和其他应收款计提的坏账准备进行明细核算。

**2. 主要业务账务处理**

提取坏账准备时，借记“其他费用”科目，贷记“坏账准备”科目；冲减坏账准备时，借记“坏账准备”科目，贷记“其他费用”科目。

对于账龄超过规定年限并确认无法收回的应收账款、其他应收款，按照有关规定报经批准后，根据无法收回的金额，借记“坏账准备”科目，贷记“应收账款”“其他应收款”科目。

坏账准备业务不涉及预算资金的变动，因此一般不涉及预算会计的核算。

**3. 主要业务核算举例**

例 17－9

资料：某体育管理中心发生以下与坏账有关的业务。要求：编制该单位会计对下述业务进行账务处理的会计分录。

①中心经批准，对上年已经全额确认坏账损失的应收账款 4 万元进行核销。

财务会计分录：

借：坏账准备　　40 000

　　贷：应收账款　　40 000

预算会计分录：无

②期末，中心根据规定对应收款项进行检查，发现一笔应收账款因企业破产注销长期不能收回，根据个别认定法，预计产生坏账损失 6 000 元。

财务会计分录：

借：其他费用　　6 000

　　贷：坏账准备　　6 000

预算会计分录：无

## 17.4　投资的核算

### 17.4.1　投资的分类①

事业单位为了合理有效地使用非财政资金，可根据国家法律法规的规定，将其暂时不用的货币资金、实物资产、无形资产等进行投资，形成债券或股权投资。

《政府会计准则第 2 号——投资》

按照财政资金管理的要求，政府单位不得用财政资金进行投资。实行国库单一账户管理之后，行政单位几乎没有非财政资金，因此没有投资。事业单位则因为有较多非财政资金，存在按照规定进行的投资。

事业单位投资一般有两种原因：一是某些事业单位（如科研单位、高等学校等）利用自身的研究优势创办企业，并通过企业活动将研究成果加以应用，或为教学提供实习基地；二是有暂时闲置的资金，在确保安全的前提下提高资金

① 投资的定义、分类、确认和计量参见《政府会计准则第 2 号——投资》（扫描二维码）。

管理的效率，实现投资增值，补充事业经费。前一个原因的投资一般为长期股权投资，后一个原因的投资一般为短期投资或长期债券投资。

投资不是事业单位的主业，因此，按照相关的管理要求，事业单位只能进行有限品种的投资，如国债投资、经过批准的长期股权投资等，不能购买企业债券、股票、期权期货等金融工具。

事业单位投资按其品种，可分为债券投资和股权投资。按变现的时间长短，可分为短期投资和长期投资。按投出的资产，可分为以货币资金投资、以库存物品投资、以固定资产投资、以无形资产投资等。

## 17.4.2 投资业务的科目设置

**1. 投资资产的会计科目**

事业单位应设置“短期投资”“长期债券投资”“长期股权投资”科目分别核算单位不同类型的对外投资。

“短期投资”科目核算事业单位按照规定取得的、持有时间不超过一年的投资。“短期投资”科目应当按照投资的种类等进行明细核算。

“长期债券投资”科目核算事业单位按照规定取得的、持有时间超过一年（不含一年）的债券投资。“长期债券投资”科目应当设置“成本”和“应计利息”明细科目，并按照债券投资的种类进行明细核算。其中，“成本”明细科目用于核算长期债券投资取得时的成本，以便在未来出售时，预算会计确定冲抵投资支出或非财政资金结余的金额。“应计利息”明细科目只核算到期一次还本付息的债券投资每个计息日计算的应计利息；如果是分期付息的债券利息，到期应计利息时使用具有流动资产性质的“应收利息”科目核算。

“长期股权投资”科目核算事业单位的股权投资。本科目应当按照被投资单位和长期股权投资取得方式等进行明细核算。长期股权投资处置时，预算会计要冲销投资成本支出，因此长期股权投资采用权益法核算时，为了满足预算会计核算的需要，还应当按照“成本”“损益调整”“其他权益变动”设置明细科目进行明细核算。

**2. 投资收益相关的会计科目**

为了核算持有对外投资期间投资资产的价值变化以及相关的损益，事业单位应设置“应收利息”“应收股利”“投资收益”“权益法调整”等会计科目。

“应收利息”科目核算分期付息的长期债券期末应付未付利息。如果事业单位购入的是到期一次还本付息的长期债券，则持有期间的利息应当通过“长期债券投资——应计利息”科目核算，不通过“应收利息”科目核算。持有长期股权投资的事业单位应设置“应收股利”总账科目，并按照被投资单位等进行明细核算。

“应收股利”科目核算事业单位持有长期股权投资应当收取的现金股利或应当分得的利润，并按照被投资单位等进行明细核算。

“投资收益”科目核算事业单位股权投资和债券投资所实现的收益或发生的损失，并按照投资的种类等进行明细核算。

“权益法调整”科目核算事业单位持有的长期股权投资采用权益法核算时，按照被投资单位除净损益和利润分配以外的所有者权益变动份额调整长期股权投资账面余额而计入净资产的金额。本科目应当按照被投资单位进行明细核算。

## 17.4.3　投资资产取得的核算

### 1. 主要业务账务处理

事业单位取得投资资产的方式包括以货币资金取得、以非货币资产置换。其中，短期投资和长期债券投资通常以货币资金取得，长期股权投资的取得则可能涉及两种方式。除此之外，长期股权投资还可能有其他的取得方式，如以货币资金与非货币资产混合投资、以未入账的无形资产投资、获得捐赠、无偿调入等。

（1）以货币资金取得投资资产。事业单位用现金取得对外投资时，应按照实际取得成本（包括买价、佣金、税费在内的实际支付的投资成本）借记"短期投资""长期债券投资""长期股权投资"科目。

（2）以非货币资产置换长期股权投资。事业单位可能使用库存物品、固定资产、无形资产等进行长期股权投资。发生这类投资时，按照换出资产的估值和支付的相关费用、调整补价，确定长期股权投资的成本。

通过非货币资产取得长期股权投资时，应按照确定的投资成本，借记"长期股权投资"科目。同时，按照换出资产的账面余额，贷记相关资产科目（换出资产为固定资产、无形资产的，还应当借记相关资产的"固定资产累计折旧""无形资产累计摊销"等科目），按照置换过程中发生的其他相关支出，贷记"银行存款"等科目，按照借贷方差额，借记"资产处置费用"科目或贷记"其他收入"科目。

（3）以未入账的无形资产取得长期股权投资。未入账资产在交易中评估入账，相当于增加事业单位的收入。事业单位如果将未入账的无形资产估值后再换取股权，应将无形资产的评估价值加相关税费作为投资成本，借记"长期股权投资"科目，按照发生的相关税费，贷记"银行存款""其他应交税费"等科目，按其差额，贷记"其他收入"科目。

事业单位采用货币资金对外投资时，预算会计应按照投资时支付的全部金额确认投资支出；以非货币资产置换长期股权投资时，发生的现金支付部分，预算会计确认为其他支出。预算会计的具体核算参见第 15 章的相关内容。

### 2. 主要业务核算举例

例 17－10

资料：某科研单位发生以下对外投资业务。要求：编制该单位会计对下述业务进行账务处理的会计分录。

①7 月 3 日，购买国债 5 万元，进行短期投资，同时支付交易费用 50 元。国债投资不缴纳增值税。

财务会计分录：

| | | |
|---|---|---|
| 借：短期投资 | 50 050 | |
| 　贷：银行存款 | | 50 050 |

预算会计分录：

借：投资支出　　50 050

　贷：资金结存　　50 050

②12月10日，单位使用闲置资金购买新发行的分期付息国债，国债期限为5年。合计支付购买价格和佣金20.1万元。

财务会计分录：

借：长期债券投资　　201 000

　贷：银行存款　　201 000

预算会计分录：

借：投资支出　　201 000

　贷：资金结存　　201 000

③单位使用专利技术、部分专用生产设备和部分货币资金与某企业组建全新的有限公司进行科技转化。其中，专利技术账面原值0.5万元，累计摊销0.2万元；生产设备账面原值60万元，累计折旧20万元。投资时，专利技术经过评估作价120万元，专用设备评估价30万元，现金投资100万元。单位的股份占新投资企业的50%。单位拟采用权益法核算相关投资。由于单位为小规模纳税人，因此资产成本中包含增值税。

财务会计分录：

借：长期股权投资——全新公司——成本——无形资产投资　　1 200 000

　　——生产设备投资　　300 000

　　——现金投资　　1 000 000

　固定资产累计折旧　　200 000

　无形资产累计摊销　　2 000

　贷：银行存款　　1 000 000

　　无形资产　　5 000

　　固定资产　　600 000

　　其他收入　　1 097 000

预算会计分录：

借：投资支出　　1 000 000

　贷：资金结存　　1 000 000

### 17.4.4 投资持有期间的核算

**1. 主要业务账务处理**

除短期投资之外，事业单位对于持有的长期债券投资和长期股权投资，应按照权责发生制确认持有期间发生的价值增减以及相应的投资收益（损失）。

（1）短期投资。为了简化核算，事业单位持有的短期投资只在收到利息时确认投资收益。事业单位收到短期投资持有期间的利息，按照实际收到的金额，借记“银行存款”科目，贷记“投资收益”科目。

（2）长期债券投资。事业单位实际收到取得长期债券时所支付价款中包含的已到付息期但尚未领取的利息时，借记“银行存款”科目，贷记“应收利息”科目。

长期债券投资持有期间，每个会计期末，应按照应计息日数、债券票面金额与票面利率计算确认利息收入。对于到期一次还本付息的债券投资，借记“长期债券投资——应计利息”科目，贷记“投资收益”科目；对于分期付息、到期一次还本的债券投资，借记“应收利息”科目，贷记“投资收益”科目。

收到分期支付的利息时，按照实收的金额，借记“银行存款”等科目，贷记“应收利息”科目。

事业单位在实际收到利息时，预算会计应按照收回的金额确认投资预算收益。预算会计的相关核算参见第 14 章和第 15 章的相关内容。

（3）长期股权投资。事业单位取得长期股权投资，如果支付的价款中包含已宣告但尚未发放的现金股利，则按照应发放金额，借记“应收股利”科目，按照确定的长期股权投资成本，借记“长期股权投资”科目，按照实际支付的金额，贷记“银行存款”等科目。

1）采用成本法核算的账务处理。采用成本法核算时，长期股权投资的账面价值始终按照成本计价。

当被投资单位宣告发放现金股利或利润时，按照应收的金额，借记“应收股利”科目，贷记“投资收益”科目。事业单位收到现金股利或利润时，按照实际收到的金额，借记“银行存款”等科目，贷记“应收股利”科目。

2）采用权益法核算的账务处理。采用权益法核算时，长期股权投资的账面价值按照份额比例，随被投资对象所有者权益的变化而变化。

①被投资单位实现净利润的，按照应享有的份额，借记“长期股权投资——损益调整”科目，贷记“投资收益”科目。

②被投资单位发生净亏损的，按照应分担的份额，借记“投资收益”科目，贷记“长期股权投资——损益调整”科目，以“长期股权投资”科目的账面余额减记至零为限。

③被投资单位宣告分派现金股利或利润的，按照应享有的份额，借记“应收股利”科目，贷记“长期股权投资——损益调整”科目。

④被投资单位发生除净损益和利润分配以外的所有者权益变动的，如果被投资对象发生其他投资者增资等非当期损益活动引起股东权益直接增加，被投资对象不能将这种净资产增加作为企业利润，而是作为企业所有者权益变动确认。作为投资方的事业单位也不能确认投资收益，而是采取同样的直接计入净资产的方式进行投资价值调整。直到事业单位处置该投资时转出该调整金额，才确认相关损益。当被投资单位发生除净损益和利润分配以外的所有者权益变动时，事业单位按照应享有或分担的份额，借记或贷记“权益法调整”科目，贷记或借记“长期股权投资——其他权益变动”科目。当事业单位转让股权投资时，借记或贷记“权益法调整”科目，贷记或借记“投资收益”科目。

长期股权投资持有期间，只有实际收到现金股利时，预算会计才按实际收到的金额确认投资预算收益，预算会计的相关核算参见第 14 章的相关内容。

**2. 主要业务核算举例**

例 17－11

资料：某科研单位发生以下对外投资业务。要求：编制该单位会计对下述业务进行账务处理的会计分录。

①到期收回两年前一笔到期还本付息的面值10万元的国债投资，出售取得资金12万元。该投资目前账面价值11.3万元，其中购买成本9.8万元，持有期间确认1.5万元应计利息。

财务会计分录：

借：银行存款　　120 000

　贷：长期债券投资——成本　　98 000

　　　　　　　　——应计利息　　15 000

　　　投资收益　　7 000

预算会计分录：

借：资金结存　　120 000

　贷：其他结余　　98 000

　　　投资预算收益　　22 000

②使用单位非财政资金购买分期付息的3年期国债，包括买价、佣金、税金等的总支出101 900元，因为已过付息日，价格中包括应收未收利息4 000元。

财务会计分录：

借：长期债券投资　　97 900

　　应收利息　　4 000

　贷：银行存款　　101 900

预算会计分录：

借：投资支出　　101 900

　贷：资金结存　　101 900

③收到投资开户银行的通知，收到发放的上述国债的利息4 000元。

财务会计分录：

借：银行存款　　4 000

　贷：应收利息　　4 000

预算会计分录：

借：资金结存　　4 000

　贷：投资支出　　4 000

④年末，对该国债计提本年国债持有期间应计利息3 000元。

财务会计分录：

借：应收利息　　3 000

　贷：投资收益　　3 000

预算会计分录：无

⑤单位所投资的全新有限公司第一年亏损30万元。按照权益法确认单位50%的股权对应的相关损失。

财务会计分录：

借：投资收益　　150 000

　贷：长期股权投资——全新公司——损益调整　　150 000

预算会计分录：无

⑥单位在疗养基地投资的酒店本年获得利润 200 万元，按照权益份额确定单位收益为 180 万元。

财务会计分录：

借：长期股权投资——酒店——损益调整　1 800 000

　贷：投资收益　1 800 000

预算会计分录：无

⑦经过讨论，酒店确定分红 150 万元，按照权益份额确定单位分红为 135 万元。

财务会计分录：

借：应收股利　1 350 000

　贷：长期股权投资——酒店——损益调整　1 350 000

预算会计分录：无

## 17.4.5　投资资产处置的核算

**1. 投资资产处置资金的管理**

我国在对事业单位国有资产的管理中，针对现金投资方式和非现金投资方式的对外投资资产，采用不同的处置资金管理方式。事业单位的长期股权投资转让还要求经过上级相关部门的审批。

单位采用现金方式进行的短期投资、长期债券投资以及长期股权投资，到期收回或者出售取得的资金纳入单位预算管理，单位统一核算、统一管理。

利用实物资产、无形资产投资形成的股权（权益）的出售、出让、转让收入，按以下情形分别处理：

（1）收入形式为现金的，扣除投资收益以及税金、评估费等相关费用后，上缴国库，实行收支两条线管理。投资收益纳入单位预算，统一核算、统一管理。

（2）收入形式为资产和现金的，现金部分扣除投资收益以及税金、评估费等相关费用后，上缴国库，实行收支两条线管理。

（3）利用现金、实物资产、无形资产混合投资形成的股权（权益）的出售、出让、转让收入，按照现金投资和实物资产、无形资产投资收回的有关规定分别管理。

在长期股权投资过程中，如果采用资产置换方式取得股权并获得现金补价，视同部分非现金资产处置，按照国家相关规定，事业单位非现金资产的处置收入应上缴国库。

**2. 主要业务账务处理**

（1）短期投资处置。事业单位出售短期投资或到期收回短期投资本息时，应按照实际收到的金额，借记“银行存款”科目，按照出售或收回短期投资的账面余额，贷记“短期投资”科目，按照其差额，借记或贷记“投资收益”科目。

（2）长期债券投资处置。长期债券投资到期收回时，应按照实际收到的金额，借记“银行存款”科目，按照长期债券投资的账面余额，贷记“长期债券投资”科目，按照应收利息金额，贷记“应收利息”科目，按照其差额，贷记“投资收益”科目。

单位在持有期间出售长期债券投资时，应按照实际收到的金额，借记“银行存款”

科目，按照长期债券投资的账面余额，贷记“长期债券投资”科目，按照已记入“应收利息”科目但尚未收取的金额，贷记“应收利息”科目，按照其差额，贷记或借记“投资收益”科目。

（3）长期股权投资处置。按照规定报经批准出售（转让）长期股权投资时，应当区分长期股权投资取得方式分别进行处理。

1）处置以现金取得的长期股权投资，本金和收益均无须上缴财政。因此，事业单位按照实际取得的价款，借记“银行存款”等科目，按照被处置长期股权投资的账面余额，贷记“长期股权投资”科目，按照尚未领取的现金股利或利润，贷记“应收股利”科目，按照发生的相关税费等支出，贷记“银行存款”等科目，按照借贷方差额，借记或贷记“投资收益”科目。

2）处置以现金以外的其他资产取得的长期股权投资，长期股权投资账面余额部分需要按规定计算并上缴财政，投资收益有可能留归单位。

事业单位按规定需要将全部投资处置资金上缴财政时，按照被处置长期股权投资的账面余额，借记“资产处置费用”科目，贷记“长期股权投资”科目；同时，按照实际取得的价款，借记“银行存款”等科目，按照尚未领取的现金股利或利润，贷记“应收股利”科目，按照发生的相关税费等支出，贷记“银行存款”等科目，按照借贷方差额，贷记“应缴财政款”科目。

事业单位按规定将处置时取得的投资收益纳入本单位预算管理的，应按照所取得价款大于被处置长期股权投资账面余额、应收股利账面余额和相关税费支出合计的差额，贷记“投资收益”科目。

3）采用权益法核算的长期股权投资的处置，除进行上述账务处理外，还应结转原直接计入净资产的相关金额，借记或贷记“权益法调整”科目，贷记或借记“投资收益”科目。

以现金方式取得的短期投资、长期债券投资、长期股权投资，在取得时预算会计计入投资支出。处置投资时，如果是当年发生的投资支出，应视为投资支出的收回，直接冲减“投资支出”科目；如果是往年发生的投资支出，考虑到当时的投资支出已经转入“其他结余”科目并减少了当时的专用基金计提数量，因此在收回投资时，应在最初投资支出的金额范围内冲减“其他结余”科目（以前年度投资），通过分配弥补往年少计提的专用基金。收回资金超过最初投资支出的部分确认为投资预算收益。以非现金方式取得的长期股权投资，只有扣除应缴财政款后的部分才能确认为投资预算收益。预算会计的具体核算参见第14章和第15章相关内容的介绍。

### 3. 主要业务核算举例

**例 17-12**

资料：某科研机构发生以下投资处置业务。要求：编制该单位会计对下述业务进行账务处理的会计分录。

①出售短期投资的国债，账面成本49 250元，支付交易费用后取得净金额49 900元。国债交易的收益不缴纳增值税。

财务会计分录：

借：银行存款　　49 900
　贷：短期投资　　49 250
　　　投资收益　　650

预算会计分录：

借：资金结存　　49 900
　贷：投资支出　　49 250
　　　投资预算收益　　650

②单位 10 年前有一笔长期股权投资，被投资企业 B 破产清算，报上级相关部门批准核销该笔投资，账面价值 18 万元，其中现金投资成本 19 万元，损益调整－2 万元，其他权益变动 1 万元。

财务会计分录：

借：资产处置费用　　180 000
　　长期股权投资——B 企业——损益调整　　20 000
　贷：长期股权投资——B 企业——成本——现金　　190 000
　　　　　　　　　　　　　　——其他权益变动　　10 000
借：权益法调整　　10 000
　贷：投资收益　　10 000

预算会计分录：无

## 思考题

1. 行政单位与事业单位的应收账款业务在成因和核算上是否有所不同？
2. 政府单位财务会计上的货币资金变化与预算会计上的资金结存变化有什么关系？两者存在差异的原因是什么？
3. 事业单位与企业的长期投资管理有何不同？它们如何影响核算方法？
4. 政府单位收回长期投资在预算会计上如何处理？请思考这样做的原因。
5. 政府单位的财政资金是否会出现应收和预付业务？为什么？

## 练习题

资料：某事业单位发生以下业务。

**要求：**编制该单位会计对下述业务进行账务处理的会计分录。

(1) 年初，单位得到通知，项目 E 的结余对应的财政应返还额度 14 万元被调剂给其他单位，注销本单位该部分财政应返还额度。

(2) 单位出租多余的办公用房给甲单位，取得商业汇票 10 万元。需要缴纳相关税费 0.66 万元，其余资金需上缴国库。

(3) 1 个月后汇票到期，收到银行存款。

(4) 单位后勤部门向甲单位提供职工午餐服务，月末计算甲单位应付本月餐费 3

万元。

(5) 单位购买定制的器材，按照合同约定，通过预算单位零余额账户预付货款2万元。

(6) 接上一业务，单位收到定制的器材并入库，通过预算单位零余额账户支付剩余款项10万元。

(7) 单位为提高资金利用率，用部分自有资金购买银行3个月的国债10万元。

(8) 3个月的国债到期，收回本金和利息合计10.15万元。

(9) 单位与乙企业合作成立股份有限责任公司，用银行存款投资150万元，专利技术折合投资50万元，该专利技术的账面价值为2万元，已计提摊销0.5万元。

(10) 单位收到进行短期投资时支付价款中包含的国债利息800元。国债利息不缴纳增值税。

(11) 单位持有30%股权的投资企业本年宣布实现利润500万元，单位按照权益法确认实现的收益。

(12) 单位月末分析应收账款的质量，其中一笔存在明显的拖欠迹象，单位按照规定计提5万元坏账准备。

(13) 单位投资的一家合资企业解散，账面有投资成本1 000万元，其中现金投资500万元，专利技术折合投资500万元，按权益法确认的累计亏损300万元。清算后扣除所有费用，收回现金500万元。根据管理规定，所有资金留归单位预算使用。

# 第 18 章 Chapter 18 政府单位资产的核算（下）

**学习目标**

1. 掌握政府单位存货相关业务的核算
2. 掌握政府单位固定资产相关业务的核算
3. 了解政府单位在建工程相关业务的核算
4. 了解政府单位无形资产的核算
5. 了解政府单位管理公用资产的概念和核算
6. 了解政府单位其他资产的核算

## 18.1 存货的核算

### 18.1.1 存货概述

**1. 存货的种类**

政府单位的存货是指政府单位在开展业务活动及其他活动过程中为耗用或出售而储存的资产，如材料、产品、包装物和低值易耗品等，以及未达到固定资产标准的用具、装具、动植物等。事业单位的不具有实物形态的产品，如测绘成果、地质勘查成果、设计成果等，也作为存货核算。

**2. 存货的确认①**

政府单位确认为存货的应当是政府单位占有、储存以供单位使用时领用或出售的资产。下列物资不作为政府单位的存货确认：

（1）政府单位随买随用的零星办公用品等，可以在购进时直接列作支出，不作为存货核算。

《政府会计准则第1号——存货》

① 存货的定义、分类、确认和计量参见《政府会计准则第1号——存货》（扫描二维码）。

（2）政府单位取得的用于构建固定资产、公共基础设施等非流动资产的消耗性物资，确认为长期资产中的工程物资或在建工程，不作为存货。

（3）政府单位管理、储存的非自用的政府储备物资，不作为单位的物品，属于非流动资产中的政府储备物资。

（4）政府单位接受委托，用于转赠指定受赠人的物资，以及接受委托代为储存的物资，不作为单位的物品，属于政府受托代理资产。

**3. 政府单位存货的计量**

政府单位存货主要采用成本法计量，为取得和使物品得到应用而发生的所有耗费应计入物品成本，包括买价、造价、评估价或者对应的其他来源的确定价格（如捐赠方的价格凭证等）、采购运输费用、相关税费等。对于以名义金额计价的存货，相关运输费、税费等计入其他费用。

## 18.1.2 存货的科目设置

政府单位应设置“在途物品”科目和“库存物品”科目核算采购在途和入库的存货。“在途物品”科目核算政府单位采购材料等物资时货款已付或已开出商业汇票但尚未验收入库的在途物品的采购成本。本科目可按照供应单位和物品种类进行明细核算。

“库存物品”科目核算单位在开展业务活动及其他活动中为耗用或出售而储存的各种材料、产品、包装物、低值易耗品，以及达不到固定资产标准的用具、装具、动植物等的成本，已完成测绘、地质勘查、设计成果等的成本。本科目应当按照库存物品的种类、规格、保管地点等进行明细核算。

一些事业单位，如医院、科研单位，存在生产、委托加工、承接商业性项目等业务，对于需要投入完成的产品，应设置“加工物品”科目记录生产加工、完成产品过程中发生的各类耗费，核算相应产品的成本。

## 18.1.3 存货的核算

**1. 主要业务账务处理**

政府单位增加存货的情况有购买、自行加工或委托加工、接受捐赠、无偿调入等。

（1）购买或加工入库。政府单位购入材料等物品，如果已经完成货款支付但物品尚未入库，应按照确定的物品采购成本，借记“在途物品”科目，按照实际支付的金额，贷记“财政拨款收入”“零余额账户用款额度”“银行存款”等科目。

外购、自制、委托加工收回的库存物品验收入库时，应按照确定的成本，借记“库存物品”科目，贷记“财政拨款收入”“零余额账户用款额度”“银行存款”“应付账款”“在途物品”“加工物品——自制物品”“加工物品——委托加工物品”等科目。

涉及增值税业务的，相关账务处理参见有关“应交增值税”科目核算的介绍。

预算会计上，需要对购买物品产生的各种现金支付，根据物品的业务用途确认相应的支出。

（2）接受捐赠入库。政府单位接受捐赠的库存物品，按照确定的成本，借记“库存物品”科目，按照相关的运输费和税费，贷记“银行存款”等科目，按照捐赠方账面价格或者发票等价格凭证上的金额，贷记“捐赠收入”科目。

（3）无偿调入入库。政府单位无偿调入的库存物品验收入库，按照确定的成本，借记“库存物品”科目，按照发生的相关税费、运输费等，贷记“银行存款”等科目，按照其差额，贷记“无偿调拨净资产”科目。

（4）一些单位存在自制或者委托、受托加工物品的业务，对于加工物品，应将加工过程中发生的全部耗费计入相关物品的成本。由于篇幅所限，本教材不对加工物品的核算做更多说明。

预算会计上，以货币资金购买存货的，应按照实际支付的全部金额确认相关预算支出；因接受捐赠、调拨、置换物品发生的现金支付，为简便核算起见，全部确认为其他支出。预算会计的具体账务处理参见第 15 章的相关内容。

**2. 主要业务核算举例**

例 18－1

资料：某小学发生以下存货增加的业务。单位免征增值税。要求：编制该单位会计对下述业务进行账务处理的会计分录。

①单位通过零余额账户支付供应商 7 万元教学用耗材款项，其中包含买价、运输费以及增值税。材料已入库。

财务会计分录：

| | | |
|---|---|---|
| 借：库存物品 | 70 000 | |
| 　贷：零余额账户用款额度 | | 70 000 |

预算会计分录：

| | | |
|---|---|---|
| 借：事业支出 | 70 000 | |
| 　贷：资金结存 | | 70 000 |

②单位接受社会捐赠的简易教具 3 万元，并验收入库，通过单位零余额账户支付运输费 0.1 万元。

财务会计分录：

| | | |
|---|---|---|
| 借：库存物品 | 31 000 | |
| 　贷：捐赠收入 | | 30 000 |
| 　　　零余额账户用款额度 | | 1 000 |

预算会计分录：

| | | |
|---|---|---|
| 借：其他支出 | 1 000 | |
| 　贷：资金结存 | | 1 000 |

③年末，单位采购的 2 万元（含增值税）体育用品已通过零余额账户支付，尚未收到物品。

财务会计分录：

| | | |
|---|---|---|
| 借：在途物品 | 20 000 | |
| 　贷：零余额账户用款额度 | | 20 000 |

预算会计分录：

借：事业支出　　20 000

　贷：资金结存　　20 000

### 18.1.4 发出存货的核算

**1. 主要业务账务处理**

政府单位开展业务活动等领用、按照规定自主出售发出或加工发出存货，按照领用、出售等发出物品的实际成本，借记“业务活动费用”“单位管理费用”“经营费用”“加工物品”等科目，贷记“库存物品”科目。政府单位应当根据实际情况采用先进先出法、加权平均法或者个别计价法确定发出存货的实际成本。

因处置资产，经批准对外出售的库存物品（不含可自主出售的库存物品）发出时，按照库存物品的账面余额，借记“资产处置费用”科目，贷记“库存物品”科目；同时，按照收到的价款，借记“银行存款”等科目，按照处置过程中发生的相关费用，贷记“银行存款”等科目，按照其差额，贷记“应缴财政款”科目。

经批准对外捐赠的库存物品发出时，按照库存物品的账面余额和对外捐赠过程中发生的归属于捐出方的相关费用合计数，借记“资产处置费用”科目，按照库存物品账面余额，贷记“库存物品”科目，按照对外捐赠过程中发生的归属于捐出方的相关费用，贷记“银行存款”等科目。

预算会计上，由于捐赠、处置、调拨资产而发生的货币资金支付，按照支付的金额确认为其他支出。

**2. 主要业务核算举例**

例 18-2

资料：接上例，该小学发生以下物品发出的业务。要求：编制该单位会计对下述业务进行账务处理的会计分录。

①体育组领用3万元体育用品，已办理领用手续，这些用品按照低值易耗品管理，采用五五摊销法进行摊销。

财务会计分录：

借：业务活动费用　　15 000

　贷：库存物品　　15 000

预算会计分录：无

②单位经批准出售账面价值1 000元的不再使用的维修用耗材，获得200元现金。

财务会计分录：

借：资产处置费用　　1 000

　　库存现金　　200

　贷：库存物品　　1 000

　　　应缴财政款　　200

预算会计分录：无

# 18.2　固定资产及其建造业务的核算

## 18.2.1　固定资产①及其建造业务概述

《政府会计准则第 3 号——固定资产》

**1. 固定资产的定义**

政府单位的固定资产是指政府单位为满足自身开展业务活动或其他活动需要而控制的，使用年限超过一年（不含一年），单位价值在规定标准以上，并在使用过程中基本保持原有物质形态的资产。

为了保证政府单位会计报表汇总时各单位固定资产项目口径的一致性，政府单位固定资产的单位价值标准由国家统一规定。单位价值虽未达到规定标准，但是耐用时间在一年以上的大批同类物资，也作为固定资产管理。如政府单位的图书馆或资料室保存的大批量图书资料、批量购置的办公家具等，虽然单价达不到规定的标准，也作为固定资产进行管理及核算。

政府单位借入、以经营租赁方式租入的固定资产不作为单位资产核算，但应当设置备查簿进行登记。

**2. 固定资产的分类**

政府单位的固定资产一般分为六类：

（1）房屋及构筑物。指政府单位自有的各种办公用房屋、生活用房屋、围墙、水塔、仓库以及与其联系的不可分割的附属设施。

（2）通用设备。指办公和事务用的通用性设备，包括文化办公机械、消防器材、电机、变压器、锅炉、空气调节电器、清洁卫生器具、通信设备、视频产品、音响设备、计算机及其外围设备、计算机软件、家具设备、被服装具等。

（3）专用设备。指各种具有专门性能和专门用途的设备。

（4）文物和陈列品，用于纪念和展出的历史文物或艺术品，以及其他具有历史价值的长期保存的典藏等。作为固定资产确认的文物和陈列品，只指政府单位为满足自身开展业务活动或其他活动需要而控制的文物和陈列品，不包括政府单位管理的为满足社会公共需求而控制的文物文化资产。

（5）图书、档案。

（6）家具、用具、装具及动植物。

**3. 固定资产处置的管理②**

政府单位对固定资产等实物资产、无形资产等国有资产进行处置时（非正常的存货销售业务）实行收支两条线管理。

---

① 固定资产的定义、分类、确认和计量参见《政府会计准则第 3 号——固定资产》（扫描二维码）。

② 固定资产出租出借、处置收入的相关管理要求参见《中央行政单位国有资产处置收入和出租出借收入管理暂行办法》（扫描下页二维码）。

《中央行政单位国有资产处置收入和出租出借收入管理暂行办法》

处置收入是指在出售、出让、转让、置换、报废报损等处置国有资产过程中获得的收入，包括出售实物资产和无形资产的收入、置换差价收入、报废报损残值变价收入、保险理赔收入、转让土地使用权收益等。

政府单位国有资产处置净收入，例如转让土地使用权收益、出售实物资产和无形资产的收入、置换差价收入、报废报损残值变价收入、保险理赔收入等，在扣除相关税金、评估费、拍卖佣金等费用后，应按照政府非税收入管理和财政国库收缴管理的规定上缴国库，实行收支两条线管理。

因此，政府单位处置国有资产形成的资金收入在发生时应汇总并扣除相关税费，确认为单位的应缴财政款。

**4. 固定资产的初始计量**

政府单位取得固定资产时，应当按照其成本入账。一些主要取得方式下的固定资产成本计量方法如下：

（1）购入的固定资产。政府单位外购的固定资产，其成本包括购买价款、相关税费以及固定资产交付使用前所发生的可归属于该项资产的运输费、装卸费、安装费和专业人员服务费等。以一笔款项购入多项没有单独标价的固定资产，应当按照各项固定资产同类或类似资产市场价格的比例对总成本进行分配，分别确定各项固定资产的成本。

（2）自行建造的固定资产。政府会计主体自行建造的固定资产，其成本包括该项资产在交付使用前所发生的全部必要支出。

（3）接受捐赠、无偿调入的固定资产。其成本按照以下顺序确定：有相关凭据注明金额的，其成本按照有关凭据注明的金额加上相关税费、运输费等确定；没有相关凭据可供取得，但依法经过资产评估的，其成本按照评估价值加上相关税费、运输费等确定。

（4）固定资产的后续支出。政府单位固定资产的后续支出是指固定资产投入使用后，对其进行维护、修理、更新、改造等活动发生的支出。与固定资产后续支出相关的业务除了需要进行支出核算以外，还可能涉及固定资产价值增加的核算。

**5. 固定资产的折旧**

折旧，是指在固定资产的预计使用年限内，按照确定的方法对应计折旧额进行系统分摊。

问答18-1：政府单位会计对一些固定资产、无形资产、公共基础设施等，为什么不计提折旧和摊销？

（1）折旧的范围。政府单位对确认的固定资产一般要计提折旧。对暂估入账的固定资产也应计提折旧，账面原值按照实际成本确定后，无须调整原已计提的折旧额。

政府单位有一些不能预计使用年限以及在使用中价值不会降低的固定资产，如文物和陈列品；动植物；图书、档案；单独计价入账的土地；以名义金额计量的固定资产。政府单位对这些资产不计提折旧。

（2）折旧的年限。政府单位应当根据相关规定以及固定资产的性质和使用情况，合理确定固定资产的使用年限，由此确定折旧年限。固定资产的使用年限一经确定，不应随意变更。

（3）折旧的方法。政府单位计提折旧的方法较为简化，固定资产应计提的折旧额为其成本，计提折旧时不考虑预计净残值。政府单位一般采用年限平均法或者工作量法计提固定资产折旧。

**6. 工程物资及在建工程的定义**

政府单位尚未投入使用的新固定资产处于建造或安装状态时，属于在建工程。政府单位已经发生必要支出，但尚未完工交付使用的各种建筑、公共基础设施、保障性住房等建设工程（包括新建、改建、扩建、修缮等），以及设备安装工程和信息系统建设工程等，统称在建工程。

政府单位为在建工程准备的各种物资，如工程用材料、设备等，尚未在工程建设中使用的，归类为工程物资。

## 18.2.2　固定资产及其建造相关业务的科目设置

**1. "固定资产"科目**

政府单位应当设置"固定资产"总账科目核算单位固定资产的原值。本科目应按照固定资产类别进行明细核算。政府购入需要安装的固定资产，应当先通过"在建工程"科目核算，安装完毕交付使用时再转入"固定资产"科目核算。

**2. "固定资产累计折旧"科目**

政府单位需设置"固定资产累计折旧"科目，专门核算单位对固定资产计提的累计折旧。它是"固定资产"科目的抵减科目，"固定资产"科目余额减去"固定资产累计折旧"科目余额后得到固定资产的净值。该科目应当按照所对应固定资产的分类进行明细核算。单位管理的基础设施等资产的折旧，在相应资产对应的折旧科目中核算，不在该科目中核算。

**3. "工程物资"和"在建工程"科目**

为了核算政府单位为在建工程准备的各种物资的成本，应单独设置"工程物资"科目。本科目可按照库存材料、库存设备等工程物资类别进行明细核算。

政府单位应设置"在建工程"科目，核算单位在建工程的实际成本，为未来转入各类资产归集和确定建设过程中发生的相应成本。

## 18.2.3　固定资产增加的核算

**1. 主要业务账务处理**

政府单位取得固定资产时，应当按照成本进行初始计量。

（1）购买。政府单位付现或者分期付款购入不需安装的固定资产验收合格时，按照确定的固定资产成本，借记"固定资产"科目，贷记"财政拨款收入""零余额账户用款额度""应付账款""银行存款""长期应付款"等科目。

购入需要安装的固定资产，在安装完毕交付使用前通过"在建工程"科目核算，安装完毕交付使用时转入"固定资产"科目。

政府单位购入固定资产扣留质量保证金的，应当在取得固定资产时，按照确定的固定资产成本，借记“固定资产”科目（不需安装）或“在建工程”科目（需安装），按照实际支付或应付的金额，贷记“财政拨款收入”、“零余额账户用款额度”、“应付账款”（不含质量保证金）、“银行存款”等科目，按照扣留的质量保证金数额，贷记“其他应付款”科目［扣留期在一年以内（含一年）］或“长期应付款”科目（扣留期超过一年）。质保期满支付质量保证金时，借记“其他应付款”“长期应付款”科目，贷记“财政拨款收入”“零余额账户用款额度”“银行存款”等科目。

1）新建。政府单位购买相关工程材料，应借记“工程物资”科目，贷记“财政拨款收入”“零余额账户用款额度”“银行存款”等科目。

2）发生在建工程的耗费或相关资产转入在建工程时，按照相关费用借记“在建工程”科目，贷记“银行存款”“财政拨款收入”“固定资产”“工程物资”等科目。

3）固定资产交付使用时，按照在建工程成本，借记“固定资产”科目，贷记“在建工程”科目。

（2）其他方式。政府单位接受捐赠的固定资产，按照确定的固定资产成本，借记“固定资产”科目，按照发生的相关税费、运输费等，贷记“零余额账户用款额度”“银行存款”等科目，按照其差额，贷记“捐赠收入”科目。

政府单位接受无偿调入的固定资产，按照确定的固定资产成本，借记“固定资产”科目，按照发生的相关税费、运输费等，贷记“零余额账户用款额度”“银行存款”等科目，按照其差额，贷记“无偿调拨净资产”科目。

固定资产取得时涉及增值税业务的，相关账务处理参见“应交增值税”科目。

以购买、建造等方式取得或形成固定资产的过程中，预算会计根据实际的货币资金支付金额，确认相关预算支出；以其他方式获得固定资产时，采用简化的方式，将发生的资金支付确认为其他支出。预算会计的具体核算参见第16章的相关内容。

**2. 主要业务核算举例**

**例 18－3**

资料：某医院购入固定资产的业务如下。要求：根据具体业务资料编制该单位的会计分录。

①单位购入一台新设备用于实验室研究，买价10万元，运杂费300元，有关款项均已通过零余额账户支付。该项固定资产验收完毕交付使用，单位会计根据相关票据进行账务处理。

财务会计分录：

| | | |
|---|---|---|
| 借：固定资产 | 100 300 | |
| 贷：零余额账户用款额度 | | 100 300 |

预算会计分录：

| | | |
|---|---|---|
| 借：事业支出 | 100 300 | |
| 贷：资金结存——零余额账户用款额度 | | 100 300 |

②单位在新址建设的一栋新的门诊大楼完工，已验收交付使用。大楼“在建工程”账户累计成本2.5亿元，转入固定资产。

财务会计分录：

借：固定资产　　250 000 000

　贷：在建工程　　250 000 000

预算会计分录：无

③单位一幢楼房账面原值 3 000 万元，已计提折旧 2 400 万元，转入在建工程进行抗震加固。

财务会计分录：

借：在建工程　　6 000 000

　　固定资产累计折旧　　24 000 000

　贷：固定资产　　30 000 000

预算会计分录：无

④楼房抗震加固完工，完成竣工验收，从在建工程转回固定资产，在建工程价值 1 000 万元。

财务会计分录：

借：固定资产　　10 000 000

　贷：在建工程　　10 000 000

预算会计分录：无

⑤单位资产管理部门报账，其中，固定资产管理部门本月领用维修耗材 1 万元，其中 8 000 元用于对医院门诊大楼水系统进行日常检修维护，2 000 元用于对行政办公房屋进行日常维护。

财务会计分录：

借：业务活动费用　　8 000

　　单位管理费用　　2 000

　贷：库存物品　　10 000

预算会计分录：无

⑥单位收到上级调拨的一辆公务用车，调出单位的账面原值 20 万元，已经计提折旧 10 万元。

财务会计分录：

借：固定资产　　100 000

　贷：无偿调拨净资产　　100 000

预算会计分录：无

### 18.2.4　固定资产折旧的核算

政府单位按月计提固定资产折旧时，按照应计提折旧金额，借记“业务活动费用”“单位管理费用”“经营费用”“加工物品”“在建工程”等科目，贷记“固定资产累计折旧”科目。

政府单位经批准处置或处理固定资产时，应按照所处置或处理固定资产的账面价值，借记“资产处置费用”“无偿调拨净资产”“待处理财产损溢”等科目，按照已计提折旧金额，借记“固定资产累计折旧”科目，按照固定资产的账面余额，贷记“固定资产”科目。

固定资产折旧业务不涉及货币资金，因此不涉及预算会计的核算。

**例 18-4**

资料：某医院对所有类别固定资产计提折旧，其中属于业务活动的资产应计提折旧200万元，属于行政管理活动的资产应计提折旧3万元。要求：根据具体业务资料编制该事业单位的会计分录。

财务会计分录：

| | | |
|---|---|---|
| 借：业务活动费用 | 2 000 000 | |
| 　　单位管理费用 | 30 000 | |
| 　贷：固定资产累计折旧 | | 2 030 000 |

预算会计分录：无

## 18.2.5 固定资产处置的核算

**1. 主要业务账务处理**

政府单位按照规定报经批准处置固定资产，根据国有资产处置的相关规定，分不同情况处理：

问答18-2：政府单位出售单位原来使用的资产时，和企业相比在核算上有哪些不同？

(1) 报经批准出售、转让固定资产，按照出售、转让固定资产的账面价值，借记“资产处置费用”科目，按照固定资产已计提的折旧，借记“固定资产累计折旧”科目，按照固定资产账面余额，贷记“固定资产”科目；同时，按照收到的价款，借记“银行存款”等科目，按照处置过程中发生的相关费用，贷记“银行存款”等科目，按照其差额，贷记“应缴财政款”科目。

(2) 报经批准对外捐赠固定资产，按照固定资产已计提的折旧，借记“固定资产累计折旧”科目，按照被处置固定资产账面余额，贷记“固定资产”科目，按照捐赠过程中发生的归属于捐出方的相关费用，贷记“银行存款”等科目，按照其差额，借记“资产处置费用”科目。

(3) 报经批准无偿调出固定资产，按照固定资产已计提的折旧，借记“固定资产累计折旧”科目，按照被处置固定资产账面余额，贷记“固定资产”科目，按照其差额，借记“无偿调拨净资产”科目；同时，按照无偿调出过程中发生的归属于调出方的相关费用，借记“资产处置费用”科目，贷记“银行存款”等科目。

(4) 政府单位应当定期对固定资产进行清查盘点，每年至少盘点一次。对于发生的固定资产盘盈、盘亏或毁损、报废，应当先记入“待处理财产损溢”科目，按照规定报经批准后及时进行后续账务处理。

盘盈的固定资产，按照确定的入账成本，借记“固定资产”科目，贷记“待处理财产损溢”科目。

盘亏、毁损或报废的固定资产，按照待处理固定资产的账面价值，借记“待处理财产损溢”科目，按照已计提折旧，借记“固定资产累计折旧”科目，按照固定资产的账面余额，贷记“固定资产”科目。

预算会计上，将固定资产处置产生的所有货币资金收入扣除应缴财政款，超额部分确认为其他收入；如果发生应由单位承担的货币资金支付，应确认为其他支出。预算会计的具体核算参见其他支出的相关内容。

**2. 主要业务核算举例**

例 18－5

资料：某医院发生以下固定资产处置业务。要求：根据具体业务资料编制该事业单位的会计分录。

①单位因业务需要更新电脑，经批准，将账面价值 4 万元、已计提折旧 3.8 万元的旧电脑出售，收到银行存款 500 元。

财务会计分录：

| | | |
|---|---|---|
| 借：资产处置费用 | 2 000 | |
| 　　固定资产累计折旧 | 38 000 | |
| 　贷：固定资产 | | 40 000 |
| 借：银行存款 | 500 | |
| 　贷：应缴财政款 | | 500 |

预算会计分录：无

②单位经批准将一批实验仪器捐赠给对口支援地区医院，原值 2.2 万元，已计提折旧 1.1 万元。仪器已经发出，使用零余额账户用款额度支付运输费 300 元。

财务会计分录：

| | | |
|---|---|---|
| 借：资产处置费用 | 11 300 | |
| 　　固定资产累计折旧 | 11 000 | |
| 　贷：固定资产 | | 22 000 |
| 　　　零余额账户用款额度 | | 300 |

预算会计分录：

| | | |
|---|---|---|
| 借：其他支出 | 300 | |
| 　贷：资金结存——零余额账户用款额度 | | 300 |

③单位向上级申请报废一台医疗设备，已经获得批准，该设备账面余额 20 万元，已全额计提折旧。

财务会计分录：

| | | |
|---|---|---|
| 借：固定资产累计折旧 | 200 000 | |
| 　贷：固定资产 | | 200 000 |

预算会计分录：无

④单位资产管理部门报告盘亏通信设备一台，原价 3 000 元，已经计提折旧 2 700 元。

财务会计分录：

| | | |
|---|---|---|
| 借：待处理财产损溢 | 300 | |
| 　　固定资产累计折旧 | 2 700 | |
| 　贷：固定资产 | | 3 000 |

预算会计分录：无

⑤疫情期间，单位资产管理部门根据上级要求，向对口援助医院调出 4 台医疗设备，账面原值 12 万元，已计提折旧 4 万元。

财务会计分录：

| | | |
|---|---|---|
| 借：固定资产累计折旧 | 40 000 | |
| 　　无偿调出净资产 | 80 000 | |
| 　贷：固定资产 | | 120 000 |

预算会计分录：无

## 18.3　无形资产及研发业务的核算

### 18.3.1　无形资产[①]及研发业务概述

**1. 无形资产的确认**

《政府会计准则第4号——无形资产》

无形资产是指政府单位控制的没有实物形态的可辨认非货币性资产，如专利权、商标权、著作权、土地使用权、非专利技术等。

政府会计主体自行研究开发项目的支出，应当区分研究阶段支出与开发阶段支出。

研究是指为获取并理解新的科学或技术知识而进行的独创性的有计划调查，政府单位自行研究开发项目研究阶段的支出，应当于发生时计入当期费用。

**2. 无形资产的计量**

（1）无形资产的初始计量。无形资产在取得时应当按照成本进行初始计量。

政府单位外购和委托开发的无形资产，其成本包括购买价款、相关税费以及可归属于该项资产的达到预定用途前所发生的其他支出。

政府会计主体自行开发的无形资产，其成本包括自该项目进入开发阶段至资产达到预定用途所发生的支出总额。

（2）无形资产的摊销。摊销是指在无形资产使用年限内，按照确定的方法对应摊销金额进行系统分摊。政府单位应当对使用年限有限的无形资产进行摊销。为此，政府单位在取得或形成无形资产时需要合理确定其使用年限。

（3）无形资产和研发支出业务的会计科目设置。政府单位应设置“无形资产”科目核算单位无形资产的原值，并按照无形资产的类别、项目等进行明细核算。

政府单位应设置“无形资产累计摊销”科目，核算单位对使用年限有限的无形资产计提的累计摊销。本科目应当按照所对应无形资产的分类进行明细核算。

存在自主研发业务并可能形成应用的无形资产的政府单位，应设置“研发支出”科目核算单位自行研究开发项目研究阶段和开发阶段发生的各项支出。建设项目中的软件研发支出，应当通过“在建工程”科目核算，不通过“研发支出”科目核算。限于篇幅，本教材不涉及研发业务的具体核算。

① 无形资产的定义、分类、确认和计量参见《政府会计准则第4号——无形资产》（扫描二维码）。

## 18.3.2　无形资产取得的核算

**1. 主要业务账务处理**

政府单位外购无形资产，应按照确定的成本，借记“无形资产”科目，贷记“财政拨款收入”“零余额账户用款额度”“应付账款”“银行存款”等科目。

政府单位委托软件公司开发软件，视同外购无形资产进行处理。合同中约定预付开发费用的，按照预付金额，借记“预付账款”科目，贷记“财政拨款收入”“零余额账户用款额度”“银行存款”等科目。软件开发完成交付使用并支付剩余或全部软件开发费用时，按照软件开发费用总额，借记“无形资产”科目，按照预付金额，贷记“预付账款”科目，按照支付的剩余金额，贷记“财政拨款收入”“零余额账户用款额度”“银行存款”等科目。

为保证无形资产正常使用发生的日常维护等支出，借记“业务活动费用”“单位管理费用”等科目，贷记“财政拨款收入”“零余额账户用款额度”“银行存款”等科目。

政府单位购买或自行研究开发取得无形资产，以及后续改造发生在建工程的货币资金支付时，按照实际支付的金额，确认相关预算支出；以捐赠、调入、置换等方式取得无形资产的，如果以货币资金支付相关税费，则按照实际支付的金额，确认其他支出。日常维护发生货币资金支付时，确认相关的预算支出。预算会计的具体核算参见预算支出的相关内容。

**2. 主要业务核算举例**

例 18－6

资料：某高校单位发生以下与无形资产取得相关的业务。要求：编制该单位会计对下述业务进行账务处理的会计分录。

①单位委托甲软件公司开发一套教学管理软件，约定预付开发费用 3 万元，款项已通过单位零余额账户支付。

财务会计分录：

借：预付账款　　30 000

　　贷：零余额账户用款额度　　30 000

预算会计分录：

借：事业支出　　30 000

　　贷：资金结存　　30 000

②单位通过银行转账为所有已申请专利的发明和技术缴纳本年专利费 7 000 元。

财务会计分录：

借：业务活动费用　　7 000

　　贷：银行存款　　7 000

预算会计分录：

借：事业支出　　7 000

　　贷：资金结存　　7 000

③委托甲软件公司开发的教学管理软件已验收并投入使用，通过单位零余额账户支付剩余的开发款项2万元。

财务会计分录：

借：无形资产　　50 000

　贷：零余额账户用款额度　　20 000

　　预付账款　　30 000

预算会计分录：

借：事业支出　　20 000

　贷：资金结存　　20 000

### 18.3.3 无形资产减少和摊销的核算

**1. 主要业务账务处理**

（1）一般无形资产出售和转让。政府单位无形资产处置的管理与固定资产类似。处置无形资产的收入扣减相关税费后，可能会被要求上缴财政；在个别情况下，处置的收入可能纳入政府单位预算管理。因此，政府单位出售、转让非科研成果转化的一般无形资产时，报经批准后，按照出售、转让无形资产的账面价值，借记“资产处置费用”科目，按照无形资产已计提的摊销，借记“无形资产累计摊销”科目，按照无形资产账面余额，贷记“无形资产”科目；同时，按照收到的价款，借记“银行存款”等科目，按照处置过程中发生的相关费用，贷记“银行存款”等科目，按照其差额，贷记“应缴财政款”科目（按照规定应上缴无形资产转让净收入的）或“其他收入”科目（按照规定将无形资产转让收入纳入本单位预算管理的）。

政府单位出售、转让一般无形资产获得货币资金时，预算会计应按照扣减应缴财政款后的金额，确认其他预算收入；因其他原因减少无形资产导致货币资金支出时，按照实际支付金额，确认其他支出。预算会计的具体核算参见其他收入、其他支出的相关内容。

发生转让活动应当缴纳相关税费的，按照应交税费的金额，借记“业务活动费用”科目，贷记“应交增值税”“其他应交税费”等科目。

预算会计上，实际收到转让价款时，按照实际收到的金额，借记“资金结存”科目，贷记“事业预算收入”科目；支付相关税费时，按照实际支付的金额，借记“事业支出”科目，贷记“资金结存”科目。

如果科研成果最终体现为固定资产，则其核算方法与无形资产类似。

（2）无形资产因其他原因减少。无形资产预期不能为单位带来服务潜力或经济利益，按照规定报经批准核销时，按照待核销无形资产的账面价值，借记“资产处置费用”科目，按照已计提摊销，借记“无形资产累计摊销”科目，按照无形资产的账面余额，贷记“无形资产”科目。

政府单位报经批准对外捐赠、无偿调出无形资产，核销不能为单位带来服务潜力或经济利益的无形资产，可参照“固定资产”科目中对外捐赠、调出和核销的账务处理。政府单位报经批准置换换出无形资产，可参照“库存物品”科目中置换换入库存物品的账务处理。

（3）无形资产摊销。政府单位按月对无形资产进行摊销时，按照应摊销金额，借记“业务活动费用”“单位管理费用”“加工物品”“在建工程”等科目，贷记“无形资产累计摊销”科目。

经批准处置无形资产时，按照所处置无形资产的账面价值，借记“资产处置费用”“无偿调拨净资产”等科目，按照已计提摊销，借记“无形资产累计摊销”科目，按照无形资产的账面余额，贷记“无形资产”科目。

政府单位处置无形资产时，如果发生货币资金的收支，预算会计应将扣除应缴财政款后剩余的部分确认为单位的其他收入。预算会计的具体核算参见其他支出的相关介绍。

无形资产摊销不涉及货币资金的变动，因此不涉及预算会计的核算。

**2. 主要业务核算举例**

例 18－7

资料：某科研事业单位发生以下与无形资产减少和摊销相关的业务。要求：编制该单位会计对下述业务进行账务处理的会计分录。

①单位自行开发的非专利技术由于技术过时不能为单位带来服务潜力，经批准对该非专利技术予以核销。该非专利技术账面余额 18 万元，已计提摊销 12 万元。

财务会计分录：

| | | |
|---|---|---|
| 借：资产处置费用 | 60 000 | |
| 　　无形资产累计摊销 | 120 000 | |
| 　贷：无形资产 | | 180 000 |

预算会计分录：无

②单位设计开发的一套数据应用软件已作为费用核销。现有某企业要求转让，单位获得出售价款 13 万元，其中包含 6%的应交增值税 7 800 元，款项纳入单位预算。

财务会计分录：

| | | |
|---|---|---|
| 借：银行存款 | 130 000 | |
| 　贷：其他收入 | | 122 200 |
| 　　　应交增值税 | | 7 800 |

预算会计分录：

| | | |
|---|---|---|
| 借：资金结存 | 130 000 | |
| 　贷：其他预算收入 | | 130 000 |

③单位月底对业务使用的所有无形资产计提摊销 20 000 元。

财务会计分录：

| | | |
|---|---|---|
| 借：业务活动费用 | 20 000 | |
| 　贷：无形资产累计摊销 | | 20 000 |

预算会计分录：无

## 18.4 政府单位管理公用资产的核算

### 1. 政府单位管理公用资产的定义

政府单位管理公用资产是政府单位为满足公共需求而控制的资产，包括公共基础设施、政府储备物资、保障性住房、文物文化资产、公益性林木资产等。

《政府会计准则第5号——公共基础设施》

公共基础设施①主要包括市政基础设施（如城市道路、桥梁、隧道、公交场站、路灯、广场、公园绿地、室外公共健身器材，以及环卫、排水、供水、供电、供气、供热、污水处理、垃圾处理系统等）、交通基础设施（如公路、航道、港口等）、水利基础设施（如大坝、堤防、水闸、泵站、渠道等）和其他公共基础设施。

政府储备物资②包括战略及能源物资、抢险抗灾救灾物资、农产品、医药物资和其他重要商品物资，通常情况下由政府单位委托承储单位储存。

《政府会计准则第6号——政府储备物资》

### 2. 政府单位管理公用资产的确认

政府单位管理公用资产与政府单位占用和使用资产的差异在于它们满足公共需求的特性。政府单位占有和为履行职能使用的设施、房屋、文物等，在单位的固定资产中核算，政府单位占有和使用的物资，在单位的库存物品或工程物资中核算。反之，若政府单位管理的固定资产不由政府单位使用，而是由公众使用，则应该在政府单位管理公用资产的相应科目中核算。

政府单位为了管理和维护公用资产而使用的各类资产，不属于单位管理的公用资产，要确认为单位的固定资产、存货等，如市政管理部门巡视维护市政道路的车辆、工具等。

### 3. 科目设置

政府单位应该为其管理的公用资产设置以下会计科目。

（1）“公共基础设施”科目，核算政府单位管理控制的公共基础设施的原值。

（2）“政府储备物资”科目，核算政府单位管理控制的政府储备物资的成本。

（3）“文物文化资产”科目，核算政府单位为满足社会公共需求而管理控制的文物文化资产的成本。

（4）“保障性住房”科目，核算政府单位为满足社会公共需求而管理控制的保障性住房的原值。

问答18-3：为什么政府单位的资产核算没有像企业会计核算那样进行资产减值核算？

政府单位参照固定资产和无形资产计提折旧和摊销的方法，对所管

① 公共基础设施的定义、分类、确认和计量参见《政府会计准则第5号——公共基础设施》（扫描二维码）。

② 政府储备物资的定义、分类、确认和计量参见《政府会计准则第6号——政府储备物资》（扫描二维码）。

理的公共基础设施和保障性住房计提折旧（摊销），因此，政府单位还需要设置折旧摊销类会计科目。

(5)“林木资产”科目，核算林场营造管理的各种活立木资产和苗木资产的累计成本。

(6)“公共基础设施累计折旧（摊销）”科目，核算政府单位计提的公共基础设施累计折旧和累计摊销。

(7)“保障性住房累计折旧”科目，核算政府单位计提的保障性住房的累计折旧。

政府储备物资的核算与存货核算类似；其他政府管理公用资产的核算，可参照固定资产的核算。限于篇幅，本教材不涉及具体业务的核算。

## 18.5 其他资产的核算

### 18.5.1 待摊费用和长期待摊费用的核算

政府单位可能发生一些已经支付，但应当由本期和以后各期分别负担的费用，由于受益期限不同，分为：(1) 分摊期在一年以内（含一年）的各项费用，如预付航空保险费、预付租金等；(2) 分摊期在一年以上的各项费用，如经营租赁的固定资产改良支出和其他费用等。

政府单位应当设置“待摊费用”科目，核算分摊期在一年以内（含一年）的各项费用；设置“长期待摊费用”科目，核算分摊期在一年以上的各项费用。各科目应当按照待摊费用和长期待摊费用的种类进行明细核算。

待摊费用和长期待摊费用应当在其受益期限内分期平均摊销，如预付航空保险费应在保险期的有效期内，预付租金和经营租赁的固定资产改良支出应在租赁期内分期平均摊销，计入当期费用。

限于篇幅，本教材不涉及具体业务的核算。

### 18.5.2 待处理财产损溢的核算

**1. 内容**

待处理财产损溢属于政府单位会计核算中的一个过渡性资产项目。政府单位财产在清查过程中，如果出现账实不符的情况，盘亏、毁损、报废的需将原资产注销；盘盈的需等待确定资产的权属责任，在申请处置之后确定责任归属。在这个过程中，等待处理的资产价值和相应发生的其他金额就是待处理财产损溢。

单位资产盘亏，如果确定由单位承担，则确认为当期的资产处置费用。

单位资产盘盈，如果确定归属于单位，则需要根据资产的属性确定其权益的归属期间。如果是流动资产，则冲减当期费用或者增加当期收入。如果是非流动资产，则需要根据资产取得的年度处理，往年取得的，按照前期差错处理，直接调整净资产；当年取得的，则按照当年取得的实际情况，重新做非流动资产增加的账务处理。

**2. 主要业务账务处理**

政府单位应设置“待处理财产损溢”科目，核算单位在资产清查过程中查明的各种资产盘盈、盘亏、报废和毁损的价值。对于在资产处理过程中取得收入或发生相关费用的项目，应当设置“待处理财产价值”“处理净收入”明细科目进行明细核算。

单位资产清查中查明的资产盘盈、盘亏、报废和毁损，一般先记入“待处理财产损溢”科目，按照规定报经批准后及时进行账务处理。年末结账前应处理完毕。

（1）现金损溢。政府单位核对账款时发现库存现金短缺或溢余时，现金短缺，按照实际短缺的金额，借记“待处理财产损溢”科目，贷记“库存现金”科目；现金溢余，按照实际溢余的金额，借记“库存现金”科目，贷记“待处理财产损溢”科目。

如为现金短缺，属于应由责任人赔偿或向有关人员追回的，借记“其他应收款”科目，贷记“待处理财产损溢”科目；属于无法查明原因的，报经批准核销时，借记“资产处置费用”科目，贷记“待处理财产损溢”科目。

如为现金溢余，属于应支付给有关人员或单位的，借记“待处理财产损溢”科目，贷记“其他应付款”科目；属于无法查明原因的，报经批准后，借记“待处理财产损溢”科目，贷记“其他收入”科目。

（2）非现金资产损溢。政府单位在资产清查过程中发现存货、固定资产、无形资产、公共基础设施、政府储备物资、文物文化资产、保障性住房等各种资产盘盈时，按照确定的成本，借记“库存物品”“固定资产”“无形资产”“公共基础设施”“政府储备物资”“文物文化资产”“保障性住房”等科目，贷记“待处理财产损溢”科目。

按照规定报经批准后处理时，对于盘盈的流动资产，借记“待处理财产损溢”科目，贷记“单位管理费用”（事业单位）或“业务活动费用”（行政单位）科目。盘盈的非流动资产属于以前年度取得的，按照前期差错处理，借记“待处理财产损溢”科目，贷记“以前年度盈余调整”科目。盘盈的非流动资产属于本年度取得的，按照当年新取得相关资产进行账务处理，并冲销已经记入“待处理财产损溢”科目的余额。

政府单位在资产清查过程中发现盘亏或者毁损、报废的各类非现金资产时，借记“待处理财产损溢——待处理财产价值”科目，如果是计提折旧或摊销的资产，还应借记“固定资产累计折旧”“无形资产累计摊销”“公共基础设施累计折旧（摊销）”“保障性住房累计折旧”科目，贷记“库存物品”“固定资产”“无形资产”“公共基础设施”“政府储备物资”“文物文化资产”“保障性住房”“在建工程”等科目。

经批准处理时，借记“资产处置费用”科目，贷记“待处理财产损溢——待处理财产价值”科目。

处理毁损、报废实物资产过程中取得的残值或残值变价收入、保险理赔和过失人赔偿等，借记“库存现金”“银行存款”“库存物品”“其他应收款”等科目，贷记“待处理财产损溢——处理净收入”科目；处理毁损、报废实物资产过程中发生的相关费用，借记“待处理财产损溢——处理净收入”科目，贷记“库存现金”“银行存款”等科目。

结清处理收支时，如果处理收入大于相关费用，按照处理收入减去相关费用后的净收入，借记“待处理财产损溢——处理净收入”科目，贷记“应缴财政款”等科目；如果处理收入小于相关费用，按照相关费用减去处理收入后的净支出，借记“资产处置费用”科目，贷记“待处理财产损溢——处理净收入”科目。

政府单位出现现金和物品盘亏、盘盈、报废、毁损时，如果发生货币资金的减少或支出，在处理结果被批准后，确定由单位承担的现金收入或货币资金支出应确认为其他预算收入或其他支出。预算会计的相关核算参见其他预算收入或其他支出的相应内容。

### 3. 主要业务核算举例

**例 18－8**

资料：某医院发生以下资产清查业务。要求：编制该单位会计对下述业务进行账务处理的会计分录。

①单位建设中的工程拆除部分建筑物，经估计价值 3 万元。

财务会计分录：

借：待处理财产损溢——待处理财产价值——在建工程　30 000

　贷：在建工程　30 000

预算会计分录：无

②单位出售拆除的建筑物的废料，取得现金 1 000 元。

财务会计分录：

借：库存现金　1 000

　贷：待处理财产损溢——处理净收入——在建工程　1 000

预算会计分录：无

③确认相关变卖款上缴国库，资产处置结束。

财务会计分录：

借：待处理财产损溢——处理净收入——在建工程　1 000

　贷：应缴财政款　1 000

借：资产处置费用　30 000

　贷：待处理财产损溢——待处理财产价值——在建工程　30 000

预算会计分录：无

④单位上月盘亏的一台上年购置的通信设备价值 300 元，经批准注销。

财务会计分录：

借：以前年度盈余调整　300

　贷：待处理财产损溢——待处理财产价值——通信设备　300

预算会计分录：无

⑤单位上月盘盈一批医疗材料，价值 700 元，经批准调整本年费用。

财务会计分录：

借：待处理财产损溢——待处理财产价值——医疗材料　700

　贷：业务活动费用　700

⑥漏水导致 300 元库存办公用品报废。

财务会计分录：

借：待处理财产损溢——待处理财产价值　300

　贷：库存物品——办公用品　300

预算会计分录：无

⑦年末盘盈100元医用材料，盘亏20元办公用品。

财务会计分录：

| | | |
|---|---|---|
| 借：库存物品——医用材料 | 100 | |
| 贷：待处理财产损溢——待处理财产价值 | | 100 |
| 借：待处理财产损溢——待处理财产价值 | 20 | |
| 贷：库存物品——办公用品 | | 20 |

预算会计分录：无

### 18.5.3 受托代理资产和受托代理负债的核算

受托代理资产是指政府单位接受委托方委托管理的各项实物资产，包括受托指定转赠的物资、受托储存管理的物资、罚没物资、使用受托代管资金的暂付款、使用受托代管资金购买的固定资产或无形资产等、接受来料加工其他单位的待加工物资等。

单位接受受托代理资产时，相应形成受托代理负债。

**1. 科目设置**

政府单位应设置“受托代理资产”科目，核算单位接受委托方委托管理的各项资产，包括受托指定转赠的物资、受托储存管理的物资、罚没物资等。设置“受托代理负债”科目，核算单位接受委托取得受托代理资产时形成的负债。

单位收到的受托代理资产为现金和银行存款的，不通过“受托代理资产”科目核算，应当通过“库存现金——受托代理资产”“银行存款——受托代理资产”科目进行核算。

**2. 主要业务账务处理**

（1）政府单位接受委托转赠或保管的物资验收入库时，应按照确定的成本，借记“受托代理资产”科目，贷记“受托代理负债”科目。

将受托转赠物资交付受赠人或发出受托保管物资时，按照转赠物资或保管物资的成本，借记“受托代理负债”科目，贷记“受托代理资产”科目。

转赠物资的委托人取消对捐赠物资的转赠要求且不再收回捐赠物资的，应当将转赠物资转为单位的存货、固定资产等。按照转赠物资的成本，借记“受托代理负债”科目，贷记“受托代理资产”科目；同时，借记“库存物品”“固定资产”等科目，贷记“其他收入”科目。

（2）受托代管资产。受托代管资产是指单位受托对使用受托代理资金购买的非货币资产进行财务管理。受托方使用受托代理资金购买的固定资产、无形资产等资产报增时，按照购买的成本，借记“受托代理资产——受托代管资产”科目，贷记“银行存款——受托代理资产”等科目。

受托代管资产中的固定资产、无形资产不计提折旧和摊销。

受托代管资产报废时，按照报废受托代管资产的购买成本，借记“受托代理负债”科目，贷记“受托代理资产——受托代管资产”科目。

政府单位受托代理资产即便是货币资金，本身的增减也不属于单位资产和预算资源，因此预算会计不做核算。如果发生需要本单位承担的相关费用，导致产生货币资金支出，预算会计应确认为其他支出。预算会计的相关核算参见其他支出的内容。

**3. 主要业务核算举例**

**例 18－9**

资料：某些政府单位发生以下受托代理资产业务。要求：分别编制各单位会计对下述业务进行账务处理的会计分录。

①某高校收到职工缴纳的工会经费 25 万元，存入该单位银行账户。

财务会计分录：

| | | |
|---|---|---|
| 借：银行存款——受托代理资金——工会经费 | 250 000 | |
| 　贷：受托代理负债 | | 250 000 |

预算会计分录：无

②国外某企业委托转赠给本市大型公益展会一批产品，由于筹备组尚未正式成立，某民政单位作为主办方之一代为保管和转赠，产品价值 300 万元。按照协议约定由该单位承担境内运输和保险费用，共计 2 万元，通过单位零余额账户支付。展品已到达该单位并入库。

财务会计分录：

| | | |
|---|---|---|
| 借：受托代理资产 | 3 000 000 | |
| 　贷：受托代理负债 | | 3 000 000 |
| 借：其他费用 | 20 000 | |
| 　贷：零余额账户用款额度 | | 20 000 |

预算会计分录：

| | | |
|---|---|---|
| 借：其他支出 | 20 000 | |
| 　贷：资金结存——零余额账户用款额度 | | 20 000 |

③上例中的展会筹备组正式成立后，该单位按照约定将该批产品转赠给展会筹备组。

财务会计分录：

| | | |
|---|---|---|
| 借：受托代理负债 | 3 000 000 | |
| 　贷：受托代理资产——××企业——转赠展会筹备组——××产品 | | 3 000 000 |

预算会计分录：无

## 思考题

1. 政府单位管理公用资产与政府单位固定资产存在哪些区别？

2. 政府单位非金融性资产处置过程中收到和支付的货币资金是否应该确认为单位预算收支？为什么？

3. 政府单位固定资产、无形资产等计提折旧或摊销的目的是什么？

## 练习题

1. 资料：某事业单位发生如下与流动资产相关的业务。

**要求：**编制单位会计对下述业务进行账务处理的会计分录。

（1）单位通过零余额账户购买一批价值3万元的专业材料，含未来可抵扣增值税500元。已取得相关发票。由于运输问题，年末尚未送达。

（2）年初，货物送达单位，验收入库。

（3）单位发出原材料，价值2万元，委托合作单位加工成制品。

（4）单位前述委托加工完成的制品入库，支付委托加工费3 000元。

（5）单位业务部门领用专业材料2 000元。

（6）单位月末盘点存货，盘亏200元，尚未查明原因。

（7）单位向对口帮扶的小学捐赠一批图书，账面价值3万元，通过银行转账支付相关运输费用300元。

（8）单位实验室领用一批低值易耗品，成本3 000元，采用五五摊销的方式进行核算。

2. 资料：某科研单位发生如下与长期资产相关的业务。

**要求：**编制单位会计对下述业务进行账务处理的会计分录。

（1）单位根据预算支付某国家重点课题经费40万元（含增值税），购置自用数据库。

（2）单位与某企业达成协议，投资一项专利技术，折合200万元入股。该专利技术被费用化，仅按专利申请时的手续费700元入账，已经摊销50%。

（3）单位进行固定资产清理，报废固定资产一项，账面原值2万元，已计提折旧1.8万元。

（4）单位以分期付款方式购买一套大型设备，使用单位零余额账户支付第一期款项3万元。设备总价500万元，设备已收到但需安装。

（5）单位收到投资单位分来的利润50万元，该投资按照权益法核算。

（6）单位本月计提无形资产和固定资产的摊销和折旧，分别为4万元和25万元。

（7）单位根据主管部门的指令，调拨一批检测仪器到对口帮扶单位，账面价值12万元，已计提折旧4万元。

# 第 19 章 Chapter 19 政府单位负债的核算

**学习目标**

1. 了解政府单位负债的类别
2. 了解政府单位商业信用负债的核算
3. 掌握政府单位金融负债的核算
4. 掌握政府单位应缴财政款的核算
5. 了解政府单位其他负债的核算

## 19.1 政府单位负债概述

政府单位负债[①]是指政府单位过去的经济业务或者事项形成的、预期会导致经济资源流出政府会计主体的现时义务。政府单位的负债项目可以按照不同角度进行分类。对负债进行分类，既可以了解各类负债项目的特点，也可以为会计信息使用者提供更多的负债信息。

《政府会计准则第8号——负债》

根据不同的标准，政府单位负债可以划分为以下类别。

（1）按流动性分类。根据从当前算起的偿还期的长短，负债可以分为流动负债和非流动负债。

1）流动负债是指预计在一年内（含一年）偿还的负债，包括应付及预收款项、应付职工薪酬、应缴款项等。

2）非流动负债是指流动负债以外的、偿还期在一年以上的负债，包括长期应付款、金融机构的长期借款等。

（2）按形成原因分类。负债按形成原因，可分为商业信用负债、金融负债、税收财政负债和其他负债。

1）商业信用负债。指政府单位在履行职能过程中进行市场采购、支付员工薪酬等

① 政府单位负债的定义、分类、确认和计量参见《政府会计准则第 8 号——负债》（扫描二维码）。

导致的负债，如应付职工薪酬、应付票据、应付账款、预收账款、长期应付款等。

2）金融负债。指政府单位在履行职能过程中从金融机构取得的借款和相关负债，如短期借款、长期借款、应付利息等。

3）税收财政负债。指政府单位在履行职能过程中发生的、按相关法规上缴税收部门或财政部门的款项，如应交增值税、其他应交税费、应缴财政款。

4）其他负债。指政府单位未包括在以上类型中的其他负债，如应付政府补贴款、预提费用、预计负债、其他应付款和受托代理负债。

政府单位的负债一般采用历史成本进行计量，即按照产生负债时实际收到的款项、资产金额、合同金额，或者偿还负债预计需要支付的现金计量。

## 19.2 商业信用负债的核算

### 19.2.1 应付职工薪酬的核算

**1. 内容**

应付职工薪酬是政府单位按照有关规定应付给职工（含长期聘用人员）及为职工支付的各种薪酬，包括基本工资、国家统一规定的津贴补贴、规范津贴补贴（绩效工资）、改革性补贴、社会保险费、住房公积金、奖金等。

政府单位职工缴纳的社会保险费和住房公积金分为两部分：一部分是应该由职工个人承担的，政府单位只负责代扣代缴，这部分核算时作为应付职工薪酬中基本工资实发金额的扣除。另一部分是按照规定由单位承担的，需要由单位直接缴纳。虽然这些单位承担的社会保险费和住房公积金直接支付给社会保险机构和住房公积金管理机构，但这些资金实际属于职工个人，是职工薪酬的一部分，这部分核算时作为应付职工薪酬中的社会保险费和住房公积金。

政府单位职工的个人所得税由职工承担，但是由单位代扣代缴，核算时也作为应付职工薪酬中基本工资实发金额的扣除。

**2. 主要业务账务处理**

政府单位应设置“应付职工薪酬”科目进行核算。

（1）计算职工薪酬。政府单位计算确认当期应付职工薪酬（含单位为职工计算缴纳的社会保险费、住房公积金）时，根据计提的职工薪酬，借记“业务活动费用”“单位管理费用”“在建工程”“经营费用”等相关科目，贷记“应付职工薪酬”科目。

（2）支付职工薪酬。向职工支付工资、津贴补贴等薪酬时，按照实际支付的金额，借记“应付职工薪酬”科目，贷记“财政拨款收入”“零余额账户用款额度”“银行存款”等科目。

（3）代扣。按照税法规定代扣职工个人所得税时，借记“应付职工薪酬”科目，贷记“其他应交税费”科目。

从应付职工薪酬中代扣为职工垫付的水电费、房租等费用时，按照实际扣除的金额，借记“应付职工薪酬”科目，贷记“其他应收款”等科目。

政府单位发生支付职工薪酬的业务，预算会计应在实际支付时，按照实际支付的货币资金确认相关预算支出。预算会计的相关核算参见预算支出的相关内容。

### 3. 主要业务核算举例

例 19－1

资料：某高校发生如下应付职工薪酬相关业务。要求：编制该单位会计对下述业务进行账务处理的会计分录。

①财务部门计算确认应发放职工薪酬 812 653 元（见表 19－1）。其中，业务部门应承担 718 100 元，管理部门应承担 94 553 元。

表 19－1　应付职工薪酬计算表

单位：元

| 项目 | 应付职工薪酬项目 | 金额 | 代扣代缴项目 | 金额 | 实付职工金额 | 对外缴纳金额 |
|---|---|---|---|---|---|---|
| 业务活动 | 工资 | 280 000 | 社会保险费 | 30 800 | 212 840 | 30 800 |
| | | | 住房公积金 | 33 600 | | 33 600 |
| | | | 个人所得税 | 2 760 | | 2 760 |
| | | | 其他扣款 | 0 | | |
| | 离退休费 | 120 000 | | | 120 000 | |
| | 津贴补贴 | 200 500 | | | 200 500 | |
| | 其他补助 | 0 | | | 0 | |
| | 工资总额小计 | 600 500 | | | 533 340 | |
| | 社会保险费 | 84 000 | | | | 84 000 |
| | 住房公积金 | 33 600 | | | | 33 600 |
| | 应付职工薪酬小计 | 718 100 | | | | |
| 管理活动 | 工资 | 36 400 | 社会保险费 | 4 004 | 27 668 | 4 004 |
| | | | 住房公积金 | 4 368 | | 4 368 |
| | | | 个人所得税 | 360 | | 360 |
| | | | 其他扣款 | | | |
| | 离退休费 | 16 800 | | 16 800 | | |
| | 津贴补贴 | 26 065 | | 26 065 | | |
| | 其他补助 | 0 | | 0 | | |
| | 工资总额小计 | 79 265 | | 70 533 | | |
| | 社会保险费 | 10 920 | | | 10 920 | |
| | 住房公积金 | 4 368 | | | 4 368 | |
| | 应付职工薪酬小计 | 94 553 | | | | |
| 基本工资合计 | | 453 200 | | | | 377 308 |
| 社会保险费合计 | | | | | | 129 724 |
| 住房公积金合计 | | | | | | 75 936 |
| 个人所得税合计 | | | | | | 3 120 |
| 应付职工薪酬合计 | | 812 653 | | | | |

财务会计分录：

借：业务活动费用　　718 100

单位管理费用　94 553

贷：应付职工薪酬　812 653

预算会计分录：无

②财务部门根据表格，确定应代缴个人所得税3 120元。

财务会计分录：

借：应付职工薪酬　3 120

贷：其他应交税费　3 120

预算会计分录：无

③通过零余额账户代理银行发放职工薪酬，并将需代缴的3 120元个人所得税缴付相关单位。

财务会计分录：

借：应付职工薪酬　809 533

其他应交税费——应交个人所得税　3 120

贷：零余额账户用款额度　812 653

预算会计分录：

借：事业支出　812 653

贷：资金结存——零余额账户用款额度　812 653

### 19.2.2 其他商业信用负债的核算

政府单位进行购买活动可能产生商业信用负债，按照偿还期限，分为应付账款和长期应付款。

应付账款是政府单位因购买物资、接受服务、开展工程建设等应付的偿还期限在一年以内（含一年）的款项。

长期应付款是政府单位发生的偿还期限超过一年（不含一年）的应付款项，如以融资租赁方式取得固定资产应付的租赁费等。

预收账款是在商业交易中预先收取的商品或服务的部分价款或定金，当政府单位采用完工百分比法确认收入时，预收账款体现已经收到但尚未确认的收入。

应付票据是事业单位因购买材料、物资等开出、承兑的商业汇票，包括银行承兑汇票和商业承兑汇票。行政单位不存在信用风险，因此不会采用商业汇票进行支付。

政府单位应设置“应付账款”“长期应付款”“预收账款”“应付票据”等科目，分别核算相应的负债。

限于篇幅，本教材不对这些业务核算进行单独介绍，相关业务核算可以在对应的采购和费用业务举例中了解。

## 19.3 金融负债的核算

**1. 科目设置**

金融负债是事业单位从银行或其他金融机构借入的款项，根据还款期限，分为短期借款和长期借款。

短期借款是事业单位经批准向银行或其他金融机构等借入的期限在一年内（含一年）的各种借款。长期借款是事业单位经批准向银行或其他金融机构等借入的期限超过一年（不含一年）的各种借款。

事业单位的借款主要用于资产的购置或者建造。

事业单位应设置“短期借款”和“长期借款”科目分别核算这两类借款，“长期借款”科目还应当设置“本金”和“应计利息”明细科目分别核算本金和应计利息。

**2. 主要业务账务处理**

（1）借入款项。事业单位借入各种款项时，按照实际借入的金额，借记“银行存款”科目，贷记“短期借款”“长期借款”科目。

（2）计提和支付利息。事业单位不对短期借款计提利息，需要支付利息时，直接借记“其他费用”科目，贷记“银行存款”科目。

事业单位对长期借款应按期计提利息，按照计算确定的应付利息，借记“在建工程”（属于工程项目建设期间发生的）、“其他费用”科目，属于分期付息的，贷记“应付利息”科目，属于到期一次还本付息的，贷记“长期借款——应计利息”科目。

（3）还款。归还各类借款时，借记“短期借款”“长期借款”科目，贷记“银行存款”科目。

事业单位发生金融负债业务时，预算会计应在收到债务款项时，按照实际收到的货币资金，确认债务预算收入；归还债务时，按照实际支付的货币资金中对应本金的部分，确认债务还本支出；支付债务利息时，按照实际支付的金额，确认其他支出。预算会计的具体核算参见债务预算收入、债务还本支出和其他支出的相关内容。

**3. 主要业务核算举例**

例 19－2

资料：某政府储备机构（事业单位）发生以下借款业务。要求：编制该单位会计对下述业务进行账务处理的会计分录。

①单位为改造储备设施，借入一笔为期 3 年的款项，金额 50 万元，借款协议约定年利率为 6%，到期一次还本付息。

财务会计分录：

| | | |
|---|---|---|
| 借：银行存款 | 500 000 | |
| 　贷：长期借款——本金 | | 500 000 |

预算会计分录：

| | | |
|---|---|---|
| 借：资金结存——货币资金 | 500 000 | |
| 　贷：债务预算收入 | | 500 000 |

②单位计提上述长期借款当月利息 2 500 元，改造设施工程尚未完工。

财务会计分录：

| | | |
|---|---|---|
| 借：在建工程 | 2 500 | |
| 　贷：长期借款——应计利息 | | 2 500 |

预算会计分录：无

③单位一笔短期借款到期，通过银行转账支付本金24万元，利息1.2万元。

财务会计分录：

| | | |
|---|---|---|
| 借：短期借款 | 240 000 | |
| 其他费用 | 12 000 | |
| 贷：银行存款 | | 252 000 |

预算会计分录：

| | | |
|---|---|---|
| 借：债务还本支出 | 240 000 | |
| 其他支出 | 12 000 | |
| 贷：资金结存——货币资金 | | 252 000 |

## 19.4 税收财政负债的核算

### 19.4.1 税收财政负债的内容

政府单位根据财政、税收管理要求，在一些货币资金取得时就已确定需要上缴国库或财政专户，从而形成政府单位的税收财政负债，包括应交增值税、其他应交税费、应缴财政款。

政府单位收到的应缴国库和财政专户的款项统称应缴财政款。

### 19.4.2 应交增值税的核算

**1. 科目设置**

由于增值税业务较为复杂，政府单位应单独设置“应交增值税”科目，专门核算单位按照税法规定应缴纳的增值税，其他税费则通过“其他应交税费”科目核算。有关增值税的计算以及明细科目的设置和核算，可参考企业增值税的相关内容。

“应交增值税”科目期末余额的方向具有不同的含义，期末如为贷方余额，反映单位应交未交的增值税；期末如为借方余额，反映单位尚未抵扣或多交的增值税。

**2. 账务处理原则**

增值税是一种价外税，对于一般纳税人而言，财务会计上通常需要将相应的税金与价款分离，进行单独核算，即采购的商品或服务成本不包含应缴纳的增值税，出售的商品或服务收入也不包含代收的增值税。

对于小规模纳税人而言，由于简化计算，小规模纳税人购买资产或服务时不能将其支付的增值税在未来进行抵扣，所以，财务会计上，将发生的增值税与价内税全部计入资产或相关成本费用，不进行价税分离单独核算；收到价款和税金时，按照应缴纳的增值税确认应交增值税，按不含税价款确认收入。

但是在预算会计上，政府单位发生增值税相关业务时，增值税的信息已经在财务会计中得到计算和记录，从简化核算的角度出发，预算会计不做这种价款与税金的分离，不论是一般纳税人还是小规模纳税人，购买时所支付的价款和税金都作为政府单位的预算支出；销售时所收到的价款和税金都作为政府单位的预算收入；后续实际缴纳的增值税作为政府单位的预算支出。

限于篇幅，本教材只以小规模纳税人为例简要介绍增值税的基本核算。

小规模纳税人的政府单位购进资产或服务等，借记相关成本费用科目，按照购买时支付的增值税贷记"银行存款"等科目。

小规模纳税人的政府单位出售商品或服务时，应当按照应收或已收的金额，借记"应收账款""应收票据""银行存款"等科目，按照确认的收入金额，贷记"经营收入""事业收入"等科目，按照计算的应纳增值税额，贷记"应交增值税"科目。

政府单位缴纳增值税时，借记"应交增值税"科目，贷记"银行存款"等科目。

### 3. 主要业务核算举例

**例 19－3**

资料：某环卫局事业单位是小规模纳税人（征收率 3%），发生以下采购业务。要求：编制该单位会计对下述业务进行账务处理的会计分录。

①单位采购一批材料，材料含增值税（13%）价款 5 万元，其中 3 万元为市政环卫服务自用，2 万元为单位对社会提供环卫服务使用。材料已入库，货款已转账支付。

财务会计分录：

借：库存物品　　50 000
　　贷：银行存款　　50 000

预算会计分录：

借：事业支出　　50 000
　　贷：资金结存　　50 000

②为某政府单位提供市场化的清洁服务，当月收取服务费 25 000 元（含增值税）。

财务会计分录：

借：银行存款　　25 000
　　贷：事业收入　　24 271.84
　　　　应交增值税　　728.16

预算会计分录：

借：资金结存　　25 000
　　贷：事业预算收入　　25 000

③当月缴纳增值税 7 300 元。

财务会计分录：

借：应交增值税　　7 300
　　贷：银行存款　　7 300

预算会计分录：

借：事业支出　　7 300
　　贷：资金结存　　7 300

## 19.4.3　其他应交税费的核算

政府单位应设置“其他应交税费”科目，核算单位按照税法等规定应缴纳的除增值税以外的各种税费，包括城市维护建设税、教育费附加、地方教育附加、车船税、房产税、城镇土地使用税和企业所得税等。单位代扣代缴的个人所得税也通过“其他应交税费”科目核算。

**1. 主要业务账务处理**

政府单位发生城市维护建设税、教育附加、地方教育附加、车船税、房产税、城镇土地使用税等纳税义务的，按照依据税法规定计算的应交税费，借记“业务活动费用”“单位管理费用”“经营费用”等科目，贷记“其他应交税费”科目及相关明细科目。政府单位按照税法规定计算应代扣代缴职工（含长期聘用人员）的个人所得税，借记“应付职工薪酬”科目，贷记“其他应交税费”科目。

发生企业所得税纳税义务的，按照依据税法规定计算的应交所得税，借记“所得税费用”科目，贷记“其他应交税费”科目。

单位实际缴纳上述各种税费时，借记“其他应交税费”科目及相关明细科目，贷记“财政拨款收入”“零余额账户用款额度”“银行存款”等科目。

“其他应交税费”科目期末如为贷方余额，则反映单位应交未交的除增值税以外的税费；期末如为借方余额，则反映单位多缴纳的除增值税以外的税费。

政府单位实际支付其他应交税费时，如果是单位承担，预算会计应按照实际支付的货币资金，确认相应预算支出；如果是单位代交，预算会计不进行核算。

**2. 主要业务核算举例**

例 19－4

资料：某环卫局事业单位发生以下业务。要求：编制该单位会计对下述业务进行账务处理的会计分录。

①单位出租办公楼附属房屋，收取本月租金 7 000 元，收款时计算相关税费，增值税 333.33 元，房产税、城市维护建设税、教育费附加、地方教育附加等合计 880 元。款项纳入单位预算管理。

财务会计分录：

借：银行存款　　7 000

　　贷：租金收入　　6 666.67

　　　　应交增值税　　333.33

借：其他费用　　880

　　贷：其他应交税费　　880

预算会计分录：

借：资金结存　　7 000

　　贷：其他预算收入　　7 000

②单位通过零余额账户购买机动车交通责任强制保险 26 000 元，同时支付本年应

当缴纳的车船税 9 600 元，以银行转账方式支付给保险公司，由其代缴。

财务会计分录：

借：业务活动费用　35 600

　贷：零余额账户用款额度　35 600

预算会计分录：

借：事业支出　35 600

　贷：资金结存　35 600

③月底，单位通过银行转账缴纳本月出租房屋应交的各项税金。

财务会计分录：

借：应交增值税　333.33

　　其他应交税费　880

　贷：银行存款　1 213.33

预算会计分录：

借：其他支出　1 213.33

　贷：资金结存　1 213.33

### 19.4.4　应缴财政款的核算

**1. 内容**

应缴财政款是指政府单位取得的按规定应当上缴财政的款项，包括应缴国库的款项和应缴财政专户的款项。

政府单位执收的行政事业性收费、罚没款项等已实行国库集中收缴改革，通常有两种上缴方式：一种是直接缴库，即由缴款人直接将款项缴入财政部门；另一种是集中汇缴，即政府单位收取缴款人缴纳的款项后，按照规定的时间上缴国库或财政专户。采取直接缴库方式的，没有资金流入流出政府单位，因此政府单位不必进行应缴财政款的账务处理，只需要登记台账；采用集中汇缴方式的，收款单位从集中款项到汇缴款项，中间可能存在时间差，收款单位需要对尚未汇缴的款项进行核算。

政府单位的教育收费，通常通过集中汇缴方式收取和缴纳。

应缴财政款一般要求单位收到后及时上缴财政，不得截留，所以应缴财政款应当在收到相关款项时确认。

**2. 主要业务账务处理**

政府单位应设置“应缴财政款”科目，核算单位取得或应收的按照规定应当上缴财政的款项，包括应缴国库的款项和应缴财政专户的款项。单位按照国家税法等有关规定应当缴纳的各种税费，通过“应交增值税”“其他应交税费”科目核算，不通过“应缴财政款”科目核算。“应缴财政款”科目应当按照应缴财政款的类别进行明细核算。

政府单位取得或应收按照规定应上缴财政的款项时，借记“银行存款”“应收账款”等科目，贷记“应缴财政款”科目。

政府单位处置资产取得的应上缴财政的净收入的账务处理，可参见长期股权投资、固定资产等资产处置的相关内容。

单位向财政上缴款项时，按照实际上缴的金额，借记“应缴财政款”科目，贷记“银行存款”科目。

年终清缴后，“应缴财政款”科目一般应无余额。

政府单位应缴财政款的资金不是单位预算资金，因此，预算会计不对该类业务进行会计核算。

**3. 主要业务核算举例**

例 19-5

资料：某高校发生以下应缴款项业务。要求：根据业务编制相关会计分录。

①收到应上缴国库的代收手续费现金800元，次日才能上缴。

财务会计分录：

借：库存现金　　800

　贷：应缴财政款　　800

预算会计分录：无

②次日将应缴财政款800元转账上缴国库。

财务会计分录：

借：应缴财政款　　800

　贷：银行存款　　800

预算会计分录：无

③单位报废汽车业务完成，将收到的报废补贴款8 000元上缴国库。

财务会计分录：

借：应缴财政款　　8 000

　贷：银行存款　　8 000

预算会计分录：无

④收取计划内的学生学费50 000元，尚未上缴财政专户。

财务会计分录：

借：银行存款　　50 000

　贷：应缴财政款　　50 000

预算会计分录：无

## 19.5 其他负债的核算

### 19.5.1 应付政府补贴款的核算

**1. 科目设置**

应付政府补贴款是指负责发放政府补贴的行政单位，按照有关规定应该支付给政府补贴对象的各种政府补贴款，如按政策规定发放的低保补贴、失独家庭补贴、老人补贴、困难家庭节日补贴等。政府出台补贴规定后，当补贴对象及补贴金额确定时，政府补贴义务就会产生，代表政府发放补贴的行政单位就应当确认应付政府补贴款。

对于这种因为承诺引起的负债，只有在能够确认发放的对象和金额，以及达到政策规定发放政府补贴的时间时，才确认为政府负债。

行政单位应当设置“应付政府补贴款”总账科目，核算按照规定应当支付给政府补贴对象的各种政府补贴款。

行政单位确认发生应付政府补贴款时，按照依规定计算确定的应付政府补贴金额，借记“业务活动费用”科目，贷记“应付政府补贴款”科目。

行政单位支付应付政府补贴款时，按照支付金额，借记“应付政府补贴款”科目，贷记“零余额账户用款额度”“银行存款”等科目。

政府单位支付政府补贴款时，预算会计在实际支付货币资金时，按照支付金额确认相应的预算支出。

**2. 主要业务核算举例**

例 19－6

资料：某行政单位发生以下应付政府补贴款相关业务。要求：编制该单位会计对下述业务进行账务处理的会计分录。

①经计算，本月应发放各类政府补贴 266 500 元。

财务会计分录：

| | | |
|---|---|---|
| 借：业务活动费用 | 266 500 | |
| 　贷：应付政府补贴款 | | 266 500 |

预算会计分录：无

②通过零余额账户将应发放的政府补贴 266 500 元转入各被补贴人的储蓄存款账户。

财务会计分录：

| | | |
|---|---|---|
| 借：应付政府补贴款 | 266 500 | |
| 　贷：零余额账户用款额度 | | 266 500 |

预算会计分录：

| | | |
|---|---|---|
| 借：行政支出 | 266 500 | |
| 　贷：资金结存 | | 266 500 |

## 19.5.2　其他各类负债的核算

**1. 其他各类负债的内容和科目**

除以上各类负债外，政府单位还可能存在以下负债：

(1) 预提费用。预提费用是政府单位采用预先提取当期应承担但尚未发生的费用的方式形成的一种负债。

政府单位应设置“预提费用”科目，核算预先提取当期应承担但尚未发生的费用。事业单位计提的借款利息费用，通过“应付利息”“长期借款”科目核算，不通过“预提费用”科目核算。

(2) 预计负债。政府单位如果产生发生与否不确定或者发生金额不确定的或有负债，会计上不能确认为政府负债，应该在报表之外进行反映。当这些或有负债发生已经确定，并且金额确定时，应在会计上确认为预计负债，例如未决诉讼即将判决并且单位很可能面临金额确定的赔偿时。

政府单位应设置“预计负债”科目核算单位因或有事项所产生的现时义务而确认的负债，本科目应当按照预计负债的项目进行明细核算。

（3）其他应付款。政府单位除应交增值税、其他应交税费、应缴财政款、应付职工薪酬、应付票据、应付账款、应付政府补贴款、应付利息、预收账款以外，其他各项偿还期限在一年内（含一年）的应付及暂收款项，如收取的押金、存入保证金、已经报销但尚未偿还银行的本单位公务卡欠款等，应设置“其他应付款”科目进行核算。

发生各类负债时，借记“业务活动费用”“单位管理费用”“经营费用”等科目，贷记相应的负债科目。实际支付款项时，按照支付金额，借记相应的负债科目，贷记“零余额账户用款额度”“银行存款”等科目。

**2. 主要业务核算举例**

例 19-7

资料：某医院发生以下预提费用相关业务。要求：编制该单位会计对下述业务进行账务处理的会计分录。

①预提本年度物业费，本月应承担24万元。

财务会计分录：

借：业务活动费用　　240 000

　贷：预提费用　　240 000

预算会计分录：无

②某医院与患者发生医疗纠纷，法院尚未正式判决，但是根据律师的判断，本单位很可能需要进行赔偿，估计赔偿金额在30万元左右。

财务会计分录：

借：其他费用　　300 000

　贷：预计负债　　300 000

预算会计分录：无

③法院正式判决，本单位赔偿金额为35万元。

财务会计分录：

借：其他费用　　50 000

　贷：预计负债　　50 000

预算会计分录：无

④职工出差报销，使用公务卡购买机票、预订酒店，总金额5 500元。

财务会计分录：

借：业务活动费用　　5 500

　贷：其他应付款　　5 500

预算会计分录：无

⑤年底，支付本年物业费288万元，已全部预提。

财务会计分录：

借：预提费用　　2 880 000
　　贷：银行存款　　2 880 000

预算会计分录：

借：事业支出　　2 880 000
　　贷：资金结存　　2 880 000

### 19.5.3　受托代理负债

受托代理负债是政府单位接受委托取得受托代理资产的同时形成的负债。

政府单位取得受托代理资产时，借记“受托代理资产”“库存现金”“银行存款”科目，贷记“受托代理负债”科目。单位支付受托代理资产时，借记“受托代理负债”科目，贷记“库存现金”“银行存款”“受托代理资产”等科目。

具体账务处理和核算举例，参见第 18 章受托代理资产核算的内容。

## 思考题

1. 政府单位的财政资金是否存在负债业务?
2. 政府单位的应付政府补贴款和预计负债是否存在区别?
3. 政府单位应缴财政款与政府单位财政结余的调拨上缴有什么区别?

## 练习题

资料：一些政府单位发生如下业务。

**要求：**编制这些单位会计对以下业务进行账务处的会计分录。

(1) 某医院为购买大型医疗器械，向银行借款 50 万元。

(2) 某科研单位月末根据税务部门的计算，缴纳增值税 3 万元以及所得税 1 万元，其中，已计提的所得税 9 000 元。

(3) 某医院开出商业票据，支付购买大型医疗器械的款项 30 万元。设备已验收投入使用。

(4) 某民政机关根据政府政策，确定本月应发放的老龄补贴为 20 万元。

(5) 某行政单位收到行政事业性收费 2 000 元，采用集中汇缴方式在 3 天内汇缴国库。

(6) 某高校收到学生学费 9 万元，采用集中汇缴方式在 3 天内汇缴财政专户。

# 第 20 章

Chapter 20

# 政府单位收入费用的核算

学习目标

1. 掌握政府单位收入费用的确认
2. 理解政府单位收入费用与预算收支确认的异同
3. 掌握政府单位收入的核算方法
4. 掌握政府单位费用的核算方法

## 20.1 政府单位收入费用概述

政府单位收入费用是政府单位财务会计的会计要素。这两个要素的变动与同为财务会计要素的资产（经济资源）、负债、净资产的变动相关，它们之间的平衡关系如下：

当期资产变动－当期负债变动＝当期净资产变动　　(1)

期末净资产－期初净资产＝当期净资产直接变动＋收入－费用　　(2)

式（2）中当期净资产直接变动是指不计入收入、费用的资产变动导致的净资产变动，如无偿调拨净资产、权益法调整、专用基金等（见第 21 章）。

**1. 政府单位收入费用的定义**

政府单位的收入是指报告期内导致政府单位净资产增加的、含有服务潜力或者经济利益的经济资源的流入。

政府单位的费用是指报告期内导致政府单位净资产减少的、含有服务潜力或者经济利益的经济资源的流出。

政府单位收入（费用）的确认标准是：

(1) 与收入（费用）相关的含有服务潜力或者经济利益的经济资源很可能流入（流出）政府会计主体。

（2）含有服务潜力或者经济利益的经济资源流入（流出）会导致政府会计主体资产增加（减少）或者负债减少（增加）。

（3）经济资源流入（流出）金额能够可靠地计量。

（4）经济资源流入（流出）导致净资产的增加（减少）。

收入费用定义的核心：一是经济资源变动，不仅包括现金资源变动，还包括应收账款等金融性资产、存货、固定资产、无形资产等经济资源的变动。二是这些经济资源在变动的同时，会引起净资产的变动。如果不能引起净资产的变动，则不构成收入费用。例如，收到需要上缴财政的资金，在经济资源增加的同时，负债增加，净资产不变，则这项业务不能构成政府单位的收入。偿还负债导致经济资源流出时，减少负债和资产，但是不减少净资产，因而不能构成政府单位的费用。

但是在有些特殊情况下，一些导致净资产变动的资产变动不确认为收入费用，如政府单位之间无偿调拨资产导致的资产变动，被投资企业非利润原因的其他权益变动引起的投资单位的长期股权投资变动。在这些情况下，资产增加或减少不作为收入费用确认，而是直接增加或减少净资产。

**2. 政府单位收入费用与预算收支确认的异同**

政府单位对资金活动流量的核算，在预算会计上以现金资源（包括库存现金、银行存款、零余额账户用款额度、财政应返还额度等形式的资金结存）的流入流出为核算对象，以收付实现制为主，对预算收入和预算支出要素及相关科目进行核算；在财务会计上则以经济资源的流入流出为核算对象，以权责发生制为主，对收入和费用要素及相关科目进行核算。

（1）核算对象角度产生的异同。预算收支核算的是预算范围内的现金资源变动，收入费用核算的是全部经济资源变动。政府单位收入费用要素确认和预算收支要素确认受到核算对象角度的影响，有时一致，有时不同。

当影响净资产的现金资源（同时也是经济资源）流入流出时，预算收支相关要素和收入费用相关要素科目需要同时确认。例如，政府单位使用零余额账户用款额度支付职工工资或外部劳务费，在确认相关费用的同时确认预算支出。

当现金资源发生流入或者流出，但是经济资源总量并未发生变化（因而净资产没有变化）时，确认预算收支，但是不确认收入费用。例如，当政府单位使用货币资金进行投资时，从经济资源变动的角度看，没有经济资源流出单位，因此没有费用发生；从收付实现制的角度看，发生现金的流出，产生预算支出。

当影响净资产的经济资源发生变化，但是没有现金资源的流入或流出时，确认收入费用，但是不确认预算收支。例如，政府单位领出材料用于业务消耗时，经济资源减少，因此发生费用；而从收付实现制的角度看，没有流出现金资源，因而没有产生预算支出。

（2）会计基础引起的异同。收入费用要素主要采用权责发生制确认，预算收支要素主要采用收付实现制确认，会计基础的差异导致二者可能出现差异。

1）临时性差异。收入费用与预算收支仅仅是确认时点有差异。单位发生未来用于消耗需要转入费用的某项资产权利的增加，或者未来履行交付义务后转入收入的负债责任的增加，发生的收入或者费用与发生的预算收入或者预算支出尽管确认时点不同，但从长期看其范围是相同的，即确认为收入的事项，之前或之后也会确认为预算收入；确认为费用的事项，之前或之后也会确认为相应的支出。例如，预收的收入产生未来交付服务或产品的义务，确认为一项负债而不确认收入，但是收到现金资源，因此确认预算收入；政府单位在履行相应的交付义务和风险转移后，确认相应收入，减少相应负债。购买固定资产时，经济资源没有流出，因此不确认费用，但是，现金资源流出，因此确认预算支出；固定资产使用期间，通过折旧计入费用，但是没有现金资源变化，因此不确认预算支出。

2）永久差异。收入费用体现经济资源相关的权利义务的增减，预算收支只与现金资源增减相关。例如，单位投资和收回投资本金，没有改变净资产所代表的经济权利和责任，因此不确认收入费用，但是它导致单位现金资源的变动，因此需要确认预算收支；同样，单位借款和归还借款，债权人权利发生改变，净资产所代表的经济权利和责任没有改变，因此不确认收入费用，但是它导致单位现金资源的变动，因此需要确认预算收支。

**3. 政府单位收入的类别**

根据来源分类，政府单位的收入与预算收入的类别非常接近。除了对对应其他预算收入的收入进行类别的细分之外，绝大多数收入分类的方法可参见预算收入的相关介绍。个别与预算收入存在差异的业务将在具体科目中介绍。

（1）财政拨款收入。是指政府单位从同级政府财政部门取得的各类财政拨款。

（2）业务类收入。

1）事业收入。是指事业单位开展专业业务活动及其辅助活动实现的收入，不包括从同级政府财政部门取得的各类财政拨款。

2）经营收入。是指事业单位在专业业务活动及其辅助活动之外开展非独立核算经营活动取得的收入。

（3）非同级财政的缴拨类收入。

1）上级补助收入。是指事业单位从主管部门和上级单位取得的非财政拨款收入。

2）附属单位上缴收入。是指事业单位取得的附属独立核算单位按照有关规定上缴的收入。

3）非同级财政拨款收入。是指政府单位从非同级政府财政部门取得的经费拨款，包括从同级政府其他部门取得的横向转拨财政款、从上级或下级政府财政部门取得的经费拨款等。但是，事业单位因向拨款部门提供事业服务而取得的经费拨款属于单位事业收入，不属于非同级财政拨款收入。

（4）投资收益。是指事业单位股权投资和债券投资所实现的收益或发生的损失。

（5）其他类型收入。

1）捐赠收入。是指捐赠单位接受其他单位或者个人捐赠取得的收入。

2）利息收入。是指政府单位取得的银行存款利息收入。

3）租金收入。是指政府单位经批准利用国有资产出租取得并按照规定纳入本单位预算管理的租金收入。

4）其他收入。是指政府单位取得的除财政拨款收入、事业收入、经营收入、上级补助收入、附属单位上缴收入、非同级财政拨款收入、投资收益、捐赠收入、利息收入、租金收入以外的各项收入，包括现金盘盈收入、按照规定纳入单位预算管理的科技成果转化收入、行政单位收回已核销的其他应收款、无法偿付的应付及预收款项、置换换出资产评估增值等。

**4. 政府单位费用的类别**

政府单位费用是各类资产减少或负债增加形成的，而不仅仅是现金资源的流出，所以费用不能像预算支出那样依据资金的用途设置总账科目和明细科目，而是按照单位业务活动类型设置总账，因此，与预算支出的分类不一致。例如，财务会计将单位预算会计中的行政支出或事业支出按照费用对单位业务的职能用途，统一划分为业务活动费用和单位管理费用，此外还有与权责发生制密切相关的费用类别，如资产处置费用，以及在预算会计中被列入结余变化的缴纳所得税所导致的所得税费用。

（1）单位业务类费用。政府单位与履行职能、运行经营等相关的业务产生的各类费用归为单位业务类费用，包括：

1）业务活动费用。是指政府单位为实现其职能目标，依法履职或开展专业业务活动及其辅助活动发生的各项费用。政府单位主要业务是履行职能的行政活动或事业活动，所对应的费用是单位的业务活动费用。

2）单位管理费用。是指事业单位本级行政及后勤管理部门开展管理活动发生的各项费用，包括单位行政及后勤管理部门发生的人员经费、公用经费、资产折旧（摊销）等费用，以及由单位统一负担的离退休人员经费、工会经费、诉讼费、中介费等。事业单位为了评价履行职能所提供产品或服务的效率，需要计算所提供产品或服务的成本，为此，将费用分为业务活动费用和单位管理费用。单位业务活动费用是为业务发生的直接费用，而单位管理费用则是为业务活动发生的各类间接费用。这种划分可以为业务成本计算提供信息。

3）经营费用。是指事业单位在专业业务活动及其辅助活动之外开展非独立核算经营活动发生的各项费用。经营活动需要单独计算盈亏，经营费用是与经营收入对应的费用。

（2）资产处置费用。是指单位经批准处置资产时发生的费用，包括转销的被处置资产（不含无偿调出资产）价值，以及在处置过程中发生的相关费用或者处置收入小于相关费用形成的净支出。资产处置的形式按照规定包括无偿调拨、出售、出让、转让、置换、对外捐赠、报废、毁损以及货币性资产损失核销等。资产处置费用属于因国有资产处置规定而发生的制度性费用，其大小与单位的主观努力关系不大，不能作为单位绩效管理的控制对象。因此，资产处置费用单独核算。

无偿调拨资产与其他资产处置对单位的影响实质上是相同的，都会减少单位的净资产。但是，考虑到无偿调拨资产的金额可能非常大，如果列入费用，会对单位的费用规模造成巨大冲击，给信息使用者理解和分析单位正常费用造成困扰，因此，采用将调拨金额计入净资产的方法，不确认资产处置费用。

（3）缴拨款费用。

1）上缴上级费用。是指事业单位按照财政部门和主管部门的规定上缴上级单位款项发生的费用。

2）对附属单位补助费用。是指事业单位用财政拨款收入之外的收入对附属单位补助发生的费用。

(4) 其他类型费用。

1) 所得税费用。是指有企业所得税缴纳义务的事业单位按规定缴纳企业所得税所形成的费用。

2) 其他费用。是指单位发生的除业务活动费用、单位管理费用、经营费用、资产处置费用、上缴上级费用、对附属单位补助费用、所得税费用以外的各项费用，包括利息费用、坏账损失、罚没支出、现金资产捐赠支出以及相关税费、运输费等。

## 20.2 收入的核算

### 20.2.1 财政拨款收入的核算

政府单位应设置“财政拨款收入”科目，核算单位从同级政府财政部门取得的各类财政拨款。

财政直接支付方式下，政府单位根据收到的财政直接支付入账通知书及相关原始凭证，按照通知书中的直接支付入账金额，借记“库存物品”“固定资产”“业务活动费用”“单位管理费用”“应付职工薪酬”等科目，贷记“财政拨款收入”科目。年末，根据本年度财政直接支付预算指标数与财政直接支付实际支付数的差额，借记“财政应返还额度”科目，贷记“财政拨款收入”科目。

财政授权支付方式下，根据收到的财政授权支付额度到账通知书，按照通知书中的授权支付额度，借记“零余额账户用款额度”科目，贷记“财政拨款收入”科目。年末，本年度财政授权支付预算指标数大于零余额账户用款额度下达数的，根据未下达的用款额度，借记“财政应返还额度”科目，贷记“财政拨款收入”科目。

其他方式下收到财政拨款收入时，按照实际收到的金额，借记“银行存款”等科目，贷记“财政拨款收入”科目。

期末，将“财政拨款收入”科目本期发生额转入本期盈余，借记“财政拨款收入”科目，贷记“本期盈余”科目。期末结转后，本科目应无余额。

**例 20-1**

资料：某水利部门的行政单位（事业单位，水利监测）实行国库直接支付。要求：编制该单位会计对下述业务进行账务处理的会计分录。

①收到财政零余额账户代理银行转来的财政直接支付入账通知书，采用财政直接支付方式支付电脑等办公设备款10万元。

财务会计分录：

借：库存物品　　100 000

　贷：财政拨款收入　　100 000

预算会计分录：

借：行政支出（事业支出[①]）　　100 000

① 行政单位和事业单位的预算支出科目内容和具体使用，参见第15章预算支出部分的介绍。

　　贷：财政拨款预算收入　　100 000

②收到财政零余额账户代理银行转来的财政直接支付入账通知书，采用财政直接支付方式支付电费 3.5 万元，其中 1.5 万元使用财政应返还额度。

财政会计分录：

借：业务活动费用[①]　　35 000

　　贷：财政应返还额度　　15 000

　　　　财政拨款收入　　20 000

预算会计分录：

借：行政支出（事业支出）　　35 000

　　贷：资金结存　　15 000

　　　　财政拨款预算收入　　20 000

### 例 20-2

资料：某水利部门的行政单位取得单位零余额账户代理银行转来的财政授权支付额度到账通知书，本月取得财政授权支付额度 19 万元，其中用于专项办公楼大型修缮业务 8 万元，用于水利资金专项审计项目 11 万元。要求：编制该单位会计对此业务进行账务处理的会计分录。

财务会计分录：

借：零余额账户用款额度　　190 000

　　贷：财政拨款收入　　190 000

预算会计分录：

借：资金结存　　190 000

　　贷：财政拨款预算收入　　190 000

### 例 20-3

资料：年末，某行政单位确认本年用于基本支出中日常公用经费的财政直接支付预算指标数为 1 700 万元，财政直接支付实际支出数为 1 695.5 万元；确认财政授权支付预算指标数为 40 万元，已下达单位零余额账户用款额度 37 万元。要求：编制该单位会计年终确认财政拨款的会计分录。

财务会计分录：

借：财政应返还额度——财政直接支付额度　　45 000

　　　　　　　　　——财政授权支付额度　　30 000

　　贷：财政拨款收入　　75 000

预算会计分录：

借：资金结存　　75 000

　　贷：财政拨款预算收入　　75 000

---

① 如未做特别说明，费用均假定为单位业务活动发生的业务活动费用。为简化分录，均省略明细分录。

### 20.2.2 事业收入的核算

政府单位应设置“事业收入”科目核算单位开展专业业务活动及其辅助活动实现的收入，不包括从同级政府财政部门取得的各类财政拨款。本科目应当按照事业收入的类别、来源等进行明细核算。对于因开展科研及其辅助活动从非同级政府财政部门取得的经费拨款，在本科目下设“非同级财政拨款”明细科目进行核算。

问答20-1：政府单位收到其他单位或组织交付的资金，有的作为收入核算，有的作为受托代理资产核算，有的作为其他应付款核算，如何判断它们之间的区别？

**1. 主要业务账务处理**

（1）财政专户管理的事业收入。政府单位采用财政专户返还方式管理事业收入，实现应上缴财政专户的事业收入时，按照实际收到或应收的金额，借记“银行存款”“应收账款”等科目，贷记“应缴财政款”科目。

向财政专户上缴款项时，按照实际上缴的款项金额，借记“应缴财政款”科目，贷记“银行存款”等科目。

收到从财政专户返还的事业收入时，按照实际收到的返还金额，借记“银行存款”等科目，贷记“事业收入”科目。

（2）预收和应收事业收入。政府单位实际收到预收款项时，按照收到的款项金额，借记“银行存款”等科目，贷记“预收账款”科目。

期末，将“事业收入”科目本期发生额转入本期盈余，借记“事业收入”科目，贷记“本期盈余”科目。期末结转后，“事业收入”科目应无余额。

**2. 主要业务核算举例**

**例20-4**

资料：某高校发生以下与事业收入相关业务。要求：编制该单位会计对下述业务进行账务处理的会计分录。

①为某企业进行专业培训，在培训完成时收到企业支付的培训款13万元（增值税3 786.41元），款项已划入银行账户。

财务会计分录：

| | | |
|---|---|---|
| 借：银行存款 | 130 000 | |
| 贷：事业收入 | | 126 213.59 |
| 应交增值税 | | 3 786.41 |

预算会计分录：

| | | |
|---|---|---|
| 借：资金结存 | 130 000 | |
| 贷：事业预算收入 | | 130 000 |

②开学时，收到学生缴纳的学费40万元，采用集中缴库方式缴入财政专户。

财务会计分录：

| | | |
|---|---|---|
| 借：银行存款 | 400 000 | |
| 贷：应缴财政款 | | 400 000 |

预算会计分录：无

③将前几日收到的学费 60 万元缴入财政专户。

财务会计分录：

借：应缴财政款 600 000

　贷：银行存款 600 000

预算会计分录：无

④收到财政直接支付通知书，通过财政零余额账户支付学校房屋租赁费用 15 万元。

财务会计分录：

借：业务活动费用 150 000

　贷：事业收入 150 000

预算会计分录：

借：事业支出 150 000

　贷：事业预算收入 150 000

### 20.2.3 经营收入的核算

政府单位应设置“经营收入”科目核算单位在专业业务活动及其辅助活动之外开展非独立核算经营活动取得的收入。

经营收入应当在提供服务或发出存货，同时收讫价款或者取得索取价款的凭据时，按照实际收到或应收的金额予以确认。

实现经营收入时，按照确定的收入金额，借记“银行存款”“应收账款”“应收票据”等科目，贷记“经营收入”科目。期末，将“经营收入”科目本期发生额转入本期盈余，借记“经营收入”科目，贷记“本期盈余”科目。期末结转后，“经营收入”科目应无余额。

**例 20-5**

资料：某高校发生以下与经营收入有关业务。要求：编制该单位会计对下述业务进行账务处理的会计分录。

①某体育培训机构包月使用学校球场部分场地，预付场地使用费 2.4 万元。

财务会计分录：

借：银行存款 24 000

　贷：预收账款 24 000

预算会计分录：

借：资金结存 24 000

　贷：经营预算收入 24 000

②学校体育馆销售饮料 500 元。

财务会计分录：

借：库存现金 500

　贷：经营收入 500

预算会计分录：

借：资金结存 500

　贷：经营预算收入 500

## 20.2.4 非同级财政的缴拨类收入的核算

事业单位应设置“上级补助收入”科目核算单位从主管部门和上级单位取得的非财政拨款收入；设置“附属单位上缴收入”科目核算单位取得的附属独立核算单位按照有关规定上缴的收入。

政府单位应设置“非同级财政拨款收入”科目核算单位从非同级政府财政部门取得的经费拨款。事业单位因开展科研及其辅助活动从非同级政府财政部门取得的经费拨款，应当通过“事业收入——非同级财政拨款”科目核算，不通过“非同级财政拨款收入”科目核算。

政府单位确认各项非同级财政的缴拨类收入时，按照应收或实际收到的金额，借记“其他应收款”“银行存款”等科目，贷记“上级补助收入”“附属单位上缴收入”“非同级财政拨款收入”科目。实际收到应收的款项时，按照实际收到的金额，借记“银行存款”等科目，贷记“其他应收款”科目。

期末，政府单位应将“上级补助收入”“附属单位上缴收入”“非同级财政拨款收入”各科目本期发生额转入本期盈余，借记“上级补助收入”“附属单位上缴收入”“非同级财政拨款收入”科目，贷记“本期盈余”科目。期末结转后，各科目应无余额。

**例 20-6**

资料：各政府单位发生以下与非同级财政的缴拨类收入相关的业务。要求：编制各单位会计对其业务进行账务处理的会计分录。

①某大型综合医院收到体检中心按比例上缴的收入 45 万元。

财务会计分录：

借：银行存款 450 000

　贷：附属单位上缴收入 450 000

预算会计分录：

借：资金结存 450 000

　贷：附属单位上缴预算收入 450 000

②某部属高校收到开户银行的到账通知书，收到所在地市财政拨付给本单位的一笔经费 20 万元，用于高校发展。

财务会计分录：

借：银行存款 200 000

　贷：非同级财政拨款收入 200 000

预算会计分录：

借：资金结存 200 000

　贷：非同级财政拨款预算收入 200 000

③上述高校收到开户银行的到账通知书，所在地市财政委托该高校进行有关政府财政预算管理的科研项目，经费 5 万元已经到账。

财务会计分录：

借：银行存款　　500 00

　贷：事业收入——非同级财政拨款　　50 000

预算会计分录：

借：资金结存　　50 000

　贷：事业预算收入——非同级财政拨款　　50 000

## 20.2.5　投资收益的核算

事业单位应设置“投资收益”科目核算单位股权投资和债券投资所实现的收益或发生的损失。

事业单位投资收益的业务和核算方式参见第 17 章投资部分的介绍。

## 20.2.6　其他类型收入的核算

**1. 科目设置和账务处理**

政府单位应设置“捐赠收入”科目核算单位接受其他单位或者个人捐赠取得的收入。本科目应当按照捐赠资产的用途和捐赠单位等进行明细核算。

政府单位应设置“利息收入”科目核算单位取得的银行存款利息收入。

政府单位应设置“租金收入”科目，核算单位经批准利用国有资产出租取得并按照规定纳入本单位预算管理的租金收入。

政府单位应设置“其他收入”科目，核算单位取得的除财政拨款收入、事业收入、经营收入、上级补助收入、附属单位上缴收入、非同级财政拨款收入、投资收益、捐赠收入、利息收入、租金收入以外的各项收入。

政府单位取得相关收入时，借记“银行存款”“库存现金”“库存物品”“固定资产”等相关资产科目，贷记相应的收入科目。

期末，将各收入科目本期发生额转入本期盈余，借记各收入科目，贷记“本期盈余”科目。期末结转后，各收入科目应无余额。

**2. 主要业务核算举例**

例 20-7

资料：某医院发生以下与其他收入相关的经济业务。要求：编制该单位会计对下述业务进行账务处理的会计分录。

①接到开户银行的到账通知书，本期银行存款利息 1.8 万元，记入单位银行账户。

财务会计分录：

借：银行存款　　18 000

　贷：利息收入　　18 000

预算会计分录：

借：资金结存　　18 000

　贷：其他预算收入　　18 000

②单位前一天核对现金发现盘盈1 000元，无法查明原因，已经转入“待处理财产损溢”科目，经领导批准作为单位收入入账。

财务会计分录：

借：待处理财产损溢　1 000

　贷：其他收入　1 000

预算会计分录：

借：资金结存　1 000

　贷：其他预算收入　1 000

③接受社会公众捐赠的用于医院近期应急公共防疫医护人员的物资保障款20万元。

财务会计分录：

借：银行存款　200 000

　贷：捐赠收入　200 000

预算会计分录：

借：资金结存　200 000

　贷：其他预算收入　200 000

## 20.3 费用的核算

### 20.3.1 单位业务类费用的核算

**1. 科目设置**

政府单位应设置“业务活动费用”科目，核算单位为实现其职能目标，依法履职或开展专业业务活动及其辅助活动所发生的各项费用。本科目应当按照项目、服务或者业务类别、支付对象等进行明细核算。

事业单位应设置“单位管理费用”科目，核算单位本级行政及后勤管理部门开展管理活动发生的各项工资、办公、折旧等费用。

事业单位还应设置“经营费用”科目，核算单位在专业业务活动及其辅助活动之外开展非独立核算经营活动发生的各项费用。

问答20-2：政府单位核算费用时，能否像核算预算支出那样按照资金来源和部门预算支出经济分类进行明细核算？

**2. 主要业务账务处理**

政府单位为履职或开展专业业务活动及其辅助活动、管理活动、经营活动的人员计提的薪酬，按照计算确定的金额，借记“业务活动费用”“单位管理费用”“经营费用”科目，贷记“应付职工薪酬”科目。

为履职或开展专业业务活动及其辅助活动、管理活动、经营活动发生的外部人员劳务费，按照计算确定的金额，借记“业务活动费用”“单位管理费用”“经营费用”科目，按照代扣代缴个人所得税的金额，贷记“其他应交税费——应交个人所得税”科目，按照扣税后应付或实际支付的金额，贷记“其他应付款”“财政拨款收入”“零余额账户用款额度”“银行存款”等科目。

为履职或开展专业业务活动及其辅助活动、管理活动、经营活动领用库存物品，以及发出相关政府储备物资，按照领用库存物品或发出相关政府储备物资的账面金额，借记“业务活动费用”“单位管理费用”“经营费用”科目，贷记“库存物品”“政府储备物资”科目。

为履职或开展专业业务活动及其辅助活动、管理活动、经营活动所使用的固定资产、无形资产以及为所控制的公共基础设施、保障性住房计提的折旧、摊销，按照计提金额，借记“业务活动费用”“单位管理费用”“经营费用”科目，贷记“固定资产累计折旧”“无形资产累计摊销”“公共基础设施累计折旧（摊销）”“保障性住房累计折旧”科目。

为履职或开展专业业务活动及其辅助活动、管理活动、经营活动发生的城市维护建设税、教育费附加、地方教育附加、车船税、房产税、城镇土地使用税等，按照计算确定应缴纳的金额，借记“业务活动费用”“单位管理费用”“经营费用”科目，贷记“其他应交税费”等科目。

为履职或开展专业业务活动及其辅助活动、管理活动、经营活动发生其他各项费用时，按照费用确认金额，借记“业务活动费用”“单位管理费用”“经营费用”科目，贷记“财政拨款收入”“零余额账户用款额度”“银行存款”“应付账款”“其他应付款”“其他应收款”等科目。

政府单位发生当年购货退回等业务，对于已计入本年费用的，按照收回或应收的金额，借记“财政拨款收入”“零余额账户用款额度”“银行存款”“其他应收款”等科目，贷记“业务活动费用”“单位管理费用”“经营费用”科目。

期末，将“业务活动费用”“单位管理费用”“经营费用”科目本期发生额转入本期盈余，借记“本期盈余”科目，贷记“业务活动费用”“单位管理费用”“经营费用”科目。期末结转后，各费用科目应无余额。

### 3. 主要业务核算举例

**例 20－8**

资料：以下是某科研单位发生的与业务类费用有关的活动。要求：编制单位会计对下述业务进行账务处理的会计分录。

①单位计算应发放工资薪酬总额 87 万元，其中，科研及其辅助活动相关部门的工资 55 万元，管理部门工资 15 万元，经营业务人员工资 7 万元，单位统一负担的退休人员退休费 10 万元。单位代扣个人所得税 10 万元，代扣职工个人应缴住房公积金 9.24 万元。

财务会计分录：

| | | |
|---|---|---|
| 借：业务活动费用 | 550 000 | |
| 　　单位管理费用 | 250 000 | |
| 　　经营费用 | 70 000 | |
| 　贷：应付职工薪酬 | | 870 000 |
| 借：应付职工薪酬 | 192 400 | |
| 　贷：其他应交税费 | | 100 000 |
| 　　　其他应付款 | | 92 400 |

预算会计分录：无

②单位计提各项固定资产折旧，其中，科研及其辅助活动相关部门的固定资产折旧39万元，管理部门固定资产折旧7万元，经营业务固定资产折旧2万元。

财务会计分录：

| | | |
|---|---|---|
| 借：业务活动费用 | 390 000 | |
| 　　单位管理费用 | 70 000 | |
| 　　经营费用 | 20 000 | |
| 　贷：固定资产累计折旧 | | 480 000 |

预算会计分录：无

### 20.3.2 资产处置费用的核算

政府单位按规定出售（非业务销售）、出让、转让、置换、对外捐赠、报废、毁损资产以及核销货币性资产损失等，都会导致单位发生资产处置费用。资产处置费用有两个来源：

（1）政府单位处置资产，按照规定需要将资产价值相应的款项或者处理款项上缴财政部门的，转销的资产价值或应上缴财政的金额构成单位的资产处置费用。

（2）政府单位为处置资产发生的支付，如果由单位自行承担，也构成该单位的资产处置费用。

政府单位应设置“资产处置费用”科目，核算单位经批准处置资产时发生的费用，包括转销的被处置资产价值，以及在处置过程中发生的相关费用或者处置收入小于相关费用形成的净支出。

单位在资产清查中查明的资产盘亏、毁损以及资产报废等，应当先通过“待处理财产损溢”科目进行核算，再将处理资产价值和处理净支出记入“资产处置费用”科目。

短期投资、长期股权投资、长期债券投资的处置，按照相关资产科目的规定进行账务处理。

“资产处置费用”科目应当按照处置资产的类别、资产处置的形式等进行明细核算。

资产处置费用的账务处理及核算参见第18章有关资产处置的内容。

### 20.3.3 缴拨款费用的核算

事业单位应设置“上缴上级费用”科目核算单位按照财政部门和主管部门的规定上缴上级单位款项发生的费用；设置“对附属单位补助费用”科目核算单位用财政拨款收入之外的收入对附属单位补助发生的费用，并按照缴拨款项单位、缴拨项目等进行明细核算。

事业单位发生上缴上级支出或对附属单位补助支出的，按照实际上缴的金额或者根据规定计算出的应当上缴上级或补助附属单位的金额，借记“上缴上级费用”“对附属单位补助费用”科目，贷记“银行存款”“其他应付款”等科目。

期末，将“上缴上级费用”“对附属单位补助费用”科目本期发生额转入本期盈余，借记“本期盈余”科目，贷记“上缴上级费用”“对附属单位补助费用”科目。期末结转后，这两个科目应无余额。

例 20-9

资料：某高校发生以下缴拨款业务。要求：编制该单位会计对以下业务进行账务处理的会计分录。

①单位通过银行转账，向附属独立核算的附属中学拨付操场全面翻修的补助 12 万元。

财务会计分录：

借：对附属单位补助费用——中学——大型修缮　120 000

　贷：银行存款　120 000

预算会计分录：

借：对附属单位补助支出　120 000

　贷：资金结存　120 000

②上级教育厅核定单位上缴部分业务收入 40 万元，尚未上缴。

财务会计分录：

借：上缴上级费用——教育厅　400 000

　贷：其他应付款　400 000

预算会计分录：无

## 20.3.4　其他类型费用的核算

**1. 所得税费用的核算**

所得税费用是事业单位财务会计上的一项费用，事业单位应设置“所得税费用”科目核算具有企业所得税缴纳义务的事业单位按规定缴纳企业所得税所形成的费用。

事业单位发生企业所得税纳税义务时，应按照根据税法规定计算的应交税费金额，借记“所得税费用”科目，贷记“其他应交税费”科目。

实际缴纳时，按照缴纳的金额，借记“其他应交税费”科目，贷记“银行存款”科目。

年末，将“所得税费用”科目本年发生额转入本期盈余，借记“本期盈余”科目，贷记“所得税费用”科目。年末结转后，“所得税费用”科目应无余额。

例 20-10

资料：某高校发生以下所得税业务。要求：编制该单位会计对以下业务进行账务处理的会计分录。

①当月计算单位应交所得税 3.5 万元。

财务会计分录：

借：所得税费用　35 000

　贷：其他应交税费　35 000

预算会计分录：无

②上缴上月应交的所得税，其中通过银行转账支付单位所得税 3.5 万元，通过零余额账户支付代扣职工个人所得税 17 万元。

财务会计分录：

借：其他应交税费　　205 000

　贷：银行存款　　35 000

　　零余额账户用款额度　　170 000

预算会计分录：

借：非财政拨款结余　　35 000

　贷：资金结存　　35 000

借：事业支出　　170 000

　贷：资金结存　　170 000

**2. 其他费用的核算**

政府单位应设置“其他费用”科目核算单位发生的除业务活动费用、单位管理费用、经营费用、资产处置费用、上缴上级费用、对附属单位补助费用、所得税费用以外的各项费用，包括利息费用、坏账损失、罚没支出、现金资产捐赠支出以及相关税费、运输费等。本科目应当按照其他费用的类别等进行明细核算。单位发生利息费用较多的，可以单独设置“利息费用”科目。

政府单位按期计算确认借款利息费用时，按照计算确定的金额，借记“在建工程”或“其他费用”科目，贷记“应付利息”“长期借款——应计利息”科目。

单位对外捐赠现金资产的，按照实际捐赠的金额，借记“其他费用”科目，贷记“银行存款”“库存现金”等科目。

单位接受捐赠（或无偿调入）以名义金额计量的存货、固定资产、无形资产，以及成本无法可靠取得的公共基础设施、文物文化资产等发生的相关税费、运输费等，按照实际支付的金额，借记“其他费用”科目，贷记“财政拨款收入”“零余额账户用款额度”“银行存款”“库存现金”等科目。

期末，政府单位应将“其他费用”科目本期发生额转入本期盈余，借记“本期盈余”科目，贷记“其他费用”科目。期末结转后，“其他费用”科目应无余额。

例 20 - 11

资料：某高校发生以下其他费用业务。要求：编制该单位会计对下述业务进行账务处理的会计分录。

①单位计提长期借款本期利息 9 000 元。

财务会计分录：

借：其他费用　　9 000

　贷：长期借款——应计利息　　9 000

预算会计分录：无

②单位接收一批展品用于校史陈列。展品以名义金额 1 元入账。用银行存款支付相关人员来校的差旅费 5 000 元。

财务会计分录：

借：固定资产　　1

| | |
|---|---|
| 贷：捐赠收入 | 1 |
| 借：其他费用 | 5 000 |
| 贷：银行存款 | 5 000 |
| 预算会计分录： | |
| 借：其他支出 | 5 000 |
| 贷：资金结存 | 5 000 |

## 思考题

1. 政府单位哪些业务的收入费用确认与预算收支确认时点一致？哪些最有可能存在差异？

2. 政府单位收入费用的总账科目设置与预算收支的总账科目设置存在哪些异同点？如何评价这些异同点？

3. 政府单位的资产处置费用由哪些业务导致？

4. 政府单位所得税业务在财务会计和预算会计上分别如何处理？如何评价这种处理方式？

## 练习题

1. 请为第 14 章的课后练习题编制单位完整的会计分录。

2. 请为第 15 章的课后练习题编制单位完整的会计分录。

3. 资料：某高校发生以下业务。

**要求：**为该单位的业务编制会计分录。

(1) 单位根据相关要求，将原有的下属印刷厂转为独立企业并与社会上的企业进行联营，原有固定资产账面成本 3 000 万元，已经计提折旧 200 万元。经评估，折合股份价值 7 000 万元，占新成立联营企业股份的 70%。

(2) 单位清理出售无关行业的投资，当初使用几台设备进行投资，投资账面成本 30 万元，累计亏损 20 万元，股份出售给合作方，收回现金 5 万元，按规定应上缴财政。

(3) 单位计提长期银行借款的利息费用 3 万元。

(4) 单位年末补交所得税 13 000 元。

(5) 单位计提教学设施折旧 300 万元，行政设施折旧 7 万元。

(6) 单位给附属小学游泳馆建设补贴 20 万元。

# 第 21 章 Chapter 21 政府单位净资产的核算

学习目标

1. 掌握政府单位净资产的概念和引起净资产变动的业务
2. 了解政府单位本期盈余以及本年盈余分配的会计核算
3. 了解政府单位净资产变动业务的会计核算

## 21.1 政府单位净资产概述

### 21.1.1 政府单位净资产的相关业务

净资产是政府单位资产减负债的余额，政府单位的净资产核算业务可以分为三类：

（1）盈余结转业务。政府单位每期期末需要将收入费用结转，计算本期盈余，年末还应将当年形成的盈余进行分配，即将确定的限定性资金转入专用基金，未限定的部分增加历年的累计盈余。

（2）净资产调整业务。政府单位在会计期间发生一些直接引起净资产变动的资产或负债变化，直接调整净资产。这类业务分为两类：一类是影响只限于当期的业务，包括政府单位在权责发生制下发生的本应计入当期收入或费用，但通过直接调整净资产进行记录的业务，如无偿调拨资产，以及由于单位以前年度错误调整导致对过去业务形成的净资产的更正；另一类是涉及长期资产，影响持续整个资产持有期间的净资产变化的业务，如长期投资使用权益法核算时由于其他投资者对被投资企业溢价追加投资而产生的权益法调整。这两类业务都在增减资产的同时增减单位的净资产。

（3）计提、使用专用基金业务。政府单位的净资产，根据反映和管理的要求分为累计盈余和专用基金。专用基金表现为对净资产用途的限定。政府单位根据现有规定，对部分盈余通过盈余分配，或者按照其他计提方式提取限定用途的资金，增加了单位的专用基金。政府单位使用专用基金时，在减少专用基金的同时，也减少相应的货币资产。

### 21.1.2　科目设置

政府单位体现净资产业务和内容的会计科目包括：

（1）反映盈余结转的科目。

1）“本期盈余”科目，核算单位本期各项收入、费用相抵后的余额。

2）“本年盈余分配”科目，核算单位本年度盈余分配的情况和结果。

（2）反映净资产调整的科目。

1）“以前年度盈余调整”科目，核算单位本年度发生的调整以前年度盈余的事项，包括本年度发生的重要前期差错更正涉及调整以前年度盈余的事项。

2）“无偿调拨净资产”科目，核算单位无偿调入或调出非现金资产所引起的净资产变动金额。

3）“权益法调整”科目，核算事业单位持有的长期股权投资采用权益法核算时，按照被投资单位除净损益和利润分配以外的所有者权益变动份额调整长期股权投资账面余额而计入净资产的金额。

由于财政管理原因调入、上缴预算结余资金引起的对净资产的调整，在“累计盈余”科目中核算。

（3）反映历年累计盈余的科目。

1）“累计盈余”科目，核算政府单位除专用基金和权益调整之外的净资产滚存情况，包括政府单位历年实现的盈余扣除盈余分配后滚存的金额，以及历年因无偿调入调出资产产生的净资产变动额。按照规定上缴、缴回、单位间调剂结转结余资金产生的净资产变动额，以及对以前年度盈余的调整金额，也通过本科目核算。

2）“专用基金”科目，核算事业单位按照规定提取或设置的具有专门用途的净资产，主要包括职工福利基金、科技成果转化基金等。

在所有这些净资产科目中，只有“累计盈余”“专用基金”“权益法调整”科目在年末转账和结账后有余额，其他科目都是本年度的过渡性科目。

由于权益法调整在第 17 章的投资内容中已有介绍，本章不再重复介绍权益法调整的核算。

## 21.2　盈余结转的核算

### 21.2.1　本期盈余的核算

**1. 账务处理**

由于政府单位需要按月编制资产负债表和收入费用表，因此政府单位在每个月末都应进行当期收入、费用的结转，政府单位应将各类收入科目的本月发生额转入本期盈余，借记“财政拨款收入”“事业收入”“上级补助收入”“附属单位上缴收入”“经营收入”“非同级财政拨款收入”“投资收益”“捐赠收入”“利息收入”“租金收入”“其他收入”科目，贷记“本期盈余”科目；将各类费用科目的本月发生额转入本期盈余，借记“本期盈余”科目，贷记“业务活动费用”“单位管理费用”“经营费用”“所得税费用”“资产处置费用”“上缴上级费用”“对附属单位补助费用”“其他费用”科目。

年末，完成12月份的上述结转后，从非财政拨款结余中提取专用基金的事业单位将“本期盈余”科目余额（全年盈余）转入“本年盈余分配”科目，借记或贷记“本期盈余”科目，贷记或借记“本年盈余分配”科目。行政单位和部分事业单位由于没有设置专用基金，不需要进行盈余的分配，所以可以将“本期盈余”科目余额（全年盈余）直接转入“累计盈余”科目。

问答21-1：引起政府单位本年预算收支差额和本年盈余之间出现差异的因素有哪些？

“本期盈余”科目期末如为贷方余额，则反映单位自年初至当期期末累计实现的盈余；如为借方余额，则反映单位自年初至当期期末累计发生的亏损。

政府单位预算收支与财务会计的收入费用分别结转，因此，本期盈余的核算不涉及预算会计的分录，预算收支的结转参见预算结转结余部分的介绍。

**2. 主要业务核算举例**

例21-1

资料：某体育管理中心当年各收入、费用科目的发生额如表21-1所示。假定该单位每年进行相关的收入、费用结转。要求：编制该单位会计年末结转当年收入、费用的会计分录。

表21-1　××体育管理中心收入、费用科目发生额　　单位：元

| 总账科目 | 贷方金额 | 总账科目 | 借方金额 |
|---|---|---|---|
| 财政拨款收入 | 28 700 000 | 业务活动费用 | 36 770 000 |
| 上级补助收入 | 730 000 | 单位管理费用 | 180 900 |
| 事业收入 | 4 100 000 | 经营费用 | 190 000 |
| 经营收入 | 176 000 | 资产处置费用 | 68 000 |
| 附属单位上缴收入 | 355 000 | 所得税费用 | 25 000 |
| 投资收益 | 140 000 | 上缴上级费用 | 300 000 |
| 捐赠收入 | 200 000 | 对附属单位补助费用 | 500 000 |
| 利息收入 | 22 500 | 其他费用 | 17 000 |
| 租金收入 | 250 000 | | |
| 其他收入 | 127 500 | | |

财务会计分录：

借：财政拨款收入　　28 700 000

　　上级补助收入　　730 000

　　事业收入　　4 100 000

　　经营收入　　176 000
　　附属单位上缴收入　　355 000
　　投资收益　　140 000
　　捐赠收入　　200 000
　　利息收入　　22 500
　　租金收入　　250 000
　　其他收入　　127 500
　贷：本期盈余　　34 801 000
借：本期盈余　　38 050 900
　贷：业务活动费用　　36 770 000
　　　单位管理费用　　180 900
　　　经营费用　　190 000
　　　资产处置费用　　68 000
　　　所得税费用　　25 000
　　　上缴上级费用　　300 000
　　　对附属单位补助费用　　500 000
　　　其他费用　　17 000
借：本年盈余分配　　3 249 900
　贷：本期盈余　　3 249 900

预算会计分录：根据预算收支科目发生额编制当期预算结余的转账分录。

### 21.2.2　本年盈余分配的核算

**1. 账务处理**

政府单位盈余的分配并非利润分配，而是政府单位对预算资金中非财政资金的一部分进行用途限定的一种方式，即政府单位根据相关规定，将净资产的一部分从非限定资金转为限定性的专用基金，同时，在预算会计上体现为一部分预算资金从未限定用途的非财政拨款结余转为受限定的专用结余。

设置并分配专用基金的政府单位应通过设置“本年盈余分配”科目核算专用基金的分配过程，年末，将“本期盈余”科目余额转入本科目，借记或贷记“本期盈余”科目，贷记或借记本科目。

年末，政府单位根据有关规定从本年度非财政拨款结余或经营结余中提取专用基金时，按照在预算会计中计算的提取金额，借记“本年盈余分配”科目，贷记“专用基金”科目。完成后将“本年盈余分配”科目余额转入累计盈余，借记或贷记“本年盈余分配”科目，贷记或借记“累计盈余”科目。

**2. 主要业务核算举例**

例 21－2

资料：某体育管理中心年末转账业务如下。要求：编制该单位会计进行账务处理的会计分录。

①年末，单位根据规定从“非财政拨款结余分配”科目余额中计提职工福利基金15万元。

财务会计分录：

借：本年盈余分配 150 000

贷：专用基金 150 000

预算会计分录：

借：非财政拨款结余分配 150 000

贷：专用结余 150 000

②将本年盈余分配余额3 399 900元转入“累计盈余”科目。

财务会计分录：

借：累计盈余 3 399 900

贷：本年盈余分配 3 399 900

预算会计分录：根据预算结余科目及其余额编制相关的转账分录。

## 21.3 以前年度盈余调整的核算

**1. 账务处理**

政府单位应通过“以前年度盈余调整”科目核算单位本年度发生的调整以前年度盈余的事项，包括本年度发生的重要前期差错更正涉及调整以前年度盈余的事项。

政府单位调整增加以前年度收入时，按照调整增加的金额，借记有关科目，贷记“以前年度盈余调整”科目；调整减少的，做相反会计分录。

政府单位调整增加以前年度费用时，按照调整增加的金额，借记“以前年度盈余调整”科目，贷记有关科目；调整减少的，做相反会计分录。

盘盈的各种非流动资产，报经批准后处理时，借记“待处理财产损溢”科目，贷记“以前年度盈余调整”科目。

发生上述业务调整后，应在当月将“以前年度盈余调整”科目的调整发生额转入累计盈余，借记或贷记“累计盈余”科目，贷记或借记“以前年度盈余调整”科目。月末结转后，“以前年度盈余调整”科目应无余额。

**2. 主要业务核算举例**

例21-3

资料：某体育管理中心本年发生如下纠错业务。要求：编制该单位会计进行账务处理的会计分录。

①单位盘盈的一部分专业设备已在“待处理财产损溢”科目核算，账面价值3 000元，经过批准调整“以前年度盈余调整”科目。

财务会计分录：

借：待处理财产损溢 3 000

贷：以前年度盈余调整 3 000

预算会计分录：无

②3 月份，单位发现上年一笔费用记录错误，将预付的软件定金 7 000 元误入账为业务活动费用。对账务处理进行修正。

财务会计分录：

借：预付账款 7 000

贷：以前年度盈余调整 7 000

预算会计分录：无

③3 月底，将预付软件定金的错账更正形成的“以前年度盈余调整”转入“累计盈余”科目。

借：以前年度盈余调整 7 000

贷：累计盈余 7 000

## 21.4 无偿调拨净资产的核算

**1. 无偿调拨净资产核算的原因**

与企业不同，政府单位存在单位之间无偿调拨资产的业务，无偿调拨的资产金额往往很大，但就每个单位来说往往是一次性的。如果将调入资产的单位调入资产增加确认为收入，将调出资产的单位调出资产减少确认为费用，就会导致调拨资产单位的收入费用表畸形，产生极大的当期盈余（或负盈余），给会计报表使用者造成解读困难。为此，政府单位在会计核算时不将无偿调拨资产导致的资产增加或减少计入收入或费用，而是直接登记增加或减少净资产。这样，既保持了会计核算和资产负债表的平衡关系，又避开了收入费用表。

**2. 科目设置和账务处理**

政府单位应设置“无偿调拨净资产”科目，核算单位无偿调入或调出非现金资产所引起的净资产变动。该科目的贷方发生额登记无偿调入资产单位增加的净资产金额，借方发生额登记无偿调出资产单位减少的净资产金额。单位记入“无偿调拨净资产”科目的金额，以调入和调出资产的账面价值为依据。为调入资产而发生的本单位承担的税费，应计入调入资产的价值；为调出资产而发生的本单位承担的税费，应计入单位的资产处置费用。

政府单位按照规定取得无偿调入的存货、长期股权投资、固定资产、无形资产、公共基础设施、政府储备物资、文物文化资产、保障性住房等，按照确定的成本，借记“库存物品”“长期股权投资”“固定资产”“无形资产”“公共基础设施”“政府储备物资”“文物文化资产”“保障性住房”等科目，按照调入过程中发生的归属于调入方的相关费用，贷记“零余额账户用款额度”“银行存款”等科目，按照其差额，贷记“无偿调拨净资产”科目。

按照规定经批准无偿调出存货、长期股权投资、固定资产、无形资产、公共基础设施、政府储备物资、文物文化资产、保障性住房等，按照调出资产的账面余额或账面价值，借记“无偿调拨净资产”科目，按照固定资产累计折旧、无形资产累计摊销、公共基础设施累计折旧或摊销、保障性住房累计折旧的金额，借记“固定资产累计折旧”“无形资产累计摊销”“公共基础设施累计折旧（摊销）”“保障性住房累计折旧”科目，按照调出资产的账面余额，贷记“库存物品”“长期股权投资”“固定资产”“无形资产”“公共基础设施”“政府储备物资”“文物文化资产”“保障性住房”等科目；同时，按照调出过程中发生的归属于调出方的相关费用，借记“资产处置费用”科目，贷记“零余额账户用款额度”“银行存款”等科目。

年末，将“无偿调拨净资产”科目余额转入累计盈余，借记或贷记“无偿调拨净资产”科目，贷记或借记“累计盈余”科目。年末结账后，“无偿调拨净资产”科目应无余额。

有关无偿调拨净资产的核算，可参考固定资产的相应内容。

## 21.5 累计盈余的核算

**1. 账务处理**

年末，政府单位应将“本期盈余”、“本年盈余分配”（分配计提专用基金的事业单位）、“无偿调拨净资产”科目的余额转入累计盈余，借记或贷记上述科目，贷记或借记“累计盈余”科目。

按照规定上缴财政拨款结转结余、缴回非财政拨款结转资金、向其他单位调出财政拨款结转资金时，按照实际上缴、缴回、调出金额，借记“累计盈余”科目，贷记“财政应返还额度”“零余额账户用款额度”“银行存款”等科目。

按照规定从其他单位调入财政拨款结转资金时，按照实际调入金额，借记“零余额账户用款额度”“银行存款”等科目，贷记“累计盈余”科目。

“累计盈余”科目年末余额反映单位未分配盈余（或未弥补亏损）以及无偿调拨净资产变动的累计数。

**2. 主要业务核算举例**

**例 21-4**

资料：某体育管理中心发生以下业务。要求：编制该单位会计进行账务处理的会计分录。

①年初，接到财政部门的通知，按照规定，通过核减财政应返还额度收回一笔两年没有使用的财政项目资金额度15万元。

财务会计分录：

| | | |
|---|---|---|
| 借：累计盈余 | 150 000 | |
| 　贷：财政应返还额度 | | 150 000 |

预算会计分录：

| | | |
|---|---|---|
| 借：财政拨款结转 | 150 000 | |
| 　贷：资金结存——零余额账户用款额度 | | 150 000 |

②年初，接到财政部门的通知，财政部门从其他单位调剂给本单位一笔财政拨款5万元，用于单位场馆改造项目，银行已收到资金。

财务会计分录：

借：银行存款　50 000

　贷：累计盈余　50 000

预算会计分录：

借：资金结存　50 000

　贷：财政拨款结转　50 000

## 21.6　专用基金的核算

专用基金是事业单位按照规定提取或者设置的具有专门用途的资金。事业单位按照相关规定，可以采用一定的方法对一部分预算资金限定用途，这个过程称为计提专用基金，如计提职工福利基金、科技成果转化基金等。单位也可能从外部渠道直接取得指定用于这类专用基金的资金。目前事业单位存在的主要专用基金包括：

（1）职工福利基金。是按照单位非财政拨款结余的一定比例提取以及按照其他规定提取转入，用于单位职工的集体福利设施、集体福利待遇等的资金。

（2）行业事业单位设立带有行业特征的专用基金，包括科技成果转化基金、医疗风险基金、学生奖助基金、育林基金、彩票兑奖周转金等。这些专用基金是相关行业事业单位按照有关规定提取，用于本行业事业单位指定用途的资金。

（3）捐赠者要求设立的具有专门使用方向的基金，包括留本基金和非留本基金。其中，留本基金是指单位使用捐赠资金建立的永久性保留本金或在一定时期内保留本金的限定性基金。

（4）其他基金。是单位按照国家有关规定提取或者设置的资金。

事业单位的专用基金按照资金来源方式分为三种：一是单位从非财政拨款预算资金结余中计算提取的专用基金；二是从收入中按照一定标准计提并列入当期费用的专用基金；三是将某些单位筹集的资金直接设置为专用基金。

限于篇幅，本教材不涉及专用基金的核算。

### 思考题

1. 引起政府单位预算结余变化的业务是否都会引起净资产的变化？
2. 引起政府单位预算结余内部结构变化的业务是否都会引起净资产内部结构的变化？
3. 如何理解无偿调拨净资产、净资产调整业务不在收入费用中核算？

### 练习题

资料：某事业单位发生以下业务。

**要求：**编制该单位会计进行账务处理的会计分录。

（1）年初，因质量问题，单位退回上年年末购买的一批防洪物资，成本3 000元。采用零余额账户支付退回运费100元，收回买价3 000元，增加单位财政应返还额度和财政拨款结转。

（2）年初，财政部门收回本单位上年的财政结余资金3万元，单位注销相应的财政应返还额度。

（3）年中，根据政府指令无偿调拨本单位一批公车给其他部门，账面成本70万元，已计提折旧30万元。

（4）年末，单位对以上资产无偿调拨业务引起的净资产变动进行转账。

# 第 22 章 政府单位会计报表

Chapter 22

学习目标

1. 掌握政府单位年度会计报表的构成
2. 掌握政府单位年终转账的内容
3. 了解政府单位预算收入支出表的格式和内容
4. 了解政府单位资产负债表的格式和内容
5. 了解政府收入费用表的格式和内容

## 22.1 政府单位会计报表概述

### 22.1.1 政府单位决算报告和财务报告的内容

每年年末，政府单位两套会计系统分别向信息需求者提供决算报告和财务报告。

**1. 政府单位决算报告**

政府单位决算报告是预算会计系统提供的、综合反映政府单位年度预算收支执行结果的文件，其目标是向决算报告使用者提供与政府预算执行情况有关的信息，综合反映政府会计主体预算收支的年度执行结果，有助于决算报告使用者进行监督和管理，并为编制后续年度预算提供参考和依据。政府单位的决算报告包括决算报表（年度预算会计报表）及其他应当在决算报告中反映的相关信息和资料。

**2. 政府单位财务报告**

政府单位财务报告是财务会计系统提供的、反映政府单位某一特定日期的财务状况及某一会计期间的运行情况和现金流量等信息的文件，其目标是向财务报告使用者提供与政府的财务状况、运行情况（含运行成本，下同）和现金流量等有关的信息，反映政府会计主体公共受托责任履行情况，有助于财务报告使用者做出决策或者进行监督和管理。政府单位财务报告包括财务会计报表及其他应当在财务报告中披露的相关信息和资料。

**3. 政府单位会计报表及其附注**

决算报告和财务报告的主要内容之一是政府会计报表及其附注。

政府单位的预算会计报表主要以收付实现制为基础，以单位预算会计核算生成的数据为准；政府单位的财务会计报表主要以权责发生制为基础，以单位财务会计核算生成的数据为准。

报表附注则是在会计报表中列示项目的文字描述或明细资料，以及未来在会计报表中列示项目的说明等，其作用是帮助报表使用者和阅读者更好地理解会计报表的内容，是对报表生成的会计主体、记账基础、会计假设、会计政策、重要会计报表项目的阐述和说明。报表附注一般用文字表述，需要说明的报表项目明细资料等采用表格、图形等形式表达。

**4. 政府单位预算会计报表与财务会计报表的关系**

政府单位预算会计报表和财务会计报表分别来自政府预算会计系统和财务会计系统。这两个会计系统各自独立，各系统内部的会计要素形成各自的平衡，因此，两套系统的会计报表之间没有直接的勾稽关系。

这些报表的使用者包括各级人民代表大会及其常务委员会、各级政府及其有关部门、政府会计主体、社会公众和其他利益相关者。如果有信息使用者需要了解两套系统间报表的关系，例如预算收入支出表中收支差额与收入费用表中本年盈余之间的关系，可以采用附表的形式，逐一列示差异成因。造成该差异的原因通常有以下几个方面：

（1）预算收入与收入之间，由于存在应收和预收业务，预算上与财务上分别采用不同确认时点。除财政拨款预算收入与财政拨款收入采用一致的确认时点之外，其他预算收入与收入之间有可能确认时点不同，因而导致金额差异。

（2）预算支出与费用之间，除了应付和预付等因素引起的确认差异之外，财务上还存在折旧、摊销等权责发生制业务，也会引起预算支出与费用的差异。一些货币资金支付后需要资本化，如购买材料、固定资产，会产生支出与费用的差异。

（3）由于某些资金不属于预算资金，财务上确认这类资金收入和费用的时候，预算上不能确认为预算收入或支出。例如从外部取得的专用基金。

**5. 政府单位会计报表的格式差异**

为了保证信息披露的统一性，便于后期政府部门、政府本级乃至全国范围编制汇总的政府部门会计报表、政府本级会计报表和全国政府会计报表，不论是预算会计报表还是财务会计报表，都要求格式、栏目分类、内容上的统一。我国目前的政府会计报表具有相对统一的格式，本教材即以这种格式举例和介绍。

一些行业具有特殊业务时经批准设置特殊报表栏目，这些具有行业特点的报表栏目和二级栏目，在部门汇总形成政府部门会计报表的过程中，需要按照具体内容，拆分或合并到统一的报表栏目中。部门层面的报表格式各行业一致。

### 22.1.2　政府单位会计报表的分类

政府单位的会计报表按照不同的标准可以分为以下几类：

（1）按照内容，可以分为预算会计报表和财务会计报表。预算会计报表至少包括预算收入支出表、预算结转结余变动表和财政拨款预算收入支出表；财务会计报表一般包括资产负债表、收入费用表和净资产变动表。

（2）按照编报的时间，可以分为月度报表、季度报表和年度报表。政府单位至少需要按年度提供决算报告和财务报告。政府单位月度和季度预算会计系统的会计报表中包含的报表数量由上级部门根据具体情况确定；财务会计系统的报表主要包括资产负债表和收入费用表。年度决算报告和财务报告中应该包含所有的会计报表。

（3）按照编报的层次，可以分为单位报表和部门报表。单位报表是反映各政府单位预算和财务结果的报表；部门报表是各主管部门对本单位和所属各单位的报表进行汇总后编制的报表，部门报表要汇总所有下属政府单位的会计报表。

本教材主要介绍年度会计报表，涉及政府单位会计报表的编制，以及政府部门汇总报表的编制原理。

### 22.1.3　政府单位年度会计报表的构成

政府单位年度会计报表包括年度预算会计报表和年度财务会计报表。

年度预算会计报表至少应包括三张报表——预算收入支出表、预算结转结余变动表和财政拨款预算收入支出表。

（1）预算收入支出表是反映政府单位在某一会计年度内各项预算收入、预算支出和预算收支差额情况的会计报表。

（2）预算结转结余变动表是反映政府单位在某一会计年度内预算结转结余变动情况的会计报表。

（3）财政拨款预算收入支出表是反映政府单位本年财政拨款预算资金收入、支出及相关变动的具体情况的会计报表。

年度财务会计报表主要包括四张报表——资产负债表、收入费用表、净资产变动表和现金流量表。

（1）资产负债表是反映单位在某一特定日期全部资产、负债和净资产情况的会计报表。

（2）收入费用表是反映单位在某一会计期间内发生的收入、费用及当期盈余情况的会计报表。

（3）净资产变动表是反映单位在某一会计年度内净资产项目变动情况的会计报表。

（4）现金流量表是反映单位在某一会计年度内现金流入和现金流出情况的会计报表。

由于政府单位已经编制收付实现制基础的预算收入支出表，能够从预算收支的角度反映单位现金流入流出情况，因此政府单位会计制度规定单位可以自行选择是否编制现金流量表。一般来说，需要编制现金流量表的情况包括两种：一是政府主管部门要求编制现金流量表，如目前政府医疗卫生主管部门要求医院编制现金流量表；二是会计信息使用者要求编制并提供现金流量表，如向银行贷款时有关信用评估单位要求提供现金流量表。

由于篇幅所限，本教材仅介绍预算收入支出表、资产负债表和收入费用表的编制。

## 22.2 政府单位年终会计报表的编制程序

政府单位编制年度会计报表前需要完成两个环节的工作——年终清理和年终结账。

### 22.2.1 年终清理

年终清理是政府单位在年度终了前，对各收入、支出、往来款项、货币资金和财产物资进行的全面清理结算。年终清理是编制年度报表的一个重要环节，各政府单位应在年度终了前做好年终清理结算工作，在此基础上办理年终结账，编制报表。

年终清理主要包括以下内容：

（1）清理核对年度预算数字和各项领拨款项、上缴下拨款项数字。年终前，财政机关、上级单位和所属单位之间的全年预算数，以及应上缴、拨补的款项等，都要按规定逐笔进行清理结算，保证上下级之间的年度预算数、领拨经费数和上缴下拨数一致。为了保证会计年度划分和年终清理工作的顺利开展，本年上下级之间应上缴和应下拨的款项必须在12月31日前汇达对方。

（2）清理核对各项收支款项。凡属本年的各项收入都要及时入账；凡属本年的各项支出都要按规定的支出渠道如实列报；未完工项目当年的开支须列入当年项目支出。年度单位支出决算，一律以基层用款单位截至12月31日的本年实际支出数为准。属于本年的各项应缴财政款项，要在年终前全部上缴国库。实行国库集中支付的单位，对期末尚未申请支付的财政直接支付用款，应当按照权责发生制确认收入，对尚未支付的财政授权支付额度，转入财政应返还额度。凡属本年的各项支出，应按规定的支出渠道如实分别编入本年收入支出表。

（3）清理往来款项。各项预收、预付、应收、应付等往来款项，年终前应尽量清理完，做到人欠的收回，欠人的归还。应当转作各项收入或各项支出的往来款项要及时转入各有关账户。

（4）清查货币资金和各项财产物资。年终，政府单位要及时同开户银行对账，开户银行的零余额账户账面余额、银行存款账面余额要与银行对账单余额相符。注销零余额账户剩余的用款额度。现金的账面余额应同库存现金的实际数核对相符。各种财产物资年终必须全部入账。各单位应配备专人对全部财产物资进行全面的清查盘点，固定资产和材料的盘点结果和账面数如有差异，在年终结账前应查明原因，并按规定做出处理，调整账务，做到账账、账实相符。

### 22.2.2 年终结账

年终结账包括年终转账、结清旧账和转入新账三个环节。

### 1. 年终转账

年终转账是一项年末账项结束和结转工作，主要是将预算会计的收入、支出科目通过有关结余科目对冲计算出收支结余，将财务会计的收入、费用科目通过有关净资产科目对冲计算出本年盈余。

（1）预算会计的年终结账。出于预算管理的考虑，预算会计年终结账时需要对财政资金、非财政资金、限定用途的项目资金、非限定用途的资金分别结转。因此，年终结账分为以下几个步骤：

1）确认未确认的预算收入。计算未使用的预算额度，根据财政管理规定，如果留归单位使用，在预算会计上确认财政拨款预算收入、资金结存。

2）计算预算收支科目年末余额。分别计算出各预算收支账户的借方或贷方发生额的 12 月份合计数和全年累计数，并结出 12 月末余额。

**例 22－1**

某体育管理中心预算会计结账前的预算收支科目发生额参见第 16 章表 16－3。

3）预算收支科目余额的结转。编制记账凭证办理年终冲转结账，即将应对冲结转的预算收支科目的余额按年终冲转办法结平。转账后，所有的预算收支科目全部转入预算结余科目，结转后的预算收支科目余额为零。年终转账的核算参见第 16 章，这里不再赘述。

**例 22－2**

某体育管理中心年终预算收支转账后，预算结余类科目结转和分配前的余额情况如表 22－1 所示。其中，“累计结转”“累计结余”明细科目为本年年初金额。非财政拨款结余年初余额 700 000 元，当期因计提项目间接费用或管理费而转入 2 500 元。由于专用结余使用时直接借记“专用结余”科目，该政府单位年初专用结余 520 000 元，本年使用专用结余 50 000 元，因此年末提取专用结余前的余额为 470 000 元。①

表 22－1　××体育管理中心结转和分配前预算结余类科目余额表　单位：元

| 总账科目 | 二级明细科目 | 三级明细科目 | 四级明细科目 | 借方余额 | 贷方余额 |
|---|---|---|---|---|---|
| 财政拨款结转 | 本年收支结转 | 基本支出结转 | 人员经费 | | 0 |
| | | | 日常公用经费 | | 242 100 |
| | | 项目支出结转 | 场馆大修 | | 85 000 |
| | | 项目支出结转 | 全运会专项 | | 360 000 |
| | 归集调入 | 项目支出结转 | 全运会专项 | | 45 000 |
| | 年初余额调整 | 基本支出结转 | 日常公用经费 | | 12 000 |
| | 单位内部调剂 | 项目支出结转 | 全运会专项 | | 35 000 |
| | 归集调出 | | | | |

① 由于篇幅有限，下面各余额表的明细科目并未全面列示，一些不常用的明细科目未予列示。

续表

| 总账科目 | 二级明细科目 | 三级明细科目 | 四级明细科目 | 借方余额 | 贷方余额 |
|---|---|---|---|---|---|
| 财政拨款结转 | 累计结转 | 基本支出结转 | 人员经费 | | 0 |
| | | | 日常公用经费 | | 119 000 |
| | | 项目支出结转 | 场馆大修 | | 10 000 |
| 财政拨款结余 | 年初余额调整 | | | | |
| | 归集上缴 | 场馆大修 | | 50 000 | |
| | 单位内部调剂 | 全民体育普及专项 | | 35 000 | |
| | 结转转入 | | | | |
| | 累计结余 | 全民体育普及专项 | | | 35 000 |
| | | 场馆大修 | | | 50 000 |
| 非财政拨款结转 | 本年收支结转 | ××市体育管理培训 | | | 1 000 |
| | | 全运会专项 | | | 18 000 |
| | | 体育管理研究 | | | 50 000 |
| | 缴回资金 | | | | |
| | 项目间接费用或管理费 | 体育管理研究 | | 2 500 | |
| | 累计结转 | | | | |
| 其他结余 | | | | | 979 000 |
| 经营结余 | | | | 1 000 | |
| 专用结余 | 职工福利基金 | | | | 470 000 |
| 非财政拨款结余 | 项目间接费用或管理费 | | | | 2 500 |
| | 累计结余 | | | | 700 000 |

4）财政资金结转结余的内部结转。预算会计将“财政拨款结转”科目内部所有其他明细科目余额全部转入“累计结转”明细科目，“财政拨款结余”科目内部所有其他明细科目余额全部转入“累计结余”明细科目，“非财政拨款结转”科目内部所有其他明细科目余额全部转入“累计结转”明细科目。结转后，这些总账科目中除“累计结转”或“累计结余”明细科目外，其他明细科目没有余额。

5）非财政资金的结转和专用结余的提取。预算会计需要将“其他结余”和“经营结余”科目（贷方余额）转入“非财政拨款结余分配”科目，计提专用结余后，剩余的金额转入“非财政拨款结余”科目。

具体结转和提取过程参见第16章。

### 例 22-3

某体育管理中心年终结转后的预算结余类科目余额见表22-2，具体结转分录参见第16章相关内容。

表 22-2　××体育管理中心年终结转后预算结余类科目余额表　　单位：元

| 总账科目 | 二级明细科目 | 三级明细科目 | 四级明细科目 | 借方余额 | 贷方余额 |
|---|---|---|---|---|---|
| 财政拨款结转 | 本年收支结转 | 项目支出结转 | 场馆大修 | | |
| | | 项目支出结转 | 全运会专项 | | |
| | 归集调入 | 项目支出结转 | 全运会专项 | | |
| | 年初余额调整 | 基本支出结转 | 日常公用经费 | | |
| | 单位内部调剂 | 项目支出结转 | 全运会专项 | | |
| | 归集调出 | | | | |
| | 累计结转 | 基本支出结转 | 人员经费 | | 0 |
| | | | 日常公用经费 | | 373 100① |
| | | 项目支出结转 | 场馆大修 | | 55 000② |
| | | 项目支出结转 | 全运会专项 | | 440 000③ |
| 财政拨款结余 | 年初余额调整 | | | | |
| | 归集上缴 | 场馆大修 | | | |
| | 单位内部调剂 | 全民体育普及专项 | | | |
| | 结转转入 | | | | |
| | 累计结余 | 全民体育普及专项 | | | |
| | | 场馆大修 | | | 40 000 |
| 非财政拨款结转 | 本年收支结转 | ××市体育管理培训 | | | |
| | | 全运会专项 | | | |
| | | 体育管理研究 | | | |
| | 缴回资金 | | | | |
| | 项目间接费用或管理费 | 体育管理研究 | | | |
| | 累计结转 | ××市体育管理培训 | | | 0 |
| | | 全运会专项 | | | 18 000 |
| | | 体育管理研究 | | | 47 500 |
| 其他结余 | | | | | |
| 经营结余 | | | | 1 000 | |
| 专用结余 | 职工福利基金 | | | | 620 000④ |
| 非财政拨款结余 | 项目间接费用或管理费 | | | | 2 500 |
| | 累计结余 | | | | 1 530 000⑤ |

①373 100＝119 000＋242 100＋12 000
②55 000＝10 000＋85 000－40 000
③440 000＝35 000＋360 000＋45 000
④620 000＝470 000＋150 000
⑤1 530 000＝700 000＋829 000＋1 000

（2）财务会计的年终结账。财务会计无须为预算管理提供信息和服务，因此，年终结账无须区分不同资金来源和资金用途，过程相对简单。

1）确认未确认的收入。根据预算会计计算的留归单位的未使用预算额度，确认当年的财政拨款收入、财政应返还额度。

2）计算收入、费用科目年末余额。计算收入、费用账户的借方或贷方发生额的12月份合计数和全年累计数，并结出12月末余额。

例22-4

某体育管理中心财务会计结账前的收入、费用科目余额参见第21章表21-1。

3）收入、费用科目余额的结转。编制记账凭证，将收入、费用的余额全部转入"本期盈余"科目，结转后的收入、费用科目余额为零。

4）提取专用基金。将"本期盈余"科目余额转入"本年盈余分配"科目，根据预算会计提取的专用结余的金额，将提取的专用基金转入"专用基金"科目，未分配的部分转入"累计盈余"科目。

相关财务会计的收支结转、专用基金计提和转账的核算，参见第21章净资产核算的相关内容，这里不再赘述。

**2. 结清旧账**

对转账后无余额的科目结出全年累计数，然后在下面画双红线，表示本科目全部结清。年终转账后仍有余额的科目，在全年累计数行下的摘要栏内注明"结转下年"字样，并在下面画双红线，表示年终余额转入新账，旧账结束。

**3. 转入新账**

根据本年度各科目余额，编制年度预算会计报表和财务会计报表。将表中所列各科目的年终余额（不编记账凭单）直接记入新年度相应的有关科目，并在摘要栏内注明"上年结转"字样，以区别于新年度发生额。

## 22.3 政府单位预算收入支出表的编制

**1. 格式**

预算收入支出表只反映当年单位预算资金的收入和支出，以及由此产生的收支差额，它的编制逻辑为：

预算收入－预算支出＝本年预算收支差额

预算收入支出表的格式见表22-3。

表22-3 预算收入支出表

会政预01表

编制单位：　　　　年　　　　单位：元

| 项目 | 本年数 | 上年数 |
|---|---|---|
| 一、本年预算收入 | | |
| （一）财政拨款预算收入 | | |

续表

| 项目 | 本年数 | 上年数 |
|---|---|---|
| 其中：政府性基金收入 | | |
| （二）事业预算收入 | | |
| （三）上级补助预算收入 | | |
| （四）附属单位上缴预算收入 | | |
| （五）经营预算收入 | | |
| （六）债务预算收入 | | |
| （七）非同级财政拨款预算收入 | | |
| （八）投资预算收益 | | |
| （九）其他预算收入 | | |
| 其中：利息预算收入 | | |
| 　　　捐赠预算收入 | | |
| 　　　租金预算收入 | | |
| 二、本年预算支出 | | |
| （一）行政支出 | | |
| （二）事业支出 | | |
| （三）经营支出 | | |
| （四）上缴上级支出 | | |
| （五）对附属单位补助支出 | | |
| （六）投资支出 | | |
| （七）债务还本支出 | | |
| （八）其他支出 | | |
| 其中：利息支出 | | |
| 　　　捐赠支出 | | |
| 三、本年预算收支差额 | | |

**2. 填列**

政府单位预算收入支出表的填列较为简单，主要根据总账及明细科目的本期发生额直接填列。同时存在借贷方发生额的，按照借贷方差额填列。

对于年度预算收入支出表，其本年数栏反映各项目本年度的实际发生数，上年数栏反映各项目上年度的实际发生数，应当根据上年度预算收入支出表中本年数栏内所列数字填列。如果本年度预算收入支出表规定的项目的名称和内容同上年度不一致，应当按照本年度的规定对上年度预算收入支出表项目的名称和内容进行调整，将调整后的金额填入本年度预算收入支出表的上年数栏。

表中的政府性基金收入栏目的金额需要根据“财政拨款预算收入”科目的相关明

细科目本年发生额填列。

利息预算收入、捐赠预算收入、租金预算收入、捐赠支出、利息支出栏目的金额，需要根据“其他预算收入”和“其他支出”科目的相关明细科目本年发生额填列。

政府单位如果直接对其设置相关总账科目，则依据总账科目的本年发生额填列。

### 3. 编制举例

例22-5

资料：某体育管理中心当年各项预算收入和预算支出总账、明细账的发生额见表16-3。要求：根据该表中相关预算收支科目总账和明细账发生额，编制该单位的预算收入支出表。

该单位的预算收入支出表示例见表22-4。

表22-4 预算收入支出表示例

编制单位： 20×0年度 单位：元

| 项目 | 本年数 | 上年数（略） |
|---|---|---|
| 一、本年预算收入 | 34 676 000 | |
| （一）财政拨款预算收入 | 28 700 000 | |
| 其中：政府性基金收入 | | |
| （二）事业预算收入 | 4 120 000 | |
| （三）上级补助预算收入 | 730 000 | |
| （四）附属单位上缴预算收入 | 355 000 | |
| （五）经营预算收入 | 167 000 | |
| （六）债务预算收入 | | |
| （七）非同级财政拨款预算收入 | | |
| （八）投资预算收益 | 4 000 | |
| （九）其他预算收入 | 600 000 | |
| 其中：利息预算收入 | 22 500 | |
| 捐赠预算收入 | 200 000 | |
| 租金预算收入 | 250 000 | |
| 二、本年预算支出 | 32 941 900 | |
| （一）行政支出 | | |
| （二）事业支出 | 31 773 900 | |
| （三）经营支出 | 168 000 | |
| （四）上缴上级支出 | 300 000 | |
| （五）对附属单位补助支出 | 500 000 | |
| （六）投资支出 | 200 000 | |
| （七）债务还本支出 | | |

续表

| 项目 | 本年数 | 上年数（略） |
|---|---|---|
| （八）其他支出 | | |
| 其中：利息支出 | | |
| 捐赠支出 | | |
| 三、本年预算收支差额 | 1 734 100 | |

## 22.4 政府单位资产负债表和收入费用表的编制

### 22.4.1 政府单位资产负债表的编制

**1. 格式**

政府单位资产负债表按照会计恒等式“资产＝负债＋净资产”设置，采用账户式结构，分为左右两部分。左方列示资产各项目，反映全部资产的构成情况，包括流动资产、固定资产、在建工程、无形资产等；右方列示负债和净资产各项目，反映全部负债和净资产的构成情况，包括流动负债和非流动负债的各个具体项目，以及净资产的各个项目。资产负债表的格式见表22－5。

**2. 填列**

政府单位的资产负债表要求按月和年编制。资产负债表的编制以日常会计核算记录的账簿数据为基础。报表各项目都列有年初余额和期末余额两个栏目，其中，年初余额应根据相关科目的年初余额填列，一般与上年资产负债表的期末余额相同；“期末余额”应根据相关科目的期末余额填列。

政府单位资产负债表的具体填列方法如下：

（1）年初余额的填列方法。年初余额栏内各项数字应当根据上年末资产负债表期末余额栏内数填列。

（2）期末余额的填列方法。

1）根据相应会计科目余额填列的项目，包括：

①资产项目中的零余额账户用款额度、财政应返还额度、预付账款、待摊费用、工程物资、在建工程、固定资产原值、固定资产累计折旧、无形资产原值、无形资产累计摊销、研发支出、待处理财产损溢、政府储备物资、文物文化资产、保障性住房原值、保障性住房累计折旧、公共基础设施原值、公共基础设施累计折旧（摊销）、长期待摊费用。

②负债项目中的短期借款、应交增值税、其他应交税费、应付职工薪酬、应付账款、应付票据、应缴财政款、应付政府补贴款、应付利息、预收账款、其他应付款、预提费用、预计负债、受托代理负债。

③净资产的所有项目。

2）根据资产原值科目与相关抵减会计科目余额计算填列的项目，包括：资产项目中的应收账款净额、其他应收款净额、固定资产净值、无形资产净值、保障性住房净值、公共基础设施净值。

3）根据相应会计科目余额分析调整填列的项目，包括：

①货币资金项目，应当根据“库存现金”“银行存款”“零余额账户用款额度”“其他货币资金”科目的期末余额的合计数填列；若单位存在通过“库存现金”“银行存款”科目核算的受托代理资产，应当按照前述合计数扣减“库存现金”“银行存款”科目下“受托代理资产”明细科目的期末余额后的金额填列。

②存货项目，应当根据“在途物品”“库存物品”“加工物品”科目的期末余额的合计数填列。

③一年内到期的非流动资产项目，应当根据“长期债券投资”等科目的明细科目的期末余额分析填列。

④固定资产的原值、净值项目。

⑤公共基础设施的原值、净值项目。

⑥受托代理资产项目，应当根据“受托代理资产”科目的期末余额与“库存现金”“银行存款”科目下“受托代理资产”明细科目的期末余额的合计数填列。

⑦长期债券投资项目，应当根据“长期债券投资”科目的期末余额减去其中将于一年内（含一年）到期的长期债券投资余额后的金额填列。

⑧一年内到期的非流动负债项目，应当根据“长期应付款”“长期借款”等科目的明细科目的期末余额分析填列。

⑨长期应付款项目，应当根据“长期应付款”科目的期末余额减去其中将于一年内（含一年）到期的长期应付款金额后的结果填列。

⑩长期借款项目，应当根据“长期借款”科目的期末余额减去其中将于一年内（含一年）到期的长期借款余额后的金额填列。

4）根据有关会计科目余额合计填列的项目，包括其他流动资产、其他非流动资产、其他流动负债、其他非流动负债。

（3）月末有余额、年末无余额的项目的填列。政府单位净资产科目“无偿调拨净资产”只在年末结转到“累计盈余”科目，“本期盈余”科目的余额只在年末结转到“本年结余分配”科目并最终结转到“累计盈余”科目。因而，编制月度资产负债表时，净资产栏目中的“无偿调拨净资产”“本期盈余”科目可能存在余额，需要在月度资产负债表栏目中填列金额。年末结转后余额为0，因此，年末的资产负债表中，这两个净资产科目金额为0。

此外，“以前年度盈余调整”科目余额在月末转入“累计盈余”科目后就不存在月末余额，因此月度、年度资产负债表中该账户余额都不在报表中设置项目反映。

**3. 编制举例**

例22-6

资料：假设某事业单位20×7年12月31日的年度资产负债表如表22-5所示。假设该单位20×8年12月31日的资产、负债、净资产会计科目余额如表22-6所示。要求：根据以上资料编制该事业单位20×8年12月31日的月度资产负债表，以及20×8

年度资产负债表①。

表 22-5 资产负债表

编制单位：　　　　20×7 年 12 月 31 日　　　　单位：元

| | 期末余额 | | 期末余额 |
|---|---|---|---|
| **流动资产：** | | **流动负债：** | |
| 货币资金 | 2 937 900 | 短期借款 | |
| 短期投资 | | 应交增值税 | |
| 财政应返还额度 | 598 500 | 其他应交税费 | |
| 应收票据 | | 应缴财政款 | |
| 应收账款净额 | | 应付职工薪酬 | |
| 预付账款 | 45 500 | 应付票据 | |
| 应收股利 | | 应付账款 | 18 900 |
| 应收利息 | | 应付政府补贴款 | |
| 其他应收款净额 | 14 000 | 应付利息 | 11 200 |
| 存货 | 556 500 | 预收账款 | |
| 待摊费用 | | 其他应付款 | 2 730 000 |
| 一年内到期的非流动资产 | | 预提费用 | |
| 其他流动资产 | | 一年内到期的非流动负债 | 844 200 |
| 流动资产合计 | 4 152 400 | 其他流动负债 | |
| **非流动资产：** | | 流动负债合计 | 3 604 300 |
| 长期股权投资 | | **非流动负债：** | |
| 长期债券投资 | | 长期借款 | 1 000 000 |
| 固定资产原值 | 45 000 000 | 长期应付款 | 1 849 000 |
| 减：固定资产累计折旧 | 15 805 100 | 预计负债 | |
| 固定资产净值 | 29 194 900 | 其他非流动负债 | |
| 工程物资 | | 非流动负债合计 | 2 849 000 |
| 在建工程 | 1 010 800 | 受托代理负债 | 2 579 500 |
| 无形资产原值 | 882 000 | 负债合计 | 9 032 800 |
| 减：无形资产累计摊销 | 264 600 | | |
| 无形资产净值 | 617 400 | | |
| 研发支出 | | | |
| 公共基础设施原值 | 10 200 000 | | |
| 减：公共基础设施累计折旧（摊销） | 3 095 700 | | |
| 公共基础设施净值 | 7 104 300 | | |
| 政府储备物资 | 973 000 | | |

① 预算会计收支结转与财务会计收入费用结转是分别进行的，这里不编制预算会计分录。实际工作中，每月底应将所有收入、费用结转至“本期盈余”科目。为了简化举例，此处采用的是年度结转的办法。

续表

| | 期末余额 | | 期末余额 |
|---|---|---|---|
| 文物文化资产 | | | |
| 保障性住房原值 | | | |
| 减：保障性住房累计折旧 | | **净资产：** | |
| 保障性住房净值 | | 累计盈余 | 36 500 000 |
| 长期待摊费用 | | 专用基金 | 99 500 |
| 待处理财产损溢 | | 权益法调整 | |
| 其他非流动资产 | | 无偿调拨净资产 | |
| 非流动资产合计 | 38 900 400 | 本期盈余 | |
| 受托代理资产 | 2 579 500 | 净资产合计 | 36 599 500 |
| **资产总计** | 45 632 300 | **负债和净资产总计** | 45 632 300 |

**表 22-6　财务会计科目余额表**

编制单位：　　　　　　20×8年12月31日　　　　　　单位：元

| 资产类 | 借方余额 | 负债和净资产类 | 年底结账前贷方余额 | 年底结账后贷方余额 |
|---|---|---|---|---|
| 库存现金 | 70 | 其他应交税费 | 2 240 | 2 240 |
| 银行存款 | 4 217 240 | 应付账款 | 242 130 | 242 130 |
| 其中：受托代理存款 | 1 882 230 | 应付利息 | 3 600 | 3 600 |
| 财政应返还额度 | 344 540 | 其他应付款 | 1 430 000 | 1 430 000 |
| 预付账款 | 576 800 | 长期借款 | 1 000 000 | 1 000 000 |
| 其他应收款 | 16 000 | 长期应付款* | 2 689 000 | 2 689 000 |
| 坏账准备 | 880 | 受托代理负债 | 2 554 230 | 2 554 230 |
| 存货 | 1 203 900 | 无偿调拨净资产 | −3 931 130 | |
| 固定资产 | 51 272 000 | 本期盈余 | 15 359 300 | |
| 固定资产累计折旧 | 17 000 000 | 累计盈余 | 36 500 000 | 47 878 170 |
| 无形资产 | 5 892 600 | 专用基金 | 59 500 | 109 500 |
| 无形资产累计摊销 | 282 800 | | | |
| 在建工程 | 913 500 | | | |
| 公共基础设施原值 | 10 200 000 | | | |
| 公共基础设施累计折旧（摊销） | 3 115 700 | | | |
| 政府储备物资 | 999 600 | | | |
| 受托代理资产 | 672 000 | | | |
| 合计 | 55 908 870 | 合计 | 55 908 870 | 55 908 870 |

* 明细账中有一笔987 000元的质量保证金将于下年6月到期。

该事业单位20×8年12月31日的月度资产负债表见表22-7。

表 22－7　资产负债表（月底）

编制单位：　　20×8 年 12 月 31 日　　单位：元

| | 期末余额 | 年初余额 | | 期末余额 | 年初余额 |
|---|---|---|---|---|---|
| **流动资产：** | | | **流动负债：** | | |
| 货币资金 | 2 335 080 | 2 937 900 | 短期借款 | | |
| 短期投资 | | | 应交增值税 | | |
| 财政应返还额度 | 344 540 | 598 500 | 其他应交税费 | 2 240 | |
| 应收票据 | | | 应缴财政款 | | |
| 应收账款净额 | | | 应付职工薪酬 | | |
| 预付账款 | 576 800 | 45 500 | 应付票据 | | |
| 应收股利 | | | 应付账款 | 242 130 | 18 900 |
| 应收利息 | | | 应付政府补贴款 | | |
| 其他应收款净额 | 15 120 | 14 000 | 应付利息 | 3 600 | 11 200 |
| 存货 | 1 203 900 | 556 500 | 预收账款 | | |
| 待摊费用 | | | 其他应付款 | 1 430 000 | 2 730 000 |
| 一年内到期的非流动资产 | | | 预提费用 | | |
| 其他流动资产 | | | 一年内到期的非流动负债 | 987 000 | 844 200 |
| 流动资产合计 | 4 475 440 | 4 152 400 | 其他流动负债 | | |
| **非流动资产：** | | | 流动负债合计 | 2 664 970 | 3 604 300 |
| 长期股权投资 | | | **非流动负债：** | | |
| 长期债券投资 | | | 长期借款 | 1 000 000 | 1 000 000 |
| 固定资产原值 | 51 272 000 | 45 000 000 | 长期应付款 | 1 702 000 | 1 849 000 |
| 减：固定资产累计折旧 | 17 000 000 | 15 805 100 | 预计负债 | | |
| 固定资产净值 | 34 272 000 | 29 194 900 | 其他非流动负债 | | |
| 工程物资 | | | 非流动负债合计 | 2 702 000 | 2 849 000 |
| 在建工程 | 913 500 | 1 010 800 | 受托代理负债 | 2 554 230 | 2 579 500 |
| 无形资产原值 | 5 892 600 | 882 000 | 负债合计 | 7 921 200 | 9 032 800 |
| 减：无形资产累计摊销 | 282 800 | 264 600 | | | |
| 无形资产净值 | 5 609 800 | 617 400 | | | |
| 研发支出 | | | | | |
| 公共基础设施原值 | 10 200 000 | 10 200 000 | | | |
| 减：公共基础设施累计折旧（摊销） | 3 115 700 | 3 095 700 | | | |

续表

| | 期末余额 | 年初余额 | | 期末余额 | 年初余额 |
|---|---|---|---|---|---|
| 公共基础设施净值 | 7 084 300 | 7 104 300 | | | |
| 政府储备物资 | 999 600 | 973 000 | | | |
| 文物文化资产 | | | | | |
| 保障性住房原值 | | | | | |
| 减：保障性住房累计折旧 | | | **净资产：** | | |
| 保障性住房净值 | | | 累计盈余 | 36 500 000 | 36 500 000 |
| 长期待摊费用 | | | 专用基金 | 59 500 | 99 500 |
| 待处理财产损溢 | | | 权益法调整 | | |
| 其他非流动资产 | | | 无偿调拨净资产 | −3 931 130 | |
| 非流动资产合计 | 48 879 200 | 38 900 400 | 本期盈余 | 15 359 300 | |
| 受托代理资产 | 2 554 230 | 2 579 500 | 净资产合计 | 47 987 670 | 36 599 500 |
| **资产总计** | 55 908 870 | 45 632 300 | **负债和净资产总计** | 55 908 870 | 45 632 300 |

该事业单位20×8年度资产负债表见表22-8。

**表22-8 资产负债表（年底）**

编制单位： 20×8年12月31日 单位：元

| | 期末余额 | 年初余额 | | 期末余额 | 年初余额 |
|---|---|---|---|---|---|
| **流动资产：** | | | **流动负债：** | | |
| 货币资金 | 2 335 080 | 2 937 900 | 短期借款 | | |
| 短期投资 | | | 应交增值税 | | |
| 财政应返还额度 | 344 540 | 598 500 | 其他应交税费 | 2 240 | |
| 应收票据 | | | 应缴财政款 | | |
| 应收账款净额 | | | 应付职工薪酬 | | |
| 预付账款 | 576 800 | 45 500 | 应付票据 | | |
| 应收股利 | | | 应付账款 | 242 130 | 18 900 |
| 应收利息 | | | 应付政府补贴款 | | |
| 其他应收款净额 | 15 120 | 14 000 | 应付利息 | 3 600 | 11 200 |
| 存货 | 1 203 900 | 556 500 | 预收账款 | | |
| 待摊费用 | | | 其他应付款 | 1 430 000 | 2 730 000 |
| 一年内到期的非流动资产 | | | 预提费用 | | |
| 其他流动资产 | | | 一年内到期的非流动负债 | 987 000 | 844 200 |
| 流动资产合计 | 4 475 440 | 4 152 400 | 其他流动负债 | | |
| **非流动资产：** | | | 流动负债合计 | 2 664 970 | 3 604 300 |

续表

| | 期末余额 | 年初余额 | | 期末余额 | 年初余额 |
|---|---|---|---|---|---|
| 长期股权投资 | | | **非流动负债：** | | |
| 长期债券投资 | | | 长期借款 | 1 000 000 | 1 000 000 |
| 固定资产原值 | 51 272 000 | 45 000 000 | 长期应付款 | 1 702 000 | 1 849 000 |
| 减：固定资产累计折旧 | 17 000 000 | 15 805 100 | 预计负债 | | |
| 固定资产净值 | 34 272 000 | 29 194 900 | 其他非流动负债 | | |
| 工程物资 | | | 非流动负债合计 | 2 702 000 | 2 849 000 |
| 在建工程 | 913 500 | 1 010 800 | 受托代理负债 | 2 554 230 | 2 579 500 |
| 无形资产原值 | 5 892 600 | 882 000 | 负债合计 | 7 921 200 | 9 032 800 |
| 减：无形资产累计摊销 | 282 800 | 264 600 | | | |
| 无形资产净值 | 5 609 800 | 617 400 | | | |
| 研发支出 | | | | | |
| 公共基础设施原值 | 10 200 000 | 10 200 000 | | | |
| 减：公共基础设施累计折旧（摊销） | 3 115 700 | 3 095 700 | | | |
| 公共基础设施净值 | 7 084 300 | 7 104 300 | | | |
| 政府储备物资 | 999 600 | 973 000 | | | |
| 文物文化资产 | | | | | |
| 保障性住房原值 | | | | | |
| 减：保障性住房累计折旧 | | | **净资产：** | | |
| 保障性住房净值 | | | 累计盈余 | 47 878 170 | 36 500 000 |
| 长期待摊费用 | | | 专用基金 | 109 500 | 99 500 |
| 待处理财产损溢 | | | 权益法调整 | | |
| 其他非流动资产 | | | 无偿调拨净资产 | | |
| 非流动资产合计 | 48 879 200 | 38 900 400 | 本期盈余 | | |
| 受托代理资产 | 2 554 230 | 2 579 500 | 净资产合计 | 47 987 670 | 36 599 500 |
| **资产总计** | 55 908 870 | 45 632 300 | **负债和净资产总计** | 55 908 870 | 45 632 300 |

## 22.4.2　政府单位收入费用表的编制

政府单位的收入费用表反映当期收入、费用和盈余的情况，它的编制逻辑为：

本期收入－本期费用＝本期盈余

收入费用表分为月度报表和年度报表。月度报表的本月数栏反映各项目的本月实际发生数。编制年度收入费用表时，应当将该栏改为本年数，反映本年度各项目的实际发生数。

本年累计数栏反映各项目自年初至报告期期末的累计实际发生数。编制年度收入费用表时，应当将该栏改为上年数，反映上年度各项目的实际发生数，上年数栏应当根据上年年度收入费用表中本年数栏内所列数字填列。

如果本年度收入费用表规定的项目的名称和内容同上年度不一致，应当按照本年度的规定对上年度收入费用表项目的名称和内容进行调整，将调整后的金额填入本年度收入费用表的上年数栏内。

如果本年度单位发生因前期差错更正、会计政策变更等调整以前年度盈余的事项，还应当对年度收入费用表中上年数栏中有关项目的金额进行调整。

通常而言，月度收入费用表的本期数根据当月收入费用科目的发生额填列，年度收入费用表的本年数则根据12月月度收入费用表的本期累计数栏目金额填列。收入费用表的格式见表22-10。

### 例22-7

资料：上例中的事业单位20×8年12月的收入费用会计科目发生额如表22-9所示。要求：根据资料，分别编制20×8年度12月和20×8年度的收入费用表。

表22-9 收入费用会计科目发生额

单位：元

| 总账科目 | 借方发生额 | 贷方发生额 | 上期末累计发生额 | 本期末累计发生额 |
|---|---|---|---|---|
| 财政拨款收入 | | 8 400 000 | 81 600 000 | 90 000 000 |
| 其中：政府性基金收入 | | 9 000 000 | 11 000 000 | 20 000 000 |
| 事业收入 | | 2 000 000 | 23 760 000 | 25 760 000 |
| 上级补助收入 | | | 100 000 | 100 000 |
| 附属单位上缴收入 | | 100 000 | 100 000 | 200 000 |
| 经营收入 | | 10 020 | 229 980 | 240 000 |
| 非同级财政拨款收入 | | | 0 | |
| 投资收益 | | | 0 | |
| 捐赠收入 | | | 0 | |
| 利息收入 | | | 0 | |
| 租金收入 | | 600 | 6 400 | 7 000 |
| 其他收入 | | | | |
| 业务活动费用 | 9 411 000 | | 90 800 700 | 100 211 700 |
| 单位管理费用 | 25 000 | | 245 000 | 270 000 |
| 经营费用 | 8 000 | | 190 000 | 198 000 |
| 资产处置费用 | | | 9 000 | 9 000 |
| 上缴上级费用 | | | 0 | |
| 对附属单位补助费用 | | | 205 000 | 205 000 |
| 所得税费用 | 2 500 | | 27 500 | 30 000 |
| 其他费用 | 1 250 | | 22 750 | 24 000 |

该单位 20×8 年 12 月的收入费用表见表 22-10。

表 22-10 收入费用表（月度）

编制单位： 20×8 年 12 月 单位：元

| | 本月数 | 本年累计数 |
|---|---|---|
| 一、本期收入 | | |
| （一）财政拨款收入 | 8 400 000 | 90 000 000 |
| 其中：政府性基金收入 | 9 000 000 | 20 000 000 |
| （二）事业收入 | 2 000 000 | 25 760 000 |
| （三）上级补助收入 | | 100 000 |
| （四）附属单位上缴收入 | 100 000 | 200 000 |
| （五）经营收入 | 10 020 | 240 000 |
| （六）非同级财政拨款收入 | | |
| （七）投资收益 | | |
| （八）捐赠收入 | | |
| （九）利息收入 | | |
| （十）租金收入 | 600 | 7 000 |
| （十一）其他收入 | | |
| 二、本期费用 | | |
| （一）业务活动费用 | 9 411 000 | 100 211 700 |
| （二）单位管理费用 | 25 000 | 270 000 |
| （三）经营费用 | 8 000 | 198 000 |
| （四）资产处置费用 | | 9 000 |
| （五）上缴上级费用 | | |
| （六）对附属单位补助费用 | | 205 000 |
| （七）所得税费用 | 2 500 | 30 000 |
| （八）其他费用 | 1 250 | 24 000 |
| 三、本期盈余 | 1 062 870 | 15 359 300 |

该单位 20×8 年度收入费用表见表 22-11。

表 22-11 收入费用表（年度）

编制单位： 20×8 年 12 月 单位：元

| | 本年数 | 上年数（略） |
|---|---|---|
| 一、本期收入 | | |
| （一）财政拨款收入 | 90 000 000 | |
| 其中：政府性基金收入 | 20 000 000 | |
| （二）事业收入 | 25 760 000 | |

续表

| | 本年数 | 上年数（略） |
|---|---|---|
| （三）上级补助收入 | 100 000 | |
| （四）附属单位上缴收入 | 200 000 | |
| （五）经营收入 | 240 000 | |
| （六）非同级财政拨款收入 | | |
| （七）投资收益 | | |
| （八）捐赠收入 | | |
| （九）利息收入 | | |
| （十）租金收入 | 7 000 | |
| （十一）其他收入 | | |
| 二、本期费用 | | |
| （一）业务活动费用 | 100 211 700 | |
| （二）单位管理费用 | 270 000 | |
| （三）经营费用 | 198 000 | |
| （四）资产处置费用 | 9 000 | |
| （五）上缴上级费用 | | |
| （六）对附属单位补助费用 | 205 000 | |
| （七）所得税费用 | 30 000 | |
| （八）其他费用 | 24 000 | |
| 三、本期盈余 | 15 359 300 | |

## 22.5 政府部门汇总报表的编制

### 22.5.1 政府部门会计报表概述

各级政府需要向本级人民代表大会呈报本级政府的综合财务报告。为此，各级政府财政部门需要将各政府部门汇总的部门会计报表与财政总预算会计报表合并，生成本级政府综合财务报告中的本级政府会计报表。其中，各级政府主管部门除了编制单位自身的会计报表之外，每年年末还需要汇总本部门所有政府单位的会计报表，生成本部门汇总的会计报表，必要时还涉及与财政部门发生经常性缴拨款关系并按规定应向政府主管部门报送会计报表的其他单位。

**1. 政府部门会计报表的编制流程**

各级政府单位按照隶属关系，将下级单位的会计报表层层汇总，最终由政府部门主管单位完成会计报表汇总。具体而言，即二级会计单位负责本单位会计报表和所属基层会计单位会计报表的汇总，主管单位负责本单位会计报表和所属二级会计单位汇总会计报表的汇总。

**2. 政府部门会计报表的数据格式基础**

为了能够顺利生成政府部门会计报表，各政府单位需要按照隶属关系及层级，逐级建立汇总报表数据系统，系统要规范、清晰，单位间各总账科目和明细科目的名称和内容要保持一致，便于汇总。

**3. 政府部门会计报表汇总数据的抵销关系**

政府单位之间的预算收支都是等额进行的，尽管政府单位之间业务引起的预算收入和预算支出、资产和负债、收入和费用等相关栏目金额在汇总成部门报表时需要抵销，但由于是等额抵销，并不影响相关汇总报表的预算结余、净资产、本年盈余等栏目的汇总金额。

目前我国政府部门需要汇总的年度会计报表既包括预算会计报表，也包括财务会计报表。主要包括的报表有：部门预算收入支出表、部门预算结转结余变动表、部门财政拨款预算收入支出表、部门资产负债表、部门收入费用表和部门净资产变动表。除此之外，还有大量为这几张主表提供明细信息的明细表。

**4. 政府部门会计报表与政府单位会计报表项目差异的解决**

政府部门会计报表遵循全国统一的格式，而政府单位会计报表根据单位所处行业的特点，有一些体现行业特点和单位管理需要的栏目。因此，在部门汇总部门内不同行业的政府单位会计报表时，需要将行业特殊的栏目合并或拆分汇总到统一格式的栏目中，并且不再设置反映行业特点的一级和二级栏目。

### 22.5.2　部门预算收入支出表的汇总

部门预算收入支出表中的数据来自各政府单位和本单位编制的预算收入支出表，因此，主管单位要将本单位的预算收入支出表数据与下级单位的预算收入支出表数据相加后填列。需要注意的是，由于部门内部上下级单位存在资金往来业务，在编制收入支出决算总表时，这些由于往来而构成的单位收入或支出需要相互抵销。

（1）负责汇总的上级事业单位的对附属单位补助支出栏目金额与下级事业单位的上级补助预算收入栏目金额相互抵销。

（2）负责汇总的上级事业单位的附属单位上缴预算收入栏目金额与下级事业单位的上缴上级支出栏目金额相互抵销。

（3）同一部门的单位之间存在非同级财政拨款预算收入，取得收入单位的非同级财政拨款预算收入、事业预算收入（事业预算收入——非同级财政拨款）栏目金额应尽可能与支出单位的行政支出、事业支出栏目对应的金额进行抵销。

### 22.5.3 部门财务会计报表的汇总

理论上，部门主管单位汇总部门资产负债表、收入费用表时，需要对部门内部上下级单位之间的往来款项引起的收入的费用以及资产和负债进行抵销。可能需要抵销的报表项目包括：

（1）抵销政府部门内部债权债务事项。包括经确认的内部债权债务事项，如上下级之间的应付账款、预收账款、其他应付款、长期应付款与应收账款、预付账款、其他应收款相互抵销。

（2）抵销政府部门内部收入费用事项。包括经确认的内部收入费用事项，如上级补助收入与对附属单位补助费用之间、附属单位上缴收入与上缴上级费用之间相互抵销。

（3）事业收入、非同级财政拨款收入、经营收入、其他收入中属于来自本部门内部单位的部分与业务活动费用（商品和服务费用）、单位管理费用（商品和服务费用）、经营费用（商品和服务费用）中属于支付给本部门内部单位的部分相互抵销。

## 思考题

1. 政府单位的预算收入支出表和收入费用表的作用有什么不同？

2. 政府部门会计报表各栏目是不是该部门中所有政府单位对应会计报表各栏目的金额合计？如果存在差异，有哪些差异？

# 第 4 篇

# 民间非营利组织会计

# 第 23 章 Chapter 23 民间非营利组织会计概述

学习目标

1. 掌握我国民间非营利组织会计的适用范围，民间非营利组织的营运特点、会计目标，以及民间非营利组织财务会计报告构成和会计报表构成的特点

2. 理解民间非营利组织会计在资产负债，尤其是净资产核算与列报方面的特征

## 23.1 民间非营利组织及其营运特点

### 23.1.1 民间非营利组织的概念

不同国家对非营利组织的界定不尽一致。美国法律通过组织是否具有免税资格来认定非营利组织，并认为只有满足免税条件的组织在法律上才能被认为是非营利组织。英国认为必须同时满足 6 个条件才能被认为是非营利组织：该组织为公众而非私人利益设立；该组织雇用一些志愿服务、不领薪水的人员；领薪水的人员放弃应有的报酬（如接受比一般行情低的薪水）；盈余不得分配给会员；不领薪会员的理事负责管理该组织的日常事务；其资金来自不同的组织。日本法律则规定，非营利组织是指不以盈利为目的，并且其收入不得用于分发给成员的社会组织，但非营利组织并不意味着不能参加盈利性活动，而是必须把各种收入用于公益事业。联合国是根据非营利组织资金来源来界定非营利组织的，规定如果一个组织一半以上的收入不是来自以市场价格出售的商品和服务，而是来自其成员缴纳的会费和支持者的捐赠，它才是非营利组织。尽管对非营利组织的界定不同，但一般认为，非营利组织是指不以盈利为目的的组织，其目标通常是支持或处理公众关注的议题或事件。非营利组织涉及的领域非常广泛，包括艺术、慈善、教育、学术、环保等。不以获取经济利益为主要目的是这类组织的特性，该组织同时具有非营利性、民间性、自治性、志愿性、非政府性等特点。

非营利组织有时亦称第三部门（the third sector），与政府部门（第一部门）和企

业界的私营部门（第二部门）共同形成三种影响社会的主要力量。非营利组织一般通过公私部门的捐赠来获得经费，以获取其活动所需资金。但是，其收入和支出一般都受到限制。可以看出，非营利组织主要是在政府部门和以盈利为目的的企业之外的志愿团体、社会组织或民间协会，是介于政府与营利性企业之间的“第三部门”。

中国的现行法律和行政法规体系中尚无对民间非营利组织的明确界定。但根据《民间非营利组织会计制度》及其若干问题的解释，就民间非营利组织会计制度的执行主体看，民间非营利组织主要是指同时具备不以盈利为宗旨和目的、资源提供者向该组织投入资源不取得经济回报和资源提供者不享有该组织的所有权三个特征的，依照国家法律、行政法规等设立的社会团体、基金会、民办非企业单位和寺院、宫观、清真寺、教堂，非营利性民办学校、医疗机构等社会服务机构，境外非政府组织在中国境内依法登记设立的代表机构等。

**1. 社会团体**

我国《社会团体登记管理条例》规定，社会团体是指中国公民自愿组成，为实现会员共同意愿，按照其章程开展活动的非营利性社会组织。国家机关以外的组织可以作为单位会员加入社会团体。但参加中国人民政治协商会议的人民团体，由国务院机构编制管理机关核定并经国务院批准免于登记的团体，以及机关、团体、企业事业单位内部经本单位批准成立、在本单位内部活动的团体不属于条例规定登记的范围，不适用《民间非营利组织会计制度》。

**2. 基金会**

我国《基金会管理条例》规定，基金会是指利用自然人、法人或者其他组织捐赠的财产，以从事公益事业为目的，按照条例的规定成立的非营利性法人。基金会分为面向公众募捐的基金会（以下简称公募基金会）和不得面向公众募捐的基金会。其中，公募基金会按照募捐的地域范围，分为全国性公募基金会和地方性公募基金会。基金会及其捐赠人、受益人依照法律、行政法规的规定享受税收优惠。基金会接受捐赠的物资无法用于符合其宗旨的用途时，基金会可以依法拍卖或者变卖，所得收入用于捐赠目的。2016 年 9 月 1 日起执行的《中华人民共和国慈善法》明确要求，慈善组织中具有公开募捐资格的基金会开展慈善活动的年度支出，不得低于上一年总收入的 70%或者前三年收入平均数额的 70%；年度管理费用不得超过当年总支出的 10%，特殊情况下，年度管理费用难以符合前述规定的，应当报告其登记的民政部门并向社会公开说明情况。具有公开募捐资格的基金会以外的慈善组织开展慈善活动的年度支出和管理费用的标准，由国务院民政部门会同国务院财政、税务等部门依照前款规定的原则制定。捐赠协议对单项捐赠财产的慈善活动支出和管理费用有约定的，按照其约定。

**3. 民办非企业单位**

我国《民办非企业单位登记管理暂行条例》规定，民办非企业单位是指企事业单位、社会团体和其他社会力量，以及公民个人利用非国有资产举办的、从事非营利性社会服务活动的社会组织。民办非企业单位不得从事营利性经营活动，不得设立分支机构。民办非企业单位应当向业务主管单位报告接受、使用捐赠、资助的有关情况，并将有关情况以适当方式向社会公布。民办非企业单位必须执行国家规定的财务管理制度，接受财政部门的监督；资产来源属于国家资助或者社会捐赠、资助的，还应当接受审计机关的监督。

**4. 宗教团体、宗教院校、宗教活动场所**

我国《宗教事务条例》规定，宗教团体、宗教院校、宗教活动场所是非营利性组织，其财产和收入应当用于与其宗旨相符的活动以及公益慈善事业，不得用于分配。禁止投资、承包经营宗教活动场所或者大型露天宗教造像，禁止以宗教名义进行商业宣传。宗教团体、宗教院校、宗教活动场所、宗教教职人员可以依法兴办公益慈善事业，但不得利用公益慈善活动传教。宗教团体、宗教院校、宗教活动场所可以按照国家有关规定接受境内外组织和个人的捐赠，用于与其宗旨相符的活动，但不得接受附带条件的捐赠，接受捐赠金额超过10万元的，应当报县级以上人民政府宗教事务部门审批。宗教团体、宗教院校、宗教活动场所可以按照宗教习惯接受公民的捐赠，但不得强迫或者摊派。宗教团体、宗教院校、宗教活动场所和宗教教职人员应当依法办理纳税申报，按照国家有关规定享受税收优惠。宗教团体、宗教院校、宗教活动场所应当执行国家统一的财务、资产、会计制度，向所在地的县级以上人民政府宗教事务部门报告财务状况、收支情况和接受、使用捐赠情况，接受其监督管理，并以适当方式向信教公民公布。宗教事务部门应当与有关部门共享相关管理信息。政府有关部门可以组织对宗教团体、宗教院校、宗教活动场所进行财务、资产检查和审计。

### 23.1.2 民间非营利组织的营运特点

**1. 组织主要提供公益性服务或为特定人群提供非营利性服务**

民间非营利组织在教育、文化、科技、医疗卫生、环保、权益保护、社会服务、扶贫发展及慈善救济等领域为社会提供公益性服务或为特定人群提供非营利性服务，这些服务主要表现为捐赠、救助、向会员提供服务等，是政府公共服务的有益补充。公益性活动成为民间非营利组织业务活动的主要内容。

**2. 组织主要以非交易活动取得组织运行所需的经济资源**

民间非营利组织的经济资源主要是接受捐赠、会员缴纳会费、政府补助以及提供服务收入、销售商品收入和投资收益等。取得经济资源的各项活动主要是非交易活动。民间非营利组织发生交易活动不是为了获得并分配盈利，而是为了通过合法渠道最大限度地获得各项业务活动所需资金，以发展组织的事业活动。比如，组织为了实现其目标，可能会在章程规定的范围内进行短期或长期投资，可能按照章程的规定从银行或其他金融机构取得借款等。非交易收入的管理成为民间非营利组织收入管理的重要内容。

**3. 组织的部分经济资源使用具有限定性**

在很多情况下，民间非营利组织获得的资金或财产会受到出资人或捐助人的限制，必须严格按照出资人或捐助人规定的条件使用资金，这些资金就成为具有限定用途的资金。限定性资产管理成为民间非营利组织财务管理的重要方面。

《民间非营利组织会计制度》规定，民间非营利组织应按照净资产是否受到限制，将其分为限定性净资产和非限定性净资产。如果资产或者资产所产生的经济利益（如资产的投资收益和利息等）的使用受到资产提供者或者国家有关法律、行政法规所设置的时间限制或（和）用途限制，由此形成的净资产即为限定性净资产。国家有关法律、行政法规对净资产的使用直接设置限制的，该受限制的净资产亦为限定性净资产；除此之外的其他净资产，即为非限定性净资产。时间限制，是指资产提供者或者国家有关法律、行政法规要求民间非营利组织在收到资产后的特定时期之内或特定日期之后使用该项资产，或者对资产的使用设置永久限制。用途限制，是指资产提供者或者国家有关法律、行政法规要求民间非营利组织只能在特定的用途上使用收到的资产。

如某民间非营利组织接受某企业的股票捐赠，企业规定该民间非营利组织在接受股票捐赠后的两年内不得出售或转让该股票，该限制即为时间限制。如果某基金会收到某企业捐赠，企业规定该捐款只能用于该地区孤儿院儿童营养品的购买，则该限制属于用途限制。《中华人民共和国民办教育促进法实施条例》第四十六条规定："在每个会计年度结束时，民办学校应当委托会计师事务所对年度财务报告进行审计。非营利性民办学校应当从经审计的年度非限定性净资产增加额中，营利性民办学校应当从经审计的年度净收益中，按不低于年度非限定性净资产增加额或者净收益的 10%的比例提取发展基金，用于学校的发展。"这一限制属于国家法律、行政法规对净资产的用途限制。又如企业向某民办小学捐赠一批债券，规定该债券到期前不能出售或转让，且债券利息只能用于本校考试成绩前 5 名的贫困生；债券到期收回的本金作为留本基金永久性存入银行，以其年度利息奖励每年成绩前 10 名的学生，该限制即为时间和用途的双重限制。

需要特别说明的是，民间非营利组织的董事会、理事会或类似机构对净资产的使用所做的限定性决策、决议或拨款限额等，属于民间非营利组织内部管理上对资产使用所做的限制，不属于会计制度所界定的限定性净资产。

民间非营利组织净资产中，除限定性净资产以外的部分，都属于非限定性净资产。非限定性净资产并不意味着这些净资产的使用不受任何约束，而仅仅是资财提供者或国家有关法律、行政法规未设置具体的时间限制和用途限制。这些净资产也要按照国家有关规定和要求，以及民间非营利组织章程的规定使用。

**4. 组织对部分经济资源的占用、处理属于受托代理活动**

有些民间非营利组织（如慈善机构）会收到委托方的委托并按委托人意愿将受托资金或财产转交给指定或限定的组织或个人。组织对这些资财的移交是按委托人意愿进行的，实际上是一种代理活动。受托代理资产成为民间非营利组织资产管理的重要内容之一。

## 23.2 民间非营利组织会计及其适用范围

民间非营利组织会计是对民间非营利组织活动进行连续、系统、全面的确认、记录、计量和报告，以价值指标为主，客观反映非营利组织业务活动过程及其结果，从而为利益相关方进行决策管理提供会计信息的管理活动。

《民间非营利组织会计制度》

按照我国目前的会计标准，民间非营利组织会计由《民间非营利组织会计制度》[①] 予以规范，该制度适用于在中华人民共和国境内依法设立的民间非营利组织。

适用《民间非营利组织会计制度》的民间非营利组织应当同时具备三个条件：该组织不以盈利为宗旨和目的；资源提供者向该组织投入资源不获取经济回报；资源提供者不享有该组织的所有权。

强调民间非营利组织的非营利性，并不排除其因提供商品或社会服务而获取相应的合法收入或者收取合理费用。只要这些活动的所得最终用于组织的非营利性事业，这样的组织就具有非营利性特点。

强调民间非营利组织的资金或其他资源提供者不能从民间非营利组织获取回报，主要是指民间非营利组织的资财提供者不应以获取回报为目的。如果出资者可以从组织中获取回报的话，那么该组织就不属于非营利组织而属于企业。

强调资金或者其他资源提供者将资源投入民间非营利组织后不再享有相关的所有者权益，主要是指资财提供者不享有与所有者权益有关的资产出售权、资产转让权、处置权以及清算剩余财产的分配权。这一特征明显有别于企业，也有别于我国政府及政府单位。从组织的目标和性质来看，中国的行政事业单位也属于非营利组织，但国家对这些组织及其净资产拥有所有权。

执行《民间非营利组织会计制度》的组织包括：同时具备不以盈利为宗旨和目的、资源提供者向该组织投入资源不获取经济回报和资源提供者不享有该组织的所有权三个特征的，依照国家法律、行政法规登记的社会团体、基金会、民办非企业单位和寺院、宫观、清真寺、教堂，非营利性民办学校、医疗机构等社会服务机构，境外非政府组织在中国境内依法登记设立的代表机构等。

## 23.3 民间非营利组织会计的目标

民间非营利组织会计的目标主要是向民间非营利组织会计信息需求者提供其需要的会计信息。

### 23.3.1 民间非营利组织的会计信息使用者及其需要的会计信息

**1. 捐赠人**

民间非营利组织的资金大多数来自捐赠人的捐赠、政府补助等，如基金会、宫观、教堂等。捐赠人需要了解其所捐资产和资金的使用情况，对于那些对捐赠资产规定用途或时间的捐赠者而言更是如此。民间非营利组织对接受的捐赠资产和资金负有受托责任，必须向捐赠人提供有关捐赠资产和资金的使用情况的详细信息，以表明其履行受托责任的情况。满足捐赠人信息需要的过程，也是提高该组织公信力的过程。公信力的提升可以吸引更多的捐赠资金以发展非营利组织事业。

① 民间非营利组织会计制度的适用范围，会计要素的定义、确认和计量，报告等具体内容详见《民间非营利组织会计制度》（扫描二维码）。

**2. 会员**

就大多数社团而言，其资金主要来自会员缴纳的会费。会员希望社团将会费用于行业发展、行业管理、行业服务，并向会员提供相应的服务。从这个角度看，社团对收取的会费负有受托责任，应向会员报告会费收取及使用情况，反映其履行受托责任的情况并建立社团与会员之间的互信，促进社团事业健康有序发展。

**3. 服务对象**

大多数民办非企业单位在获取相关资金的同时，要向社会公众、资金提供者等提供相关服务。比如，非营利性民办学校接受捐赠人捐赠发展教育事业、收取学费适当补偿办学成本等，资金捐赠人、学生及家长和其他社会公众等都需要了解学校的资金运用情况、教育成本及运营效率和教育效果，并评估学费是否合理等；民办非营利性医院获得捐赠人捐赠提供公益医疗服务，向患者收取医疗费、药费等，捐赠人、患者和其他社会公众都需要了解医院的医疗成本、药品成本以及医院的运营效率和效果，并对医院收费合理性进行分析和判断；民间非营利组织的受益人（如接受资助的贫困家庭、贫困学生、义诊服务对象等）需要了解民间非营利组织资助的机会、力度和受益群体等。

**4. 债权人**

民间非营利组织在国家法律、行政法规许可的范围内可以向银行等借入资金，用于民间非营利组织日常周转和业务活动。比如《中华人民共和国民办教育促进法》规定，国家鼓励金融机构运用信贷手段支持民办教育事业的发展。债权人成为民间非营利组织重要的会计信息使用者之一。债权人主要关注其借款对象及潜在借款对象的财务风险和资金安全性，并在成为现实债权人后通过对借款对象的财务分析、营运分析等评判借款人的偿债能力。

**5. 监管和审计部门**

民间非营利组织的资金来源多样，其从事的业务活动与公众利益关系紧密，政府相关部门需要加强对民间非营利组织的监督和管理。这些监管部门主要包括民间非营利组织的登记管理机关（民政部门）及业务主管单位等。这些部门和单位需要了解和掌握民间非营利组织的财务状况、营运情况及会计信息，掌握行业发展情况并做出相应决策。审计部门也需要了解民间非营利组织的资产负债状况及收入费用情况等，以便出具审计意见。

**6. 单位管理层**

民间非营利组织管理层需要全面掌握单位会计信息，掌握单位财务状况、营运情况及现金流量情况等，以便加强单位资产负债管理、成本控制、营运组织管理等。

**7. 社会公众及其他利益相关者**

民间非营利组织以不同的方式寻求健康发展，为社会稳定，为培育并激发民族精神、奉献精神，为社会公平，为行业发展、人才教育和培养等做出贡献。这些贡献对社会公众和其他利益相关者会产生极大影响。社会公众及其他利益相关者希望通过民间非营利组织会计及其他信息披露及时了解其关注的问题，获得决策判断所需要的信息。

### 23.3.2 民间非营利组织会计应当提供的会计信息

民间非营利组织应当提供信息使用者所需要的信息，但不同信息使用者的信息需求有一定差异。捐赠人、会员、服务对象、债权人、监管和审计部门、单位管理层、社会公众及其他利益相关者，出于不同目的和关注重点，对会计信息的需求有一定差别。就一般信息需求而言，民间非营利组织会计应提供关于民间非营利组织财务状况、营运绩效和现金流量等方面的共同性信息。这些信息应包括：资产、负债、净资产及其构成内容等反映民间非营利组织财务状况的信息，收入、费用及其构成内容等反映营运绩效的信息，以及现金流入、流出及其构成内容等反映现金流量的信息等。为了让有关信息使用者了解和掌握民间非营利组织履行职责的详细情况，了解限定性资源以及受托代理资财的来源、使用、结存等方面的详细信息，民间非营利组织还应提供关于限定性资产、限定性负债、限定性净资产，限定性收入、限定性费用（支出），受托代理资产、受托代理负债及其变动的详细信息，以及捐赠收入、支出的明细信息等。

### 23.3.3 民间非营利组织会计核算的基本要求

为了实现民间非营利组织会计的目标，民间非营利组织的会计核算应当以会计主体假设、持续经营假设、会计分期假设和货币计量假设为前提，以权责发生制为核算基础，遵循客观性、相关性、实质重于形式、一惯性、可比性、可理解性、配比、历史成本、谨慎性、划分收益性支出和费用性支出，以及重要性等原则。

《民间非营利组织会计制度》要求，民间非营利组织进行会计核算应当以实际发生的交易或事项为依据，如实反映民间非营利组织的财务状况、业务活动情况和现金流量信息。会计核算提供的信息应当能够满足会计信息使用者（如捐赠人、会员、监管者等）的需要。会计核算应该按照交易或者事项的实质进行，而不应当仅仅以它们的法律形式作为依据。会计政策前后各期应该保持一致，不得随意变更，如有必要变更，应当在会计报表附注中披露变更的内容和理由、变更的累积影响数，以及累积影响数不能合理确定的理由等。会计核算应当按照规定的会计处理方法进行，会计信息应当口径一致、相互可比。会计核算应当及时进行，不得提前或延后。会计核算和编制的财务会计报告应当清晰明了，便于理解和使用。在会计核算中，所发生的费用应当与相关的收入相配比，同一会计期间内的各项收入和与其相关的费用应当在该会计期间内确认。除按照制度规定的计量基础计量外，资产在取得时应当按照实际成本计量，资产账面价值的调整应当符合制度要求；除国家法律、行政法规和国家统一的会计制度另有规定外，民间非营利组织一律不得自行调整资产账面价值。会计核算应当遵循谨慎性原则。会计核算应合理划分应当计入当期费用的支出和应当予以资本化的支出。会计核算应当遵循重要性原则，对资产、负债、净资产、收入、费用等有较大影响，进而影响财务会计报告使用者做出合理判断的重要会计事项，必须按照规定的会计方法和程序进行处理，并在财务会计报告中充分披露；对于非重要的会计事项，在不影响会计信息真实性和不至于误导会计信息使用者做出正确判断的前提下，可适当简化处理。

这些原则和要求是民间非营利组织会计核算应当达到的标准，应当体现在民间非营利组织会计核算的基本规定之中。

## 23.4 民间非营利组织会计要素及其确认计量

民间非营利组织会计要素，是指民间非营利组织会计核算具体内容的分类。按照《民间非营利组织会计制度》的要求，民间非营利组织会计要素包括资产、负债、净资产、收入和费用。其中：

反映财务状况的会计要素包括资产、负债和净资产，其会计等式为：

资产－负债＝净资产

反映业务活动情况的会计要素包括收入和费用，其会计等式为：

收入－费用＝净资产变动

### 23.4.1 资产及其确认计量

民间非营利组织的资产是指由过去的交易或者事项形成并由民间非营利组织拥有或者控制的资源，该资源预期会给民间非营利组织带来经济利益或者服务潜力。资产按其流动性分为流动资产、长期投资、固定资产、无形资产和受托代理资产等。

**1. 流动资产**

流动资产是指预期可在一年内（含一年）变现或者耗用的资产，主要包括现金、银行存款、短期投资、应收款项、预付账款、存货、待摊费用等。

短期投资是指能够随时变现并且持有时间不准备超过一年（含一年）的投资，包括股票、债券投资等。短期投资在取得时应当按照投资成本计量。民间非营利组织应当对短期投资是否发生减值进行检查。如果短期投资的市价低于其账面价值，应当确认短期投资跌价损失并计入当期费用。如果短期投资的市价高于其账面价值，应当在该短期投资期初已计提跌价准备的范围内转回市价高于账面价值的差额，冲减当期费用。委托贷款和委托投资（包括委托理财）应当区分期限长短，分别作为短期投资和长期投资核算和列报。

应收款项是指民间非营利组织在日常业务活动过程中发生的各项应收未收债权，包括应收票据、应收账款和其他应收款等。应收款项应当按照实际发生额入账，并按照往来单位或个人等设置明细账进行明细核算。期末，应当分析应收款项的可收回性，对预计可能产生的坏账损失计提坏账准备，确认坏账损失并计入当期费用（管理费用）。

预付账款是指民间非营利组织预付给商品供应单位或者服务提供单位的款项。预付账款应当按照实际发生额入账，并按照往来单位或个人等设置明细账进行明细核算。

存货是指民间非营利组织在日常业务活动中持有以备出售或捐赠的，或者为了出售或捐赠仍处在生产过程中的，或者将在生产、提供服务或日常管理过程中耗用的材料、物资、商品等。存货成本包括采购成本、加工成本和其他成本。存货在取得时，应当以其实际成本入账。其中，采购成本一般包括实际支付的采购价款、相关税费、运输费、装卸费、保险费以及其他可直接归属于存货采购的费用。加工成本包括直接人工以及按照合理方法分配的与存货加工有关的间接费用。其他成本是指除采购成本、加工成本以外的，使存货达到目前场所和状态所发生的其他支出。存货在发出时，应当根据实际情况采用个别计价法、先进先出法或者加权平均法，确定发出存货的实际成本。存货应当定期进行清查盘点，每年至少盘点一次。对于盘盈、盘亏以及变质、毁损等的存货，应当及时查明原因，并根据民间非营利组织的管理权限，经理事会、董事会或类似权力机构批准后，在期末结账前处理完毕。对于盘盈的存货，应当按照其公允价值入账，并确认为当期收入；对于盘亏或者毁损的存货，应先扣除残料价值、可以收回的保险赔偿和过失人的赔偿等，将净损失确认为当期费用（管理费用）。期末，民间非营利组织应当对存货是否发生减值进行检查。如果存货的可变现净值（在正常业务活动中，以存货的估计售价减去至完工将要发生的成本以及销售所必需的费用后的金额）低于其账面价值，应当确认存货跌价损失并计入当期费用（管理费用）。如果存货的可变现净值高于其账面价值，应当在该存货期初已计提跌价准备的范围内转回可变现净值高于账面价值的差额，冲减当期费用（管理费用）。

待摊费用是指民间非营利组织已经支出，但应当由本期和以后各期分别负担的、分摊期在一年以内（含一年）的各项费用，如预付保险费、预付租金等。待摊费用应当按其受益期限在一年内分期平均摊销，计入有关费用。如果某项待摊费用已经不能使民间非营利组织受益，应当将其摊余价值一次性全部转入当期费用。

**2. 长期投资**

长期投资是指除短期投资以外的投资，包括长期股权投资和长期债权投资等。但民间非营利组织按规定出资设立其他民间非营利组织，不属于长期股权投资，而应作为费用。

（1）长期股权投资。长期股权投资在取得时，应当按取得时的实际成本作为初始投资成本。其中，以现金购入的长期股权投资，按照实际支付的全部价款，包括税金、手续费等相关费用，作为初始投资成本。实际支付的价款中包含的已宣告但尚未领取的现金股利，应当作为应收款项单独核算，不构成初始投资成本。

民间非营利组织持有的长期股权投资应当区分不同情况，分别采用成本法或者权益法核算。如果民间非营利组织对被投资单位无控制、无共同控制且无重大影响①，长期股权投资应当采用成本法进行核算；如果民间非营利组织对被投资单位具有控制、

① 控制是指有权决定被投资单位的财务和经营政策，并能据以从该单位的经营活动中获得利益。共同控制是指按合同约定对某项经济活动共有的控制。重大影响是指对被投资单位的财务和经营政策有参与决策权，但并不决定这些政策。

共同控制或重大影响，长期股权投资应当采用权益法进行核算。

长期股权投资采用权益法核算时，应在会计报表附注中披露投资净损益和被投资单位财务状况、经营成果等信息，以便报表使用者理解长期股权投资采用权益法的结果的详细情况。

如果接受捐赠的长期股权投资的表决权、分红权与股权比例不一致，应结合经济业务实质判断是否对被投资单位具有控制、共同控制或重大影响。

(2) 长期债权投资。长期债权投资在取得时，应当按取得时的实际成本作为初始投资成本。以现金购入的长期债权投资，按照实际支付的全部价款，包括税金、手续费等相关费用，作为初始投资成本。实际支付的价款中包含的已到付息期但尚未领取的债券利息，应当作为应收款项单独核算，不构成初始投资成本。

长期债权投资应当按照票面价值与票面利率按期计算确认利息收入。长期债权投资的初始投资成本与债券面值之间的差额，应当在债券存续期间，按照直线法于确认债券利息收入时予以摊销。

持有可转换公司债券的民间非营利组织，可转换公司债券在转换为股份之前，应当按一般债券投资进行处理。当民间非营利组织行使转换权利，将其持有的债券投资转换为股份时，应当按其账面价值减去收到的现金或加上支付的现金后的余额，作为股权投资的初始成本。

处置长期债权投资时，应当将实际取得价款与投资账面价值的差额，确认为当期投资损益。

民间非营利组织改变投资目的，将短期投资划转为长期投资，应当按短期投资的成本与市价孰低结转。

民间非营利组织应当对长期投资是否发生减值进行检查。如果长期投资的可收回金额低于其账面价值，应当按照可收回金额低于账面价值的差额计提长期投资减值准备，确认长期投资减值损失并计入当期费用（管理费用）。如果长期投资的可收回金额高于其账面价值，应当在该长期投资期初已计提减值准备的范围内转回可收回金额高于账面价值的差额，冲减当期费用（管理费用）。

**3. 固定资产**

固定资产是指同时具有以下特征的有形资产：以行政管理、提供服务、生产商品或者出租为目的而持有；预计使用年限超过一年；单位价值较高。

固定资产在取得时，应当按取得时的实际成本入账。取得时的实际成本包括买价、包装费、运输费、缴纳的有关税金等相关费用，以及为使固定资产达到预定可使用状态所必要的支出。其中，外购的固定资产，按照实际支付的买价、相关税费以及为使固定资产达到预定可使用状态所发生的可直接归属于该固定资产的其他支出（如运输费、安装费、装卸费等）确定其成本。如果以一笔款项购入多项没有单独标价的固定资产，按各项固定资产公允价值的比例对总成本进行分配，分别确定各项固定资产的成本。自行建造的固定资产，按照该项资产达到预定可使用状态所发生的全部必要支出确定其成本。融资租入的固定资产，按照租赁协议或者合同确定的价款、运输款、途中保险费、安装调试费以及融资租入固定资产达到预定可使用状态发生的借款费用等确定其成本。在建工程，包括施工前期准备、正在施工中的建筑工程、安装工程、技术改造工程等。在建工程应当按照所建造工程达到预定可使用状态实际发生的全部必要支出确定其工程成本，并单独核算。其中，自营工程，按照直接材料、直接人工、直接机械使用费等确定其成本；出包工程，按照应支付的工程价款等确定其成本。为购建固定资产而发生的专门借款的借款费用在规定的允许资本化的期间内，应当按照专门借款的借款费用的实际发生额予以资本化①，计入在建工程成本。如果固定资产的购建活动发生非正常中断，并且中断时间连续超过3个月（含3个月），应当暂停借款费用的资本化，将中断期间内所发生的借款费用确认为当期费用，直至资产的购建活动重新开始。但是，如果中断是使购建的固定资产达到预定可使用状态所必要的程序，则借款费用的资本化应当继续进行。当所购建的固定资产达到预定可使用状态②时，应当停止借款费用的资本化，之后所发生的借款费用应当于发生时计入当期费用。所购建的固定资产达到预定可使用状态时，应当自达到预定可使用状态之日起，将在建工程成本转入固定资产核算。

民间非营利组织应当根据固定资产的性质和消耗方式，依据合理确定的固定资产的预计使用年限和预计净残值，对固定资产计提折旧，在固定资产的预计使用寿命内系统地分摊固定资产的成本。民间非营利组织应当按照固定资产所含经济利益或者服务潜力的预期实现方式选择折旧方法，可选用的折旧方法包括年限平均法、工作量法、双倍余额递减法和年数总和法。折旧方法一经确定，不得随意变更。如果由于固定资产所含经济利益或者服务潜力预期实现方式发生重大改变而确实需要变更，应当在会计报表附注中披露相关信息。民间非营利组织应当按月提取折旧，当月增加的固定资产，当月不提折旧，从下月起计提折旧；当月减少的固定资产，当月照提折旧，从下月起不提折旧。用于展览、教育或研究等目的的历史文物、艺术品以及其他具有文化或者历史价值并作长期或者永久保存的典藏等，作为固定资产（在资产负债表中单列文物文化资产项目列示）核算，但不必计提折旧。

与固定资产有关的后续支出，如果使可能流入民间非营利组织的经济利益或者服务潜力超过原先的估计，如延长了固定资产的使用寿命，或者使服务质量得到实质性提高，或者使商品成本得到实质性降低等，则应当计入固定资产账面价值，但增计后的金额不应当超过该固定资产的可收回金额；其他后续支出应当计入当期费用（管理费用）。

民间非营利组织对固定资产应当定期或者至少每年实地盘点一次。对盘盈、盘亏、报废、损毁的固定资产，应当及时查明原因，写出书面报告，并根据管理权限，经董事会、理事会或类似权力机构批准后，在期末结账前处理完毕。盘盈的固定资产应当按照其公允价值入账，并计入当期收入（其他收入）；盘亏的固定资产在减去过失人或者保险公司等赔款和残料价值之后计入当期费用（管理费用）。对由于出售、报废或者

---

① 借款费用包括因借款而发生的利息、辅助费用以及因外币借款而发生的汇兑差额。只有在以下三个条件同时具备时，因专门借款所发生的借款费用才允许开始资本化：（1）资产支出已经发生；（2）借款费用已经发生；（3）为使资产达到预定可使用状态所必要的购建活动已经开始。

② 所购建的固定资产达到以下状态时，应当视为所购建的固定资产已经达到预定可使用状态：（1）固定资产的实体建造（包括安装）工作已经全部完成或者实质上已经完成；（2）所购建的固定资产与设计要求或者合同要求相符或者基本相符，即使有极个别与设计要求或者合同要求不相符的地方，也不影响其正常使用；（3）继续发生在所购建固定资产上的支出很少或者几乎不再发生。

毁损等而产生的固定资产清理净损益，应当计入当期收入（其他收入）或者费用（其他费用）。

**4. 无形资产**

无形资产是指民间非营利组织为开展业务活动、出租给他人或为管理目的而持有的没有实物形态的非货币性长期资产，包括专利权、非专利技术、商标权、著作权、土地使用权等。无形资产在取得时，应当按照取得时的实际成本入账。其中，购入的无形资产，按照实际支付的价款确定其实际成本；自行开发并按法律程序申请取得的无形资产，依法取得时发生的注册费、聘请律师费等费用，作为无形资产的实际成本入账。依法取得前，在研究与开发过程中发生的材料费用、直接参与开发人员的工资及福利费、开发过程中发生的租金、借款费用等直接计入当期费用（管理费用）。无形资产应当自取得当月起在预计使用年限内分期平均摊销，计入当期费用（管理费用）。如果预计使用年限超过相关合同规定的受益年限或法律规定的有效年限，该无形资产的摊销年限按如下原则确定：

（1）合同规定了受益年限但法律没有规定有效年限的，摊销期不应超过合同规定的受益年限；

（2）合同没有规定受益年限但法律规定了有效年限的，摊销期不应超过法律规定的有效年限；

（3）合同规定了受益年限，法律也规定了有效年限的，摊销期不应超过受益年限和有效年限两者之中较短者。

如果合同没有规定受益年限，法律也没有规定有效年限，摊销期不应超过 10 年。

民间非营利组织处置无形资产，应当将实际取得的价款与该项无形资产的账面价值之间的差额计入当期收入（其他收入）或者费用（其他费用）。

**5. 受托代理资产**

受托代理资产是指民间非营利组织接受委托方委托从事受托代理业务而收到的资产。在受托代理过程中，民间非营利组织通常只是从委托方收到受托资产，并按照委托人的意愿将资产转赠给指定的其他组织或者个人，或者受托对该资产进行财务管理。民间非营利组织只是在委托代理过程中起中介作用，无权改变受托代理资产的用途或者变更受益人。

受托代理资产包括受托代理的货币资产，使用受托代理资金发生的暂付款、购买的固定资产和存货等。受托代理资产比照接受捐赠资产的原则进行确认和计量，但是使用受托代理资金代为购买的固定资产、无形资产等，不计提折旧和摊销。民间非营利组织在确认一项受托代理资产时，还要同时确认一项受托代理负债。

### 23.4.2 负债及其确认计量

民间非营利组织的负债是指过去的交易或者事项形成的现时义务，履行该义务预期会导致含有经济利益或者服务潜力的资源流出民间非营利组织。民间非营利组织的负债分为流动负债、长期负债和受托代理负债等。

如果与或有事项相关的义务同时符合以下条件，应当将其确认为负债：

（1）该义务是民间非营利组织承担的现时义务；

（2）该义务的履行很可能导致含有经济利益或者服务潜力的资源流出民间非营利组织；

（3）该义务的金额能够可靠地计量。

**1. 流动负债**

流动负债是指将在一年内（含一年）偿还的负债，包括短期借款、应付款项、应付职工薪酬、应交税费、预收账款、预提费用和预计负债等。其中，短期借款是指民间非营利组织向银行或其他金融机构等借入的期限在一年以下（含一年）的各种借款；应付款项是指民间非营利组织在日常业务活动过程中发生的应付票据、应付账款和其他应付款等应付未付款项；应付职工薪酬是指民间非营利组织应付未付的员工薪酬；应交税费是指民间非营利组织应交未交的各种税费；预收账款是指民间非营利组织向服务和商品购买单位预收的各种款项；预提费用是指民间非营利组织预先提取的已经发生但尚未支付的费用，如预提的租金、保险费、借款利息等；预计负债是指民间非营利组织对因或有事项所产生的现时义务确认的负债。各项流动负债应当按实际发生额入账。短期借款应当按照借款本金和确定的利率按期计提利息，计入当期费用（筹资费用）。

**2. 长期负债**

长期负债是指偿还期限在一年以上（不含一年）的负债，包括长期借款、长期应付款和其他长期负债。其中，长期借款是指民间非营利组织向银行或其他金融机构等借入的期限在一年以上（不含一年）的各种借款；长期应付款主要是指民间非营利组织融资租入固定资产发生的应付租赁款；其他长期负债是指除长期借款和长期应付款外的长期负债。各项长期负债应当按实际发生额入账。

**3. 受托代理负债**

受托代理负债是指民间非营利组织因从事受托代理业务、接受受托代理资产而产生的负债。受托代理负债应当按照相对应的受托代理资产的金额予以确认和计量。当民间非营利组织的受托代理资产减少时，受托代理负债同时以同等金额减少。

### 23.4.3 净资产的分类及其确认计量

**1. 净资产及其分类**

民间非营利组织的净资产是指资产减去负债后的余额，以资产和负债的确认、计量为基础。也就是说，净资产的确认和计量有赖于资产和负债的确认和计量。按照现行的核算制度要求，净资产按照其是否受到限制分为限定性净资产和非限定性净资产等。

**2. 净资产的重分类**

净资产的重分类是指解除限定性净资产的限制而转为非限定性净资产的业务或

事项。

如果限定性净资产的限制已经解除，应当对净资产进行重新分类，将限定性净资产转为非限定性净资产。区分以下不同情况，确定将限定性净资产转为非限定性净资产的金额：

（1）对于因资产提供者或者国家有关法律、行政法规要求在收到资产后的特定时期之内使用该项资产而形成的限定性净资产，应当在相应期间内按照实际使用的相关资产金额转为非限定性净资产。

（2）对于因资产提供者或者国家有关法律、行政法规要求在收到资产后的特定日期之后使用该项资产而形成的限定性净资产，应当在该特定日期全额转为非限定性净资产。

（3）对于因资产提供者或者国家有关法律、行政法规设置用途限制而形成的限定性净资产，应当在使用时按照实际用于规定用途的相关资产金额转为非限定性净资产。其中，对固定资产、无形资产仅设置用途限制的，应当自取得该资产开始，按照计提折旧或计提摊销的金额，分期将相关限定性净资产转为非限定性净资产。在处置固定资产、无形资产时，应当将尚未重分类的相关限定性净资产全额转为非限定性净资产。

（4）如果资产提供者或者国家有关法律、行政法规要求民间非营利组织在特定时期之内或特定日期之后将限定性净资产用于特定用途，应当在相应期间内或相应日期之后按照实际用于规定用途的相关资产金额转为非限定性净资产。其中，要求在收到固定资产、无形资产后的某个特定时期之内将该项资产用于特定用途的，应当在该规定时期内，对相关限定性净资产金额按期平均分摊，转为非限定性净资产。要求在收到固定资产、无形资产后的某个特定日期之后将该项资产用于特定用途的，应当在特定日期之后，自资产用于规定用途开始，在资产预计剩余使用年限内，对相关限定性净资产金额按期平均分摊，转为非限定性净资产。与限定性净资产相关的固定资产、无形资产，应按照规定计提折旧或计提摊销。

（5）对于资产提供者或者国家有关法律、行政法规撤销对限定性净资产所设置限制的，应当在撤销时全额转为非限定性净资产。

### 23.4.4　收入及其确认计量

收入是指民间非营利组织开展业务活动取得的、导致本期净资产增加的经济利益或者服务潜力的流入。收入应当按其来源分为捐赠收入、会费收入、提供服务收入、政府补助收入、商品销售收入、投资收益等主要业务活动收入和其他收入等。其中：

捐赠收入是指民间非营利组织接受其他单位或者个人捐赠所取得的收入。

会费收入是指民间非营利组织根据章程等的规定向会员收取的会费。

提供服务收入是指民间非营利组织根据章程等的规定向其服务对象提供服务取得的收入，包括学费收入、医疗费收入、培训收入，以及民间非营利组织承接政府购买服务的收入等。

政府补助收入是指民间非营利组织接受政府拨款或者政府机构给予的补助而取得的收入。但民间非营利组织承接政府购买服务的收入不属于政府补助收入。

商品销售收入是指民间非营利组织销售商品（如出版物、药品等）等所形成的收入。

投资收益是指民间非营利组织因对外投资取得的投资净损益。

其他收入是指除上述主要业务活动收入之外的其他收入，如固定资产处置净收入、无形资产处置净收入、存款利息收入[①]等。

需要说明的是，民间非营利组织接受的劳务捐赠不应确认收入，但应当在会计报表附注中做相关披露。捐赠承诺不满足非交易确认条件的，也不能确认收入，但可以在会计报表附注中做相关披露。

一般地，民间非营利组织在确认收入时，应当区分交易收入和非交易收入。

**1. 交易收入**

交易收入是指按照等价交换原则从事交易所取得的收入。民间非营利组织按照等价交换原则销售商品、提供劳务、让渡资产使用权等取得的收入，均属于交易收入。

确认交易所形成的商品销售收入，应当同时满足下列条件：（1）已将商品所有权上的主要风险和报酬转移给购货方；（2）既没有保留通常与所有权相联系的继续管理权，也没有对已售出的商品实施控制；（3）与交易相关的经济利益能够流入民间非营利组织；（4）相关的收入和成本能够可靠地计量。

确认交易所形成的提供劳务收入，应区分两种情况处理：（1）在同一会计年度内开始并完成的劳务，应当在完成劳务时确认收入；（2）如果劳务的开始和完成分属不同的会计年度，可以按完工进度或完成的工作量确认收入。

确认交易所形成的因让渡资产使用权而发生的收入，应同时满足下列条件：（1）与交易相关的经济利益能够流入民间非营利组织；（2）收入的金额能够可靠地计量。

**2. 非交易收入**

非交易收入是指非等价交换活动（又称非交易活动）取得的收入。在非等价交换活动中，当民间非营利组织取得资产、获得服务或者解除债务时，不必向交易对方支付等值或者大致等值的现金，或者提供等值或者大致等值的货物、服务等。接受捐赠、政府补助等均属于非交易收入。

确认非交易活动所形成的收入，应同时满足下列条件：（1）与该交易相关的含有经济利益或者服务潜力的资源能够流入民间非营利组织并为其所控制，或者相关的债务能够得到解除；（2）该交易能够引起净资产的增加；（3）该非交易收入的金额能够可靠地计量。一般情况下，对于无条件的捐赠或政府补助，应当在捐赠或政府补助收到时确认收入；对于附条件的捐赠或政府补助，应当在取得捐赠资产或政府补助资产控制权时确认收入，但当民间非营利组织存在需要偿还全部或部分捐赠资产（或者政府补助资产）或者相应金额的现时义务时，应当根据需要偿还的金额同时确认一项负债和费用。

民间非营利组织对于各项收入应当按是否存在限定区分为非限定性收入和限定性

---

① 民间非营利组织取得的存款利息中，属于为购建固定资产而发生的专门借款产生且在允许资本化的期间内的，应当冲减在建工程成本。除此以外的存款利息都应计入其他收入。

收入进行核算。如果资产提供者对资产的使用设置了时间限制或者（和）用途限制，则所确认的相关收入为限定性收入，除此之外的其他收入为非限定性收入。民间非营利组织的会费收入、提供服务收入、商品销售收入和投资收益等一般为非限定性收入，除非相关资产提供者对资产的使用设置了限制。民间非营利组织的捐赠收入和政府补助收入，应当视相关资产提供者对资产的使用是否设置了限制，分别限定性收入和非限定性收入进行核算。期末，民间非营利组织应当将本期限定性收入和非限定性收入分别结转至净资产项下的限定性净资产和非限定性净资产。

### 23.4.5　费用及其确认计量

费用是指民间非营利组织为开展业务活动所发生的、导致本期净资产减少的经济利益或者服务潜力的流出。费用应当按照其功能分为业务活动成本、管理费用、筹资费用和其他费用等。其中：

业务活动成本，是指民间非营利组织为了实现其业务活动目标、开展项目活动或者提供服务所发生的费用。如果民间非营利组织从事的项目、提供的服务或者开展的业务比较单一，可以将相关费用全部归集在业务活动成本项目下进行核算和列报；如果民间非营利组织从事的项目、提供的服务或者开展的业务种类较多，民间非营利组织应当在业务活动成本项目下分别项目、服务或者业务大类进行核算和列报，如商品销售成本、提供劳务成本、会员服务成本等。

管理费用，是指民间非营利组织为组织和管理其业务活动所发生的各项费用，包括民间非营利组织董事会（或者理事会或者类似权力机构）经费和行政管理人员的工资、奖金、福利费、住房公积金、住房补贴、社会保障费、离退休人员工资及补助，以及办公费、水电费、邮电费、物业管理费、差旅费、折旧费、修理费、租赁费、无形资产摊销费、资产盘亏损失、资产减值损失、因预计负债所产生的损失、聘请中介机构费和应偿还的受赠资产等。其中，福利费应当依法根据民间非营利组织的管理权限，按照董事会、理事会或类似权力机构等的规定据实列支。

筹资费用，是指民间非营利组织为筹集业务活动所需资金而发生的费用，包括民间非营利组织为了获得捐赠资产而发生的费用以及应当计入当期费用的借款费用、汇兑损失（减汇兑收益）等。其中，为了获得捐赠资产而发生的费用包括举办募款活动费，准备、印刷和发放募款宣传资料费以及其他与募款或者争取捐赠资产有关的费用。

其他费用，是指民间非营利组织发生的无法归属到上述业务活动成本、管理费用或者筹资费用中的费用，包括固定资产处置净损失、无形资产处置净损失等。

民间非营利组织的某些费用如果属于多项业务活动或者属于业务活动、管理活动和筹资活动等共同发生的，而且不能直接归属于某一类活动，应当将这些费用按照合理的方法在各项活动中进行分配。

民间非营利组织发生的业务活动成本、管理费用、筹资费用和其他费用，应当在实际发生时按其发生额计入当期费用。期末，将本期发生的各项费用结转至净资产项下的非限定性净资产，作为非限定性净资产的减项。

## 23.5 民间非营利组织的财务会计报告

### 23.5.1 民间非营利组织的财务会计报告及其编报要求

**1. 财务会计报告的概念和内容**

民间非营利组织的财务会计报告是反映民间非营利组织财务状况、业务活动情况和现金流量等的书面文件。财务会计报告分为年度财务会计报告和中期财务会计报告。以短于一个完整的会计年度的期间（如半年度、季度和月度）编制的财务会计报告称为中期财务会计报告；以整个会计年度为基础编制的财务会计报告称为年度财务会计报告。

财务会计报告由会计报表、会计报表附注和财务情况说明书组成。民间非营利组织对外提供的财务会计报告的内容、会计报表的种类和格式、会计报表附注应予披露的主要内容等，由《民间非营利组织会计制度》规定。民间非营利组织内部管理需要的会计报表由单位自行规定。

**2. 财务会计报告的编制要求**

民间非营利组织在编制中期财务会计报告时，应当采用与年度会计报告相一致的确认与计量原则。中期财务会计报告的内容相对于年度财务会计报告而言可以适当简化，但仍应保证包括与理解中期期末财务状况和中期业务活动情况及其现金流量相关的重要财务信息。

除法律或会计制度等行政法规、规章要求变更会计政策，或变更会计政策更能够提供有关民间非营利组织财务状况、业务活动情况和现金流量等更可靠、更相关的会计信息外，民间非营利组织采用的会计政策前后各期应当保持一致，不得随意变更。

除相关法律或会计制度等另有规定外，民间非营利组织应当采用追溯调整法核算会计政策的变更；如果追溯调整法不可行，则应当采用未来适用法核算。

资产负债表日至财务会计报告批准报出日之间发生的需要调整或说明的有利或不利事项，属于资产负债表日后事项。对于资产负债表日后事项，应当区分调整事项和非调整事项进行处理。调整事项是指资产负债表日后至财务会计报告批准报出日之间发生的，为资产负债表日已经存在的情况提供新的或进一步证据，有助于对资产负债表日存在情况有关的金额做出重新估计的事项。民间非营利组织应当就调整事项，对资产负债表日所确认的相关资产、负债和净资产，以及资产负债表日所属期间的相关收入、费用等进行调整。非调整事项是指资产负债表日后至财务会计报告批准报出日之间发生的，不影响资产负债表日的存在情况，但不加以说明将会影响财务会计报告使用者做出正确估计和决策的事项。民间非营利组织应当在会计报表附注中披露非调整事项的性质、内容，以及对财务状况和业务活动情况的影响。如无法估计其影响，应当说明理由。

**3. 财务会计报告的报告要求**

民间非营利组织的年度财务会计报告至少应当于年度终了后 4 个月内对外提供。如果民间非营利组织被要求对外提供中期财务会计报告，应当在规定的时间内对外提供。对外提供的财务会计报告应当依次编定页数，加具封面，装订成册，加盖公章。封面上应当注明：组织名称、组织登记证号、组织形式、地址、报表所属年度或者中期、报出日期，并由单位负责人和主管会计工作的负责人、会计机构负责人（会计主管人员）签名并盖章；设置总会计师的单位，还应当由总会计师签名并盖章。

## 23.5.2　会计报表构成及内容格式

民间非营利组织的会计报表至少应包括资产负债表、业务活动表和现金流量表。其具体格式见表 23－1、表 23－2 和表 23－3。

**表 23－1　资产负债表**

会民非 01 表

编制单位：　　　　　　　　　　　　年　　月　　日　　　　　　　　　　　　单位：元

| 资产 | 行次 | 年初数 | 期末数 | 负债和净资产 | 行次 | 年初数 | 期末数 |
|---|---|---|---|---|---|---|---|
| 流动资产： | | | | 流动负债： | | | |
| 货币资金 | 1 | | | 短期借款 | 61 | | |
| 短期投资 | 2 | | | 应付款项 | 62 | | |
| 应收款项 | 3 | | | 应付职工薪酬 | 63 | | |
| 预付账款 | 4 | | | 应交税费 | 65 | | |
| 存货 | 8 | | | 预收账款 | 66 | | |
| 待摊费用 | 9 | | | 预提费用 | 71 | | |
| 一年内到期的长期债权投资 | 15 | | | 预计负债 | 72 | | |
| 其他流动资产 | 18 | | | 一年内到期的长期负债 | 74 | | |
| 流动资产合计 | 20 | | | 其他流动负债 | 78 | | |
| | | | | 流动负债合计 | 80 | | |
| 长期投资： | | | | | | | |
| 长期股权投资 | 21 | | | 长期负债： | | | |
| 长期债权投资 | 24 | | | 长期借款 | 81 | | |
| 长期投资合计 | 30 | | | 长期应付款 | 84 | | |
| | | | | 其他长期负债 | 88 | | |
| 固定资产： | | | | 长期负债合计 | 90 | | |
| 固定资产原价 | 31 | | | | | | |

续表

| 资产 | 行次 | 年初数 | 期末数 | 负债和净资产 | 行次 | 年初数 | 期末数 |
|---|---|---|---|---|---|---|---|
| 减：累计折旧 | 32 | | | 受托代理负债： | | | |
| 固定资产净值 | 33 | | | 受托代理负债 | 91 | | |
| 在建工程 | 34 | | | | | | |
| 文物文化资产 | 35 | | | 负债合计 | 100 | | |
| 固定资产清理 | 38 | | | | | | |
| 固定资产合计 | 40 | | | | | | |
| | | | | | | | |
| 无形资产： | | | | | | | |
| 无形资产 | 41 | | | 净资产： | | | |
| | | | | 非限定性净资产 | 101 | | |
| 受托代理资产： | | | | 限定性净资产 | 105 | | |
| 受托代理资产 | 51 | | | 净资产合计 | 110 | | |
| | | | | | | | |
| 资产总计 | 60 | | | 负债和净资产总计 | 120 | | |

**表23-2 业务活动表**

会民非02表

编制单位： 年 月 单位：元

| 项目 | 行次 | 本月数 | | | 本年累计数 | | |
|---|---|---|---|---|---|---|---|
| | | 非限定性 | 限定性 | 合计 | 非限定性 | 限定性 | 合计 |
| 一、收入 | | | | | | | |
| 其中：捐赠收入 | 1 | | | | | | |
| 会费收入 | 2 | | | | | | |
| 提供服务收入 | 3 | | | | | | |
| 商品销售收入 | 4 | | | | | | |
| 政府补助收入 | 5 | | | | | | |
| 投资收益 | 6 | | | | | | |
| 总部拨款收入 | 7 | | | | | | |
| 其他收入 | 9 | | | | | | |
| 收入合计 | 11 | | | | | | |
| 二、费用 | | | | | | | |
| （一）业务活动成本 | 12 | | | | | | |
| 其中： | 13 | | | | | | |

续表

| 项目 | 行次 | 本月数 | | | 本年累计数 | | |
|---|---|---|---|---|---|---|---|
| | | 非限定性 | 限定性 | 合计 | 非限定性 | 限定性 | 合计 |
| 1. | 14 | | | | | | |
| 2. | 15 | | | | | | |
| ⋮ | 16 | | | | | | |
| （二）管理费用 | 21 | | | | | | |
| （三）筹资费用 | 24 | | | | | | |
| （四）其他费用 | 28 | | | | | | |
| 费用合计 | 35 | | | | | | |
| 三、限定性净资产转为非限定性净资产 | 40 | | | | | | |
| 四、净资产变动额（净资产减少额，以“—”号填列） | 45 | | | | | | |

**表 23-3　现金流量表**

会民非 03 表

编制单位：　　　　年度　　　　单位：元

| 项目 | 行次 | 金额 |
|---|---|---|
| 一、业务活动产生的现金流量： | | |
| 接受捐赠收到的现金 | 1 | |
| 收取会费收到的现金 | 2 | |
| 提供服务收到的现金 | 3 | |
| 销售商品收到的现金 | 4 | |
| 政府补助收到的现金 | 5 | |
| 收到的其他与业务活动有关的现金 | 8 | |
| 现金流入小计 | 13 | |
| 提供捐赠或者资助支付的现金 | 14 | |
| 支付给员工以及为员工支付的现金 | 15 | |
| 购买商品、接受服务支付的现金 | 16 | |
| 支付的其他与业务活动有关的现金 | 19 | |
| 现金流出小计 | 23 | |
| 业务活动产生的现金流量净额 | 24 | |
| 二、投资活动产生的现金流量： | | |
| 收回投资所收到的现金 | 25 | |

续表

| 项目 | 行次 | 金额 |
|---|---|---|
| 取得投资收益所收到的现金 | 26 | |
| 处置固定资产和无形资产所收回的现金 | 27 | |
| 收到的其他与投资活动有关的现金 | 30 | |
| 现金流入小计 | 34 | |
| 购建固定资产和无形资产所支付的现金 | 35 | |
| 对外投资所支付的现金 | 36 | |
| 支付的其他与投资活动有关的现金 | 39 | |
| 现金流出小计 | 43 | |
| 投资活动产生的现金流量净额 | 44 | |
| 三、筹资活动产生的现金流量： | | |
| 借款所收到的现金 | 45 | |
| 收到的其他与筹资活动有关的现金 | 48 | |
| 现金流入小计 | 50 | |
| 偿还借款所支付的现金 | 51 | |
| 偿付利息所支付的现金 | 52 | |
| 支付的其他与筹资活动有关的现金 | 55 | |
| 现金流出小计 | 58 | |
| 筹资活动产生的现金流量净额 | 59 | |
| 四、汇率变动对现金的影响额 | 60 | |
| 五、现金及现金等价物净增加额 | 61 | |

### 23.5.3 会计报表附注

会计报表附注至少应当包括：（1）重要会计政策及其变更情况的说明；（2）董事会（或者理事会或者类似权力机构）成员和员工的数量、变动情况以及获得的薪金等报酬情况的说明；（3）会计报表重要项目及其增减变动情况的说明；（4）资产提供者设置了时间或用途限制的相关资产情况的说明；（5）受托代理业务情况的说明，包括受托代理资产的构成、计价基础和依据、用途等；（6）重大资产减值情况的说明；（7）公允价值无法可靠取得的受赠资产和其他资产的名称、数量、来源和用途等情况的说明；（8）对外承诺和或有事项情况的说明；（9）接受劳务捐赠情况的说明；（10）资产负债表日后非调整事项的说明；（11）在会计报表附注中披露关联方关系的性质、交易类型及交易要素。

### 23. 5. 4　财务情况说明书的主要内容

财务情况说明书应说明的情况至少包括：（1）民间非营利组织的宗旨、组织结构以及人员配备等情况；（2）民间非营利组织业务活动基本情况，年度计划和预算完成情况，产生差异的原因分析，下一会计期间业务活动计划和预算等；（3）对民间非营利组织业务活动有重大影响的其他事项。

## 思考题

1. 适用《民间非营利组织会计制度》的组织有哪些？这些组织有哪些主要特征？
2. 民间非营利组织有哪些营运特点？
3. 民间非营利组织如何进行净资产的分类和界定？
4. 民间非营利组织的收入和费用如何进行分类？各项收入和费用如何结转形成限定性净资产和非限定性净资产？

# 第 24 章 Chapter 24 民间非营利组织的会计核算

学习目标

1. 掌握民间非营利组织受托代理资产会计核算的原理和方法，各种收入的核算以及净资产核算的特点
2. 熟悉限定性净资产和非限定性净资产的构成内容及核算方法
3. 理解限定性净资产和非限定性净资产划转的基本业务内容和核算特点

## 24.1 民间非营利组织会计核算使用的科目

根据《民间非营利组织会计制度》的规定，民间非营利组织会计核算使用的会计科目见表 24-1。

表 24-1 民间非营利组织会计科目表

| 顺序号 | 编号 | 名称 |
| --- | --- | --- |
| 一、资产类 | | |
| 1 | 1001 | 现金 |
| 2 | 1002 | 银行存款 |
| 3 | 1009 | 其他货币资金 |
| 4 | 1101 | 短期投资 |
| 5 | 1102 | 短期投资跌价准备 |
| 6 | 1111 | 应收票据 |
| 7 | 1121 | 应收账款 |
| 8 | 1122 | 其他应收款 |
| 9 | 1131 | 坏账准备 |

续表

| 顺序号 | 编号 | 名称 |
|---|---|---|
| 10 | 1141 | 预付账款 |
| 11 | 1201 | 存货 |
| 12 | 1202 | 存货跌价准备 |
| 13 | 1301 | 待摊费用 |
| 14 | 1401 | 长期股权投资 |
| 15 | 1402 | 长期债权投资 |
| 16 | 1421 | 长期投资减值准备 |
| 17 | 1501 | 固定资产 |
| 18 | 1502 | 累计折旧 |
| 19 | 1505 | 在建工程 |
| 20 | 1506 | 文物文化资产 |
| 21 | 1509 | 固定资产清理 |
| 22 | 1601 | 无形资产 |
| 23 | 1701 | 受托代理资产 |
| 二、负债类 | | |
| 24 | 2101 | 短期借款 |
| 25 | 2201 | 应付票据 |
| 26 | 2202 | 应付账款 |
| 27 | 2203 | 预收账款 |
| 28 | 2204 | 应付职工薪酬 |
| 29 | 2206 | 应交税费 |
| 30 | 2209 | 其他应付款 |
| 31 | 2301 | 预提费用 |
| 32 | 2401 | 预计负债 |
| 33 | 2501 | 长期借款 |
| 34 | 2502 | 长期应付款 |
| 35 | 2601 | 受托代理负债 |
| 三、净资产类 | | |
| 36 | 3101 | 非限定性净资产 |
| 37 | 3102 | 限定性净资产 |
| 四、收入费用类 | | |
| 38 | 4101 | 捐赠收入 |
| 39 | 4201 | 会费收入 |

续表

| 顺序号 | 编号 | 名称 |
|---|---|---|
| 40 | 4301 | 提供服务收入 |
| 41 | 4401 | 政府补助收入 |
| 42 | 4501 | 商品销售收入 |
| 43 | 4601 | 投资收益 |
| 44 | 4701 | 总部拨款收入 |
| 45 | 4901 | 其他收入 |
| 46 | 5101 | 业务活动成本 |
| 47 | 5201 | 管理费用 |
| 48 | 5301 | 筹资费用 |
| 49 | 5401 | 其他费用 |

民间非营利组织各会计要素中很多项目的会计核算方法与企业相同或接近。为了避免教学和学习的内容重复，本章只重点介绍民间非营利组织会计特有的核算内容，包括：资产负债中的受托代理资产和受托代理负债的核算；收入核算中的限定性收入和非限定性收入的核算；费用的核算；净资产中的限定性净资产和非限定性净资产的核算。

## 24.2 民间非营利组织受托代理资产和受托代理负债的核算

### 24.2.1 民间非营利组织受托代理业务及其界定

民间非营利组织的受托代理业务是指有明确的转赠或者转交协议，或者虽然无协议但同时满足以下条件的业务：

（1）民间非营利组织在取得资产的同时即产生了向具体受益人转赠或转交资产的现时义务，不会导致自身净资产的增加。

（2）民间非营利组织仅起到中介而非主导发起作用，帮助委托人将资产转赠或转交给指定的受益人，并且没有权利改变受益人，也没有权利改变资产的用途。

（3）委托人已明确指出具体受益人个人的姓名或受益单位的名称，包括从民间非营利组织提供的名单中指定一个或若干个受益人。

### 24.2.2 受托代理业务与一般性捐赠业务的界定

捐赠业务是民间非营利组织的主要业务内容之一，但受托代理业务与一般性捐赠业务不同，需要根据业务特征界定受托代理业务和捐赠业务，并对两者采用不同的会计处理方法。

**1. 资产的直接受益权不同**

民间非营利组织接受捐赠的资产，其直接受益人是民间非营利组织，民间非营利组织对捐赠的资产及资产受益具有控制权。但对于接受的代理资产，其直接受益人是委托方指定的第三方，民间非营利组织为该资产的直接受益人暂时保管这些资产，而不是该资产的直接受益人。

某机构捐赠给 A 社会团体 50 万元，要求用于奖励该团体连续三次获得该团体举办的技能大赛奖项者。技能大赛有明确的规则，往年获奖结果已经确定，捐赠机构对往年比赛结果表示认可，且明确规定了连续三次获奖者的奖励金额。在这种情况下，A 社会团体接受的捐款 50 万元属于受托代理业务，会计上作为受托代理资产和受托代理负债处理。如果某机构捐赠给 A 社会团体 50 万元，要求用于奖励该社会团体将于今年举办的技能大赛获奖者，且规定了不同等级获奖者的奖励金额，今年的技能大赛已有明确的规则，但奖金受益人要待大赛后才能确定，那么 A 社会团体应将收到的捐款 50 万元作为限定性捐赠收入处理，而不是作为代理资产。

**2. 资产受益人及资产用途和使用方式的自主权不同**

在受托代理业务中，民间非营利组织只是扮演中间人角色，接受委托人委托将资产按委托人限定用途转赠给指定的受益人，无权改变资产的具体受益人。但在一般性的限定性捐赠中，民间非营利组织可以在资产提供者的限定范围内自主选择具体受益人。

某企业捐赠给 A 基金会 100 万元，要求用于资助某高校 100 名特困生完成大学学业，每名特困生受赠 1 万元。协议要求，该企业先行将 100 万元支付给 A 基金会，企业选择和确定接受捐款的 100 名学生后，基金会按照企业确定的具体名单捐款给这 100 名学生。在这种情况下，基金会无权选择和改变捐款受益人，应将接受的 100 万元捐赠款作为受托代理资产处理。如果协议规定，企业先行将 100 万元支付给 A 基金会，由基金会按照协议条款选择和确定接受捐款的 100 名学生，经企业审核确认后由基金会支付捐赠款，在这种情况下，基金会对接受捐款的受益人具有一定的选择权，应将接受的 100 万元捐赠款作为限定性捐赠收入处理。

在受托代理业务中，受托方一般不能改变代理资产的使用方式，即接受的是固定资产，转赠的也是该固定资产；接受的是现金资产，转赠的也是现金资产；接受的是股权或股权收益权，转赠的也是股权或股权收益权等。在某些情况下，民间非营利组织也可以按照委托人的委托购置相应的资产。

对于接受的无具体限制的一般性捐赠，民间非营利组织可以用接受的现金捐赠购置相关资产用于慈善或公益活动，也可以将接受的非现金资产捐赠变现后用于相关活动。

在界定一项业务是限定性捐赠还是受托代理业务时，需要依据接受资产的具体收益权、确定受益人有无自主权等，根据合同条款加以判断。在委托方、受托方和受益人共同签署书面协议的情况下，一般应作为受托代理业务处理。比如，捐赠人向民间非营利组织捐款并指定按限定时间或用途转赠给捐赠人认定及认领的被资助对象，民间非营利组织应将接受的捐款作为受托代理资产和受托代理负债处理，不作为限定性捐赠收入处理；如果捐赠人向民间非营利组织捐款并指定按限定时间或用途捐赠给由民间非营利组织自主确定的具体被资助对象，民间非营利组织应将接受的捐款作为限定性捐赠收入处理。

### 24.2.3 受托代理资产和受托代理负债的核算

《民间非营利组织会计制度》规定，民间非营利组织应当比照接受捐赠资产的原则对受托代理资产进行确认和计量，但在确认一项受托代理资产时，应当同时确认一项受托代理负债。受托代理负债是指民间非营利组织从事受托代理交易、接受受托代理资产而产生的负债。受托代理负债应当按照相应的受托代理资产的金额予以确认和计量。民间非营利组织应当设置受托代理资产登记簿记录受托代理资产的接收、使用及结存情况，加强代理资产的管理。

**1. 科目设置**

在会计核算上，需要设置“受托代理资产”和“受托代理负债”科目，分别核算民间非营利组织接受委托方委托从事受托代理业务而收到的受托代理资产和接受受托代理资产而产生的受托代理负债，并根据具体情况，在“受托代理资产”和“受托代理负债”科目下，按照委托人和指定的受赠组织或个人设置明细账进行明细核算。民间非营利组织应当设置受托代理资产登记簿记录受托代理资产及其变动的详细情况。

民间非营利组织收到的受托代理资产如果为现金、银行存款或其他货币资金，可以不通过“受托代理资产”科目核算，而在“现金”“银行存款”“其他货币资金”科目下设置“受托代理资产”明细科目进行核算。

民间非营利组织收到受托代理货币资金并受托购买物资的，应当在“受托代理资产”科目下设置“应收及暂付款”“代购物资”等明细科目进行核算。

**2. 账务处理**

收到受托代理资产时，按照应确认的入账金额，借记“受托代理资产”科目，贷记“受托代理负债”科目。转赠或者转出受托代理资产时，按照转出受托代理资产的账面余额，借记“受托代理负债”科目，贷记“受托代理资产”科目。

民间非营利组织收到的受托代理资产如果为现金、银行存款或其他货币资金，可在“现金”“银行存款”“其他货币资金”科目下设置“受托代理资产”明细科目进行核算。即在取得这些受托代理资产时，借记“现金——受托代理资产”“银行存款——受托代理资产”“其他货币资金——受托代理资产”科目，贷记“受托代理负债”科目；在转赠或者转出受托代理资产时，借记“受托代理负债”科目，贷记“现金——受托代理资产”“银行存款——受托代理资产”“其他货币资金——受托代理资产”科目。

民间非营利组织从事受托代理业务发生的应归属于自身的相关税费、运输费等，应当计入当期费用，一般用“其他费用”科目核算。

**3. 核算举例**

**例 24－1**

资料：20×1 年 12 月 15 日，甲民间非营利组织与乙企业签署了一份热水机捐赠协议。协议规定，乙企业通过甲民间非营利组织向下属的 20 家儿童福利院（附有受赠福利院的具体名单）捐赠全新步进式热水机 40 台，每家福利院受赠两台。乙企业应在协议签订后的 10 日内将热水机送至甲民间非营利组织，甲民间非营利组织在热水机到达后的 15 日内派志愿者将热水机送至这 20 家儿童福利院，并进行安装调试，确保热水机正常使用。20×1 年 12 月 22 日，甲民间非营利组织收到乙企业送达的热水机 40 台及发票。发票上注明每台步进式热水机价格为 6 000 元，共计 240 000 元，同时甲民间非营利组织向乙企业开具了金额为 240 000 元的公益性捐赠票据。20×1 年 12 月 31 日，甲民间非营利组织将 10 台热水机送至名单中的 5 家福利院，并办理了相关手续。另外 30 台热水机年末前尚未送达其余 15 家福利院。协议规定，甲民间非营利组织将接受和转赠热水机作为受托代理业务处理。要求：编制甲民间非营利组织会计对上述业务进行账务处理的会计分录。

①20×1 年 12 月 22 日收到热水机时做如下会计处理：

借：受托代理资产——热水机　240 000
　贷：受托代理负债——20 家儿童福利院　240 000

②20×1 年 12 月 31 日将热水机转赠 5 家福利院时做如下会计处理：

借：受托代理负债——5 家儿童福利院　60 000
　贷：受托代理资产——热水机　60 000

③20×1 年 12 月 31 日，甲民间非营利组织应在资产负债表中反映受托代理资产 180 000 元和受托代理负债 180 000 元，同时在报表附注中披露该受托代理业务的详细情况。

需要说明的是，按照委托人的委托使用受托代理资金购置固定资产或无形资产时，借记“受托代理资产——固定资产”或“受托代理资产——无形资产”科目，贷记“银行存款——受托代理资产”“库存现金——受托代理资产”等科目。“受托代理资产”科目下的固定资产、无形资产不计提折旧和摊销。受托代理的固定资产、无形资产报废、转交时，按照受托代理的固定资产、无形资产账面余额，借记“受托代理负债”科目，贷记“受托代理资产”科目及其明细科目。

## 24.3　民间非营利组织收入的核算

### 24.3.1　捐赠收入的核算

**1. 科目设置**

民间非营利组织需要设置“捐赠收入”科目对接受其他单位或者个人捐赠所取得的收入（不包括因受托代理业务而从委托方收到的受托代理资产）进行核算，并按照是否存在限制分为非限定性收入和限定性收入。

民间非营利组织接受捐赠的现金资产，应当按照实际收到的金额入账；接受捐赠的非现金资产，如接受捐赠的短期投资、存货、长期投资、固定资产和无形资产等，应当按照以下方法确定其入账价值：

（1）捐赠方提供有关凭据（如发票、报关单、有关协议等）的，按照凭据上标明的金额入账。如果凭据上标明的金额与该资产公允价值相差较大，则应当以其公允价值入账。

（2）捐赠方没有提供有关凭据的，受赠资产应当以其公允价值作为入账价值。

公允价值的确定方法和顺序是：

（1）同类或者类似资产存在活跃市场的，按照同类或者类似资产的市场价格确定公允价值。市场价格一般指取得资产当日捐赠方自产物资的出厂价、捐赠方所销售物资的销售价、政府指导价、知名大型电商平台同类或者类似商品价格等。

（2）同类或类似资产不存在活跃市场，或者无法找到同类或者类似资产的，应当采用合理的计价方法（包括由第三方机构进行估价等）确定公允价值。

资产的公允价值确实无法可靠计量的，则应当设置辅助账，登记所取得资产的名称、数量、来源、用途等情况，并在会计报表附注中披露。

接受的劳务捐赠不予确认，但应当在会计报表附注中作相关披露。

**2. 账务处理**

接受的捐赠按照应确认的金额，借记“现金”“银行存款”“短期投资”“存货”“长期股权投资”“长期债权投资”“固定资产”“无形资产”等科目，贷记“捐赠收入——限定性收入”或“捐赠收入——非限定性收入”科目。

对于接受的附条件捐赠，如果存在需要偿还全部或部分捐赠资产或者相应金额的现时义务（比如因无法满足捐赠所附条件而必须将部分捐赠款退还给捐赠人时），按照需要偿还的金额，借记“管理费用”科目，贷记“其他应付款”等科目。

如果限定性捐赠收入的限制在确认收入的当期得以解除，应当将其转为非限定性捐赠收入，借记“捐赠收入——限定性收入”科目，贷记“捐赠收入——非限定性收入”科目。需要说明的是，如果限定性捐赠收入在以后会计期间按照规定或时间使用进而解除了限制，应将与之相关的上期“限定性净资产”转为本期的“非限定性净资产”，即借记“限定性净资产”科目，贷记“非限定性净资产”科目。也就是说，此时需要对限定性资产进行重分类，而不是将“捐赠收入——限定性收入”转为“捐赠收入——非限定性收入”。

会计期末，将“捐赠收入——限定性收入”及“捐赠收入——非限定性收入”余额分别转入限定性净资产和非限定性净资产，借记“捐赠收入——限定性收入”科目，贷记“限定性净资产”科目；借记“捐赠收入——非限定性收入”科目，贷记“非限定性净资产”科目。结转后，“捐赠收入”科目无余额。

**3. 核算举例**

**例24-2**

资料：20×1年10月3日，甲社会团体与乙企业签订了一份捐赠协议。协议规定，乙企业向甲社会团体捐赠30万元，并于协议签订生效日后5日内转入甲社会团体账户，且该笔款项限定用于某项学术课题研究，研究成果由甲社会团体享有。20×1年10月6日，甲社会团体收到该笔款项，并向乙企业开具了公益性捐赠票据。要求：编制甲社会团体会计对此业务进行账务处理的会计分录。

甲社会团体20×1年10月6日实际收到捐赠款时做如下会计处理：

借：银行存款　300 000

　贷：捐赠收入——限定性收入　300 000

**例24-3**

资料：20×1年10月20日，甲基金会与丙企业签订了一份捐赠协议。协议规定，自20×2年1月1日至20×3年12月31日，丙企业按照每销售一瓶矿泉水即向甲基金会捐赠5分钱的方法计算捐赠款，并于20×2年1月至20×3年12月的每个月月末，将按照矿泉水实际销售量计算确定的捐赠款于下月初5日内汇至甲基金会账户。该捐赠款专门用于资助边远地区生活困难家庭失学儿童就读小学，被资助者每年受资助金额为2 000元，资助条款对资助后的跟踪办法有明确规定。被资助对象由基金会自主选择，基金会负责报告被资助者小学就读情况。按照往年销售情况预计，捐赠额总计不少于800万元。甲基金会在收到捐赠款后5日内向丙企业开具公益性捐赠票据。20×2年2月3日，甲基金会收到丙企业首笔捐赠款67 824元。要求：编制甲基金会会计对上述业务进行账务处理的会计分录。

①20×1年10月20日，甲基金会对丙企业的捐赠承诺不做会计处理，但可以在20×1年年度报告中披露该捐赠协议。

②20×2年2月3日，甲基金会实际收到丙企业捐赠款时做如下会计处理：

借：银行存款　67 824

　贷：捐赠收入——限定性收入　67 824

③以后每个月实际收到时，均按实际收到的捐赠金额进行上述会计处理。

**例24-4**

资料：20×2年2月10日，甲基金会与丁企业签订了一份捐赠协议。协议规定，丁企业向甲基金会捐赠50万元，其中40万元用于资助贫困地区学前儿童教育，10万元用于此项活动的宣传和管理。资助贫困地区学前儿童教育的规则已经明确，资助对象由基金会按资助规则确定。捐赠款项于协议签订后10日内汇至甲基金会账户。20×2年2月22日，甲基金会收到丁企业50万元捐赠款，并向丁企业开具了公益性捐赠票据。20×2年2月28日至20×2年4月13日，甲基金会将40万元捐赠给160所贫困地区学前教育机构，并发生宣传及管理费8万元。20×2年5月10日甲基金会与丁企业签订补充协议，规定此次捐赠款结余金额2万元由基金会自行支配使用。要求：编制甲基金会会计对上述业务进行账务处理的会计分录。

①20×2年2月10日，甲基金会对丁企业的捐赠承诺不做会计处理。

②20×2年2月22日，甲基金会收到丁企业捐赠款时做如下会计处理：

借：银行存款　500 000

　贷：捐赠收入——限定性收入　500 000

③20×2年2月28日至20×2年4月13日，甲基金会根据实际发生的捐赠及管理

费等业务做如下会计处理：

借：业务活动成本 400 000
　　管理费用 80 000
　贷：银行存款 480 000

同时对解除限制的限定性净资产进行调整：

借：限定性净资产 480 000
　贷：非限定性净资产 480 000

④20×2年5月10日，将捐赠款结余金额2万元转为非限定性收入时，甲基金会做如下会计处理：

借：捐赠收入——限定性收入 20 000
　贷：捐赠收入——非限定性收入 20 000

⑤如果20×3年甲基金会与丁企业签订补充协议，规定20×2年捐赠款结余金额2万元由基金会自行支配使用，则20×3年甲基金会应做如下会计处理：

借：限定性净资产 20 000
　贷：非限定性净资产 20 000

例 24-5

资料：20×2年6月25日，甲民间非营利组织与乙企业签订了一份捐赠协议。协议规定，乙企业向甲民间非营利组织捐赠500万元成立一项奖学金基金，以基金利息奖励20×3年1月1日以后每年报考人工智能专业方向的本市高考成绩前10名的学生。奖学金基金于签订协议后5个工作日内汇入甲民间非营利组织的账户。未经乙企业同意，不得动用基金本金。奖励办法已经明确，具体奖励金额将由甲乙双方根据基金累计利息情况商定。20×2年7月3日，甲民间非营利组织收到奖学金基金500万元，20×2年12月收到该基金半年的利息共计10万元。要求：编制甲民间非营利组织会计对上述业务进行账务处理的会计分录。

①20×2年6月25日，捐赠承诺不满足捐赠收入确认条件，甲民间非营利组织不做账务处理。

②20×2年7月3日，实际收到捐赠款时，甲民间非营利组织做如下会计处理：

借：银行存款 5 000 000
　贷：捐赠收入——限定性收入 5 000 000

③20×2年12月收到利息时，甲民间非营利组织做如下会计处理：

借：银行存款 100 000
　贷：其他收入——限定性收入 100 000

### 24.3.2 政府补助收入的核算

**1. 科目设置**

民间非营利组织因为政府拨款或者政府机构给予的补助而取得的收入，需要设置“政府补助收入”科目进行核算，并按照非限定性收入和限定性收入设置明细科目进行明细核算。

**2. 账务处理**

对于接受的政府补助，按照应确认的金额，借记“现金”“银行存款”等科目，贷记“政府补助收入——限定性收入”或“政府补助收入——非限定性收入”科目。对于接受的附条件政府补助，如果民间非营利组织存在需要偿还全部或部分政府补助资产或者相应金额的现时义务（比如因无法满足政府补助所附条件而必须退还部分政府补助时），按照需要偿还的金额，借记“管理费用”科目，贷记“其他应付款”等科目。如果限定性政府补助收入的限制在确认收入的当期得以解除，应当将其转为非限定性捐赠收入，借记“政府补助收入——限定性收入”，贷记“政府补助收入——非限定性收入”。

需要说明的是，如果限定性政府补助收入在以后会计期间按照规定或时间使用进而解除了限制，应将与之相关的上期限定性净资产转为本期的非限定性净资产，即借记“限定性净资产”科目，贷记“非限定性净资产”科目。也就是说，此时需要对限定性资产进行重分类，而不是将“政府补助收入——限定性收入”转为“政府补助收入——非限定性收入”。

会计期末，将“政府补助收入——限定性收入”和“政府补助收入——非限定性收入”科目发生额分别转入限定性净资产和非限定性净资产。借记“政府补助收入——限定性收入”科目，贷记“限定性净资产”科目；借记“政府补助收入——非限定性收入”科目，贷记“非限定性净资产”科目。结转后，“政府补助收入”科目无余额。

**3. 核算举例**

**例 24-6**

资料：20×2 年 12 月 20 日，某政府部门按批准的政府预算向甲民办非营利儿童福利院支付 40 000 元，用于福利院在 20×2 年 12 月 31 日前为孤儿购置新衣新被，每个儿童的花费额度不低于 800 元、不超过 1 000 元。该款项已存入福利院的账户。20×2 年 12 月 28 日，该福利院为所有的 39 名孤儿每人花费 1 000 元购置了新衣新被，共花费 39 000 元。按规定，剩余 1 000 元应予退还。要求：编制该民间非营利组织会计对上述业务进行账务处理的会计分录。

①20×2 年 12 月 20 日，甲民办非营利儿童福利院收到财政补助款时，做如下会计处理：

借：银行存款　　40 000
　贷：政府补助收入——限定性收入　　40 000

②20×2 年 12 月 28 日，甲民办非营利儿童福利院购置新衣新被后，根据相关凭据做如下会计处理：

借：业务活动成本——捐赠项目成本　　39 000
　贷：银行存款　　39 000
借：管理费用　　1 000
　贷：其他应付款　　1 000
借：限定性净资产　　40 000

贷：非限定性净资产　　40 000

例 24-7

资料：20×2年12月25日，某政府部门按批准的政府预算通过政府采购和国库集中支付方式将购置的冬季取暖设施、安全防护设施及饮用开水设施交付甲外地打工人员子弟小学。设备价款共计80万元。该子弟小学对收到的设备拥有控制权和使用权，并按要求加强设备管理和维护，但不得处置；如需处置，需经主管部门审批，并将处置款全额上缴财政。要求：编制该民间非营利组织会计对上述业务进行账务处理的会计分录。

20×2年12月25日，甲外地打工人员子弟小学根据收到的资产及相关凭据做如下会计处理：

借：固定资产　　800 000

　　贷：政府补助收入——限定性收入　　800 000

借：限定性净资产　　800 000

　　贷：非限定性净资产　　800 000

### 24.3.3 会费收入的核算

**1. 科目设置**

民间非营利组织根据章程等的规定向会员收取的会费，通过“会费收入”科目进行核算。一般情况下，民间非营利组织的会费收入为非限定性收入，除非相关资产提供者对资产的使用设置了限制。

**2. 账务处理**

向会员收取会费，在满足收入确认条件时，借记“现金”“银行存款”“应收账款”等科目，贷记“会费收入——非限定性收入”科目，如果存在限定性会费收入，应当贷记“会费收入——限定性收入”科目。

会计期末，将“会费收入——限定性收入”和“会费收入——非限定性收入”科目的余额分别转入限定性净资产和非限定性净资产，借记“会费收入——限定性收入”科目，贷记“限定性净资产”科目；借记“会费收入——非限定性收入”科目，贷记“非限定性净资产”科目。结转后，“会费收入”科目无余额。

需要说明的是，民间非营利组织收取的会费，应根据民间非营利组织章程、会员章程及会员收缴办法等的规定进行会计处理。一般地，当年收取当年会费的，按照实际收到的金额确认会费收入；对于当年应收且很可能收到的会费，可按应收金额确认会费收入；对于预收的会费，一般按当年会费金额确认收入，预收部分在以后年度确认会费收入。如果章程中明确规定预收的会费不予退还且预收会费金额不大，为简化核算手续，也可以按实际预收的金额确认会费收入。

**3. 核算举例**

例 24-8

资料：某社会团体会员代表大会通过的会费收缴办法规定，该社会团体单位会员按照上年营业收入的 2‰缴纳年会费（最低会费 3 万元，最高会费 20 万元），个人会员每人缴纳 500 元年会费。缴费期限为当年 1 月 1 日至当年 12 月 31 日，当年未缴纳会费的，自下一年度 1 月 1 日起自动取消会员资格。所有会费可用于符合该社会团体宗旨的各项活动。

20×2 年 12 月，共收取当年会费 78 万元，其中单位会费 60 万元，个人会费 18 万元。所有款项均存入该社会团体银行存款账户。要求：编制该民间非营利组织会计对上述业务进行账务处理的会计分录。

该社会团体根据入账通知等凭据，做如下会计处理：

借：银行存款　780 000

　贷：会费收入——非限定性收入——单位会费　600 000

　　　　　　　　　　　　　　　——个人会费　180 000

**例 24－9**

资料：某社会团体会员代表大会通过的会费收缴办法规定，该社会团体单位会员年会费 10 万元，个人会员年会费 500 元。缴费期限为当年 1 月 1 日至当年 12 月 31 日，当年未缴纳会费的，自下一年度 1 月 1 日起自动取消会员资格。预缴会费的，可享受 10%折扣，但预缴会费不予退还。所有会费可用于符合该社会团体宗旨的各项活动。20×2 年 12 月，共收取会费 172 万元，其中，当年会费 100 万元（包括单位会费 80 万元，个人会费 20 万元），预收以后年度会费 72 万元（包括单位会费 54 万元，个人会费 18 万元）。款项已存入该社会团体银行存款账户。要求：编制该民间非营利组织会计对上述业务进行账务处理的会计分录。

该社会团体根据入账通知等凭据，做如下会计处理：

借：银行存款　1 720 000

　贷：预收账款——单位会员　540 000

　　　　　　　——个人会员　180 000

　　　会费收入——非限定性收入——单位会费　800 000

　　　　　　　　　　　　　　　——个人会费　200 000

### 24.3.4　境外非政府组织代表机构的总部拨款收入

执行《民间非营利组织会计制度》的境外非政府组织代表机构，从其总部取得的拨款收入。一般通过“总部拨款收入”科目核算，并设置“限定性收入”“非限定收入”明细科目进行明细核算。

取得总部拨款收入时，按照取得的金额，借记“现金”“银行存款”等科目，贷记“总部拨款收入”科目。

期末，将本“总部拨款收入”科目中“限定性收入”和“非限定性收入”科目分别转入“限定性净资产”和“非限定性净资产”科目。借记“总部拨款收入——限定性净资产”科目，贷记“限定性净资产”科目；借记“总部拨款收入——非限定性净资产”科目，贷记“非限定性净资产”科目。

## 24.4 民间非营利组织费用的核算

### 24.4.1 费用的分类

民间非营利组织的费用，按照其活动性质一般分为业务活动成本、管理费用、筹资费用和其他费用等。按发生费用的具体经济内容，费用可以分为人员费用、物料费用、资产减值准备、购买服务费用、税费等。

民间非营利组织应该对费用进行多维度分类，不仅反映按经济内容分类的费用构成，还反映按活动性质划分的费用构成。多数情况下，民间非营利组织应提供费用按经济内容分类和按费用发生的活动性质分类的明细表（见表24-2）。

表24-2 费用按经济内容分类和按活动性质分类明细表

| 按活动性质分类 | 按经济内容分类 | | | | | | | | | | | | | | |
|---|---|---|---|---|---|---|---|---|---|---|---|---|---|---|---|
| | 业务活动成本 | | | | | | | | | | | 管理费用 | 筹资费用 | 其他费用 | 合计 |
| | 核心业务（如慈善、公益等）活动 | | | | | 其他活动 | | | | | 业务活动小计 | | | | |
| | 项目1 | 项目2 | 项目3 | … | 小计 | 销售商品 | 提供服务 | 会员服务 | … | 小计 | | | | | |
| 一、人员费用 | | | | | | | | | | | | | | | |
| 其中：职工工资 | | | | | | | | | | | | | | | |
| 奖金 | | | | | | | | | | | | | | | |
| 津贴及补贴 | | | | | | | | | | | | | | | |
| 职工福利费 | | | | | | | | | | | | | | | |
| 五险一金 | | | | | | | | | | | | | | | |
| ⋮ | | | | | | | | | | | | | | | |
| 其他 | | | | | | | | | | | | | | | |
| 人员费用小计 | | | | | | | | | | | | | | | |
| 二、物料费用 | | | | | | | | | | | | | | | |
| 其中：使用、销售存货成本 | | | | | | | | | | | | | | | |
| 捐赠资产成本 | | | | | | | | | | | | | | | |
| 固定资产折旧 | | | | | | | | | | | | | | | |
| 无形资产摊销 | | | | | | | | | | | | | | | |
| 固定资产处置损失 | | | | | | | | | | | | | | | |

续表

| 按活动性质分类 | 按经济内容分类 | | | | | | | | | | | | | | |
|---|---|---|---|---|---|---|---|---|---|---|---|---|---|---|---|
| | 业务活动成本 | | | | | | | | | | | 管理费用 | 筹资费用 | 其他费用 | 合计 |
| | 核心业务（如慈善、公益等）活动 | | | | | 其他活动 | | | | | 业务活动小计 | | | | |
| | 项目1 | 项目2 | 项目3 | … | 小计 | 销售商品 | 提供服务 | 会员服务 | … | 小计 | | | | | |
| 无形资产处置损失 | | | | | | | | | | | | | | | |
| ⋮ | | | | | | | | | | | | | | | |
| 其他物料消耗 | | | | | | | | | | | | | | | |
| 物料费用小计 | | | | | | | | | | | | | | | |
| 三、计提资产减值准备 | | | | | | | | | | | | | | | |
| 其中：存货跌价准备 | | | | | | | | | | | | | | | |
| 应收款项坏账准备 | | | | | | | | | | | | | | | |
| 短期投资跌价准备 | | | | | | | | | | | | | | | |
| 长期投资减值准备 | | | | | | | | | | | | | | | |
| ⋮ | | | | | | | | | | | | | | | |
| 计提资产减值准备小计 | | | | | | | | | | | | | | | |
| 四、购买服务费用 | | | | | | | | | | | | | | | |
| 其中：印刷费 | | | | | | | | | | | | | | | |
| 邮电费 | | | | | | | | | | | | | | | |
| 水电费 | | | | | | | | | | | | | | | |
| 通讯费 | | | | | | | | | | | | | | | |
| 取暖费 | | | | | | | | | | | | | | | |
| 物业费 | | | | | | | | | | | | | | | |
| 交通费 | | | | | | | | | | | | | | | |
| 差旅费 | | | | | | | | | | | | | | | |
| 修理费 | | | | | | | | | | | | | | | |
| 审计费 | | | | | | | | | | | | | | | |
| 租赁费 | | | | | | | | | | | | | | | |
| 会议费 | | | | | | | | | | | | | | | |
| ⋮ | | | | | | | | | | | | | | | |
| 其他 | | | | | | | | | | | | | | | |
| 购买服务费用小计 | | | | | | | | | | | | | | | |

续表

| 按活动性质分类 | 按经济内容分类 | | | | | | | | | | | | | | |
|---|---|---|---|---|---|---|---|---|---|---|---|---|---|---|---|
| | 业务活动成本 | | | | | | | | | | | 管理费用 | 筹资费用 | 其他费用 | 合计 |
| | 核心业务（如慈善、公益等）活动 | | | | | 其他活动 | | | | | 业务活动小计 | | | | |
| | 项目1 | 项目2 | 项目3 | … | 小计 | 销售商品 | 提供服务 | 会员服务 | … | 小计 | | | | | |
| 五、税费 | | | | | | | | | | | | | | | |
| 其中：文化事业建设费 | | | | | | | | | | | | | | | |
| 城市维护建设税 | | | | | | | | | | | | | | | |
| 教育费附加 | | | | | | | | | | | | | | | |
| 车船税 | | | | | | | | | | | | | | | |
| 房产税 | | | | | | | | | | | | | | | |
| 印花税 | | | | | | | | | | | | | | | |
| 环境保护税 | | | | | | | | | | | | | | | |
| 水资源税 | | | | | | | | | | | | | | | |
| ⋮ | | | | | | | | | | | | | | | |
| 其他税费 | | | | | | | | | | | | | | | |
| 税费小计 | | | | | | | | | | | | | | | |
| 六、其他费用 | | | | | | | | | | | | | | | |
| 其中：确认的预计负债损失 | | | | | | | | | | | | | | | |
| 退还的受赠资产 | | | | | | | | | | | | | | | |
| 退还的政府补助 | | | | | | | | | | | | | | | |
| ⋮ | | | | | | | | | | | | | | | |
| 其他 | | | | | | | | | | | | | | | |
| 其他费用小计 | | | | | | | | | | | | | | | |
| 七、合计 | | | | | | | | | | | | | | | |

## 24.4.2 民间非营利组织费用的核算

根据《民间非营利组织会计制度》，民间非营利组织一般应设置“业务活动成本”“管理费用”“筹资费用”“其他费用”等会计科目核算相关的费用。

**1. 业务活动成本**

（1）科目设置。民间非营利组织的业务活动成本是指民间非营利组织为了实现其业务活动目标、开展其项目活动或者提供服务所发生的费用。一般应设置“业务活动成本”科目对发生的业务活动成本进行核算。如果民间非营利组织从事的项目、提供的服务或者开展的业务种类较多，应当在“业务活动成本”科目下分别按项目（如捐赠、商品销售等）、服务（如会员服务、免费杂志等）或者业务大类（如慈善活动、其他业务活动等）进行核算和列报。在会计实务中，民间非营利组织通常在“业务活动成本”科目下设置“销售商品成本”“提供服务成本”“会员服务成本”“捐赠项目成本”“业务活动税金及附加”“业务活动费用”等明细科目进行明细核算，以提供会计报表列报所需要的详细信息。其中，“销售商品成本”核算当期所出售商品的实际成本，以及与销售商品有关的直接和间接费用；“提供服务成本”核算当期所提供服务的实际成本，以及与提供服务有关的直接和间接费用；“会员服务成本”核算当期免费提供给会员的杂志等商品的实际成本，免费向会员提供的培训、咨询等服务或活动的实际成本等，以及与会员服务有关的直接和间接费用；“捐赠项目成本”核算对外捐赠款项、捐出商品物资的实际成本等，以及与捐赠项目有关的直接和间接费用；“业务活动税金及附加”核算业务活动应负担的税金及附加（如城市维护建设税、教育费附加等）；“业务活动费用”核算因为业务活动发生的但无法合理分摊或无须分摊至某项或某类业务的间接费用（如在中国慈善日举办宣传活动、捐赠活动、商品销售活动等共同发生的材料物资运输费用等）。

需要说明的是，如果民间非营利组织接受政府提供的专项资金补助，为提供专项资金使用情况的详细信息，可以在“政府补助收入——限定性收入”科目下设置“专项补助收入”明细科目，并在“业务活动成本”科目下设置“专项补助成本”明细科目，以便对接受政府补助的专项资金进行专项核算和报告。

（2）账务处理。发生业务活动成本时，借记“业务活动成本”科目，贷记“现金”“银行存款”“存货”“应付账款”等科目。会计期末，将“业务活动成本”科目的余额转入非限定性净资产时，借记“非限定性净资产”科目，贷记“业务活动成本”科目。期末结转后，“业务活动成本”科目无余额。

需要说明的是，民间非营利组织按规定出资设立其他民间非营利组织，不属于长期股权投资，而应当计入当期费用。其中，设立与实现本组织业务活动目标相关的民间非营利组织的，相关出资金额记入“业务活动成本”科目；设立与实现本组织业务活动目标不相关的民间非营利组织的，相关出资金额记入“其他费用”科目。

（3）核算举例。

**例 24－10**

资料：某社会团体为增值税小规模纳税人，20×2 年 12 月 20 日，该社会团体对外销售图书 1 000 册，每册售价 30.9 元（含增值税 0.9 元），款项于当日全部收到并存入银行存款账户。假定该图书每册进价为 18 元。该销售业务符合商品销售收入确认条件。要求：编制该民间非营利组织会计对上述业务进行账务处理的会计分录。

该社会团体 20×2 年 12 月 20 日根据销售发票、银行存款入账通知等票据，做如下会计处理：

| | | |
|---|---|---|
| 借：银行存款 | 30 900 | |
| 　贷：商品销售收入 | | 30 000 |
| 　　应交税费——应交增值税 | | 900 |
| 借：业务活动成本——商品销售成本 | 18 000 | |
| 　贷：存货 | | 18 000 |

**2. 管理费用**

民间非营利组织的管理费用是指民间非营利组织为组织和管理其业务活动所发生的各项费用，包括民间非营利组织董事会（或者理事会或者类似权力机构）经费和行政管理人员的工资、奖金、津贴、福利费、住房公积金、住房补贴、社会保障费，离退休人员工资与补助，以及办公费、水电费、邮电费、物业管理费、差旅费、折旧费、修理费、无形资产摊销、存货盘亏损失、资产减值损失、因预计负债所产生的损失、聘请中介机构费和应偿还的受赠资产等。

（1）科目设置。民间非营利组织一般应设置“管理费用”科目对管理费用进行核算，并按照管理费用种类设置明细账进行明细核算，以满足内部管理等有关方面的信息需要。

（2）账务处理。发生的现金、存货、固定资产盘亏业务，根据管理权限报经批准后，按照相关资产账面价值扣除可以收回的保险赔偿和过失人的赔偿等后的金额，借记“管理费用”科目，按照可以收回的保险赔偿和过失人的赔偿等，借记“现金”“银行存款”“其他应收款”等科目，按照已提取的累计折旧，借记“累计折旧”科目，按照相关资产的账面余额，贷记相关资产科目。

因提取资产减值准备而确认资产减值损失时，借记“管理费用”科目，贷记相关资产减值准备科目。冲减或转回资产减值准备时，借记相关资产减值准备科目，贷记“管理费用”科目。提取行政管理用固定资产折旧时，借记“管理费用”科目，贷记“累计折旧”科目。需要特别注意的是：长期投资、固定资产、无形资产的资产减值损失一经确认，在以后会计期间不得转回。

计提无形资产摊销时，借记“管理费用”科目，贷记“无形资产”科目。发生应归属于管理费用的应付职工薪酬时，借记“管理费用”科目，贷记“应付职工薪酬”等科目。

因确认预计负债（如因未决诉讼确认预计负债等）而确认损失时，借记“管理费用”科目，贷记“预计负债”科目。

发生其他管理费用时，借记“管理费用”科目，贷记“现金”“银行存款”等科目。会计期末，将“管理费用”科目的余额转入非限定性净资产，借记“管理费用”科目，贷记“非限定性净资产”科目，结转后，“管理费用”科目无余额。

（3）核算举例。

**例 24－11**

资料：某民间非营利组织按照小规模纳税人计税方法缴纳增值税。20×2年12月31日以银行存款支付办公用品购置费2 000元（含增值税），同时提取办公用固定资产折旧6 000

元。要求：编制该民间非营利组织会计对上述业务进行账务处理的会计分录。

该民间非营利组织依据购买办公用品的发票、银行付款凭证及折旧计算单等，做如下会计处理：

| | | |
|---|---|---|
| 借：管理费用 | 8 000 | |
| 　贷：银行存款 | | 2 000 |
| 　　累计折旧 | | 6 000 |

**3. 筹资费用**

筹资费用是指民间非营利组织为筹集业务活动所需资金而发生的费用，包括民间非营利组织为了获得捐赠资产而发生的费用以及应当计入当期费用的借款费用、汇兑损失（减汇兑收益），以及接受非现金资产捐赠时发生的应归属于自身的相关税费、运输费等。其中：

为了获得捐赠资产而发生的费用主要包括举办募款活动的活动费，准备、印刷和发放募款宣传材料的费用，以及其他与募款或者争取捐赠资产有关的费用。

借款费用是指计入当期费用的借款费用，主要包括：（1）利息支出（短期借款利息、长期借款利息、应付票据利息和票据贴现利息等减去银行存款利息收入后的净额）；（2）债券溢价、折价摊销及相关手续费等。

需要特别说明的是，在固定资产达到预计可使用状态前、为购建固定资产而发生的专门借款的借款费用应予以资本化，计入相关固定资产的购建成本，不纳入筹资费用的核算范围。汇兑损失是外汇买卖和兑换外币等业务产生的损失，以及会计期末各种外币账户因期末汇率与记账汇率不同所产生的差额等。

其他筹资费用是指除筹款费用、借款费用和汇兑损失以外的筹资费用。

（1）科目设置。民间非营利组织一般应设置“筹资费用”科目对筹资费用进行核算，并按照筹资费用的种类设置明细账进行明细核算。

（2）账务处理。发生筹资费用时，借记“筹资费用”科目，贷记“预提费用”“银行存款”“长期借款”等科目。发生应冲减筹资费用的利息收入、汇兑收益时，借记“银行存款”“长期借款”等科目，贷记“筹资费用”科目。

会计期末，将“筹资费用”科目的余额转入非限定性净资产，借记“非限定性净资产”科目，贷记“筹资费用”科目。结转后，“筹资费用”科目无余额。

（3）核算举例。

**例 24－12**

资料：20×2 年 12 月 27 日，某民间非营利组织以银行存款支付广告费用 20 000 元，公开募集慈善捐款用于灾区救助。要求：编制该民间非营利组织会计对上述业务进行账务处理的会计分录。

该民间非营利组织依据相关凭据做如下会计处理：

| | | |
|---|---|---|
| 借：筹资费用 | 20 000 | |
| 　贷：银行存款 | | 20 000 |

**4. 其他费用**

其他费用是指民间非营利组织发生的，无法归属到上述业务活动成本、管理费用或者筹资费用中的费用，包括固定资产处置净损失、无形资产处置净损失，以及所得税和不应由业务活动负担的税金及附加。

（1）科目设置。民间非营利组织一般应设置“其他费用”科目核算其他费用，并按照费用种类设置明细账进行明细核算。

（2）账务处理。发生固定资产处置净损失时，借记“其他费用”科目，贷记“固定资产清理”科目。发生无形资产处置净损失时，按照实际取得的价款，借记“银行存款”等科目，按照该项无形资产的账面余额，贷记“无形资产”科目（计提减值的还应冲减已经计提的减值准备），按照应交增值税额，贷记“应交税费”科目，按照其差额，借记“其他费用”科目。

会计期末，将“其他费用”科目的余额转入非限定性净资产，借记“非限定性净资产”科目，贷记“其他费用”科目。结转后，“其他费用”科目无余额。

（3）核算举例。

**例 24－13**

资料：甲民间非营利组织的某台设备超过预计使用年限，该设备原值 80 000 元，预计净残值 4 000 元，预计使用年限 10 年，现申请报废处理，处置过程中以银行存款支付清理费用 300 元。处置该设备取得的收入 4 120.8 元（包含应交增值税 80.8 元）已存入银行。要求：编制该民间非营利组织会计对上述业务进行账务处理的会计分录。

该民间非营利组织根据发生的相关业务做如下会计处理：

①注销固定资产。

| | | |
|---|---|---|
| 借：固定资产清理 | 4 000 | |
| 　　累计折旧 | 76 000 | |
| 　贷：固定资产 | | 80 000 |

②支付清理费用。

| | | |
|---|---|---|
| 借：固定资产清理 | 300 | |
| 　贷：银行存款 | | 300 |

③收到处置价款。

| | | |
|---|---|---|
| 借：银行存款 | 4 120.8 | |
| 　贷：固定资产清理 | | 4 040 |
| 　　　应交税费——应交增值税 | | 80.8 |

④结转固定资产处置损失。

| | | |
|---|---|---|
| 借：其他费用——固定资产处置净损失 | 260 | |
| 　贷：固定资产清理 | | 260 |

## 24.5 民间非营利组织净资产的核算

### 24.5.1 限定性净资产的核算

限定性净资产是指民间非营利组织的资产或者资产的经济利益（如资产的投资收益和利息等）的使用和处置受到资产提供者或者国家有关法律、行政法规所设置的时间限制或（和）用途限制而形成的净资产。

**1. 科目设置**

民间非营利组织的限定性净资产一般通过“限定性净资产”科目进行核算，并根据单位具体情况和实际需要，按限定性项目或限定性种类进行明细核算。

**2. 账务处理**

限定性净资产的核算内容主要包括：期末将限定性收入结转至限定性净资产，因解除限制对限定性净资产重分类，对以前年度限定性收入进行调整，限定性净资产的其他变动等。

会计期末，将各收入类科目所属“限定性收入”明细科目的余额转入“限定性净资产”科目，借记“捐赠收入——限定性收入”“政府补助收入——限定性收入”“商品销售收入——限定性收入”“提供服务收入——限定性收入”“投资收益——限定性收入”“其他收入——限定性收入”等科目，贷记“限定性净资产”科目。

如果限定性净资产的限制已经解除，应当对净资产进行重分类，将限定性净资产转为非限定性净资产，借记“限定性净资产”科目，贷记“非限定性净资产”科目。

如果资产提供者或者国家有关法律、行政法规要求民间非营利组织在特定时期之内或特定日期之后将限定性净资产或者相关资产用于特定用途，民间非营利组织应当在相应期间内或相应日期之后，按照实际使用的相关资产金额或者实际发生的相关费用金额将限定性净资产转为非限定性净资产。

因调整以前期间收入、费用项目而涉及调整限定性净资产的，应当按照需要调整的金额，借记或贷记有关科目，贷记或借记“限定性净资产”科目。

取得资产时并没有受到资产提供者或国家法律、行政法规对时间和用途的具体限制，但其后增设时间或用途限制条件的，应在增设时间或用途限制条件时，将原属于非限定性净资产的相应部分转为限定性净资产，借记“非限定性净资产”科目，贷记“限定性净资产”科目。

“限定性净资产”期末贷方余额，反映民间非营利组织历年积存的限定性净资产。

需要补充说明的是，执行《民间非营利组织会计制度》的社会团体、基金会、社会服务机构设立时取得的注册资金，应当直接计入净资产，并视其是否规定有限定条件，分别计入限定性净资产或非限定性净资产。但社会团体、基金会、社会服务机构变更登记注册资金属于自愿采取的登记事项变更，并不引起资产和净资产的变动，无须进行会计处理。

社会团体、基金会、社会服务机构设立时取得的注册资金，应当在现金流量表的“收到的其他与业务活动有关的现金”项目中填列。

**3. 核算举例**

（1）期末将限定性收入结转至限定性净资产。

**例 24－14**

资料：同例 23－5。要求：编制该民间非营利组织会计对上述业务进行账务处理的会计分录。

①20×2年7月3日甲民间非营利组织实际收到捐赠款时，做如下会计处理：

借：银行存款　5 000 000

　贷：捐赠收入——限定性收入　5 000 000

②7月末，将捐赠收入转入限定性净资产。

借：捐赠收入——限定性收入　5 000 000

　贷：限定性净资产　5 000 000

③20×2年12月甲民间非营利组织收到利息时，做如下会计处理：

借：银行存款　100 000

　贷：其他收入——限定性收入　100 000

④12月末，将本月其他收入转入限定性净资产。

借：其他收入——限定性收入　100 000

　贷：限定性净资产　100 000

（2）因解除限制对限定性净资产重分类。

**例 24-15**

资料：同例 23-6 和例 23-7。要求：编制该民间非营利组织会计对上述业务进行账务处理的会计分录。

①20×2年12月20日，甲民办非营利儿童福利院收到财政补助款时，做如下会计处理：

借：银行存款　40 000

　贷：政府补助收入——限定性收入　40 000

②20×2年12月28日，甲民办非营利儿童福利院购置新衣新被后，根据相关凭据做如下会计处理：

借：业务活动成本——捐赠项目成本　39 000

　贷：银行存款　39 000

借：管理费用　1 000

　贷：其他应付款　1 000

借：限定性净资产　40 000

　贷：非限定性净资产　40 000

③20×2年12月25日，甲外地打工人员子弟小学根据收到的资产及相关凭据，做如下会计处理：

借：固定资产　800 000

　贷：政府补助收入——限定性收入　800 000

借：限定性净资产　800 000

　贷：非限定性净资产　800 000

将限定性净资产调整为非限定性净资产的理由是，民间非营利组织的各项收入和费用在期末结转至净资产时，仅将各项限定性收入本期发生额结转至“限定性净资产”，除限定性收入以外的各项收入和费用均结转至“非限定性净资产”。按照限定时间或用途使用限定性资金或资产时，表明限定性净资产已经解除限制，因此应将实际解除限制的限定性金额从限定性净资产转至非限定性净资产。

（3）对以前年度限定性收入进行调整。

### 例 24－16

资料：20×1 年 12 月某华侨向某民间博物馆捐赠了一尊祖传的明代铜鎏金佛像。捐赠人要求该佛像只能做展览且只能在本馆展览。该佛像系华侨祖传古董，无法提供表明该佛像金额的相关凭据。年末前，该民间博物馆未获得该尊铜鎏金佛像的公允价值，仅在办理接受该佛像捐赠手续后，在辅助账中进行了登记，在会计报表附注中进行了信息披露。20×2 年 7 月，中国香港某拍卖行拍卖成交的类似佛像的拍卖价格折合人民币约 3 000 万元，专家出具相关书面文件和说明，认定博物馆该尊明代铜鎏金佛像的价值为 2 800 万～3 000 万元。该博物馆以 2 900 万元作为计量价值对未入账明代铜鎏金佛像进行入账调整。要求：编制该民间非营利组织会计对上述业务进行账务处理的会计分录。

借：文物文化资产　　29 000 000

　贷：限定性净资产　　29 000 000

（4）限定性净资产的其他变动。

### 例 24－17

资料：某基金会 20×1 年 12 月 23 日获得一笔捐款 600 000 元，当时捐赠人并未对捐款使用提出具体要求。该基金会于 20×1 年 12 月 28 日支付 40 000 元用于贫困地区 3～6 周岁学龄前儿童营养补助，20×2 年 2 月 15 日向希望小学支付 50 000 元用于图书购置。20×2 年 3 月 3 日，捐款人向基金会提出要求——该捐款未使用部分全部用于希望小学的基础设施建设。经协商并签订补充协议，将剩余未用的 510 000 元转为专门用于希望小学基础设施建设的资金。要求：编制该民间非营利组织会计对上述业务进行账务处理的会计分录。

①20×1 年 12 月 23 日，甲基金会做如下会计处理：

借：银行存款　　600 000

　贷：捐赠收入——非限定性收入　　600 000

②20×1 年 12 月 28 日，甲基金会支付学龄前儿童营养补助，做如下会计处理：

借：业务活动成本　　40 000

　贷：银行存款　　40 000

③20×1 年 12 月末，甲基金会将该捐款收入转入非限定性净资产，并将实际支付学龄前儿童营养补助形成的业务活动成本转入非限定性净资产，做如下会计处理：

借：捐赠收入——非限定性收入　　600 000

　贷：非限定性净资产　　600 000

借：非限定性净资产　　40 000

　贷：业务活动成本　　40 000

④20×2 年 2 月 15 日，向希望小学支付图书购置款 50 000 元，做如下会计处理：

借：业务活动成本　　50 000

　贷：银行存款　　50 000

⑤20×2 年 2 月末，将支付的图书购置款转入非限定性净资产，做如下会计处理：

借：非限定性净资产　　50 000

贷：业务活动成本 50 000

⑥20×2年3月3日，将剩余未用捐款转为限定性净资产，做如下会计处理：

借：非限定性净资产 510 000

贷：限定性净资产 510 000

## 24.5.2 非限定性净资产的核算

非限定性净资产是指民间非营利组织净资产中除限定性净资产之外的其他净资产。

**1. 科目设置**

民间非营利组织应设置“非限定性净资产”科目对非限定性净资产进行核算。核算内容主要包括：（1）期末将当期非限定性收入的实际发生额、当期费用的实际发生额和当期由限定性净资产转为非限定性净资产的金额转入非限定性净资产。（2）由于限定性净资产的限制已经解除，应当对净资产进行重分类。（3）因调整以前期间收入、费用项目而对相应非限定性净资产进行调整等。

**2. 账务处理**

期末，将各收入类科目所属“非限定性收入”明细科目的余额转入“非限定性净资产”科目，借记“捐赠收入——非限定性收入”“会费收入——非限定性收入”“提供服务收入——非限定性收入”“政府补助收入——非限定性收入”“商品销售收入——非限定性收入”“投资收益——非限定性收入”“其他收入——非限定性收入”等科目，贷记“非限定性净资产”科目。同时，将各费用类科目的余额转入“非限定性净资产”科目，借记“非限定性净资产”科目，贷记“业务活动成本”“管理费用”“筹资费用”“其他费用”科目。

如果限定性净资产的限制已经解除，应当对净资产进行重分类，将限定性净资产转为非限定性净资产，借记“限定性净资产”科目，贷记“非限定性净资产”科目。

如果因调整以前期间收入、费用项目而涉及调整非限定性净资产，应当就需要调整的金额，借记或贷记有关科目，贷记或借记“非限定性净资产”科目。

“非限定性净资产”期末贷方余额，反映民间非营利组织历年积存的非限定性净资产。

**3. 核算举例**

（1）期末将各项非限定性收入和各项成本费用结转至非限定性净资产。

**例24-18**

资料：某民间非营利组织20×2年10月发生的收入费用情况如下：

| | |
|---|---|
| 捐赠收入——限定性收入 | 80 000元 |
| ——非限定性收入 | 30 000元 |
| 会费收入——非限定性收入 | 40 000元 |
| 服务收入——非限定性收入 | 90 000元 |
| 政府补助收入——限定性收入 | 50 000元 |

——非限定性收入　　20 000 元

投资收益——限定性收入　　15 000 元

其他收入——非限定性收入　　5 000 元

业务活动成本　　100 000 元

管理费用　　30 000 元

筹资费用　　25 000 元

其他费用　　15 000 元

要求：编制该民间非营利组织会计 20×2 年 10 月末进行账务处理的会计分录。

| | | |
|---|---|---|
| 借：捐赠收入——限定性收入 | 80 000 | |
| 　　政府补助收入——限定性收入 | 50 000 | |
| 　　投资收益——限定性收入 | 15 000 | |
| 　贷：限定性净资产 | | 145 000 |
| 借：捐赠收入——非限定性收入 | 30 000 | |
| 　　会费收入——非限定性收入 | 40 000 | |
| 　　服务收入——非限定性收入 | 90 000 | |
| 　　政府补助收入——非限定性收入 | 20 000 | |
| 　　其他收入——非限定性收入 | 5 000 | |
| 　贷：非限定性净资产 | | 185 000 |
| 借：非限定性净资产 | 170 000 | |
| 　贷：业务活动成本 | | 100 000 |
| 　　　管理费用 | | 30 000 |
| 　　　筹资费用 | | 25 000 |
| 　　　其他费用 | | 15 000 |

（2）因解除限制将限定性净资产重分类为非限定性净资产。详见例 23－15。

（3）因调整以前期间收入、费用项目而对相应非限定性净资产进行调整。因调整以前期间非限定性收入、费用项目而涉及调整非限定性净资产的，应当就需要调整的金额，借记或贷记有关科目，贷记或借记“非限定性净资产”科目。

**例 24－19**

资料：20×2 年 4 月 30 日，某社会团体发现上年的一项固定资产应计折旧 5 000 元未计提，需要追溯调增 20×1 年业务活动表中的管理费用并相应调减非限定性净资产 5 000 元。要求：编制该民间非营利组织会计对上述业务进行账务处理的会计分录。

该社会团体根据发现的上年度差错做如下会计处理：

| | | |
|---|---|---|
| 借：非限定性净资产 | 5 000 | |
| 　贷：固定资产 | | 5 000 |

## 24.5.3　限定性净资产和非限定性净资产的重分类

**1. 重分类的主要情形**

《民间非营利组织会计制度》规定，当年限定性净资产的限制得到解除时，应当对限定性净资产进行重分类，将限定性净资产转为非限定性净资产，以反映民间非营利组织限定性净资产和非限定性净资产的实际情况，以便进行相关业务活动的安排和管理。

下列情况出现时，即认为限定性净资产的限制得到解除：

（1）所限定净资产的限制时间已经到期；

（2）所限定净资产规定的用途已经实现或规定的目的已经达到；

（3）资产提供者或者国家法律、行政法规撤销了对限制性净资产所设置的限制。

需要说明的是，如果限定性净资产受到两项或两项以上的限制，最后一项限制解除后才可认定该项限定性净资产的限制已经解除。

### 2. 重分类的会计处理

资产提供者或者国家有关法律、行政法规对以前期间未设置限制的资产增加限制时，应当将相关非限定性净资产转为限定性净资产，借记“非限定性净资产”科目，贷记“限定性净资产”科目。

（1）限制时间已经到期情况下的净资产重分类。限制性净资产的限制时间可以分为特定时期之内的限制、特定日期之后的限制和永久性限制。

因资产提供者或者国家有关法律、行政法规要求民间非营利组织在收到资产后的特定时期之内使用该资产而形成的限定性净资产，其时间限制应该在相应期限之内按照实际使用相关资产的金额或者实际发生的相关费用金额逐步解除，会计上应随着限制的逐步解除转为非限定性净资产。

因资产提供者或者国家有关法律、行政法规要求民间非营利组织在收到资产后的特定日期之后使用该资产而形成的限定性净资产，其时间限制在该特定日期即得到解除，会计上应将解除金额转为非限定性净资产。

永久性限制的限定性净资产通常情况下不会转为非限定性净资产，但留本基金所产生的收益因为存在时间或用途限制，所以应将本金和收益的限制性区分开来进行相应的账务处理。

**例24-20**

资料：同例24-5。要求：编制该民间非营利组织会计对上述业务进行账务处理的会计分录。

①20×2年6月25日，捐赠承诺不满足捐赠收入确认条件，甲民间非营利组织不做账务处理。

②20×2年7月3日，实际收到捐赠款时，甲民间非营利组织做如下会计处理：

借：银行存款　　5 000 000

　贷：捐赠收入——限定性收入　　5 000 000

③20×2年12月收到利息时，甲民间非营利组织做如下会计处理：

借：银行存款　　100 000

　贷：其他收入——限定性收入　　100 000

④20×3年1月1日，利息收入的使用限制得到解除，需要对相应的限定性净资产进行重分类，做如下会计处理：

借：限定性净资产　　100 000

　贷：非限定性净资产　　100 000

（2）用途已经实现或目的已经达到情况下的净资产重分类。因资产提供者或国家有关法律、行政法规设置了用途限制而形成的限定性净资产，其用途限制应当按照实际用于规定用途的相关资产金额或为此而发生的相关费用金额逐步解除，会计上应按解除金额将限定性将资产转为非限定性净资产。

**例 24－21**

资料：同例 24－6。要求：编制该民间非营利组织会计对上述业务进行账务处理的会计分录。

①20×2 年 12 月 20 日，甲民办非营利儿童福利院收到财政补助款时，做如下会计处理：

借：银行存款　40 000
　贷：政府补助收入——限定性收入　40 000

②20×2 年 12 月 28 日，甲民办非营利儿童福利院购置新衣新被后，根据相关凭据做如下会计处理：

借：业务活动成本——捐赠项目成本　39 000
　贷：银行存款　39 000
借：管理费用　1 000
　贷：其他应付款　1 000
借：限定性净资产　40 000
　贷：非限定性净资产　40 000

**例 24－22**

资料：同例 24－7。要求：编制该民间非营利组织会计对上述业务进行账务处理的会计分录。

20×2 年 12 月 25 日，甲外地打工人员子弟小学根据收到的资产及相关凭据做如下会计处理：

借：固定资产　800 000
　贷：政府补助收入——限定性收入　800 000
借：限定性净资产　800 000
　贷：非限定性净资产　800 000

（3）在资产提供者或者国家法律、行政法规撤销对限制性净资产所设置的限制的情况下，如果资产提供者或国家有关法律、行政法规要求民间非营利组织在特定日期之内或特定日期之后（时间限制）将限定性净资产用于特定用途（用途限制），只有当所有限制条件都解除后，才可以将相应的限定性净资产重分类为非限定性净资产。

**例 24－23**

资料：20×2 年 2 月 10 日，甲基金会与丁企业签订了一份捐赠协议。协议规定，丁企业向甲基金会捐赠 50 万元，其中 40 万元用于资助贫困地区学前儿童教育，10 万元用于此项活动的宣传和管理。资助贫困地区学前儿童教育的规则已经明确，资助对象由基金会按资助规则确定。捐赠款项于协议签订后 10 日内汇至甲基金会账户。20×2 年 2 月 22 日，甲基金会收到丁企业 50 万元捐赠款，并向丁企业开具了公益性捐赠票据。20×2年2月28日至20×2年4月13日，甲基金会将40万元捐赠给160所贫困地区学前教育机构，并发生宣传及管理费8万元。20×3年2月8日，甲基金会与丁企业签订补充协议，规定20×2年捐赠款结余金额2万元由基金会自行支配使用。要求：编制该民间非营利组织会计对上述业务进行账务处理的会计分录。

①20×2年2月22日，甲基金会收到丁企业捐赠款时做如下会计处理：

借：银行存款　　500 000

　贷：捐赠收入——限定性收入　　500 000

②20×2年2月28日至20×2年4月13日，甲基金会根据实际发生的捐赠及管理费等业务做如下会计处理：

借：业务活动成本　　400 000

　　管理费用　　80 000

　贷：银行存款　　480 000

借：限定性净资产　　480 000

　贷：非限定性净资产　　480 000

③20×3年2月8日，规定20×2年捐赠款结余金额2万元由基金会自行支配使用，甲基金会做如下会计处理：

借：限定性净资产　　20 000

　贷：非限定性净资产　　20 000

（4）固定资产和无形资产限制情况下的净资产重分类。固定资产和无形资产与其他资产不同，会因为折旧或摊销而不断消耗其价值。从某种程度上讲，折旧和摊销类似于限制得到解除。因此，对于固定资产、无形资产而言，判断相应的净资产限制是否得到解除，除应遵循前述原则外，还需要考虑折旧和摊销问题。

一般地，对固定资产和无形资产的限制大多属于用途限制，当然也存在同时设置时间和用途限制的情况，极少情况下只有时间限制而没有用途限制。

在对固定资产设置用途限制的情况下，除满足解除用途限制条件时将满足解除用途限制的金额转为非限定性净资产外，还应按折旧及摊销金额进行净资产重分类。

**例24-24**

资料：20×2年6月25日，某捐资创办的民办学校接受一项房产捐赠，捐赠票据中载明该房产价值2 400万元（含增值税，但该民办学校支付的增值税进项税不得抵扣）。捐赠人要求该房产只能在固定资产有效寿命期内作为办公楼使用，不得出售或挪为他用。该办公楼预计使用期限为20年，采用直线法计提折旧，不考虑残值。要求：编制该民间非营利组织会计对上述业务进行账务处理的会计分录。

该民办学校应做如下会计处理：

①20×2年6月25日。

借：固定资产　　24 000 000

　贷：捐赠收入——限定性收入　　24 000 000

②20×2年6月30日，将捐赠收入结转至限定性净资产。

借：捐赠收入——限定性收入　　24 000 000

　贷：限定性净资产　　24 000 000

③20×2 年 7 月 31 日，计提固定资产折旧。

借：管理费用　100 000

　贷：累计折旧　100 000

借：限定性净资产　100 000

　贷：非限定性净资产　100 000

④将管理费用结转至非限定性净资产。

借：非限定性净资产　100 000

　贷：管理费用　100 000

在对固定资产、无形资产同时设置时间限制和用途限制的情况下，在满足限定解除条件前，不应将计提的折旧或摊销金额作为解除限制的金额转为非限定性净资产，满足限定解除条件后再将计提的折旧或摊销金额作为解除限制的金额转为非限定性净资产。

### 例 24 - 25

资料：20×2 年 6 月 25 日，某捐资创办的民办学校接受一项房产捐赠，捐赠票据中载明该房产价值 2 400 万元（含增值税，但该民办学校支付的增值税进项税不得抵扣）。捐赠人要求该房产在 20×3 年 6 月末之前只能作为办公楼使用，不得出售或挪为他用。但由于客观条件限制，该学校直到 20×4 年 7 月 2 日才将该房产用于办公楼，该房产用于办公楼前一直闲置未用。该房产预计使用期限为 20 年，采用直线法计提折旧，不考虑残值。要求：编制该民间非营利组织会计对上述业务进行账务处理的会计分录。

该民办学校根据相关业务做如下会计处理：

①20×2 年 6 月 25 日。

借：固定资产　24 000 000

　贷：捐赠收入——限定性收入　24 000 000

②20×2 年 6 月 30 日，将捐赠收入结转至限定性净资产。

借：捐赠收入——限定性收入　24 000 000

　贷：限定性净资产　24 000 000

③20×2 年 7 月 31 日，计提固定资产折旧。

借：管理费用　100 000

　贷：累计折旧　100 000

④将管理费用结转至非限定性净资产。

借：非限定性净资产　100 000

　贷：管理费用　100 000

⑤20×2 年 8 月至 20×3 年 6 月，每月末均做如下会计处理：

借：管理费用　100 000

　贷：累计折旧　100 000

⑥将管理费用结转至非限定性净资产。

借：非限定性净资产　100 000

　贷：管理费用　100 000

⑦20×3年7月，该房产满足解除限制的条件，但因该房产在20×4年7月2日前一直闲置，因此需将该房产自20×2年7月至20×4年6月共24个月的折旧额2 400 000元，在自20×3年7月起至房产有效寿命期末共216个月内平均进行净资产重分类，每月重分类金额为11 111.11元，再加上按每个月折旧额100 000元对净资产进行重分类，每个月净资产重分类金额为111 111.11元。自20×4年7月起，每个月做如下会计处理：

| | | |
|---|---|---|
| 借：管理费用 | 100 000 | |
| 　贷：累计折旧 | | 100 000 |
| 借：非限定性净资产 | 100 000 | |
| 　贷：管理费用 | | 100 000 |
| 借：限定性净资产 | 111 111.11 | |
| 　贷：非限定性净资产 | | 111 111.11 |

## 思考题

1. 民间非营利组织的受托代理业务与一般性捐赠业务有哪些不同？如何界定受托代理业务和一般性捐赠业务？

2. 民间非营利组织的受托代理业务如何核算？

3. 如何对民间非营利组织的捐赠收入、政府补助收入和会费收入进行账务处理？

4. 如何对民间非营利组织的费用进行账务处理？

5. 如何对民间非营利组织的净资产进行账务处理以形成限定性净资产和非限定性净资产？

6. 限定性净资产和非限定性净资产的重分类有哪些情形？如何进行账务处理？

## 练习题

1. 资料：20×1年6月20日，甲民间非营利组织与乙企业签订了一份捐赠协议。协议规定，乙企业向甲民间非营利组织捐赠1 000万元成立一项奖学金基金，以基金利息奖励20×2年1月1日以后每年被师范类高等院校学前教育专业录取的应届考生，未用利息滚存使用。奖学金基金于签订协议后5个工作日内汇入甲民间非营利组织的账户。未经乙企业同意，不得动用基金本金。奖励办法已经明确，具体奖励金额将由甲乙双方根据基金累计利息情况商定。20×1年7月1日，甲民间非营利组织收到奖学金基金1 000万元，20×2年1月1日收到该基金半年的利息共计20万元，20×2年7月1日收到该基金半年的利息20万元。20×2年7月14日按照理事会确定的奖励方案共奖励应届考生30人，奖励金额共30万元。

**要求：**编制甲民间非营利组织收到捐赠款、收到利息及支付奖励款的会计分录（写出与收入和费用相关的明细科目，其他科目不需要写明细科目，金额单位以万元表示）。

2. 资料：20×2年10月25日，某政府部门按批准的政府预算通过政府采购和国库集中支付方式将购置的冬季取暖设施、安全防护设施及饮用开水设施交付甲外地打工人员子弟小学。设备价款共计 50 万元。该子弟小学对收到的设备拥有控制权和使用权，并按要求加强设备管理和维护，但五年内不得处置；如需处置，需经主管部门审批，并将处置款全额上缴财政。

**要求：**编制甲外地打工人员子弟小学收到设备的会计分录（写出与收入相关的明细科目，其他科目不需要写明细科目，金额单位以万元表示）。

3. 资料：甲社会团体会员代表大会通过的会费收缴办法规定，该社会团体单位会员年会费 10 万元，个人会员年会费 500 元。缴费期限为当年 1 月 1 日至当年 12 月 31 日，当年未缴纳会费的，自下一年度 1 月 1 日起自动取消会员资格。预缴会费的，可享受 10%折扣，但预缴会费不予退还。所有会费可用于符合该社会团体宗旨的各项活动。20×1 年 12 月，共收取会费 245 万元，其中，当年会费 200 万元（包括单位会费 180 万元，个人会费 20 万元），实际预收以后两个年度的会费 45 万元（包括单位会费 40 万元，个人会费 5 万元）。款项已存入该社会团体银行存款账户。

**要求：**编制甲社会团体收到会费及下年度结转预收会费收入的会计分录（写出与收入相关的明细科目，其他科目不需要写明细科目，金额单位以万元表示）。

4. 资料：某民间非营利组织的某非限定性设备已达预计使用年限且超期使用，该设备原值 80 万元，预计净残值 4 万元，预计使用年限 10 年，申请报废处理。处置过程中以银行存款支付清理费用 1.06 万元（包含可抵扣的增值税进项税额 0.06 万元）。处置该设备取得的价款共计 6.18 万元（包含应交增值税 0.12 万元），存入银行。

**要求：**编制该民间非营利组织处置该固定资产的会计分录（金额单位以万元表示，不需要写出明细科目）。

5. 资料：20×2 年 12 月 27 日，甲民间非营利组织举办大型公益活动以筹集专项救灾款，募集捐款 400 万元。以银行存款支付用于募集活动的印刷费用和发放募款宣传材料的费用共计 3 万元（无可抵扣进项税额）。

**要求：**编制甲民间非营利组织支付印刷费用和发放募款宣传材料的费用的会计分录（金额单位以万元表示，不需要写出明细科目）。

6. 资料：甲学校为捐资创办的民办学校，20×2 年 6 月 10 日，甲学校接受了一项房产捐赠，捐赠票据中载明该房产价值 3 600 万元（含增值税，但该民办学校支付的增值税进项税不得抵扣）。捐赠人要求该房产五年内只能作为办公楼使用，不得出售或挪为他用，五年后用途限制自动解除。该房产预计使用年限为 20 年，采用直线法计提折旧，不考虑残值。20×7 年 6 月，该房产满足解除限制的条件，自 20×2 年 7 月至 20×7 年 6 月共 60 个月的折旧额 900 万元，在自 20×7 年 7 月起至房产有效寿命期末共 180 个月内平均进行净资产重分类，每月重分类金额为 15 万元，再加上按每个月折旧额 15 万元对净资产进行重分类，每个月净资产重分类金额为 30 万元。

**要求：**编制甲学校接受固定资产捐赠、自 20×2 年 7 月起至 20×7 年 6 月每个月该固定资产折旧，及自 20×7 年 7 月起至该固定资产达到使用年限期间每个月的折旧与净资产重分类的会计分录（不需要写明细科目，金额单位以万元表示）。

# 教师教学服务说明

中国人民大学出版社财会出版分社以出版经典、高品质的会计、财务管理、审计等领域各层次教材为宗旨。

为了更好地为一线教师服务，近年来财会出版分社着力建设了一批数字化、立体化的网络教学资源。教师可以通过以下方式获得免费下载教学资源的权限：

在中国人民大学出版社网站 www.crup.com.cn 进行注册，注册后进入“会员中心”，在左侧点击“我的教师认证”，填写相关信息，提交后等待审核。我们将在一个工作日内为您开通相关资源的下载权限。

如您急需教学资源或需要其他帮助，请在工作时间与我们联络：

中国人民大学出版社　财会出版分社

联系电话：010-62515987，62511076

电子邮箱：ckcbfs@crup.com.cn

通讯地址：北京市海淀区中关村大街甲 59 号文化大厦 1501 室（100872）

人大社财会